支持单位

海因里希·伯尔基金会（德国）北京代表处

中国政法大学污染受害者法律帮助中心

支持环境公益诉讼案例选

ZHICHI HUANJING GONGYI SUSONG ANLIXUAN

主　编◎王灿发

副主编◎刘　湘　祝文贺

中国政法大学出版社

2022·北京

主　编◎王灿发

副主编◎刘　湘　祝文贺

编写组成员◎王灿发　刘　湘　戴仁辉

祝文贺　吴佩珍　刘金梅

吴安心　谢　虹　霍志剑

支持公益诉讼是公众参与
环境保护的良好途径

(代序)

　　我们中国政法大学污染受害者法律帮助中心（英文缩写"CLAPV"），二十多年来办理了数百起环境纠纷案件，其中绝大部分是帮助污染受害者向法院提起诉讼，为弱势的污染受害者维护其合法环境权益提供法律帮助。自2011年"云南曲靖铬渣公益诉讼案"开始，CLAPV逐步扩大对环保社会组织公益诉讼的支持，迄今已经支持了44起环境公益诉讼案件。这不仅大大缓解了大多数环保社会组织法务人员缺乏的困境，推动了环境公益诉讼的开展，而且也是具有法律专业知识的教学和研究机构履行社会责任、参与环境保护的一条重要途径。

　　早在1982年3月8日第五届全国人民代表大会常务委员会第二十二次会议通过的《中华人民共和国民事诉讼法（试行）》中就规定了"机关、团体、企业事业单位对损害国家、集体或者个人民事权益的行为，可以支持受损害的单位或者个人向人民法院起诉"的支持起诉（诉讼）制度。1991年4月9日第七届全国人民代表大会第四次会议正式通过的《中华人民共和国民事诉讼法》（以下简称《民事诉讼法》）保留了这一规定。以后历次《民事诉讼法》的修正也都沿用了这一制度，而且2017年在《民事诉讼法》的修正中，还增加了人民检察院支持法定机关或者组织提起公益诉讼的规定，拓展了支持起诉的主体范围。然而，在司法实践中，支持诉讼制度并未得到充分利用，对支持诉讼人的地位、支持诉讼程序和手续、支持诉讼后果等都没有明确规定。在十五年前的一起帮助污染受害者的案件中，我们中国政法大学污染受害者法律帮助中心开始尝试利用支持诉讼制度，中心的志愿者出庭支持诉讼，帮助污染受害者解决了诉讼的困难。环境公益诉讼制度正式在法律中确立前，CLAPV 就以支持诉讼单位的身份支持了北京市朝阳区自然之友环境研究所在云南曲靖提起铬渣污染的公益诉讼。2014 年《中华人民共和国环境保护法》生效后环保社会组织提起的第一个环境公益诉讼案件，CLAPV 除了派遣律师作为原告的代理律师外，还作为支持单位参与了该诉讼。至今，CLAPV 作为支持诉讼单位的公益诉讼已经有 30 多起。支持诉讼的作用在于：一是对环保社会组织提起公益诉讼来说是一种鼓励，增强了其提起公益诉讼的信心；二是弥补了环保社会组织法务人员不足的问题，加强了公益诉讼原告在法庭上的力量；三是彰显了法律教学与研究机构的社会责任，同时也使法律教学与研究人员及其学员得到环境诉讼实践的锻炼，并成为公众参与环境保护的一条良好途径。

本案例书选择了 CLAPV 支持诉讼中已经有明确结果的 14 个环境公益诉讼案例。其中既有环境污染的案例，也有生态破坏的案例；既有大气污染的案例，也有水污染、土壤污染的案例；既有索赔标的上千万的案例，也有索赔金额很少的案例；既有以判决结案的案例，也有以调解结案的案例；既有一审就结案的案例，也有通过二审结案的案例，还有经过再审程序结案的案例；既有原告环保社会组织胜诉的案例，也有环保社会组织败诉的案例。案例虽然不多，但却从不同侧面反映了环境公益诉讼的概貌。有利于研究者和司法实务工作者从这些案例中发现问题，为完善环境公益诉讼制度建言献策。

本案例书编写的一大特色在于，原原本本地反映环境公益诉讼案件的诉讼过程和结果。其中的每一个案件都通过诉讼主体、诉讼程序、诉讼请求、案件结果、支持工作、诉讼影响、诉讼文书等 7 个方面把案件全貌展现给读者。除了"诉讼影响"这一部分可能多少带有一点主观分析因素外，其余均是案件真实材料的提供。特别是"诉讼文书"部分，包括原告的起诉书、CLAPV 的支持起诉意见书、代理词、判决书、裁定书或者调解书，可以让读者了解每一份诉讼文书的真实内容，而避免了通过转述而造成的讹误。我想，这是所有环境公益诉讼研究者特别需要的研究资料。希望这本案例书能给读者提供有参考价值的研究素材。

中国的环境公益诉讼制度正处于不断发展完善的阶段，我们中国政法大学污染受害者法律帮助中心还将一如既往地关注、研究、支持环境公益诉讼案件，为我国环境公益诉讼制度的健全和完善添砖加瓦，并继续帮助污染受害者维护其合法环境权益。同时也希望社会各界继续给 CLAPV 以支持和帮助，使我们能够将环境法律帮助事业不断推向前进。

本书的出版得到中国政法大学出版社和海因里希·伯尔基金会（德国）北京代表处的大力支持，在此一并表示衷心感谢！

王灿发

2021 年 5 月 31 日

于法大蓟门桥校区

目 录 CONTENTS

云南曲靖铬渣污染公益诉讼案

一、诉讼主体

原告：北京市朝阳区自然之友环境研究所、重庆市绿色志愿者联合会、曲靖市生态环境局

支持起诉单位：中国政法大学环境资源法研究和服务中心（又称"污染受害者法律帮助中心"，简称"CLAPV"或者"中心"）

被告：云南省××化工实业有限公司、云南省××和平科技有限公司

案由：固体废物污染责任纠纷环境民事公益诉讼

二、诉讼程序

受理：2011 年 10 月 19 日

案号：（2011）曲中法民初字第 110 号

一审：云南省曲靖市中级人民法院

结案：2020 年 8 月 3 日

三、诉讼请求

1988 年，××化工厂设立，采用有钙焙烧工艺，先后建成投运 3500 吨红矾钠/年、10 000 吨红矾钠/年生产线。1997 年，××化工厂更名为××化工实业有限责任公司，2003 年，浙江××和平科技有限公司整体收购该企业，成立云南××化工实业有限公司，生产铬盐产品。原××化工厂建厂后累计堆存铬渣

319 500吨，堆存于南盘江边渣场，云南省××化工实业有限公司在生产过程中，又新产生47 623.36吨铬渣堆存于厂区内。被告企业在生产过程中产生的铬渣，违法堆存于南盘江边数量巨大，给南盘江以及周边农田和农民造成了严重污染。原告为了保护社会公共利益免受被告的侵害，向云南省曲靖市中级人民法院提起环境民事公益诉讼，中国政法大学环境资源法研究和服务中心根据《中华人民共和国民事诉讼法》第十五条规定，支持原告提起本案。

为此，原告提出了如下诉讼请求：

1. 判令被告立即停止侵害，即停止对环境造成侵害的违法堆存铬渣的行为。

2. 判令被告立即消除危险，即采取切实有效的措施彻底消除其已倾倒和堆存铬渣对环境造成的污染危害；其采取的消除污染损害措施，应当委托第三方机构依法评估，向社会公开相关信息，并接受原告及第三人的监督。

3. 判令被告赔偿损失，即赔偿因铬渣污染造成的环境损失（暂定为人民币1000万元，具体金额以司法鉴定评估报告为准）；该赔偿款应付至第三人专门设立的铬渣污染环境生态恢复专项公益金账户，在原告等环境保护组织、法院和第三人的共同监管下，用于治理和恢复被告所损害的生态环境。

4. 判令被告承担原告因本案诉讼和执行而发生的合理费用，包括差旅费、调查取证费、评估鉴定费、聘请专家费等费用（暂定为人民币50 000元，以实际发生额为准）。

5. 判令被告承担本案全部诉讼费用。

6. 判令两被告对原告的全部诉讼请求承担连带责任。

四、案件结果

本案从受理到调解结案，历经近十年的审理过程，充分反映了生态环境案件在司法审理中的各种困难，以及体现在推动环境民事公益诉讼案件的处理中，更加需要各方的支持、配合和共同推进，才能使得侵害社会公共利益的生态环境问题得到彻底的解决。

案件审理过程中，在云南省曲靖市中级人民法院的主持下，原被告双方自愿达成调解协议。

2020 年 7 月 3 日，云南省曲靖市中级人民法院将民事起诉状、调解协议在法院公告栏、人民法院公告网进行了为期 30 日的公告。公告期满后未收到任何意见或建议。调解协议不违反法律规定和社会公共利益，法院予以确认，并制作调解书送达案件当事人，已经各方当事人签收，具有法律效力。调解协议内容如下：

一、被告云南省××化工实业有限公司在生产经营过程中，实施了环境侵权行为，对历史铬渣堆存场、"麦田沟"49 亩区域、历史铬堆存场西南侧农田及周边环境造成了严重污染，承担环境侵权责任；云南省××和平科技有限公司不承担责任。

二、被告云南省××化工实业有限公司在原告共同监督之下，违法堆存铬渣行为已经消除，历史铬渣堆存场内部土壤污染已经进行了基本治理，"麦田沟"49 亩区域实施了风险管控措施，但是，被告仍需在已完成的场地污染治理基础上继续消除危险、恢复生态功能，进行补偿性恢复。

1. 自本调解书生效之日起 1 年内，被告云南省××化工实业有限公司对历史铬渣堆存场周边增加 3 个地下水监测井，对新增与历史存在的地下水监测井进行每季度 1 次定期采样分析。

2. 自本调解书生效之日起 1 年内，被告云南省××化工实业有限公司建设完成历史铬渣堆存场外部物理隔水墙，并在墙内设置抽水井，通过抽水井将目前存在的含铬地下水进行集中抽提与收集，送至陆良县含铬渗涌水收集处理工程进行处理，之后每 1 个月对含铬地下水进行定期抽提收集并处理。

3. 自本调解书生效之日起 6 个月内，被告云南省××化工实业有限公司完成"麦田沟"49 亩区域截水沟下游新建收集池项目，将收集池超标废水送至陆良县含铬渗涌水收集处理工程进行处理。

4. 自本调解书生效之日起 1 年内，被告云南省××化工实业有限公司对陆良县历史铬渣堆存场西南侧农田的污染进行调查与风险管控。

5. 被告云南省××化工实业有限公司在存续期间需要按照上述监测要

求持续履行环境管理与监测义务，并每年向原告提供当年度环境监测报告及环境管理履行报告等相关材料；上述施工方案应当经原告书面同意后实施，工程竣工后原告参与验收。

三、被告云南省××化工实业有限公司向曲靖市中级人民法院账户就本调解书第二条应当承担的全部责任共计注入3 080 000元。其中，自本调解书签收之日起60日内，注入人民币2 000 000元，自本调解书签收之日起1年内，支付剩余的1 080 000元。款项由曲靖市中级人民法院代为管理，待相应专门基金或财政专户成立后注入该账户（账户的转移不影响资金使用用途）。上述费用共计3 080 000元用于本调解书第二条确定的补偿性恢复项目和原告因参与各项目验收的必要费用（原告对该笔资金的管理使用享有监督权）；如果被告未全面履行本调解书第二条确定的补偿性恢复义务，原告共同指定第三方机构代履行，所需费用从该基金账户支出；若实现上述修复目标后资金仍有结余，应当用于原告商定的土壤污染防治和其他环境保护公益事业。

四、被告云南省××化工实业有限公司自本调解书签订之日起1个月内，向原告北京市朝阳区自然之友环境研究所支付因本案诉讼发生的合理费用，共计人民币1 322 422.28元，其中，差旅费241 558.04元，检测与专家费480 864.24元，律师代理费600 000元。

五、案件受理费42 019.38元，减半收取21 009元，由被告云南省××化工实业有限公司承担。

五、支持工作

2011—2020年是我国公益诉讼制度立法完善和司法实践推进的重要十年。2011年，公益诉讼还未被写入中国任何一部法律当中，曲靖铬渣案是中国第一起由民间环保组织提起的环境民事公益诉讼案件，有着里程碑的意义。

本案中，中国政法大学环境资源法研究和服务中心作为支持起诉单位，为本案提供了法律咨询、派遣志愿律师代理、提交书面支持意见、协助调查取证等支持起诉工作。

中心作为支持起诉单位，参与到本案中，是《中华人民共和国民事诉讼法》第十五条"机关、社会团体、企业事业单位对损害国家、集体或者个人民事权益的行为，可以支持受损害的单位或者个人向人民法院起诉"——支持起诉制度，在我国公益诉讼司法实践的第一次尝试，为我国环境民事公益诉讼支持起诉制度的建立和完善起到了探索和推进的作用。

在当时的情况下，民间环保组织作为原告提起环境民事公益诉讼都是在尝试的过程中，中心作为环境资源法律专业的研究和服务单位，支持本案原告提起诉讼，为环保社会组织在专业法律知识和法律人员方面提供智力支持和人员支持，并且中心作为支持起诉单位参与到案件中，本身也是为《中华人民共和国民事诉讼法》第十五条的规定，在司法实践运用中作出创新，以丰富完善该规定在今后生态环境司法案件办理中的具体运用，赋予支持起诉制度更多的操作性实践经验积累，为环境民事公益诉讼支持起诉的立法提供案例的支撑。

六、诉讼影响

本案是中国第一起有支持起诉单位支持的环境民事公益诉讼案件。

本案是中国第一起由民间环保组织提起的环境民事公益诉讼案件。

2016 年 6 月 20 日，《人民法院报》第四版，作者区鸿雁写作的《曲靖中院：为保护自然环境提供良好司法保障》文章中写道："敢为人先 不断探索：2011 年'6·12'铬渣倾倒事件发生后，全国舆论哗然，特别是有网络媒体报道涉事企业周边村落因企业的污染而成'癌症村'，引起全国上下普遍关注。值此背景，由中国政法大学环境资源法研究和服务中心支持起诉，北京市朝阳区自然之友环境研究所、重庆市绿色志愿者联合会作为原告，向曲靖中院提起固体废物污染责任纠纷公益诉讼。面对巨大的压力，曲靖中院受理了这起全国较有影响的首例民间组织提起的环保公益民事案件，以一种理性的、去敏感化的方式，将社会大众关注的问题引导到了法律层面解决，为公众对这一污染事件的有序参与打开了通道，迅速平复了社会舆论。"

云南省曲靖市中级人民法院接受无利害关系的民间环保组织提起的环境公益诉讼，这本身就是巨大的进步，为 2012 年 8 月 31 日修改通过，自 2013 年 1 月 1 日起实施的《中华人民共和国民事诉讼法》第五十五条"对污染环境、侵害众多消费者合法权益等损害社会公共利益的行为，法律规定的机关和有关组织可以向人民法院提起诉讼"提供了鲜活的案例。

七、诉讼文书

环境公益民事起诉状

原告：北京市朝阳区自然之友环境研究所（简称"自然之友"）。住所地：北京市东城区青年湖西里5号楼×层。

法定代表人：张×赫，职务：副总干事。

联系电话：010-×××××××-×××。

原告：重庆市绿色志愿者联合会。住所地：重庆市沙坪坝区汉渝路66号×-×号。

法定代表人：吴×明。

联系电话：××××××××××。

支持单位：中国政法大学环境资源法研究和服务中心（简称"法律帮助中心"）。住所地：北京市海淀区西土城路25号。

负责人：王灿发，职务：主任。

联系电话：010-××××××××。

被告：云南省××化工实业有限公司。住所地：陆良县中枢镇西桥。

法定代表人：徐×根。

联系电话：0874-×××××××，0874-×××××××。

被告：云南省××和平科技有限公司。住所地：陆良县西桥工业区。

法定代表人：徐×根。

联系电话：0874-×××××××。

第三人：曲靖市环境保护局。住所地：曲靖市北园路27号。

法定代表人：杨×先。

联系电话：0874-×××××××，0874-×××××××。

诉讼请求:

1. 判令被告立即停止侵害,即停止对环境造成侵害的违法堆存铬渣的行为。

2. 判令被告立即消除危险,即采取切实有效的措施彻底消除其已倾倒和堆存铬渣对环境造成的污染危害;其采取的消除污染损害措施,应当委托第三方机构依法评估,向社会公开相关信息,并接受原告及第三人的监督。

3. 判令被告赔偿损失,即赔偿因铬渣污染造成的环境损失(暂定为人民币 1000 万元,具体金额以司法鉴定评估报告为准);该赔偿款应付至第三人专门设立的铬渣污染环境生态恢复专项公益金账户,在原告等环境保护组织、法院和第三人的共同监管下,用于治理和恢复被告所损害的生态环境。

4. 判令被告承担原告因本案诉讼和执行而发生的合理费用,包括差旅费、调查取证费、评估鉴定费、聘请专家费等费用(暂定为人民币 50 000 元,以实际发生额为准)。

5. 判令被告承担本案全部诉讼费用。

6. 判令两被告对原告的全部诉讼请求承担连带责任。

事实和理由:

原告是在我国境内依法设立登记的,以保护环境为目的的公益性社团组织。2011 年 8 月 25 日,原告组织了部分环境公益律师到云南曲靖陆良县进行调查,了解到被告存在诸多违反我国环境法律,污染环境的行为。被告长期在南盘江边非法堆放及处置铬渣的行为,已经造成了严重的环境污染。原告根据《中华人民共和国环境保护法》第六条、《中华人民共和国水污染防治法》第十条、《中华人民共和国固体废物污染环境防治法》第九条"任何单位和个人都有保护环境的义务,并有权对造成固体废物污染环境的单位和个人进行检举和控告"的法律规定,结合云南省委、省政府"生态立省、环境优先"的发展战略,和《云南省高级人民法院全省法院环境保护审判庭建设及环境保护案件审理工作座谈会纪要》(以下简称《云南高院会议纪要》)关于"在我国境内经依法设立登记的,以保护环境为目的的公益性社会团体可以作为环境公益诉讼的原告向人民法院提起环保公益诉讼"的规定,以及《国务院关于落实科学发展观加强环境保护的决定》关于"发挥社会团体的作用，鼓励检举和揭发各种环境违法行为，推动环境公益诉讼"的规定，特提起环境保护公益民事诉讼。根据《中华人民共和国民事诉讼法》第十五条规定，法律帮助中心支持原告自然之友、重庆市绿色志愿者联合会提起环境保护公益民事诉讼。

被告违法在南盘江边堆放铬渣，给南盘江以及周边农田和农民造成了严重污染。2003年10月25日被告委托陆县环境监测站，为其新建项目1万吨铬粉建设项目作建设项目环境影响评价。同年12月30日，陆良县环境监测站编制《建设项目环境影响报告表》，在"营运期环境影响分析"中，对于"废渣"的分析为："主要是生产维生素K3过程中产生的，但该废渣全部用于铬粉生产，故该工艺无废渣排放。"报告表结论认为："该建设项目市场销售前景良好，资金回收期短，基本能做到无三废排放，社会效益和经济效益显著，有利于增强产品的市场竞争力。同时也促进了我县经济的发展，解决了部分剩余劳动力的就业问题。故该项目可行。"2004年1月7日，陆良县环境保护局签署审查意见："经研究同意该项目新建，但应注意以下几点：①严格执行环保三同时制度；②废水必须循环使用，严禁外排，并防止跑冒滴漏渗现象；③废气必须做到达标排放；④保护周边环境，搞好厂区绿化美化工作；⑤该项目竣工验收合格后方能正式投入生产。"

根据《中华人民共和国环境影响评价法》，被告理应按照陆良县环保部门的要求，对于生产过程中产生的铬渣全部用于铬粉生产，做到"无废渣外排"。但是，在南盘江边，原告发现被告不仅外排废渣，而且已经堆存近15万吨的铬渣。更为严重的是，在该铬渣堆放场下游几十米的南盘江边，有一个泵房，该泵房从该段南盘江抽水灌溉铬渣堆放场周边的农田，灌溉的作物包括水稻和玉米。很显然，被告对南盘江的污染已经扩大到附近的农田和农民。经珠江委调查组取样分析，在黄泥堡水库、南盘江桥闸上下游等敏感点水体检出六价铬污染；被告铬堆渣场范围内，六价铬检出超标。被告非法堆放铬渣与处置铬渣的行为对周边环境造成了严重危害，目前上述危害事实已经得到了当地政府确认。

二被告在陆良县的全部生产经营活动严重混同，共同实施了上述环境污染行为，依法应承担连带责任。

据专家分析，针对被告给环境造成的污染危害和生态损害，恢复和修复的过程将是漫长而艰巨的。针对被告的环境污染违法行为，第三人作为环境保护行政部门，积极有效的依据环境保护法律赋予的职权对其进行了应有的行政查处。在民事责任方面，原告愿意通过提起本起环境公益诉讼，将被告应承担的环境污染损失及生态恢复费用，包括受铬渣污染的农田以及珠江源流域生态恢复费用（损失）支付给第三人设立的铬渣污染环境生态恢复专项公益金专门账户，协助第三人建立环保公益资金制度，在原告等环境保护组织和第三人的共同监管下，专款专用于被告铬渣污染的治理和南盘江及周边生态的环境保护。

原告认为：被告无视我国环境法律法规及地方环保行政部门的监管要求，违法在南盘江边堆放被我国政府列入危险废物的铬渣，造成具有严重毒性的六价铬污染南盘江江水和周围农田，给环境和生态造成极大的损害，根据《中华人民共和国环境保护法》《中华人民共和国水污染防治法》《中华人民共和国固体废物污染环境防治法》《中华人民共和国侵权责任法》等法律规定，以及《云南高院会议纪要》的司法精神，被告应当承担停止侵害、消除危险和赔偿损失等连带法律责任。

请求曲靖市中级人民法院依法受理本案，并支持原告的全部诉讼请求，依法作出公正裁判，维护环境正义。

此致

云南省曲靖市中级人民法院

具状人：北京市朝阳区自然之友环境研究所

2011 年 9 月 20 日

重庆市绿色志愿者联合会

2011 年 9 月 20 日

附：

1. 起诉状副本 3 份
2. 证据目录 4 份

中国政法大学污染受害者法律帮助中心
支持起诉意见书

尊敬的云南省曲靖市中级人民法院：

中国政法大学环境资源法研究和服务中心，又称"污染受害者法律帮助中心"（简称"法律帮助中心"）成立于 1998 年，是经中国政法大学批准、司法部备案的环境资源法研究机构和民间环境保护团体，长期致力于环境保护和环境法治的推动工作。

2011 年 8 月 12 日，云南曲靖发生严重的铬污染事件，此事经媒体报道后引发了全社会的强烈关注。法律帮助中心得知此消息后，立即组织律师关注事件的发展，并希望通过法律途径制止非法排污行为的继续发生，消除已堆存铬渣对当地自然环境产生的危险，恢复当地的生态环境。2011 年 8 月 25 日，自然之友组织环境公益律师团成员到云南曲靖陆良县调查了解此案。调查结束后，北京市朝阳区自然之友环境研究所（简称"自然之友"）组织成立了公益律师团队并将对云南省××化工实业有限公司、云南省××和平科技有限公司提起环境公益民事诉讼。

铬盐是重要的工业原料，国民经济中约 10% 的产品与铬盐有关。市场对含铬产品的需求量很大。铬盐企业主要从铬铁矿中提取金属铬和铬类化合物，生产过程中有大量的铬渣产生。据资料显示，缘于落后的生产工艺，铬盐提取率只有 75%，生产每吨铬盐产品要排放 2.5 吨甚至 3 吨高毒性铬渣。只要铬没被转化成产品固定下来，就会变成离子铬，其中六价铬毒性极强。铬渣中的六价铬汇入附近的地表水或渗入地下水，对地表水、地下水和土壤会造成严重污染；六价铬经皮肤接触可能导致过敏；六价铬极易通过消化、呼吸道、皮肤及黏膜侵入人体，被人体、动物吸收并在体内蓄积；吸入某些较高浓度的六价铬化合物会引起流鼻涕、打喷嚏、瘙痒、鼻出血、溃疡和鼻中隔穿孔，甚至可能致癌。在近日出台的《重金属污染综合防治"十二五"规划》中，铬和汞、镉、铅和类金属砷等其他 4 种重金属一并被列为重点监控与污染物排放量控制的对象。

根据环境公益律师团的调查，两污染企业违法在南盘江边堆放铬渣，给南盘江以及周边农田和农民造成了严重污染，共同实施了环境污染行为。两污染企业按照当地环保部门的要求，应当将生产过程中产生的铬渣全部用于铬粉生产，做到"无废渣外排"。但是，环境公益律师团队调查发现，两污染企业不仅外排废渣，而且已经在南盘江边堆存了近 15 万吨的铬渣。根据环境保护组织绿色和平的取样调查，距铬渣堆场外南盘江上游 500 米处，六价铬浓度属于正常值。而在铬渣堆场正下方的南盘江水中，检出六价铬的浓度超过五类水标准两倍，证明两污染企业的违法排污行为已经对南盘江造成了污染，更为严重的是，这种污染已经扩大到了附近的农田和农民。

据专家分析，两污染企业对当地生态环境造成的污染危害和生态损害是非常严重的，恢复和修复的过程将是漫长而艰巨的。两污染企业的污染行为，不仅严重损害了当地的自然环境，甚至对周边农田的安全和所居住村民的身体健康产生了危害，这种无视和肆意践踏法律的行为应当被予以追究和惩罚。鉴于上述原因，中国政法大学污染受害者法律帮助中心依据《中华人民共和国民事诉讼法》第十五条之规定，支持北京市朝阳区自然之友环境研究所对云南省××化工实业有限公司、云南省××和平科技有限公司提起环境公益民事诉讼，并希望贵院受理和依法裁判。

中国政法大学环境资源法研究和服务中心

二〇一一年九月十五日

云南省曲靖市中级人民法院
公告

（2011）曲中法民初字第 110 号

本院于 2011 年 10 月 19 日立案受理原告北京市朝阳区自然之友环境研究所、重庆市绿色志愿者联合会、曲靖市生态环境局，支持起诉单位中国政法大学污染受害者法律帮助中心与被告云南省××化工实业有限公司、云南省××和平科技有限公司固体废物污染责任纠纷公益诉讼一案。诉讼过程中，当事人达成调解协议。依照《最高人民法院关于适用〈中华人民共和国民事诉讼法〉的解释》第二百八十九条规定，现予以公告。公告期间为 2020 年 7 月 1

日至 2020 年 7 月 30 日。

联系人：陈×军，云南省曲靖市中级人民法院民三庭庭长。

联系地址：云南省曲靖市中级人民法院民二庭。

联系电话：0874-×××××××。

特此公告。

附：

1. 民事起诉状
2. 调解协议

云南省曲靖市中级人民法院
二〇二〇年六月二十九日

云南省曲靖市中级人民法院
民事调解书

（2011）曲中法民初字第 110 号

原告：北京市朝阳区自然之友环境研究所。住所地：北京市朝阳区祁家豁子 2 号（南院××号楼）友诚大厦×××室，统一社会信用代码：521101055568×××××8。

法定代表人：张×驹，职务：所长。

委托诉讼代理人：杨×，北京市京伦律师事务所律师。特别授权代理。

委托诉讼代理人：曾×斌，湖北环源律师事务所律师。特别授权代理。

原告：重庆市绿色志愿者联合会。住所地：重庆市沙坪坝区汉渝路 66 号 ×-×号，统一社会信用代码：51500000504×××××P。

法定代表人：李×，职务：理事长。

委托诉讼代理人：夏×，北京市中咨律师事务所律师。特别授权代理。

委托诉讼代理人：刘×，上海金钻律师事务所律师。特别授权代理。

原告：曲靖市生态环境局。住所地：云南省曲靖市麒麟区北园路 27 号，统一社会信用代码：1153D3000151×××××P。

法定代表人：黄×耀，职务：局长。

委托诉讼代理人：梅×，曲靖市生态环境局法规科科长。特别授权代理。

被告：云南省××化工实业有限公司。住所地：云南省曲靖市陆良县中枢镇西桥工业区，统一社会信用代码：915303222173×××××P。

法定代表人：徐×根，职务：董事长。

被告：云南省××和平科技有限公司。住所地：云南省曲靖市陆良县中枢镇西桥工业区，统一社会信用代码：915303227482×××××B。

法定代表人：徐×根，职务：董事长。

原告北京市朝阳区自然之友环境研究所、重庆市绿色志愿者联合会、曲靖市生态环境局与被告云南省××化工实业有限公司、云南省××和平科技有限公司固体废物污染责任纠纷公益诉讼一案，本院于 2011 年 10 月 19 日立案后，依法适用普通程序审理。

原告北京市朝阳区自然之友环境研究所、重庆市绿色志愿者联合会、曲靖市生态环境局诉称，被告违法在南盘江边堆放 150 000 吨铬渣，给南盘江以及周边农田和农民造成了严重污染。经珠江委调查组取样分析，在黄泥堡水库、南盘江下桥闸上下游等敏感点水体检出六价铬污染；被告铬渣堆场范围内，六价铬检出超标。被告非法堆放铬渣与处置铬渣的行为对周边环境造成了严重危害。二被告在陆良县的全部生产经营活动严重混同，共同实施了上述环境污染行为，依法应承担连带责任。被告给环境造成的污染危害和生态损害，恢复和修复的过程将是漫长而艰巨的。针对被告的环境污染违法行为，原告曲靖市环境保护局作为环境保护行政部门，积极有效的依据环境保护法律赋予的职权对其进行了应有的行政查处。在民事责任方面，原告愿意通过提起本起环境公益诉讼，将被告应承担的环境污染损失及生态恢复费用，包括受铬渣污染的农田以及珠江源流域生态恢复费用（损失）支付至原告曲靖市环保局设立的铬渣污染环境生态恢复专项公益金专门账户，共同建立环保公益资金制度，在原告和法院的共同监管下，专款专用于被告铬渣污染的治理和南盘江及周边生态的环境保护。根据《中华人民共和国环境保护法》《中华人民共和国水污染防治法》《中华人民共和国固体废物污染环境防治法》《中华人民共和国侵权责任法》等法律规定，被告应当承担停止侵害、消除危险和赔偿损失等连带法律责任。

请求判令：1. 被告立即停止侵害，即停止对环境造成侵害的违法堆存铬渣的行为；2. 被告立即消除危险，即采取切实有效的措施彻底消除其已倾倒和堆存铬渣对环境造成的污染危害；其采取的消除污染损害措施，应当委托第三方机构依法评估，向社会公开相关信息，并接受原告及第三人的监督；3. 被告赔偿损失，即赔偿因铬渣污染造成的环境损失（暂定为人民币1000万元，具体金额以司法鉴定评估报告为准）；该赔偿款应付至原告专门设立的铬渣污染环境生态恢复专项公益金账户，在原告和法院的共同监管下，用于治理和恢复被告所损害的生态环境；4. 被告承担原告因本案诉讼和执行而发生的合理费用，包括差旅费、调查取证费、评估鉴定费、聘请专家费、律师费等费用（暂定为人民币50 000元，以实际发生额为准）；5. 被告承担本案全部诉讼费用；6. 两被告对原告的全部诉讼请求承担连带责任。

被告云南省××化工实业有限公司、云南省××和平科技有限公司辩称，"6·12"铬渣非法倾倒事件发生后，公司积极补救，消除了非法倾倒行为对环境的危害。在企业生产经营过程中，确有47 623.36吨新产生的铬渣堆存在厂区未及时进行无害化处理，在停工停产的情况下，公司已经出资交由有处置资质的企业对新渣进行了无害化处理。至于南盘江边的老渣堆场，属于历史遗留问题，一方面，系云南省××化工实业有限公司收购前的企业产生的；另一方面，在2006年前，国家并未将铬渣列为危险固废，该300 000余吨的铬渣虽不应由云南省××化工实业有限公司负责无害化处理，但是，企业出于社会责任的要求，在"6·12"铬渣非法倾倒事件发生前，已处置140 000吨，该堆场土壤修复治理显然不应由被告负责。另外，铬渣是云南省××化工实业有限公司铬盐生产过程中产生的废渣，云南省××和平科技有限公司生产维生素K3，并不产生铬渣，原告将云南省××和平科技有限公司列为被告，是不了解云南省××和平科技有限公司的产品及生产工艺，云南省××和平科技有限公司无需对因铬渣污染产生的损害承担责任。

经审理，本院认定事实如下：

1988年，××化工厂设立，采用有钙焙烧工艺，先后建成投运3500吨红矾钠/年、10 000吨红矾钠/年生产线。1997年，××化工厂更名为××化工实业有限责任公司，2003年，浙江××和平科技有限公司整体收购该企业，成立云南省××化工实业有限公司，生产铬盐产品。2005 年，浙江××和平科技有限公司又设立云南省××和平科技有限公司，从事维生素 K3 为主的饲料添加剂生产。原××化工厂建厂后累计堆存铬渣 319 500 吨，堆存于南盘江边渣场，云南省××化工实业有限公司在生产过程中，又新产生 47 623.36 吨铬渣堆存于厂区内。

2011 年，罪犯吴×怀、刘×水、王×昆共谋从云南省××化工实业有限公司运输铬渣以获取运费，云南省××化工实业有限公司未核实三罪犯运输危险废物的资质，即同意承运。经罪犯刘×水联系，2011 年 5 月 28 日，云南省××化工实业有限公司与贵州省兴义市××燃料有限公司签订了铬渣供给合同。2011 年 4 月 28 日至 6 月 12 日期间，罪犯吴×怀、刘×水雇车从云南省××化工实业有限公司运出铬渣共 5212.28 吨，为获取更大利润，罪犯吴×怀、刘×水等并未将铬渣运至贵州省兴义市××燃料有限公司，而是非法倾倒在云南省曲靖市麒麟区越州镇、三宝镇，严重污染了环境，造成村民陆×才、张×德家饲养的山羊 51 只、马 1 匹饮用被污染的水源后死亡，"6·12" 铬渣非法倾倒事件发生。

"6·12" 铬渣非法倾倒事件发生后，云南省××化工实业有限公司从云南省曲靖市三宝镇、越州镇等 3 个片区 12 个倾倒点累计清运回 12 672.76 吨渣土、5673.42 立方米受污染水，清运回的渣土以及受污染水在 2011 年 11 月底前全部无害化处理完毕。其中，云南省××化工实业有限公司一期解毒生产线无害化处理受污染土壤 7397.5 吨，运至云南曲靖××控股集团有限公司无害化处理铬渣 5275.26 吨；××化工实业有限公司污水处理系统无害化处理 5673.42 立方米受污染水。云南省××化工实业有限公司共计投入治理资金 13 080 000 元。2011 年 12 月 18 日，非法倾倒点污染治理通过曲靖市环境保护局验收。按照《云南省环保厅关于印发曲靖陆良铬污染事件处置技术指导意见》要求，由中国科学院地球化学研究所牵头，云南省环境科学研究院和云南省环境监测中心站配合，2012 年 1 月 5 日，完成了《云南省曲靖市麒麟区铬渣非法倾倒点污染场地环境风险评估报告》。麒麟区境内所有铬渣非法倾倒点对周围环境不会造成明显的潜在生态危害，铬渣倾倒点修复治理达到技术标准要求。

从 2011 年 10 月 26 日至 2011 年 12 月 28 日，云南省××化工实业有限公司出资 48 000 000 元，由云南曲靖××控股集团有限公司对厂区内堆存的 47 623.36

吨新产生的铬渣全部无害化处理。在处置厂区内堆存铬渣的同时，云南省××化工实业有限公司对南盘江边历史铬渣堆存场地采用石棉瓦和彩钢瓦进行全覆盖防雨淋，覆盖面积 23 500 平方米，建渗滤液收集池 94 立方米、污水积蓄池 630 立方米。2011 年 11 月 18 日，陆良县环境保护局进行了初验，同年 12 月 6 日，曲靖市环境保护局进行了验收，并形成验收报告上报云南省环厅。

堆存于南盘江边渣场的历史遗留铬渣 319 500 吨，在 2011 年 6 月前，云南省××化工实业有限公司已处置 140 000 吨。2011 年 6 月后至 2012 年 11 月 30 日，云南省××化工实业有限公司又无害化处理 179 492.03 吨，累计投入资金 145 350 000 元，包括无害化治理项目建设 76 100 000 元，无害化治理运行费用 69 250 000 元，其中，中央财政补助资金 28 600 000 元，企业自筹 116 750 000 元。云南省××化工实业有限公司无害化处置历史堆存铬渣的方式为：一是云南曲靖××控股集团有限公司采取"高温烧结还原技术"进行综合利用解毒，累计处置历史堆存铬渣 76 872.49 吨；二是云南省××化工实业有限公司启动了一期立窑干法解毒工艺生产线，累计处置历史堆存铬渣 18 280.63 吨；三是与安宁××冶金炉料有限公司合作，建设预熔型复合造渣剂生产线，生产冶金辅料进行无害化处置，2012 年 8 月通过云南省环保厅验收正式投运，累计处置历史堆存铬渣 8964.1 吨；四是新建一条旋窑干法解毒工艺高温还原解毒生产线（二期解毒工程），累计处置历史堆存铬渣 75 374.81 吨。在历史遗留铬渣治理过程中，累计清理铬渣 179 539.25 吨，清运、处置过程中水分损失 47.22 吨，实际通过解毒生产线无害化处置铬渣 179 492.03 吨。2012 年 12 月 6 日，云南省环境保护厅组织现场检查验收，同年 12 月 21 日，通过阶段性验收，截至 2012 年 11 月 30 日，陆良县历史遗留的铬渣已通过无害化处置和综合利用方式全部处理完毕。2015 年 7 月 9 日，曲靖市发展和改革委员会和曲靖市环境保护局对历史堆存铬渣无害化利用工程原则同意通过总体验收。

历史遗留铬渣无害化处置后，2012 年 11 月 28 日，经陆良县环保局现场勘查，对混堆在南盘江边历史渣场的含铬污染物进行分选、清运，又累计分选出含铬污染物 74 049.41 吨。云南省××化工实业有限公司投资 26 000 000 元在厂区内建设有"四防"措施、使用面积 18 000 平方米的库房，用于贮存历史铬渣堆场分选出的含铬污染物，按照危险废物进行管理，库房达到 GB 18597 要求。含铬污染物专用渣库通过了曲靖市环境保护局验收。2013 年 3 月，云南省××化工实业有限公司编制含铬污染物无害化治理实施方案，利用企业自有的二期解毒工程对含铬污染物及其他工业固废进行无害化治理。2014 年 3 月，经云南省环境保护厅批复实施。至 2015 年底，从历史铬渣堆存场地收集至"四防"仓库的含铬污染物及其他工业固废全部治理完毕。该项目实际完成投资 129 580 000 元，其中，省级重金属污染防治资金 6 000 000 元，中央重金属污染防治专项资金补助 20 000 000 元，企业自筹资金 103 580 000 元（地方自筹 28 753 900 元由企业垫付）。2016 年 12 月 7 日，受云南省环境保护厅委托，曲靖市环境保护局通过陆良县含铬污染物无害化处置项目验收。

2016 年 8 月 1 日，芒硝被列为危险固废，而生产红矾钠过程中会产生含铬芒硝。云南省××化工实业有限公司引进新技术，改进工艺，新建设计能力年处理 6 万吨含铬芒硝的无水硫酸钠生产线。该项目已于 2019 年 8 月 1 日建成投产，项目投资 36 600 000 元，已实际投入 20 080 000 元。该生产线在分离铬的过程中产生的氢氧化铬可直接作为生产铬鞣剂的原材料得以利用，无废渣、废水排放。

针对堆存于南盘江边的历史遗留铬渣污染环境的问题，中央及地方人民政府也先后投入巨额资金进行修复治理。2011 年 8 月，陆良县人民政府紧急启动了"南盘江（铬渣堆场段）应急抢险防渗工程"，清淤并处置含铬底泥 15 400 吨，完成历史铬渣堆场 208.6 米截污沟修建，建成 200 立方米的含铬废水收集池，并对历史铬渣堆场外 245 米河岸采用帷幕灌浆进行防渗处理。之后，《陆良县（西桥工业片区）重金属污染防治实施方案（2015—2017 年）》实施，包括：一是陆良县西桥工业片区土壤及地下水污染状况调查项目，已由中国电建集团北京勘测设计研究院有限公司编制《陆良县西桥工业片区土壤及地下水污染状况调查及风险评估报告》，该项目通过专家评审，并于 2018 年 12 月 21 日通过曲靖市环境保护局初验，项目资金 10 000 000 元；二是陆良县历史堆存渣场污染土壤修复治理工程，在云南省××化工实业有限公司对历史铬渣堆场内的含铬污染物及其他工业固废全部清运、处置的基础上，自 2015 年开始对陆良县历史铬渣堆存渣场实施了污染土壤修复工程，修复面积 18 992.06 平方米，修复土方量 55 245.5 立方米，项目资金 37 800 000 元。该工程由中国科学院地球化学研究所编制《云南省陆良县历史铬渣及其他工业废弃物堆存场地环境调查报告》并作出污染场地生态评价和污染场地健康风险评估，云南省环境科学研究院编制《陆良县历史堆存渣场污染土壤修复治理工程实施方案》，云南省建筑材料科学研究设计院编制《陆良县历史堆存渣场污染土壤修复治理工程环境影响报告书》，该项目已于2018年4月20日通过云南省环境保护厅验收，根据对修复后的土壤进行采样与检测分析，渣场内的污染土壤已修复治理至目标值；三是陆良县含铬渗涌水收集处理工程，新建六价铬重金属污水处理系统及配套设施，处理后的水质达到《地表水环境质量标准》（GB 3838-2002）中的Ⅲ类水标准，设计年处理含铬渗涌水75 000立方米，年削减六价铬排放量2.3吨，项目资金16 500 000元。该项目由陆良县人民政府编制工程实施方案，经曲靖市环境保护局批复同意组织实施，云南××环保科技有限公司中标实施，已于2019年8月通过曲靖市生态环境局陆良分局初验，工程达到了处理含铬废水，削弱南盘江水环境和土壤环境的重金属铬污染的目的。2020年，根据《陆良县西桥工业片区土壤及地下水污染状况调查及风险评估报告》及后续详细的场地调查，陆良县人民政府编制《××化工实业有限公司周边污染耕地修复治理项目实施方案》，曲靖市生态环境局组织了专家评审并进行了方案技术审查，批复同意组织实施，由××环保股份有限公司中标，对"麦田沟"49亩区域（云南省××化工实业有限公司厂址围墙外）进行生物修复并实施风险管控，项目资金7 332 000元。

本案审理过程中，经本院主持调解，当事人自愿达成如下协议：

一、被告云南省××化工实业有限公司在生产经营过程中，实施了环境侵权行为，对历史铬渣堆存场、"麦田沟"49亩区域、历史铬渣堆存场西南侧农田及周边环境造成了严重污染，承担环境侵权责任；云南省××和平科技有限公司不承担责任。

二、被告云南省××化工实业有限公司在原告共同监督之下，违法堆存铬渣行为已经消除，历史铬渣堆存场内部土壤污染已经进行了基本治理，"麦田沟"49亩区域实施了风险管控措施，但是，被告仍需在已完成的场地污染治理基础上继续消除危险、恢复生态功能，进行补偿性恢复。

1. 自本调解书生效之日起1年内，被告云南省××化工实业有限公司对历史铬渣堆存场周边增加3个地下水监测井，对新增与历史存在的地下水监测井进行每季度1次定期采样分析。

2. 自本调解书生效之日起1年内，被告云南省××化工实业有限公司建设完成历史铬渣堆存场外部物理隔水墙，并在墙内设置抽水井，通过抽水井将目前存在的含铬地下水进行集中抽提与收集，送至陆良县含铬渗涌水收集处理工程进行处理，之后每 1 个月对含铬地下水进行定期抽提收集并处理。

3. 自本调解书生效之日起 6 个月内，被告云南省××化工实业有限公司完成"麦田沟"49 亩区域截水沟下游新建收集池项目，将收集池超标废水送至陆良县含铬渗涌水收集处理工程进行处理。

4. 自本调解书生效之日起 1 年内，被告云南省××化工实业有限公司对陆良县历史铬渣堆存场西南侧农田的污染进行调查与风险管控。

5. 被告云南省××化工实业有限公司在存续期间需要按照上述监测要求持续履行环境管理与监测义务，并于每年向原告提供当年度环境监测报告及环境管理履行报告等相关材料；上述施工方案应当经原告书面同意后实施，工程竣工后原告参与验收。

三、被告云南省××化工实业有限公司向曲靖市中级人民法院账户就本调解书第二条应当承担的全部责任共计注入 3 080 000 元。其中，自本调解书签收之日起 60 日内，注入人民币 2 000 000 元，自本调解书签收之日起 1 年内，支付剩余的 1 080 000 元。款项由曲靖市中级人民法院代为管理，待相应专门基金或财政专户成立后注入该账户（账户的转移不影响资金使用用途）。上述费用共计 3 080 000 元用于本调解书第二条确定的补偿性恢复项目和原告因参与各项目验收的必要费用（原告对该笔资金的管理使用享有监督权）；如果被告未全面履行本调解书第二条确定的补偿性恢复义务，原告共同指定第三方机构代履行，所需费用从该基金账户支出；若实现上述修复目标后资金仍有结余，应当用于原告商定的土壤污染防治和其他环境保护公益事业。

四、被告云南省××化工实业有限公司自本调解书签订之日起 1 个月内，向原告北京市朝阳区自然之友环境研究所支付因本案诉讼发生的合理费用，共计人民币 1 322 422.28 元，其中，差旅费 241 558.04 元，检测与专家费 480 864.24 元，律师代理费 600 000 元。

五、案件受理费 42 019.38 元，减半收取 21 009 元，由被告云南省××化工实业有限公司承担。

本院于 2020 年 7 月 3 日将民事起诉状、调解协议在本院公告栏、人民法院公告网进行了为期三十日的公告。公告期满后未收到任何意见或建议。

本院认为，上述协议不违反法律规定和社会公共利益，本院予以确认。本调解书经各方当事人签收后，即具有法律效力。

审判长　李×发

审判员　李×文

审判员　陈×军

二○二○年八月三日

书记员　吕×亮

曲靖中院：为保护自然环境提供良好司法保障

2016-06-20 15：01：17｜来源：《人民法院报》第四版｜作者：区鸿雁

"保护环境，从我做起，从现在做起。"6月5日世界环境日当天，云南省曲靖市中级人民法院（以下简称"曲靖中院"）的法官及环境保护志愿者走进闹市区，开展法制宣传活动。近年来，曲靖法院在环境资源审判工作上不断探索，积极为保护当地自然环境提供良好司法保障。

教育引导 以案释法

"赵某犯滥伐林木罪，判处有期徒刑十个月，宣告缓刑一年零六个月。"法官当庭宣判后，74岁的村民李某说："我在寨子生活70多年了，这样的场面第一次看到。这几年，山上的树越来越少了，通过法庭的审判，我们山上的树可得救了。"这是曲靖法院巡回审判中的一幕。

这些年，村后大山上的树经常被盗被砍，对于靠山吃山的村民而言，砍了树就是砍了他们的命根子。庭审结束后，前来参加旁听的100多位村民紧紧围住承办法官问这问那时，当地村干部、人民调解员自发到村民中间，告诫大家以赵某为教训，为了家乡山清水秀、为了子孙后代，不要再乱砍滥伐。

"为什么砍自己栽的树也构成犯罪？""砍多少树达到犯罪？犯法了咋个整？"

"就地开庭既回应了代表委员对环境问题的关注，又通过就地审理对当地群众进行环保法治宣传，强化环境诉讼意识。"曲靖中院环保庭庭长王瑛介绍，为了教育警示村民保护环境，针对环境资源类案件需查看现场的特点，曲靖中院明确要求辖区 9 个基层法院选取典型案件，就近在村委会或案发地布置临时法庭，主动邀请人大代表、政协委员、特邀监督员旁听庭审，同时结合庭审开展以案释法活动。

据统计，曲靖中院环保庭自 2011 年成立以来，巡回审理涉环境资源类案件 500 余件，同时集中走访乡镇基层组织、林区等 600 余人次，进行普法宣讲 30 余次。

敢为人先 不断探索

2011 年 "6·12" 铬渣倾倒事件发生后，全国舆论哗然，特别是有网络媒体报道涉事企业周边村落因企业的污染而成 "癌症村"，引起全国上下普遍关注。

值此背景，由中国政法大学环境资源法研究和服务中心支持起诉，北京市朝阳区自然之友环境研究所、重庆市绿色志愿者联合会作为原告，向曲靖中院提起固体废物污染责任纠纷公益诉讼。

面对巨大的压力，曲靖中院受理了这起全国较有影响的首例民间组织提起的环保公益民事案件，以一种理性的、去敏感化的方式，将社会大众关注的问题引导到了法律层面解决，为公众对这一污染事件的有序参与打开了通道，迅速平复了社会舆论。

2011 年至 2015 年，曲靖法院审理涉污染环境、盗伐林木、滥伐林木、非法采矿、非法采伐、毁坏国家重点保护植物等环境资源犯罪 213 件 269 人，期间曲靖中院受理环境资源类民事案件 7 件（1 件为环保公益诉讼），审理行政二审案件 1 件，审理环境侵权等民事纠纷二审案件 340 件，刑事二审案件 7 件。辖区富源法院审理涉环保民事案件 401 件，会泽法院审理侵权类民事案件 372 件。

"为了人与自然和谐相处，保护美丽家园，我市法院一直在探索。环保形势依然不容乐观，环保工作将是一项长期、艰巨的任务。"曲靖市人大法工委主任杨洪春介绍，曲靖除了有能源、冶金、烟草、化工等传统优势产业外，还有辖区罗平 80 万亩油菜花海、鲁布革峡谷风光、九龙瀑布群、师宗凤凰谷、沾益花山湖、珠江源、陆良彩色沙林、马龙马过河、会泽万亩草山等令人神往的自然景观，风景秀丽。

创新机制 积极宣传

"从我做起，从现在做起，保护环境，共建美好家园。"这是曲靖法官在环保专项宣传活动中说得最多的一句话。

"我市法院充分利用丰富的案例资源和审判实践经验，最大限度地扩大宣传教育的覆盖面，提高环保宣传教育的效果，使广大群众认识到损害环境的危害，自觉地投入到'保护环境，共建美好家园'的行动中。"曲靖市人大常委会副主任董云昌介绍，曲靖两级法院审判实践中以实现生态恢复为目标，从原来单一的金钱罚逐步向行为罚（如督导被告人购买树苗在被损毁林地上补栽并成活）等多元化方式转变，实现恢复原有生态的目的；主动与环保部门探索构建民事审判与行政监管良性互动机制，消除环境风险隐患；与检察机关共享公益诉讼案件线索，加强对环境保护主管部门的监督。

在每年6月5日"环境保护日"活动中，曲靖法院积极与有关部门密切配合，选择具有典型教育意义、社会影响面大的环保案件进行公开审理、公开宣判，开展大规模的环保宣传。还组织法官走上街头，开展法制宣传与咨询活动，主动到学校、社区进行法制讲座，并通过与新闻单位配合进行法制宣传，营造人民法院高压打击涉环保犯罪、共建美好家园的舆论氛围。

福建南平毁林生态破坏公益诉讼案

一、诉讼主体

原告：北京市朝阳区自然之友环境研究所、福建省绿家园环境友好中心

支持起诉单位：福建省南平市人民检察院、环境资源法研究和服务中心（又称"污染受害者法律帮助中心"，简称"CLAPV"或者"中心"）

被告：谢×锦、倪×香、郑×姜、李×椠

第三人：南平市国土资源局延平分局、南平市延平区林业局

案由：侵权责任纠纷、环境侵权责任纠纷、生态破坏责任纠纷环境民事公益诉讼

二、诉讼程序

一审程序

受理：2015 年 1 月 1 日

案号：（2015）南民初字第 38 号

一审：福建省南平市中级人民法院

结案：2015 年 10 月 29 日

二审程序

案号：（2015）闽民终字第 2060 号

二审：福建省高级人民法院

结案：2015 年 12 月 14 日

审判监督程序-1

案号：（2016）最高法民申 1919 号

审判监督：中华人民共和国最高人民法院

结案：2017 年 1 月 26 日

审判监督程序-2

监督受理：2017 年 9 月 21 日

案号：闽检民（行）监［2017］35000000087 号

民事监督：福建省人民检察院

结案：2017 年 12 月 20 日

执行程序

执行法院：福建省南平市中级人民法院

三、诉讼请求

本案系社会组织提起的破坏生态公益诉讼。

2008 年 7 月 29 日，谢×锦等被告四人未经行政主管部门审批，擅自扩大采矿范围，采取从山顶往下剥山皮、将采矿产生的弃石往山下倾倒、在矿山塘口下方兴建工棚的方式，毁坏了 28.33 亩林地植被，造成林地的原有植被严重毁坏。2014 年 7 月 28 日，谢×锦等人因犯非法占用农用地罪分别被判处刑罚。2015 年 1 月 1 日，原告社会组织在 2014 年修订的《中华人民共和国环境保护法》实施当日，依法向福建省南平市中级人民法院提起首例环境民事公益诉讼。

原告提出如下诉讼请求：

1. 确认四被告应依法承担清除南平市延平区葫芦山砂基洋××石材厂矿山采石处现存工棚、机械设备、石料和弃石，原地恢复其破坏的 28.33

亩林地植被（山顶 19.4 亩、原塘口 8.89 亩）的民事责任。

2. 依法评估上述清除、原地恢复林地植被的费用和方案，并责令负有职责的第三人按上述费用负责使用、组织、实施、完成清除、原地恢复 28.33 亩林地植被的工作。

3. 判决被告承担诉讼费、评估或鉴定费、原告律师费和工作人员差旅费等实际支出。

案件经过评估后，原告将诉讼请求明确为：

1. 判令四被告在三个月内清除南平市延平区葫芦山砂基洋××石材厂矿山采石处现存工棚、机械设备、石料和弃石，恢复被破坏的 28.33 亩林地植被（山顶 19.44 亩、原塘口 8.89 亩）。

2. 四被告不能按第一项请求三个月内恢复林地植被的，赔偿生态环境修复费用 110.19 万元，由第三人用该款组织恢复林地植被。

3. 判令四被告赔偿生态环境受到损害至恢复原状期间服务功能损失 134 万元。

4. 判令四被告承担诉讼费；赔偿原告自然之友支出的律师服务费 96 200 元、评估费 6000 元、工作人员差旅费 56 537.9 元；赔偿原告福建绿家园支出的律师服务费 25 261 元、工作人员差旅费 19 000 元。

四、案件结果

本案经过福建省南平市中级人民法院依法审理后，作出一审《民事判决书》，判决如下：

一、被告谢×锦、倪×香、郑×姜和李×橤应于本判决生效后五个月内清除南平市延平区葫芦山砂基洋××石材厂矿山采石处现存工棚、机械设备、石料和弃石，恢复被破坏的 28.33 亩林地功能，按照《造林技术规程》（DB35/T 84-2005）标准并结合当地林业行政部门人工造林技术要求在该林地上补种林木，并对补种的林木抚育管护三年（管护时间从补种的林木经验收合格之日起计算）。

二、被告谢×锦、倪×香、郑×姜和李×槊不能在第一项判决指定的期限内恢复林地植被，应于期限届满之日起十日内共同赔偿生态环境修复费用110.19万元（支付到本院指定账户），该款用于本案的生态环境修复。

三、被告谢×锦、倪×香、郑×姜和李×槊应于本判决生效后十日内共同赔偿生态环境受到损害至恢复原状期间服务功能损失127万元（支付到本院指定账户），该款用于本案的生态环境修复或异地公共生态环境修复。

四、被告谢×锦、倪×香、郑×姜和李×槊应于本判决生效后十日内共同支付原告北京市朝阳区自然之友环境研究所支出的评估费6000元、律师费96 200元、为诉讼支出的其他合理费用31 308元，合计133 508元。

五、被告谢×锦、倪×香、郑×姜和李×槊应于本判决生效后十日内共同支付原告福建省绿家园环境友好中心律师费25 261元、为诉讼支出的其他合理费用7393.5元，合计32 654.5元。

六、驳回原告北京市朝阳区自然之友环境研究所和福建省绿家园环境友好中心的其他诉讼请求。

案件受理费26 335元，保全费5000元。由被告谢×锦、倪×香、郑×姜和李×槊共同负担30 775元；由原告北京市朝阳区自然之友环境研究所和福建省绿家园环境友好中心共同负担560元，该款依原告申请准予免交。

一审判决后，三被告谢×锦、倪×香、郑×姜不服一审判决，提出上诉，经过福建省高级人民法院依法审理，作出二审《民事判决书》，判决如下：

驳回上诉，维持原判。
本案二审案件受理费人民币26 335元，由上诉人谢×锦、倪×香、郑×姜共同负担。

二审判决后，一审被告、二审上诉人谢×锦，向最高人民法院申请再审，最高人民法院作出《民事裁定书》，裁定如下：

驳回谢×锦的再审申请。

最高人民法院裁定后，谢×锦向福建省人民检察院申请监督，福建省人民检察院作出《不支持监督申请决定书》，决定如下：

决定不支持谢×锦的监督申请。

五、支持工作

本案中，福建省南平市人民检察院与中国政法大学环境资源法研究和服务中心两家单位作为支持起诉单位，参加案件支持工作，为案件的审理和原告起诉提供了支持工作。

中国政法大学环境资源法研究和服务中心作为本案支持起诉单位，为本案提供法律咨询、派遣志愿律师为原告代理、提交书面支持意见、委托代理人出庭支持起诉、协助调查取证等支持起诉工作。

福建省南平市人民检察院和中心的支持工作为原告在证据、生态环境诉讼代理人等方面都提供了强有力的支持，通过支持单位参与案件审理，也使得《中华人民共和国民事诉讼法》第十五条和自 2015 年 1 月 7 日起实施的《最高人民法院关于审理环境民事公益诉讼案件适用法律若干问题的解释》第十一条"检察机关、负有环境保护监督管理职责的部门及其他机关、社会组织、企业事业单位依据民事诉讼法第十五条的规定，可以通过提供法律咨询、提交书面意见、协助调查取证等方式支持社会组织依法提起环境民事公益诉讼"的支持起诉规定和制度，在司法实践中得到了贯彻和落实。

六、诉讼影响

该案是 2014 年修订的《中华人民共和国环境保护法》实施后的全国首例由社会组织提起的环境民事公益诉讼，也是该法实施后人民法院立案受理的全国首例环境民事公益诉讼，同时也是国内判决的第一例生态破坏类环境公益诉讼案件，该案的判决填补了国内在赔偿生态环境服务功能损失方面的空白。

本案件已入选最高人民法院发布的"2015 年十大环境侵权典型案例"。

作为典型案例，最高人民法院总结本案的典型意义是：

> 本案系新环境保护法实施后全国首例环境民事公益诉讼，涉及原告主体资格的审查、环境修复责任的承担以及生态环境服务功能损失的赔偿等问题。本案判决依照环境保护法第五十八条和《最高人民法院关于审理环境民事公益诉讼案件适用法律若干问题的解释》的规定，确认了自然之友、绿家园作为公益诉讼原告的主体资格；以生态环境修复为着眼点，判令被告限期恢复被破坏林地功能，在该林地上补种林木并抚育管护三年，进而实现尽快恢复林地植被、修复生态环境的目的；首次通过判决明确支持了生态环境受到损害至恢复原状期间服务功能损失的赔偿请求，提高了破坏生态行为的违法成本，体现了保护生态环境的价值理念，判决具有很好的评价、指引和示范作用。

另外，该案还入选了如下多个案件评选等各项活动：

入选人民法院报编辑部评选的"2015年度人民法院十大民事行政案件"。

入选最高人民法院、中央电视台联合评选的"2015年推动法治进程十大诉讼"的候选案例。

入选"2015年中国十大影响性诉讼"的候选案例。

入选中国案例研究法学会、中国政法大学诉讼法学研究院、法治周末报社主办的"2015年中国十大公益诉讼"。

被写入《最高人民法院工作报告（2016）》案例。

入选2018年《人民日报》评选的中国"改革开放40年40个'第一'"。

2019年被纳入联合国环境规划署数据库的首批中国环境司法裁判文书。

七、诉讼文书

民事起诉状

原告：北京市朝阳区自然之友环境研究所（以下简称"自然之友"）。
地址：北京市朝阳区裕民路12号华展国际公寓×座×××，邮政编码：××××××。
法定代表人：张×赫，职务：副总干事。

原告：福建省绿家园环境友好中心（以下简称"福建绿家园"）。地址：福州市营迹路 38 号温泉花园×座××，邮编：××××××。

法定代表人：邓×兴，职务：副理事长。

支持起诉单位：南平市人民检察院。地址：南平市延平区玉屏桥武夷花园 8 号，邮编：××××××。

法定代表人：王×文，职务：检察长。

支持起诉单位：中国政法大学环境资源法研究和服务中心（又称"污染受害者法律帮助中心"）。地址：北京市海淀区西土城路 35 号润博会议×××，邮编：××××××。

负责人：王灿发，职务：主任。

被告：谢×锦，男，出生地、公民身份号码（略）。

被告：倪×香，男，出生地、公民身份号码（略）。

被告：郑×姜，男，出生地、公民身份号码（略）。

被告：李×槊，男，×族、户籍所在地、公民身份号码（略）。

第三人：南平市国土资源局延平分局。地址：南平市延平区胜利街 182 号，邮编：××××××。

法定代表人：黄×，职务：分局局长。

第三人：南平市延平区林业局。地址：南平市延平区朝阳路 34 号，邮编：××××××。

法定代表人：王×旭，职务：局长。

案由：生态破坏责任纠纷。

诉讼请求：

1. 确认四被告应依法承担清除南平市延平区葫芦山砂基洋××石材厂矿山采石处现存工棚、机械设备、石料和弃石，原地恢复其破坏的 28.33 亩林地植被（山顶 19.4 亩、原塘口 8.89 亩）的民事责任。

2. 依法评估上述清除、原地恢复林地植被的费用和方案，并责令负有职责的第三人按上述费用负责使用、组织、实施、完成清除、原地恢复 28.33 亩林地植被的工作。

3. 判决被告承担诉讼费、评估或鉴定费、原告律师费和工作人员差旅费等实际支出。

事实和理由：

原告自然之友是 1993 年成立的非营利性民间环保组织，宗旨是"倡导生态文明、开展环境研究，促进可持续发展"，于 2010 年在民政部门登记注册。其业务范围是：固体废弃物处理技术研究及相关政策研究；固体废弃物对生态环境的影响研究；固体废弃物研究相关科普活动推广；固体废弃物研究相关环境教育活动推广。原告福建绿家园是成立于 1998 年的非营利性民间环保组织，宗旨是"推动公众参与，与政府互动促进环境保护"，于 2011 年在民政部门登记注册。其业务范围是：保护生态环境、传播环境文化、开展学术技术交流。二原告无违法记录。根据《中华人民共和国环境保护法》第五十八条，二原告对污染环境、破坏生态，损害社会公共利益的行为有权提起环境民事公益诉讼。

2008 年 7 月底，被告谢×锦、倪×香、郑×姜未经批准，擅自从被告李×槊手中购得南平市延平区葫芦山砂基洋××石材厂矿山的采矿权，三人经商量决定由谢×锦具体负责矿山的采矿事宜。此后，在未依法取得占用林地许可证及办理采矿许可延期手续的情况下，由谢×锦提议，改变李×槊原有塘口位置从山顶往下开采，得到倪×香、郑×姜的同意。谢×锦指挥从山顶剥山皮，开采矿石，并将剥山皮和开采矿石产生的弃石往山下倾倒，谢×锦、倪×香、郑×姜还在矿山的塘口的下方兴建了砖混结构的工棚用于矿山工人居住，直至 2010 年初停止开采，造成原有植被严重毁坏。在国土资源部门数次责令停止采矿的情况下，2011 年 6 月，谢×锦、倪×香、郑×姜还雇佣挖掘机到该矿山边坡处开路和扩大矿山塘口面积，又造成该处原有植被严重毁坏。2014 年 7 月 28 日，南平市延平区人民法院以谢×锦、倪×香、郑×姜犯非法占用农用地罪对三人判处徒刑。

经福建天祥司法鉴定所鉴定，确认谢×锦、倪×香、郑×姜采石破坏林地面积共计 18 890.6 平方米，折 28.33 亩。其中，李×槊原采石塘口毁坏林地植被8.89 亩。谢×锦、倪×香、郑×姜在山顶采石毁坏林地植被 19.44 亩。已毁林地被大量采石、堆放弃石和设备等，原有植被被完全毁坏和消失。

"森林是陆地上分布面积最大、组成结构最复杂、生物多样性最为丰富的生态系统，是陆地生态系统的主体，被誉为大自然的总调节器和'地球之肺'，维持着全球的生态平衡。森林是促进生物界与非生物界能量与物质交换的主要角色，是地球水循环和碳循环的主要载体。森林具有涵养水源、保持水土、防风固沙、抵御灾害、吸尘杀菌、净化空气、调节气温、改善气候、保护物种、保存基因、固碳释氧等多种生态功能，是维护地球生态安全的重要保障。科学家断言，如果森林从地球上消失，全球 90% 以上的生物将灭绝，90% 的淡水将白白流入大海，生物固氮将减少 90%，生物放氧将减少 60% 并且还会伴生其他许许多多的生态问题，导致人类无法生存。可以说，失去森林，人类将失去生存的根基，失去未来，失去一切。"（国家林业局党组理论学习中心组：《充分发挥森林的生态功能》）因此，全社会都有责任保护林地植被。

原告认为，四被告转让、开采有共同的过错，破坏的 28.33 亩林地不仅本身完全丧失了生态功能，而且影响到了周围生态环境功能及整体性，尤其是山顶被破坏的林地，将会严重影响和改变周边及山下动植物的生境，导致生态功能脆弱或丧失。原告作为环境保护的民间组织，有义务参与、督促责任者恢复林地植被，保护生态环境，又因被告开采毁坏的林地植被有可恢复性。故根据《中华人民共和国环境保护法》第五十八条以及《中华人民共和国合同法》《探矿权采矿权转让管理办法》《中华人民共和国侵权责任法》等规定，特向你院起诉。二支持单位根据《中华人民共和国民事诉讼法》第十五条，支持二原告起诉。请支持原告的诉讼请求。

此致

福建省南平市中级人民法院

原告：北京市朝阳区自然之友环境研究所
原告：福建省绿家园环境友好中心
支持起诉单位：南平市人民检察院
支持起诉单位：中国政法大学环境资源法研究和服务中心
2014 年 12 月 15 日

福建省南平市中级人民法院
出庭通知书

（2015）南民初字第 38 号

中国政法大学环境资源法研究和服务中心：

本院受理由福建省南平市人民检察院、中国政法大学环境资源法研究和服务中心支持起诉的原告北京市朝阳区自然之友环境研究所、福建省绿家园环境友好中心与被告谢×锦、倪×香、郑×姜、李×槊，第三人南平市国土资源局延平分局、南平市延平区林业局侵权责任纠纷公益诉讼一案，本院定于 2015 年 10 月 29 日 9 时 00 分在南平市中级人民法院第一法庭进行开庭审理，希望你方作为支持起诉单位派员准时出庭。

福建省南平市中级人民法院（印）

2015 年 10 月 18 日

福建省南平市中级人民法院
民事判决书

（2015）南民初字第 38 号

原告：北京市朝阳区自然之友环境研究所。住所地：北京市朝阳区裕民路 12 号 2 号楼×层××××。

法定代表人：张×赫，职务：副总干事。

委托代理人：葛×，女，北京市朝阳区自然之友环境研究所环境法律项目负责人，住武汉市××区。

委托代理人：刘×，上海金钻律师事务所律师。

原告：福建省绿家园环境友好中心。住所地：福建省福州市鼓楼区营迹路 38 号温泉花园×座××。

法定代表人：邓×兴，职务：副理事长。

委托代理人：林×英，女，福建省绿家园环境友好中心主任，住福建省福州市××区。

委托代理人：吴×心，湖北隆中律师事务所律师。

支持起诉人：福建省南平市人民检察院。住所地：福建省南平市延平区武夷花园 8 号，组织机构代码：××。

法定代表人：王×文，职务：检察长。

委托代理人：张×富，福建省南平市人民检察院代理检察员。

委托代理人：杨×，福建省南平市人民检察院代理检察员。

支持起诉人：中国政法大学环境资源法研究和服务中心（又称"污染受害者法律帮助中心"）。住所地：北京市海淀区西土城路 35 号润博会议×××。

法定代表人：王灿发，职务：主任。

委托代理人：林×梅，女，中国政法大学环境资源法研究和服务中心工作人员，住北京市××区。

委托代理人：祝×贺，北京市君永律师事务所律师。

被告：谢×锦，男，19××年××月××日出生，×族，个体经商，住福建省××市××区。

委托代理人：张×忠，福建福民律师事务所律师。

委托代理人：邱×谋，福建福民律师事务所律师。

被告：倪×香，男，19××年×月××日出生，×族，农民，住福建省××市。

委托代理人：张×忠，福建福民律师事务所律师。

委托代理人：邱×谋，福建福民律师事务所律师。

被告：郑×姜，男，19××年×月×日出生，×族，农民，住福建省××市。

委托代理人：张×忠，福建福民律师事务所律师。

委托代理人：邱×谋，福建福民律师事务所律师。

被告：李×䰾，男，19××年××月××日出生，×族，农民，住浙江省××县。

委托代理人：邱×华，福建全信律师事务所律师。

委托代理人：郑×，福建全信律师事务所律师。

第三人：南平市国土资源局延平分局。住所地：福建省南平市延平区胜利街 182 号。

法定代表人：黄×，职务：局长。

委托代理人：贺×华，福建舜宁律师事务所律师。

第三人：南平市延平区林业局。住所地：福建省南平市延平区朝阳路34号。

法定代表人：王×旭，职务：局长。

委托代理人：郭×辉，福建闽越律师事务所律师。

原告北京市朝阳区自然之友环境研究所（以下简称"自然之友"）、福建省绿家园环境友好中心（以下简称"福建绿家园"）与被告谢×锦、倪×香、郑×姜、李×槊，第三人南平市国土资源局延平分局（以下简称"国土延平分局"）、南平市延平区林业局（以下简称"延平区林业局"）侵权责任纠纷一案，本院受理后，依法组成合议庭，公开开庭进行了审理。原告自然之友的委托代理人葛×、刘×，原告福建绿家园的委托代理人林×英、吴×心，支持起诉人福建省南平市人民检察院的委托代理人张×富、杨×，支持起诉人中国政法大学环境资源法研究和服务中心的委托代理人林×梅，被告谢×锦、倪×香、郑×姜及其共同委托代理人张×忠、邱×谋，被告李×槊的委托代理人邱×华、郑×，第三人国土延平分局的委托代理人贺×华，第三人延平区林业局的委托代理人郭×辉到庭参加诉讼。本案现已审理终结。

原告自然之友、福建绿家园诉称，原告自然之友是1993年成立的非营利性民间环保组织，宗旨是"倡导生态文明、开展环境研究，促进可持续发展"，于2010年在民政部门登记注册。其业务范围是：固体废弃物处理技术研究及相关政策研究；固体废弃物对生态环境的影响研究；固体废弃物研究相关科普活动推广；固体废弃物研究相关环境教育活动推广。原告福建绿家园是成立于1998年的非营利性民间环保组织，宗旨是"推动公众参与，与政府互动促进环境保护"，于2006年在民政部门登记注册。其业务范围是：保护生态环境、传播环境文化、开展学术技术交流。二原告无违法记录。根据《中华人民共和国环境保护法》第五十八条，二原告对污染环境、破坏生态，损害社会公共利益的行为有权提起环境民事公益诉讼。

2008年7月底，被告谢×锦、倪×香、郑×姜未经批准，擅自从被告李×槊手中购得南平市延平区葫芦山砂基洋××石材厂矿山的采矿权，三人经商量决定由谢×锦具体负责矿山的采矿事宜。此后，在未依法取得占用林地许可证及办理采矿许可延期手续的情况下，由谢×锦提议，改变李×槊原有塘口位置从山顶往下开采，得到倪×香、郑×姜的同意。谢×锦指挥从山顶剥山皮，开采矿石，并将剥山皮和开采矿石产生的弃石往山下倾倒。谢×锦、倪×香、郑×姜还在矿山的塘口的下方兴建了砖混结构的工棚用于矿山工人居住，直至 2010 年初停止开采，造成原有植被严重毁坏。在国土资源部门数次责令停止采矿的情况下，2011 年 6 月份，谢×锦、倪×香、郑×姜还雇佣挖掘机到该矿山边坡处开路和扩大矿山塘口面积，又造成该处原有植被严重毁坏。2014 年 7 月 28 日，南平市延平区人民法院以谢×锦、倪×香、郑×姜犯非法占用农用地罪对三人判处刑罚。

经福建天祥司法鉴定所鉴定，确认谢×锦、倪×香、郑×姜采石破坏林地面积共计 18 890.6 平方米，折 28.33 亩。其中，李×槊原采石塘口毁坏林地植被 8.89 亩。谢×锦、倪×香、郑×姜在山顶采石毁坏林地植被 19.44 亩。已毁林地被大量采石、堆放弃石和设备等，原有植被完全毁坏和消失。

原告认为，四被告转让、开采有共同的过错，破坏的 28.33 亩林地不仅本身完全丧失了生态功能，而且影响到了周围生态环境功能及整体性，尤其是山顶被破坏的林地，将会严重影响和改变周边及山下动植物的生境，导致生态功能脆弱或丧失。原告作为环境保护的民间组织，有义务参与、督促责任者恢复林地植被，保护生态环境，又因被告开采毁坏的林地植被有可恢复性，故根据《中华人民共和国环境保护法》第五十八条以及《中华人民共和国合同法》《探矿权采矿权转让管理办法》《中华人民共和国侵权责任法》等规定提起诉讼。福建省南平市人民检察院、中国政法大学环境资源法研究和服务中心根据《中华人民共和国民事诉讼法》第十五条，支持二原告起诉。请求：①判令四被告在三个月内清除南平市延平区葫芦山砂基洋××石材厂矿山采石处现存工棚、机械设备、石料和弃石，恢复被破坏的 28.33 亩林地植被（山顶 19.44 亩、原塘口 8.89 亩）；②四被告不能按第一项请求三个月内恢复林地植被的，赔偿生态环境修复费用 110.19 万元，由第三人用该款组织恢复林地植被；③判令四被告赔偿生态环境受到损害至恢复原状期间服务功能损失 134 万元；④判令四被告承担诉讼费；赔偿原告自然之友支出的律师服务费 96 200 元、评估费 6000 元、工作人员差旅费 56 537.9 元；赔偿原告福建绿家园支出的律师服务费 25 261 元、工作人员差旅费 19 000 元。

被告谢×锦、倪×香、郑×姜辩称，①原告自然之友主体不适格。自然之友的登记日期为 2010 年 6 月 18 日，《民办非企业单位登记证书》的发证日期为 2013 年 9 月 27 日，有效期为 2013 年 9 月至 2015 年 6 月 30 日。即依法批准设立时间是 2013 年 9 月 27 日。且性质是由杨×平、张×赫、李×利用非国有资产、自愿举办、从事非营利性社会活动的社会组织，系独立的民办非企业单位，并非由中国文化书院绿色分院变更登记的法人。而本案原告起诉时间是 2015 年 1 月 1 日，自然之友依法批准设立至本案起诉时间才一年多。根据《中华人民共和国环境保护法》第五十八条规定：专门从事环境保护公益活动连续五年以上的社会组织可以向人民法院提起诉讼。因此，原告自然之友主体不适格。②原告诉讼请求第一项恢复被破坏的林地植被 28.33 亩，其中 8.89 亩是被告李×槊实施的与被告谢×锦、倪×香、郑×姜无关。③原告诉讼请求第二项即被告不能按第一项请求三个月内恢复林地植被的，赔偿生态环境修复费用 110.19 万元，不能成立。闭坑恢复植被是被告的义务，被告已经依法缴纳了生态恢复保证金，待××公司征用压覆矿赔偿款到位后被告即可自行实施恢复植被。④对原告第三项诉讼请求赔偿生态环境受到损害至恢复原状期间服务功能损失费没有法律依据。原告提出生态环境受到损害至恢复原状期间服务功能损失费是依据 2015 年 1 月 7 日颁布的《最高人民法院关于审理环境民事公益诉讼案件适用法律若干问题的解释》，而该司法解释是对《中华人民共和国环境保护法》规定的环境保护公益诉讼所作出的司法解释。由于《中华人民共和国环境保护法》第七十条规定"本法自 2015 年 1 月 1 日起施行"，该法没有溯及力，不能适用过去的行为。因此，原告该项诉请没有法律依据。被告认为本案应适用《中华人民共和国森林法实施条例》第四十三条规定："未经县级以上人民政府林业主管部门审核同意，擅自改变林地用途的，由县级以上人民政府林业主管部门责令限期恢复原状，并处非法改变用途林地每平方米 10 元至 30 元的罚款。"⑤对本案侵权责任，被告谢×锦、倪×香、郑×姜只应承担次要责任。第一，当地政府和林业、国土监管部门允许被告边开采边审批。南平市延平区人民政府常务会议通过的《南平市延平区关于鼓励开采和加工石材的优惠条件》公示：来我区投资办厂实行登记制，可先登记，先开工，然后再办理其他手续。第二，被告配合当地政府部门作了大量的矿山采矿权许可延期、扩大（含征用林地许可证）手续。被告于 2008

年 7 月 30 日向国土延平分局申请办理采矿权人变更登记，该局收取了采矿证登记费，并于 2009 年 5 月 8 日向延平区林业局致函：李×槊申请扩大矿区范围，扩大的范围符合南平市延平区"三区规划"，不属于"禁采区"；2009 年 5 月还对涉案采矿证年检，确认采矿合法性。证明当地政府相关部门许可被告边申请边开采，被告正在办理采矿权许可延期、扩大（含征用林地许可证）手续，后因合福铁路建设被停。第三，涉案矿山 1999 年领证开采，国土部门在申请人未取得征用林地许可证前置条件违规发给采矿权证，1999 年至今十几年时间林业行政部门从未过问、提请矿主办理征用林地许可手续，不仅涉案矿山没有征用林地许可手续，南平市延平区所有矿山开采改变林地用途都没有征用林地许可手续。第四，当地林业行政部门默许被告边开采边审批；当地国土资源部门在涉案矿区因合福铁路建设列入压覆矿征用，××公司下文所有压覆矿停止开采时才通知原矿主停止开采，之前林业行政部门、国土资源部门从来没有口头或书面通知被告停止开采。⑥生态修复费用估算报告及损害价值评估不能作为定案的依据。该二份评估涉案矿山林地仅参考刑事案件原鉴定的林地面积，没有对该林地破坏之前的林地状况进行调查认证，而估算是按照造林标准估算的，若作为定案价值不公平。恳请法院依法判决驳回原告的起诉。

被告李×槊辩称，①关于本案原告的诉讼主体资格问题。《最高人民法院关于审理环境民事公益诉讼案件适用法律若干问题的解释》第一条对有权提起环境保护公益诉讼原告主体有明确的规定，必须是"法律规定的机关和有关组织"，而且是"专门从事环境保护公益活动连续五年以上且无违法记录"。原告自然之友提供的《民办非企业单位登记证书》注明登记日期为 2010 年 6 月 18 日，发证日期为 2013 年 9 月 27 日，其提供的年报中也体现"2010 年，⋯⋯自然之友完成了独立注册，注册名称为北京市朝阳区自然之友环境研究所⋯⋯终于取得了独立法人资格"。因此原告自然之友最早登记成为法律规定的有关组织的日期是 2010 年 6 月 18 日，不符合"专门从事环境保护公益活动连续五年以上"的主体资格条件。从自然之友章程第三条"本单位的宗旨是遵守宪法、法律、法规和国家政策，遵守社会道德风尚，倡导生态文明、开展环境研究，促进可持续发展"，第九条"业务范围：（一）固体废弃物处理技术及相关政策研究；（二）固体废弃物对生态环境的影响研究；（三）固体废弃物研究科普活动推广；（四）固体废弃物研究相关环境教育活动推广"的规定来看，原告自然之友从事的只是科普研究和推广，不符合司法解释和法律规定的有权提起环境保护公益诉讼原告主体资格。原告福建绿家园提供的《民办非企业单位年度检查报告书（2009 年度）》上注明成立日期 2006 年 11 月 7 日，但未提供《民办非企业单位登记证书》，同样不具备司法解释和法律规定的有权提起环境保护公益诉讼原告主体资格。②被告李×槊不构成破坏生态环境侵权。被告采矿的矿区（塘口）早在 1995 年即已存在，被告是经招商后被鼓励参与地方政府的开发，还可享受当地政府提供的优惠政策。在取得采矿许可之前以及取得《采矿许可证》后的开采行为中，没有也无需实施对地表林木、土地进行砍伐、开挖，而是在已经裸露的矿区基础上直接进行矿石开采，被告李×槊没有实施破坏生态环境的侵权行为。李×槊申请采矿许可的整个过程中没有被要求缴纳矿山生态环境恢复治理保证金，直至被告李×槊持有的《采矿许可证》期限届满的三年后才开始被要求缴纳矿山生态环境恢复治理保证金。被告李×槊也不存在侵权的主观故意。原告以被告李×槊与被告谢×锦、倪×香、郑×姜签订的《采矿权出让合同》中"为谢×锦办理《采矿许可证》延长十年、采矿权扩大到现采矿点山顶整个范围，采矿人变更为谢×锦"的"承诺"作为指控被告李×槊与被告谢×锦、倪×香、郑×姜共同承担全案连带民事责任的依据。"承诺"不是"行为"，李×槊只是与被告谢×锦、倪×香、郑×姜签订了《采矿权出让合同》，并没有实施对经合法审批原矿点以外的其他区域实施对地表的森林、林地进行砍伐、开挖行为，与被告谢×锦、倪×香、郑×姜的行为没有关联，不应承担全案连带民事责任，也不应承担原塘口 8.89 亩的民事责任，故请求依法驳回原告对被告李×槊的诉讼请求。

第三人国土延平分局述称，第三人对本案原告提起公益诉讼表示支持。但第三人认为原告起诉状中第二项诉请四被告不能按期在三个月内恢复林地植被的，由第三人用该款组织恢复林地植被没有法律依据。第三人作为土地资源的监督管理部门，对土地资源的开发利用、保护具有职责，但法律和行政法规并未赋予第三人"组织恢复林地植被"的职权，作为行政机关，一切行政行为均应于法有据。根据 2014 年 12 月 26 日《最高人民法院、民政部、环境保护部关于贯彻实施环境民事公益诉讼制度的通知》第六条规定，"人民法院可以判决被告自行组织修复生态环境，可以委托第三方修复生态环境，必要时也可以商请负有监督管理职责的环境保护主管部门共同组织修复生态环境"。据此，原告起诉状中第二项诉讼请求无法律依据，不能请求法院强制第三人修复被破坏的生态环境。请求法院依法驳回原告要求第三人承担相应工作的诉讼请求。同时建议法院在判决被告自行组织修复生态环境后，被告不履行判决时可以委托第三方修复生态环境。

第三人延平区林业局述称，①原告直接将延平区林业局列为本案第三人缺乏法律依据。根据《中华人民共和国民事诉讼法》第五十六条第二款的规定："对当事人双方的诉讼标的，第三人虽然没有独立请求权，但案件处理结果同他有法律上的利害关系的，可以申请参加诉讼，或者由人民法院通知他参加诉讼。人民法院判决承担民事责任的第三人，有当事人的诉讼权利义务。"无独立请求权的第三人参加诉讼是由当事人提出申请参加诉讼或法院依职权追加。原告在起诉时在诉状中直接列第三人，没有任何的法律依据。②对于破坏种植条件拒不履行土地复垦义务的行政处罚的责任主体是县级以上人民政府土地行政主管部门。对于被告谢×锦、倪×香、郑×姜、李×稟因采矿造成的植被破坏，应由本案第三人国土延平分局责令其缴纳复垦费，用于专项治理费用，负责监督实施恢复被破坏的植被。③国土资源部办公厅关于印发《全国"矿山复绿"行动方案》的通知已明确"矿山复绿"的责任主体是土地行政主管部门。福建省人民政府办公厅《关于进一步加强交通干线两侧"青山挂白"治理工作的通知》第二条规定：因森林火灾、森林病虫害、林木采伐及洪灾滑坡引发的无林木迹地，由林业行政部门负责组织植树造林修复；因矿山开采引发的"青山挂白"，由国土资源部门负责组织恢复治理。

庭审中，原告自然之友、福建绿家园为支持其诉讼主张向本院提供如下6组证据：

第一组证据：自然之友的登记证书、组织机构代码证、法定代表人身份证明及身份证、章程、中国文化书院绿色文化分院的登记证书、中国文化书院绿色文化分院理事会决议、关于自然之友注册变更情况的说明、北京市朝阳区民政局民办非企业单位年度检查结论通知书4份（2010年至2013年度）、自然之友年度报告6份（2009年至2014年度）、无违法记录的声明，证明原告自然之友前身是中国文化书院绿色文化分院，2003年5月8日在民政部登记，专门从事环保公益活动，章程的内容体现公益活动包括生态环境保护，符合公益诉讼的主体条件。原告福建绿家园的登记证书2份、组织机构代码证、法定代表人身份证明及身份证、章程、民办非企业单位年度检查报告书5份（2009年至2013年度）、无违法记录的声明，证明福建绿家园是2006年依法登记的非企业单位，宗旨是保护生态环境与生态平衡，业务是保护生态环境等，年检合格。

被告谢×锦、倪×香、郑×姜质证认为，除了对中国文化书院绿色文化分院实施的公益活动材料与本案没有关联性外，对自然之友的其他证据的真实性、合法性、关联性无异议，自然之友登记的日期是2010年6月18日，发证的时间是2013年9月27日，有效期是从2013年9月27日开始，原告自然之友是在2013年9月27日依法成立的；原告自然之友不是由中国文化书院绿色文化分院变更或继续下来的社团，不能当然地认定就是同一个社团，不符合《中华人民共和国环境保护法》规定的连续五年从事公益活动的要求，中国文化书院绿色文化分院的一系列活动与原告自然之友无关。对福建绿家园的主体资格的相关证据的真实性以及证明的对象没有异议，对其作为公益诉讼的主体没有异议。

被告李×槊质证认为，对原告所提供的证据真实性没有异议，但对关联性有异议，年度检查结论缺了2014年度，在自然之友的章程中明确了股东是三个自然人，与中国文化书院绿色文化分院没有任何的关系，原告方所提供的材料从起诉前推并不是处于连续的状况，且原告自然之友的章程规定的业务范围与本案公益诉讼没有关联，原告方的主体不符合相关规定。

第三人国土延平分局对该组证据没有异议。

第三人延平区林业局对该组证据没有异议。

本院认为，两原告提供的该组证据真实、合法，且与本案有关联性，予以采信。

第二组证据：证据1.《南平市延平区砂基洋（恒兴）矿区饰面花岗岩开发利用方案》复印件，来源于福建省南平市延平区人民法院（2014）××刑初字第××号刑事卷宗，证明涉案矿区林地植被有可恢复性；证据2.（2014）××刑初字第××号刑事判决书复印件，来源于福建省南平市延平区人民法院（2014）××刑初字第××号刑事卷宗，证明被告谢×锦、倪×香、郑×姜因犯非法占用农用地罪毁坏的林地植被有可恢复性以及被告谢×锦、倪×香、郑×姜从被告李×槊手中购得采矿权未经国土资源部门批准，四被告对林地植被毁坏有共同过错；证据 3.（2014）××刑终字第××号刑事裁定书复印件，来源于福建省南平市中级人民法院（2014）××刑终字第××号刑事卷宗，证明对象与证据 2 一致；证据 4. 2013 年 12 月 19 日南平市延平区林业局的《鉴定意见》及配套材料复印件；证据 5. 2014 年 2 月 13 日《福建天祥司法鉴定所林业物证补充鉴定意见书》及配套材料复印件；证据 6.《补充现场勘验笔录》复印件；证据 7.《第二次补充现场勘验笔录》复印件；证据 8.《现场辨认笔录》复印件，来源于福建省南平市延平区人民法院（2014）××刑初字第××号刑事卷宗，证明四被告毁坏林地植被面积为 28.33 亩。

被告谢×锦、倪×香、郑×姜对该组证据质证认为，对证据 1 开发利用方案的真实性、合法性、关联性没有异议，但可以证明当地政府相关部门许可被告边申请边开采，后因合福铁路建设被停止；对证据 2、3、4、5、6、7、8 的真实性、关联性无异议，但（2014）××刑初字第××号刑事判决书与事实不符，被告采矿是合法的，原告自然之友作为本案诉讼原告主体不适格，其举证的证据不能作为认定事实的依据，且该证据可以证明当地政府相关部门许可被告边申请边开采，之后是基于合福铁路建设涉案矿山被征用而停止审批，被告在本案侵权责任中过错较小。

被告李×槊对该组证据质证认为，对证据 1 的真实性没有异议，但与本案没有直接的关联，有关植被可恢复性应有专门的报告；对证据 2、3 真实性没有异议，关联性有异议；对证据 4 的真实性没有异议，对证明对象毁坏林地面积 28.33 亩的数据有异议；对证据 5 鉴定意见书的形式要件的真实性没有异议，但是对该证据的内容真实性有异议，对鉴定资质主体有异议，天祥司法鉴定所业务范围不包含本案鉴定内容；对证据 6、7、8 真实性没有异议，但对证明对象有异议。李×槊并没有对其采矿范围之内的植被、森林进行破坏，之前就已经被破坏。

第三人国土延平分局对该组证据没有异议。

第三人延平区林业局对该组证据没有异议。

本院认为，两原告提供的该组证据真实、合法，且与本案有关联性，均予以采信。

第三组证据：证据 1.《采矿权出让合同》（2008 年 7 月 28 日）复印件；

证据2.《采矿权出让合同》（2008年7月29日）复印件；证据3.《授权委托书》复印件；证据4、证据5（第二组证据2、证据3相同），来源于福建省南平市人民检察院，共同证明被告李×槊转让的矿区范围超过了许可证，并承诺为被告谢×锦、倪×香、郑×姜办理《采矿许可证》延期十年、采矿权扩大到现采矿点山顶整个范围，采矿权人变更为谢×锦；被告李×槊对被告谢×锦、倪×香、郑×姜超范围采矿毁坏林地植被有直接故意的过错和积极实施的行为，应承担全案连带民事责任，以及该矿征迁补偿款所有人为被告李×槊。被告李×槊与被告谢×锦、倪×香、郑×姜的授权行为是基于无效的采矿权转让行为的内部合同行为。

被告谢×锦、倪×香、郑×姜质证认为，对原告提供的这组证据真实性没有异议，转让合同根据当时的政策是生效的，但是没有产生物权的转移，国家允许采矿权的转让，至于扩大范围以及许可延续的问题，双方有约定再去办证，被告李×槊与被告谢×锦、倪×香、郑×姜不存在连带责任的问题，应根据各自的责任大小来分担。

被告李×槊对该组证据质证认为，对证据1、证据2的真实性、合法性没有异议，对证明对象有异议，其中合同所涉及的转让范围事实上没有超出许可证范围，合同中明确要求办理采矿许可证延期事宜，并且被告李×槊已经提醒现采矿点山顶整个范围不包括许可证范围在内，被告李×槊只是与其他三被告签订合同，没有实施对所谓扩大范围破坏生态的行为，原告主张被告李×槊的连带责任不能成立；对证据3《授权委托书》的真实性没有异议，对证明对象有异议，补偿人已变更为被告谢×锦、倪×香、郑×姜；对证据4、证据5刑事判决书、裁定书的真实性没有异议，对证明对象有异议。

第三人国土延平分局对该组证据没有异议。

第三人延平区林业局对该组证据没有异议。

本院认为，两原告提供的该组证据真实、合法，且与本案有关联性，予以采信。

第四组证据：福建省南平采石场生态修复初步费用估算报告、福建省南平采石场生态修复初步费用估算报告补充意见、福建南平采石场生态修复初步费用估算报告补充意见的说明，来源于北京中林资产评估有限公司，证明被告违法采矿毁坏林地植被造成生态环境修复费用110.19万元，生态环境受到损害至恢复原状期间服务功能的损失134万元（损毁林木的价值5万元，推迟林木成熟的价值2万元，植被破坏导致碳释放的生态损失价值、森林被破坏期生态服务价值、森林恢复期生态服务价值合计127万元），共244.19万元。经原告申请，本院通知评估人员吴×栋、景×平，专家辅助人员李×基出庭接受质询。

被告谢×锦、倪×香、郑×姜质证认为，对于这两份评估报告首先没有看到评估人具有森林资产评估的资质，基于原告没有举证，这份评估报告的评估人是否有资质没有办法判断，评估的检材是依据天祥评估事务所对改变林业用途的亩数为依据进行鉴定，但是没有对涉案的林地被改变之前的状况和功能进行实地调查，如果山顶就是岩石与大面积的森林是不一样的，这份评估报告不能采信。

被告李×櫵对该组证据质证认为，对该组证据的形式要件真实性没有异议，对内容真实性有异议，作出报告的主体单位不适格，对资质有异议，其是资产评估机构，没有评估生态环境修复费用的资质，参与的人员不具有鉴定资格，且原告所提供的报告是单方委托相关的机构形成的，取样、评估所界定的范围有没有征询被告方的意见，评估的程序是不合法的，参评的人员资格不合法，不能作为证据采用。

第三人国土延平分局对该组证据没有异议。

第三人延平区林业局对该组证据没有异议。

本院认为，法律并未禁止当事人单方委托评估，该评估意见中附有北京中林资产评估有限公司的资格证书，原告虽未能提供评估人员的个人评估资质证书，但根据《最高人民法院关于民事诉讼证据的若干规定》第二十七条、第二十八条规定，鉴定人员不具备相关的鉴定资格系属于应予准许重新鉴定的理由，但被告并未申请重新鉴定；且相关评估人员吴×栋、景×平，专家辅助人员李×基出庭接受质询，评估工作组的人员均属于生态学、环境保护方面具有博士学位的高职称专家，符合《最高人民法院关于审理环境民事公益诉讼案件适用法律若干问题的解释》第二十三条规定的专家意见，故予以采信。

第五组证据：证据1. 评估费用发票复印件，证明原告自然之友支出评估费用6000元。证据2. 律师费发票、委托代理协议、关于律师费收费计算说明、上海市律师服务收费政府指导价标准，证明自然之友支出律师服务费96 200元。

证据 3. 差旅费发票复印件，证明原告自然之友工作人员支出差旅费 56 537. 9 元。证据 4. 律师费发票、委托代理协议、律师费计算说明、关于印发《湖北省律师服务收费管理实施办法》（暂行）的通知、关于印发《福建省律师服务收费管理规定》的通知，证明原告福建绿家园支出律师服务费 25 261 元。证据 5. 差旅费发票复印件，证明福建绿家园工作人员支出差旅费 19 000 多元。

被告谢×锦、倪×香、郑×姜质证认为，对这组证据真实性如果有原件核对无误的没有异议。对于合理的开支没有异议，但是原告的律师费太高，既然是公益诉讼律师应当要有奉献精神，本案原告的律师费是不合理的。其他的差旅费因为是公益诉讼，所以对合理的开支没有异议。对第二次开庭补充支出费用证据的真实性没有异议，但有的差旅费与本案没有关联，也存在超标，且原告自然之友的主体不适格，费用应当由其自己承担。对原告福建绿家园的补充的票据的真实性没有异议，但对其中涉及北京、昆明的机票与本案公益诉讼的关联性有异议，不予认可。

被告李×槊对该组证据质证认为，对原告提供的这组证据真实性没有异议，但对关联性有异议，且基于对评估主体机构的异议，对评估费用有异议；律师费用畸高，由法庭根据闽北的相关情况予以考虑；关于差旅费的问题，发票体现发生在泉州等地，与本案发生地南平没有关联，指向不明。对第二次开庭补充支出费用的证据，对原告自然之友补充的票据真实性没异议，但是既然是公益诉讼也要考虑到节约成本，应以单位、法定代表人、委托代理人作为限定人数，其他人的费用不能算到本案，对涉及成都、福建晋江的发票，不属于本案所生成的费用，与本案没有关联。还有一卡通的充值费用和的士的发票存在重复计算不适当。对原告福建绿家园的补充的票据，由于没有原件不符合证据规则的相关规定，而且涉及从福州到昆明的以及付款单位是中国政法大学，与本案应该是没有关联。

第三人国土延平分局对该组证据没有异议，对合理的费用予以认可。

第三人延平区林业局认为，既然是公益诉讼，原告的律师费偏高了些，对合理的费用没有异议。

本院认为，两原告提供的评估费、律师费的票据真实、合法，且与本案有关联性，予以采信。对于其他支出的费用，结合原告调查取证、立案、评估、开庭（含证据交换）等必要的工作，以原告的法定代表人、委托代理人或者其他应当出庭人员以及其他工作人员必要的支出为限。对于其他支出的费用票据能体现付款人为原告或其委托代理人以及能合理说明与本案有关联的必要费用的部分予以采信，对于发生在昆明、深圳、晋江当地的费用以及其他的不能合理体现与本案有关联的部分票据不予采信，对于原告福建绿家园提供的付款方名称为中国政法大学的票据也不能合理体现与本案有关联，亦不予采信。关于市内交通费和出差人员的用餐费用参照《中央和国家机关差旅费管理办法》第二十条、第十六条、第十七条规定，按必要的出差天数计算，市内交通费每人每天 80 元、伙食补助费按福建省标准每人每天 100 元计算。对于住宿费超过上述规定的标准的（福建省其他人员标准间每天 330 元）部分不予支持，对于南平至福州往返没有正式车票的按汽车票 74 元计算。经核算，原告自然之友为本案支出的合理交通费费用共计 22 840 元（2014 年 12 月 3 日至 6 日计 6836 元、2015 年 4 月 28 至 4 月 30 日计 5460 元、2015 年 5 月 13 日至 2015 年 5 月 16 日委托代理人及鉴定人计 544 元），合理的住宿费 4148 元（2014 年 12 月 3 日至 6 日计 848 元、2015 年 4 月 28 日至 4 月 30 日计 1380 元按 2 间 2 天计超标准 60 元应为 1320 元、2015 年 5 月 13 日至 2015 年 5 月 16 日住宿费 2645 元按 3 间 2 天超标准 665 元应计为 1980 元），市内交通及用餐费参照标准按每次 3 天计算确定为 4320 元，合计 31 308 元。原告福建绿家园为本案支出的交通费 4513.5 元、住宿费 400 元，市内交通及用餐费结合差旅费发票根据案件合理的出差需要，参照标准确定为 2480 元，合计 7393.5 元。

第六组证据：第二次庭审中，原告自然之友对主体资格方面补充了 4 份证据。证据 1. 任命书，证明原告自然之友举办者李×2010 年 6 月 18 日前是中国文化书院绿色分院的总干事；证据 2. 协议，证明举办者杨×平 2010 年 6 月 18 日前是中国文化书院绿色分院的理事长；证据 3. 劳动合同，证明张×赫之前是中国文化书院绿色分院的干事；以上三个证据进一步证明原告自然之友三位举办者均来自中国文化书院绿色分院，中国文化书院绿色分院与原告自然之友是承继关系。证据 4. 江苏省高级人民法院（2015）苏环公民诉字 00001 号裁定书，证明原告自然之友符合公益诉讼的原告主体资格。

被告谢×锦、倪×香、郑×姜质证认为，对证据 1、证据 2、证据 3 因原告自然之友登记的时间是 2010 年 6 月 18 日，根据民法通则的规定从登记之日起才有民事行为能力，之前是中国文化书院绿色分院从事公益活动，相对于原告是不具有承继的关系；证据4的裁定书也不能证明原告自然之友的主体适格，该案的起诉时间是在2014年11月14日，那时新环境保护法还没有开始实施，没有从事环境保护公益活动五年的要求。

被告李×槊质证认为，对证据1、证据2、证据3原告自然之友举证说明现在的法定代表人是原来中国文化书院绿色分院的干事，而公益诉讼的主体强调的就是有关组织，是以登记作为前置条件，所以原告方所举证的主体的问题是不符合法律以及司法解释的规定；对证据4江苏省高级人民法院的裁定，裁定不能作为审查原告自然之友主体是否适格的依据，而应该根据相关的法律规定来确认。

第三人国土延平分局对该组证据没有异议。

第三人延平区林业局对该组证据没有异议。

本院认为，证据1、证据2、证据3是原告自然之友的举办者、法定代表人的人事关系，与本案原告自然之友的主体资格没有关联性，不予采信。证据4江苏省高级人民法院（2015）苏环公民诉字00001号裁定书亦与本案没有关联性，亦不予采信。

庭审中，被告李×槊提供如下证据：

证据1. 证号3507020520004《采矿许可证》、证号3507020820014《采矿许可证》，证明被告李×槊依法取得采矿许可。证据2. 2014年11月13日国土延平分局《关于缴纳矿山生态环境恢复治理保证金的通知》，证明被告李×槊持有的《采矿许可证》有效期至2008年8月届满的3年3个月后才被要求缴纳矿山生态环境恢复治理保证金，而被告李×槊签收的时间则是2015年1月21日，被告李×槊不存在侵权的主观故意。证据3. 1995年4月25日南平市延平区山海协作招商团《南平市延平区关于鼓励开采和加工石材的优惠条件》、南平市延平区太平镇人民政府《关于加强太平镇矿产资源开发管理规定的通知》[太政（1997）81号]、南平市延平区太平镇人民政府《关于矿山企业和采矿管理的办法》[太政（1998）70号]、2008年3月30日南平市延平区太平镇人民政府《磁于太平镇葫芦山花岗开采占用林地的情况汇报》，证明被告李×槊没有实施破坏生态的侵权行为。

原告自然之友质证认为，对被告李×槊的证据1真实性、合法性没有异议，对关联性有异议，许可证上的期限是 2008 年到期，取得许可证不能证明开采的行为就不违法，事实上被告李×棠转让、扩大开采范围都是违法的；对证据 2 真实性、合法性没有异议，对关联性有异议，不能证明其证明对象，保证金不是恢复植被的费用，交保证金恰好说明被告有恢复植被的义务，而被告没有恢复就是存在主观的故意；对证据 3 真实性没有异议，对合法性有异议，该组证据的文件不能违反法律法规、规章的规定，对关联性有异议，不能证明被告李×棠要证明的主张。

原告福建绿家园质证认为，同意原告自然之友质证意见，且证据 1 可以反证被告李×棠对被告谢×锦、倪×香、郑×姜三人超范围采矿毁坏植被有直接故意的过错和积极实施的行为，证据 2、证据 3 反证被告李×棠对被告谢×锦、倪×香、郑×姜三人超范围采矿毁坏植被有恢复义务，不能恢复的有赔偿生态环境修复费用及期间服务功能损失的费用的义务。

被告谢×锦、倪×香、郑×姜对被告李×棠提供的证据 1、证据 2、证据 3 的真实性、合法性、关联性均无异议。《南平市延平区关于鼓励开采和加工石材的优惠条件》规定：来我区投资办厂实行登记制，可先登记，先开工，然后再办理其他手续，及《关于缴纳矿山生态环境恢复治理保证金的通知》，与原告自然之友提供《开发利用方案》相互印证，证明当地政府相关部门许可被告谢×锦、倪×香、郑×姜边申请边开采，被告谢×锦、倪×香、郑×姜在本案侵权责任中过错较小。

第三人国土延平分局质证认为，对证据 1、证据 3 没有异议，对证据 2 真实性、合法性、关联性没有异议，但对证明对象有异议。

第三人延平区林业局对被告李×棠提供的证据 1、证据 2、证据 3 的真实性没有异议。

本院认为，被告李×棠该组证据的证据 1、证据 2 真实、合法，且与本案有关联性，予以采信；证据 3 与本案没有关联性，不予采信。

第二次庭审中，被告谢×锦、倪×香、郑×姜提供如下证据（复印件）：

证据 1. 南平市延平区山海协作招商团《南平市延平区关于鼓励开采和加工石材的优惠条件》，证明当地政府为发展经济，制定政策允许被告边开采边审批；证据 2. 南合协调（2012）1 号《关于合福铁路（延平段）压覆矿评估补偿协调会议纪要》，证明在当地政府招商允许边开采边审批的优惠政策背景下，不仅涉案矿山开采没有办理征占用林地手续，南平市延平区所有压覆矿（大约十几家）均没有取得征占用林地许可手续；证据3.采矿许可证，证明2009年5月涉案矿山采矿许可证还通过了年检；证据4.发票，证明被告谢×锦、倪×香、郑×姜与李×槊签订《矿山转让合同》后，已去国土资源局办理采矿权人变更登记及矿区扩大审批手续；证据5.证明被告谢×锦、倪×香、郑×姜与李×槊签订矿山转让合同后，已去林业局办理矿区扩大及使用林地审批手续；证据6.福建省冶金工业设计院《恒兴矿区开发利用方案》，证明被告配合当地政府部门作了大量的矿山采矿许可延期（含征用林地许可证）及矿区扩大前期手续，后因合福铁路建设被停；证据7.收条，证明在林业行政部门协调下，被告占用林地19.44亩已向当地村民交纳了青苗损失费；证据8.发票，证明涉案矿山已缴纳了生态环境恢复保证金；证据9.国土延平分局《关于要求合福高铁压覆矿山进行生态恢复治理等事项的函》，证明被告谢×锦、倪×香、郑×姜去办采矿权变更登记，因为合福铁路建设被迫停产关闭，生态环境恢复治理应当由业主进行，但是要等业主的补偿款收到后才能进行，到目前为止补偿款还没有到位。

原告自然之友、福建绿家园质证认为，证据1真实性没有异议，但对它的合法性、关联性有异议，文件不能与法律法规相抵触，如果与法律相抵触是无效的，且先开工后办手续也不是说不办手续，不能因此证明先开采就是合法的；证据2真实性没有异议，但是合法性、关联性有异议，没有占用林地就补偿本身就不合法，而且这与本案没有关联；证据3真实性没有异议，对它的合法性、关联性有异议，许可证的有效期限是在2008年8月，对2009年年检的合法性有异议；证据4发票真实性、合法性没有异议，但是关联性有异议，与是否变更了采矿登记以及扩大采矿区没有关联；证据5真实性尊重第三人国土延平分局的意见，但对于合法性和关联性有异议，这只是一个证明，不是许可的形式，也说明了被告是明知是需要办理征占用林地许可证的；证据6真实性、合法性没有异议，但是对关联性有异议，有前期的手续，并不能证明取得了合法的许可，而且这个报告证明被告有恢复植被的义务；证据7因为没有原件所以对真实性保留意见，对合法性、关联性也有异议，给村民补偿了并不等于占用林地合法，且对青苗的补偿，与本案无关，且涉及的面积与本案也不一致；证据8真实性、合法性没有异议，但是关联性有异议，生态环境保证金与生态环境恢复不是一回事，不能免除生态环境恢复；证据 9 真实性没有异议，但是合法性、关联性有异议，因合福铁路修建就停止不等于原来就是合法的，补偿的问题也与本案无关。以上 9 份证据与合法开采、免除生态环境恢复赔偿义务无关，不能证明是合法开采，不能证明被告免除恢复生态环境义务。

被告李×槊质证认为对该组证据的真实性、合法性、关联性均没有异议，也进一步证明了被告李×槊没有实施破坏生态的行为。

第三人国土延平分局质证认为对真实性没有异议，同意原告的质证意见。

第三人延平区林业局质证认为，对证据 1、证据 2 真实性、合法性、关联性没有异议；证据 3 真实性没有异议，合法性有异议；证据 4 真实性、合法性、关联性没有异议；证据 5 真实性没有异议，但被告并没有来办理手续；证据 6 真实性没有异议，证据 7 关联性有异议；对证据 8、证据 9 的真实性没有异议。

本院认为，证据 1、证据 2 与本案没有关联性，不予采信；证据 3 与被告李×槊提供的证据 1 中的采矿许可证一致，予以采信，但采矿许可证是否有年检与本案非法占用林地的行为没有关联性，对该事实不予确认。证据 4、证据 5 与本案没有关联性；证据 6 与原告提供的第二组证据 1 一致，予以采信，但被告主张的待证事实与本案没有关联性，不予确认。证据 7、证据 9 与本案没有关联性，不予采信。证据 8 真实、合法，与本案具有关联性，予以采信。

第三人国土延平分局提供的证据：《制止国土资源违法行为通知书》三份，证明原来的采矿权人是李×槊，采矿证已经过期，被告是非法采矿。

原告自然之友、福建绿家园质证认为，对这三份证据真实性、合法性、关联性没有异议，证明四个被告多次违法。

被告谢×锦、倪×香、郑×姜对该证据真实性没有异议，但是并不能证明有制止被告谢×锦、倪×香、郑×姜的采矿行为，暂停开矿是因合福铁路建设，在最后一张通知下发的时候矿山已经停止生产。

被告李×槊质证认为，对这三份证据的真实性没有异议，但是被告李×槊的采矿许可是在 2008 年 8 月到期，到期后转让给其他三被告。

第三人延平区林业局对这组证据真实性、合法性、关联性没有异议。

第三人延平区林业局没有提供证据。

本院认为，第三人国土延平分局提供的该组证据真实、合法，且与本案有关联性，予以采信。

根据采信的证据，并综合各方当事人的庭审陈述，足以认定本案事实。

经审理查明，中国文化书院绿色分院作为社会团体分支机构（英文名称为"Friends of Nature"，习称"自然之友"），于2003年5月8日经民政部登记，并以"自然之友"名义开展环境保护公益活动。原告自然之友在此基础上于2010年6月18日在北京市朝阳区民政局登记成立，属于民办非企业单位，从事非营利性社会服务活动的社会组织。章程规定的宗旨：倡导生态文明、从事环境研究、促进可持续发展。业务范围：固体废弃物处理技术研究及相关政策研究，固体废弃物对生态环境的影响研究，固体废弃物研究相关科普活动推广及相关环境教育推广。经北京市朝阳区民政局年度检查，2010年度合格、2011年度基本合格、2012年度合格、2013年度合格。原告自然之友提供了2009年至2014年各年度工作报告，内容主要体现从事环境问题调查研究、保护生态环境、环保知识教育等公益活动，并声明自成立以来无违法记录。原告福建绿家园是2006年11月7日在福建省民政厅登记的民办非企业单位，是非营利性社会服务活动的社会组织。章程规定的宗旨：普及公民环境保护意识，保护生态环境与生态平衡。业务范围：保护生态环境、传播环境文化、开展学术技术交流。经福建省民政厅年度检查，2009年至2013年度均合格。原告福建绿家园提供了2009年至2013年各年度工作报告，内容主要体现参与环境问题调查、保护生态环境、宣传环境保护等公益活动，并声明自成立以来无违法记录。

2005年5月18日，经第三人国土延平分局许可，被告李×槊取得证号为3507020520004的《采矿许可证》，采矿权人为被告李×槊，矿山名称为南平市延平区××石材厂，有效期限自2005年4月至2008年8月，矿区面积0.0039平方公里，矿种为饰面花岗岩，开采深度由282米至252米标高。被告李×槊亦取得南平市延平区××石材厂个体工商户营业执照。2008年6月3日，经第三人国土延平分局许可，被告李×槊取得证号为3507020820014的《采矿许可证》，有效期限自2008年6月至2008年8月，开采深度由520米至483米标高，采矿权人、矿山名称、矿区面积、矿种等与3507020520004的《采矿许可证》一致。2008年5月28日，被告李×槊向第三人国土延平分局交纳了 10 000 元生态环境恢复保证金。被告李×槊采矿过程中未依法取得占用林地许可证。2008 年 11 月福建省冶金工业设计院出具一份《南平市延平区砂基洋（恒兴）矿区饰面花岗岩开发利用方案》对矿区水土保持、土地复垦、闭坑措施等作了可行方案。

2008 年 7 月 28 日，被告李×槊与被告谢×锦签订一份《采矿权转让合同》。2008 年 7 月 29 日，被告李×槊与被告谢×锦、倪×香、郑×姜又重新签订一份内容相同的《采矿权转让合同》，约定被告李×槊出让给被告谢×锦、倪×香、郑×姜的采矿矿区位于福建省南平市延平区太平镇葫芦山村，矿山名称为南平市延平区××石材厂，矿区面积 0.0039 平方公里，矿种为饰面花岗岩，采矿权四至范围及界址为矿山范围扩大至现采矿点山顶整个范围。登记于李×槊名下的《采矿许可证》证号为 3507020520004，李×槊负责办理该采矿许可证续期十年，矿山范围扩大至现采矿点整个山顶范围。李×槊领取续期《采矿许可证》之日起配合将采矿权人变更至谢×锦名下。李×槊负责协调开通矿山脚部至山顶的道路。合同末尾注明：原 2008 年 7 月 28 日，被告李×槊与被告谢×锦单独签订的合同无效，以 2008 年 7 月 29 日被告李×槊与被告谢×锦、倪×香、郑×姜三个股东共同重新签订的合同为有效合同。合同还约定了价款支付、违约责任等内容。该合同签订后，未经采矿权审批管理机关审批。被告谢×锦、倪×香、郑×姜三人经商量决定由被告谢×锦具体负责矿山的采矿事宜。此后，在未依法取得占用林地许可证及办理采矿许可续期手续的情况下，被告谢×锦、倪×香、郑×姜改变被告李×槊原有塘口位置从山顶剥山皮、开采矿石，并将剥山皮和开采矿石产生的弃石往山下倾倒，直至 2010 年初停止开采，造成林地原有植被严重毁坏。被告谢×锦、倪×香、郑×姜还在矿山的塘口的下方兴建了砖混结构的工棚用于矿山工人居住。在国土资源部门数次责令停止采矿的情况下，2011 年 6 月份，被告谢×锦、倪×香、郑×姜还雇佣挖掘机到该矿山，在矿山边坡处开路和扩大矿山塘口面积，造成该处林地原有植被严重毁坏。经福建天祥司法鉴定所鉴定，被告谢×锦、倪×香、郑×姜采石塘口位于 005 林班 08 大班 040 小班、013 林班 02 大班 050 小班，占用林地面积10.54 亩；弃石位于 013 林班 02 大班 050 小班和 013 林班 02 大班 020 小班，占用林地的面积 8.62 亩；工棚位于 005 林班 08 大班 070 小班，占用林地的面积 0.28 亩，非法占用林地面积共计 19.44 亩。被告李×槊原采石塘口位于 013

林班 02 大班 020 小班、050 小班、070 小班占用林地面积 8.89 亩。占用林地现场被用于采石、堆放弃石弃土，造成林地的原有植被被严重破坏。被告谢×锦、倪×香、郑×姜因犯非法占用农用地罪，于 2014 年 7 月 28 日被南平市延平区人民法院分别判处有期徒刑一年六个月、一年四个月、一年二个月。三被告不服，提起上诉，本院二审裁定：驳回上诉，维持原判。

2010 年 3 月 26 日，被告李×槊出具委托书委托被告谢×锦、倪×香、郑×姜代为办理证号 3507020520004《采矿许可证》所属矿山的拆迁补偿相关事宜。

2014 年 11 月 13 日，第三人国土延平分局向被告李×槊登记的南平市延平区××石材厂发出一份《关于缴纳矿山生态环境恢复治理保证金的通知》，要求缴纳矿山生态环境恢复治理保证金 252 000 元。

在被告谢×锦、倪×香、郑×姜犯非法占用农用地罪一案侦查过程中，侦查机关南平市公安局延平森林分局制作的 2014 年 1 月 20 日补充现场勘验笔录记载："谢×锦、倪×香、郑×姜三人后期采矿的弃石处下方与原老板李×槊的矿山塘口部分重叠，原老板李×槊的矿山塘口部分被弃石覆盖。"2014 年 1 月 22 日被告谢×锦的现场辨认笔录记载："原李×槊的旧塘口已被山顶新塘口采挖期间所产生的弃石、弃土所掩埋。"以及 2014 年 2 月 12 日第二次补充现场勘验笔录记载："原老板李×槊在现场同时表示，他今天在现场指认的其原来采石塘口现部分已被谢×锦、倪×香、郑×姜三人后期采矿所产生的弃土、弃石掩埋覆盖。"

本案诉讼期间，原告自然之友委托北京中林资产评估有限公司评估。经评估，北京中林资产评估有限公司作出评估报告，结论为：生态修复项目的总费用在评估基准日的价值为 110.19 万元；价值损害即生态环境受到损害至恢复原状期间服务功能损失为 134 万元，其中损毁林木价值 5 万元，推迟林木正常成熟的损失价值 2 万元，植被破坏导致碳释放的生态损失价值、森林植被破坏期生态服务价值、森林恢复期生态服务价值 127 万元。

原告自然之友为本案支付评估费 6000 元，律师费 96 200 元，为本案支出的其他合理费用 31 308 元（合理的交通费 22 840 元、合理的住宿费 4148 元、市内交通及用餐费参照《中央和国家机关差旅费管理办法》规定的标准并结合差旅费发票及案件合理的出差需要，确定为 4320 元）；原告福建绿家园为本案支付律师费 25 261 元，为本案支出的其他合理费用 7393.5 元（交通费 4513.5 元、住宿费 400 元、市内交通及用餐费参照《中央和国家机关差旅费管理办法》规定的标准并结合差旅费发票及案件合理的出差需要，确定为 2480 元）。

本院认为，本案争议的主要焦点问题：1. 原告自然之友、福建绿家园是否符合"从事环境保护公益活动连续五年以上"的主体资格要件；2. 被告谢×锦、倪×香、郑×姜、李×㮿是否应承担破坏生态环境的侵权责任，以及具体的责任形式和责任大小；3.《最高人民法院关于审理环境民事公益诉讼案件适用法律若干问题的解释》规定的生态环境受到损害至恢复原状期间服务功能损失是否适用于本案；4. 评估费用、律师费以及为诉讼支出的其他合理费用的确定问题；5. 第三人国土延平分局、延平区林业局是否应承担组织恢复植被的民事责任。

关于原告自然之友、福建绿家园的主体资格问题。《中华人民共和国环境保护法》第五十八条规定："对污染环境、破坏生态，损害社会公共利益的行为，符合下列条件的社会组织可以向人民法院提起诉讼：（一）依法在设区的市级以上人民政府民政部门登记；（二）专门从事环境保护公益活动连续五年以上且无违法记录。"原告自然之友系 2010 年 6 月 18 日在北京市朝阳区民政局登记成立的民办非企业单位，虽然其自登记之日起至本案起诉之日止成立不满五年，但其在登记前已经依法从事环境保护公益活动，至提起本案诉讼前从事环境保护公益活动已满五年，且在本案诉讼过程中其登记设立已满五年，并无违法记录。因此，原告自然之友在本案中符合"从事环境保护公益活动连续五年以上"的主体资格要件。原告福建绿家园于 2006 年 11 月 7 日在福建省民政厅登记，是从事环境保护的非营利性的社会组织，专门从事环境保护公益活动连续五年以上且无违法记录。故原告自然之友、福建绿家园均符合《中华人民共和国环境保护法》第五十八条规定，作为公益诉讼原告的主体适格。

关于被告谢×锦、倪×香、郑×姜、李×㮿是否应承担破坏生态的侵权责任，以及具体的责任形式和责任大小问题。被告谢×锦、倪×香、郑×姜非法占用林地共 19.44 亩，被告谢×锦、倪×香、郑×姜依法应当承担该部分损坏林地植被的恢复义务。虽然被告李×㮿与被告谢×锦、倪×香、郑×姜签订了《采矿权转让合同》，但该合同未经主管部门批准而未生效，且被告李×槊的采矿许可证到期未经行政主管部门办理续期手续的情况下，擅自将矿山采矿权四至范围扩大至原采矿点整个山顶范围出让给被告谢×锦、倪×香、郑×姜采矿，被告李×槊对被告谢×锦、倪×香、郑×姜非法占用林地造成植被破坏的行为具有共同过错，故被告李×槊对被告谢×锦、倪×香、郑×姜非法占用林地 19.44 亩应承担共同责任。由于被告李×槊的原塘口 8.89 亩部分已被被告谢×锦、倪×香、郑×姜之后采矿期间所产生的弃石、弃土所掩埋，对该部分被告李×槊与被告谢×锦、倪×香、郑×姜的责任无法区分，故被告谢×锦、倪×香、郑×姜也应对该部分承担共同恢复责任。《中华人民共和国森林法》第十八条规定："进行勘查、开采矿藏和各项建设工程，应当不占或者少占林地；必须占用或者征用林地的，经县级以上人民政府林业行政主管部门审核同意后，依照有关土地管理的法律、行政法规办理建设用地审批手续，并由用地单位依照国务院有关规定缴纳森林植被恢复费。"被告李×槊和被告谢×锦、倪×香、郑×姜未经林业行政主管部门审批，为采矿先后非法占用林地共 28.33 亩，造成林地的原有植被被严重破坏，属于破坏生态环境、损害社会公共利益的行为。关于被告李×槊提出其采矿的矿区塘口早在 1995 年即已存在，其没有提供证据，且根据国土资源部《矿山地质环境保护规定》第二十四条规定："采矿权转让的，矿山地质环境保护与治理恢复的义务同时转让。采矿权受让人应当依照本规定，履行矿山地质环境保护与治理恢复的义务。"其受让采矿权的同时，也应承受恢复的义务。综上，被告谢×锦、倪×香、郑×姜、李×槊依法应共同承担恢复林地植被的义务，如未在判决指定的期限内履行恢复林地植被的义务，则应共同赔偿生态环境修复费用 110.19 万元用于恢复林地植被。

关于《最高人民法院关于审理环境民事公益诉讼案件适用法律若干问题的解释》规定的生态环境受到损害至恢复原状期间服务功能损失是否适用于本案的问题。因新的法律、法规或者司法解释实施前的有关民事行为或者事件发生纠纷起诉到人民法院，在行为发生时的法律、法规或者司法解释没有明确规定时，可以适用新的法律、法规或者司法解释的规定。2015 年 1 月 7 日《最高人民法院关于审理环境民事公益诉讼案件适用法律若干问题的解释》正式施行，该解释第二十一条规定："原告请求被告赔偿生态环境受到损害至恢复原状期间服务功能损失的，人民法院可以依法予以支持。"本案系于 2015

年1月1日立案受理，一审审理过程中上述司法解释颁布实施，故针对该司法解释规定的生态环境服务功能损失，可以适用于本案。因此，原告主张被告赔偿生态环境受到损害至恢复原状期间服务功能损失，本院予以支持。但因原告主张的损害价值134万元中的损毁林木价值5万元和推迟林木正常成熟的损失价值2万元属于林木所有者的权利，不属于对植被生态公共服务功能的损失，故原告无权主张，本院不予支持；其余植被破坏导致碳释放的生态损失价值、森林植被破坏期生态服务价值、森林恢复期生态服务价值合计127万元属于生态公共服务功能的损失价值，本院予以支持。

关于鉴定费用、律师费以及为诉讼支出的其他合理费用问题。根据《最高人民法院关于审理环境民事公益诉讼案件适用法律若干问题的解释》第二十二条规定，原告自然之友主张的评估费用6000元，属于为诉讼合理支出，本院予以支持；其主张的律师费96 200元在律师收费相关规定允许范围内，没有违反规定，本院予以支持；为诉讼支出的其他合理费用31 308元亦属必要，本院予以支持。原告福建绿家园主张的律师费用25 261元系参照律师收费办法的规定，在收费幅度内按标的额约1%收取，合法合理，本院予以支持；为诉讼支出的其他合理费用7393.5元，亦予以支持。

关于第三人国土延平分局、延平区林业局是否应承担组织恢复植被的责任问题。本案中，第三人国土延平分局、延平区林业局作为对环境保护负有监督管理职责的行政执法部门，与本案处理结果没有民事法律利害关系，不应作为民事法律关系的第三人承担责任。

综上，依照《中华人民共和国民法通则》第一百一十七条、第一百三十条，《中华人民共和国环境保护法》第五十八条，《最高人民法院关于审理环境民事公益诉讼案件适用法律若干问题的解释》第十八条、第二十条、第二十一条和第二十二条之规定，判决如下：

一、被告谢×锦、倪×香、郑×姜和李×槊应于本判决生效后五个月内清除南平市延平区葫芦山砂基洋××石材厂矿山采石处现存工棚、机械设备、石料和弃石，恢复被破坏的28.33亩林地功能，按照《造林技术规程》（DB35/T 84-2005）标准并结合当地林业行政部门人工造林技术要求在该林地上补种林木，并对补种的林木抚育管护三年（管护时间从补种的林木经验收合格之日起计算）。

二、被告谢×锦、倪×香、郑×姜和李×棠不能在第一项判决指定的期限内恢复林地植被，应于期限届满之日起十日内共同赔偿生态环境修复费用110.19万元（支付到本院指定账户），该款用于本案的生态环境修复。

三、被告谢×锦、倪×香、郑×姜和李×棠应于本判决生效后十日内共同赔偿生态环境受到损害至恢复原状期间服务功能损失127万元（支付到本院指定账户），该款用于本案的生态环境修复或异地公共生态环境修复。

四、被告谢×锦、倪×香、郑×姜和李×棠应于本判决生效后十日内共同支付原告北京市朝阳区自然之友环境研究所支出的评估费6000元、律师费96 200元、为诉讼支出的其他合理费用31 308元，合计133 508元。

五、被告谢×锦、倪×香、郑×姜和李×棠应于本判决生效后十日内共同支付原告福建省绿家园环境友好中心律师费25 261元、为诉讼支出的其他合理费用7393.5元，合计32 654.5元。

六、驳回原告北京市朝阳区自然之友环境研究所和福建省绿家园环境友好中心的其他诉讼请求。

如果未能按本判决指定的期间履行给付金钱义务，应当依照《中华人民共和国民事诉讼法》第二百五十三条之规定，加倍支付迟延履行期间的债务利息。

案件受理费26 335元，保全费5000元，由被告谢×锦、倪×香、郑×姜和李×棠共同负担30 775元；由原告北京市朝阳区自然之友环境研究所和福建省绿家园环境友好中心共同负担560元，该款依原告申请准予免交。

如不服本判决，可在判决书送达之日起十五日内，向本院递交上诉状，并按对方当事人的人数提出副本，上诉于福建省高级人民法院。

审　判　长　　林×波

审　判　员　　甘×兴

代理审判员　　张×贵

人民陪审员　　黄×勤

人民陪审员　　朱　×

二〇一五年十月二十九日

书　记　员　　林×丽

书　记　员　　谢×德

附1：法律条文

《中华人民共和国民法通则》

第一百一十七条 侵占国家的、集体的财产或者他人财产的，应当返还财产，不能返还财产的，应当折价赔偿。

损坏国家的、集体的财产或者他人财产的，应当恢复原状或者折价赔偿。

受害人因此遭受其他重大损失的，侵害人并应当赔偿损失。

第一百三十条 二人以上共同侵权造成他人损害的，应当承担连带责任。

《中华人民共和国环境保护法》

第五十八条 对污染环境、破坏生态，损害社会公共利益的行为，符合下列条件的社会组织可以向人民法院提起诉讼：

（一）依法在设区的市级以上人民政府民政部门登记；

（二）专门从事环境保护公益活动连续五年以上且无违法记录。

符合前款规定的社会组织向人民法院提起诉讼，人民法院应当依法受理。

提起诉讼的社会组织不得通过诉讼牟取经济利益。

《最高人民法院关于审理环境民事公益诉讼案件适用法律若干问题的解释》

第十八条 对污染环境、破坏生态，已经损害社会公共利益或者具有损害社会公共利益重大风险的行为，原告可以请求被告承担停止侵害、排除妨碍、消除危险、恢复原状、赔偿损失、赔礼道歉等民事责任。

第二十条 原告请求恢复原状的，人民法院可以依法判决被告将生态环境修复到损害发生之前的状态和功能。无法完全修复的，可以准许采用替代性修复方式。

人民法院可以在判决被告修复生态环境的同时，确定被告不履行修复义务时应承担的生态环境修复费用；也可以直接判决被告承担生态环境修复费用。

生态环境修复费用包括制定、实施修复方案的费用和监测、监管等费用。

第二十一条 原告请求被告赔偿生态环境受到损害至恢复原状期间服务功能损失的，人民法院可以依法予以支持。

第二十二条 原告请求被告承担检验、鉴定费用，合理的律师费以及为诉讼支出的其他合理费用的，人民法院可以依法予以支持。

附 2：执行申请提示

《中华人民共和国民事诉讼法》

第二百三十九条 申请执行的期间为二年。申请执行时效的中止、中断，适用法律有关诉讼时效中止、中断的规定。

前款规定的期间，从法律文书规定履行期间的最后一日起计算；法律文书规定分期履行的，从规定的每次履行期间的最后一日起计算；法律文书未规定履行期间的，从法律文书生效之日起计算。

第二百五十三条 被执行人未按判决、裁定和其他法律文书指定的期间履行给付金钱义务的，应当加倍支付迟延履行期间的债务利息。被执行人未按判决、裁定和其他法律文书指定的期间履行其他义务的，应当支付迟延履行金。

民事上诉状

上诉人：谢×锦，男，住址、居民身份证号码（略）。

上诉人：倪×香，男，住址、居民身份证号码（略）。

上诉人：郑×姜，男，住址、居民身份证号码（略）。

被上诉人：北京市朝阳区自然之友环境研究所。

法定代表人：张×赫。

住所地：北京市朝阳区裕民路 12 号 2 号楼×层××××。

被上诉人：福建省绿家园环境友好中心。

法定代表人：邓×兴。

住所地：福建省福州市鼓楼区营迹路 38 号温泉花园×座×××。

上诉人不服南平市中级人民法院（2015）南民初字第 38 号民事判决书判决，特提出上诉。

请求事项：

一、撤销南平市中级人民法院（2015）南民初字第 38 号民事判决书判决。

二、依法改判驳回被上诉人一审诉讼请求。

三、一审、二审诉讼费由被上诉人承担。

事实和理由：

一、一审判决对本案重要事实查而不明，认定事实不清。本案案由是侵权责任纠纷，即原告提起诉讼是侵权之诉。民事侵权构成四个要件：违法行为；损害事实的存在；违法行为与损害事实之间的因果关系；行为人主观过错。一审法院对上诉人是否构成侵权重要要件的主观过错未予查明，对于当地政府、相关行政执法部门当时制定政策及行政行为违法、不作为没有查明认定，将应当由当地政府、相关行政执法部门承担的责任全部归责上诉人承担，丧失了判决的公正性、公平性。

从本案发生、过程、结果上分析，上诉人主观过错是轻微的。2008年年初，上诉人在南平市延平区政府以多项优惠条件招商引资的吸引下，筹集巨额资金到延平区寻找投资项目，经朋友的介绍获悉李×槊开采的花岗岩矿山因缺乏资金要转让，与李×槊商谈，听取李×槊说明矿山由原矿点可以申请扩大到山顶，当地政策可以边开采边审批的介绍，经考察矿山后，7月底与李×槊签订了《矿山采矿权出让合同》，受让了位于延平区太平镇葫芦山的延平区××石材厂的矿山。上诉人遵循当地政府允许边审批边生产的招商优惠政策，向当地国土资源部门申请采矿权人变更和矿区扩大及用林许可登记审批手续，该局受理了上诉人的申请，告知上诉人申请批准要先委托有资质的部门进行地质勘探等资料，上诉人按照要求进行了如福建省国土资源评估中心2008年11月《恒兴矿区饰面花岗岩矿普查地质报告》等大量的前置资料工作，同时着手做开采前期的剥离山皮作业。当国土资源等部门对上诉人采矿权人变更和矿区扩大及用林许可办理的前置资料进行审查，即将批复之际，合福铁路建设将涉案矿山列入压覆矿而被征用，国土资源等部门根据南平市人民政府办公室《关于转发合福铁路公司筹备组关于协调解决新建合肥至福州铁路经过南平市境内压覆矿厂问题的函》等文件暂停批复登记，矿山也被迫停产关闭。

对上述事实，上诉人一审举证了充分、确凿的证据。然而，一审判决对上诉人举证的证明当地政府、相关行政执法部门当时制定政策及行政行为违法、不作为与本案矿山林地被破坏有直接的因果关系一概以与本案没有关联性不予采信。上诉人认为虽然我国立法上对公益民事诉讼没有规定行政机关可以作为诉讼责任主体，但本案民事诉讼为查明上诉人的过错大小必须查明当地政府、相关行政执法部门当时制定政策及行政行为违法、不作为与本案矿山林地被破坏的因果关系，虽然当前在公益民事诉讼中无法律依据对当地政府、相关行政执法部门归责，但对判断上诉人的过错大小至关重要，这是不能回避的事项。一审判决对此回避，将应当由当地政府、相关行政执法部门当时制定政策及行政行为违法、不作为应当承担的责任全部归责上诉人承担，导致不公判决。

二、生态环境修复费用、生态服务功能损失评估鉴定不应作为认定本案事实的依据。二份评估报告没有体现评估人员评估资质（林资源评估专家、注册资产评估师）证书，不能证明评估人员具有森林资源评估资质。《森林资源资产评估专家评审认定办法》第三条规定："森林资源资产评估专家与注册资产评估师共同开展森林资源资产评估业务工作，编写森林资源资产评估报告并签字。"评估报告不能证明评估人员具有森林资源评估资质，该评估报告不应采用。

二份评估书仅采用上诉人刑事案件案卷内损害林地亩数司法鉴定意见，但没有调取评估对象（鉴定检材）过程及评估对象（鉴定检材）样状描述。评估人员在上述取矿区周边林区调取检样。根据《最高人民法院关于审理环境民事公益诉讼案件适用法律若干问题的解释》第二十条规定"原告诉求恢复原状的，人民法院可以依法判决被告将生态环境修复到损害发生之前的状态和功能"，即评估对象（检材）应为损害发生之前的状态和功能。据上诉人刑事案件案卷证人证言涉案矿山剥山皮之前山顶是岩石及山边一些小松树。该状态目前虽然不存在了，但可以调取破坏之前的航拍图或林业部门林产普查备案资料。评估人员以矿区周边林地为评估对象（检材）进行测评，不能体现评估报告的科学性、合理性、公平性。

三、涉案矿山因合福铁路建设作为压覆矿被合福铁路征用后，生态恢复已列入政府治理范围。南平市国土资源局延平分局延分国土资（2012）17号《关于要求合福高铁压覆矿山进行生态恢复治理等事项的函》清楚地展现：京福高铁在延平区境内需压覆的矿山共14家，其中大部分矿山于（含本案涉案矿山）2008年到期申请延期，并准备了延续登记材料；根据南平市人民政府办公室《关于转发合福铁路公司筹备组关于协调解决新建合肥至福州铁路经过南平市境内压覆矿厂问题的函》等文件暂停对已到期矿山延续登记；由于合福铁路建设需要，矿山被迫停产关闭；建议铁路建设业主要对廷平区境内压覆矿山的生态恢复治理费进行补偿，以便使高铁建成后能顺利完成高铁两侧"恢复植被"及"青山挂白"的治理任务。涉案矿山因合福铁路建设作为压覆矿被合福铁路征用后，生态恢复已列入地方政府治理范围。对此因合福铁路建设征用矿山遗留问题与无证开采矿山破坏林地的行为有质的区别，后者完全可以通过环保公益诉讼解决，而前者依法由政府部门综合治理解决，涉案矿山生态恢复已列入当地政府治理范围，根本无须通过环境公益诉讼解决。

当地政府对合福铁路建设征用矿山遗留的被征用矿山生态恢复的依法治理，是当地政府依法行政行为，只有当地政府行政不作为或者行政行为违法使生态恢复不能解决才能通过环保公益诉讼解决。

四、一审判决适用法律错误。新修订的《中华人民共和国环境保护法》第七十条规定"本法自 2015 年 1 月 1 日起施行"，《最高人民法院关于审理环境民事公益诉讼案件适用法律若干问题的解释》是依据《中华人民共和国环境保护法》规定的环保公益诉讼而作出的司法解释，一审判决上诉人赔偿生态环境受到损害至恢复原状期间服务功能损失是依据《最高人民法院关于审理环境民事公益诉讼案件适用法律若干问题的解释》第十五条作出的新规定（之前没有任何法律及司法解释对此作出规定）。根据民商诉讼审理中出现新颁布法律、法规及司法解释的适用遵循"从旧兼从新"原则，一审判决上诉人赔偿生态环境受到损害至恢复原状期间服务功能损失 127 万元适用法律错误。

五、一审判决程序违法。一判决认定北京市朝阳区自然之友环境研究所（以下简称"环境研究所"）是本案原告适格主体，是错误的认定。

环境研究所登记日期 2010 年 9 月 27 日，发证日期 2013 年 9 月 27 日，环境研究所起诉时间是 2015 年 1 月 1 日。根据《中华人民共和国环境保护法》第五十八条第二款规定，可以向人民法院提起诉讼社会组织必须"专门从事环境保护公益活动连续五年以上且无违法记录"。基于环境研究所依法设立时间不足五年，即专门从事环境保护公益活动达不到连续五年，不具备本案诉讼的原告主体资格。

中国文化书院绿色文化分院（以下简称"文化分院"）所从事的社会公益活动不能等同或视为环境研究所实施的公益活动。

环境研究所并非由文化分院变更登记设立，该文化分院也不是环境研究所举办者，根据环境研究所章程记载，该所举办者是杨×平、张×赫、李×三个自然人。原告举证的"中国文化书院绿色文化分院理事会决议"及"关于自然之友注册变更情况的说明"是该分院内部行文，该行文内容不能对抗环境研究所依法登记内容（环境研究所举办者是杨×平、张×赫、李×三个自然人，开办资金5万元，出资者李×，并非由文化分院变更成立，更不是接收文化分院资产注册）。因此，环境研究所虽然使用文化分院习称"自然之友"名称，但中国文化书院绿色文化分院与环境研究所是两个各自独立的民办非企业法人，文化分院所从事的社会公益活动不能等同或视为环境研究所实施的公益活动。

一审判决将中国文化书院绿色文化分院与环境研究所是两个各自独立的民办非企业法人从事的活动等同于环境研究所从事的活动，该认定显属错误。

一审判决认定环境研究所原告主体适格的另一个理由是"且在本案诉讼过程中其登记设立已满五年"，环境研究所登记日期2010年9月27日，换句话说，是在本案诉讼过程中至2015年9月27日登记设立已满五年，可以作为原告适格主体。但环境研究所举证、质证、委托鉴定及一审庭审均在2015年9月27日之前，是在环境研究所设立登记未满五年，不具备原告主体资格期间发生的，其在此期间所进行的举证、质证、委托鉴定及一审庭审陈述均无法律意义。一审判决却予以采信，诉讼程序明显违法。

综上所述，一审判决对本案重要事实查而不明，认定事实不清，适用法律错误，程序违法。上诉人特依照《中华人民共和国民事诉讼法》第一百六十四条规定向贵院提出上诉，并提出上列上诉请求事项，恳请二审法院依法支持上诉人的上诉请求，依法作出公正的判决，以示司法公正！

此致
福建省高级人民法院

上诉人：谢×锦、倪×香、郑×姜
2015年11月10日

答 辩 状

答辩人：北京市朝阳区自然之友环境研究所。住所地：北京市朝阳区裕民路 12 号楼×层××。

法定代表人：张×赫。

答辩人：福建省绿家园环境友好中心。住所地：福建省福州市鼓楼区营迹路 38 号温泉花园×座××。

法定代表人：林×英，职务：主任。

因上诉人谢×锦、倪×香、郑×姜不服福建省南平市中级人民法院（2015）南民初字第 38 号环境民事公益诉讼民事判决上诉一案，现答辩如下：

上诉人的上诉理由均不成立。

一、关于主观过错问题。

上诉人诉称以下事实错误：

（一）"行为人主观过错。一审法院对上诉人是否构成侵权重要要件的主观过错未予查明。"

（二）"从本案发生、过程、结果上分析，上诉人主观过错是轻微的。"

（三）"但本案民事诉讼为查明上诉人的过错大小必须查明当地政府、相关行政执法部门当时制定政策及行政行为违法、不作为与本案矿山林地被破坏的因果关系，虽然当前在公益民事诉讼中无法律依据对当地政府、相关行政执法部门归责，但对判断上诉人的过错大小至关重要，这是不能回避的事项。"

以上理由不成立，理由为：

首先，上诉人的主观过错是非常明显的，其没有取得许可的情况下实施开采行为完全是侵权行为当中的主观过错，而且是明知的、故意的行为，上诉人的主观过错不在轻微。

其次，侵权行为的因果关系必须是直接的或必然的，即使当地政府、相关行政执法部门当时制定政策及行政行为违法、不作为也与上诉人造成的后果没有直接的或必然的联系。且政府抽象行政行为、行政许可行为、行政合同行为、行政指导行为等属于行政诉讼审查范围，与本案环境民事公益诉讼无关。

二、关于评估报告问题。

上诉人诉称以下事实错误：

（一）"评估报告不能证明评估人员具有森林资源评估资质，该评估报告不应采用。"

（二）"即评估对象（检材）应为损害发生之前的状态和功能。据上诉人刑事案件案卷证人证言涉案矿山剥皮之前山顶是岩石及山边一些小松树。该状态目前虽然不存在了，但可以调取破坏之前的航拍图或者林业部门林产普查备案资料。"

以上理由不成立，理由为：

首先，评估报告聘请的专家具有森林资源评估能力。其次，诉讼法、司法解释允许有专门知识的人就因果关系、生态环境修复方式、生态环境修复费用以及生态环境受到损害至恢复原状期间服务功能的损失等专门性问题提出意见，专家辅助人的意见作为定案依据符合法律规定。最后，专家辅助人依法出庭接受了询问，其意见的形成过程，评估方法，结论和依据等符合客观、科学等要求，法院应当采信。

至于评估对象（检材）为损害发生之前的状态和功能与上诉人所说的涉案矿山剥皮时的状态不是完全等同的含义。矿山剥皮时的状态不影响上诉人侵权的成立，但有可能分担责任，不过举证责任在上诉人不在被上诉人。此外，原审中答辩人通过发问，审判员通过询问征求上诉人是否申请司法鉴定的意见，上诉人明确回答不申请。上诉人以此作为上诉理由不成立。

三、关于政府治理问题。

上诉人诉称以下事实错误：

（一）"涉案矿山生态恢复已列入当地政府治理范围，根本无须通过环境公益诉讼解决。"

（二）"当地政府对合福铁路建设征用矿山遗留的被征用矿山生态恢复的依法治理，是当地政府依法行政行为，只有当地政府行政不作为或者行政行为违法使生态不能解决才能通过环保公益诉讼解决。"

以上理由不成立，理由为：

生态破坏损害结果应当由破坏者修复和赔偿。政府等对生态环境负有的治理责任是另一法律关系，也不是不可抗力，更不是前置程序。比如交通事故肇事者难道因为伤者有医保支付医药费，就免责不赔医药费了！

四、关于服务功能损失问题。

上诉人诉称以下事实错误：

"一审判决上诉人赔偿生态环境受到损害至恢复原状期间服务功能损失是依据《最高人民法院关于审理环境民事公益诉讼案件适用法律若干问题的解释》第十五条作出的新规定（之前没有任何法律及司法解释对此作出规定）。根据民商诉讼审理中出现新颁布法律、法规及司法解释的适用遵循'从旧兼从新'原则，一审判决上诉人赔偿生态环境受到损害至恢复原状期间服务功能损失 127 万元适用法律错误。"

以上理由不成立，理由为：

《中华人民共和国侵权责任法》实施之前，恢复原状、赔偿损失就是《中华人民共和国民法通则》规定的承担民事责任的方式。《中华人民共和国侵权责任法》更是规定了恢复原状、赔偿损失等责任方式。赔偿损失包括赔偿生态环境受害至恢复原状期间服务功能损失。

五、关于举证、质证问题。

上诉人诉称以下事实错误：

"但环境研究所举证、质证、委托鉴定及一审庭审均在 2015 年 9 月 27 日之前，是在环境研究所设立登记未满五年，不具备原告主体资格期间发生的，其在此期间所进行的举证、质证、委托鉴定及一审庭审陈述均无法律意义。"

以上理由不成立，理由如下：

一是民政部门登记与专门从事环境保护公益活动连续五年是并列关系，不是民政部门登记满五年；二是举证、质证、委托鉴定及一审庭审陈述的法律意义不在于是否满五年；三是自然之友在 2015 年 9 月 27 日之后对之前的举证、质证、委托鉴定及一审陈述并无异议。

综上，上诉人的上诉理由均是不成立的，一审认定事实证据充分、清楚，适用法律正确，程序正当合法，故请求依法维持，驳回上诉人的上诉。

此致
福建省高级人民法院

答辩人：北京市朝阳区自然之友环境研究所

答辩人：福建省绿家园环境友好中心

2015 年 11 月 20 日

中国政法大学环境资源法研究和服务中心
支持单位意见书

尊敬的审判长、审判员：

贵院受理的被上诉人（原审原告）北京市朝阳区自然之友环境研究所、福建省绿家园环境友好中心与上诉人（原审被告）谢×锦、倪×香、郑×姜侵权责任纠纷环境公益诉讼案件，根据《中华人民共和国民事诉讼法》《最高人民法院关于审理环境民事公益诉讼案件适用法律若干问题的解释》等相关规定，中国政法大学环境资源法研究和服务中心（又称"污染受害者法律帮助中心"）通过向被上诉人（原审原告）提供生态环境保护法律咨询、派遣律师志愿者、协助调查取证、出庭发表支持意见等方式支持被上诉人（原审原告）依法提起本案环境民事公益诉讼，现我单位委托代理人祝×贺，参加案件二审程序开庭审理，当庭发表支持意见，望法庭予以采纳。

环境是人类赖以生存的各种自然因素的总体，切实保护和改善环境关系到人民群众生命健康、社会和谐安定和中华民族的永续发展。当前，我国面临环境污染严重、生态系统退化的严峻形势。对此，人民群众反映强烈，党中央高度关注。党的十八大把生态文明建设纳入中国特色社会主义事业"五位一体"总体布局，并提出了"建设美丽中国"的美好愿景。十八届三中、四中全会分别通过的决定，分别强调"用制度保护生态环境""用严格的法律制度保护生态环境"。

为此，我国民事诉讼法和环境保护法相继规定了民事公益诉讼制度，但由于相应的法律规定比较原则，对于起诉条件、管辖、责任类型以及诉讼费用负担等方面更是没有涉及，导致环境民事公益诉讼屡屡被挡在司法救济大门之外。2015年1月6日，最高人民法院公布了《最高人民法院关于审理环境民事公益诉讼案件适用法律若干问题的解释》，2015年1月7日已开始施行，对环境民事公益诉讼作出了明确的规定，为符合起诉条件的社会组织提供了法律的指引，体现了最高人民法院为"建设美丽中国"运用"严格的法律制度保护生态环境"的决心。

中国政法大学环境资源法研究和服务中心成立于1998年10月，是经中国政法大学批准，司法部备案的民间环境保护团体。其成员由中国政法大学从事环境资源法研究和教学的教授、副教授为主，联合北京大学、清华大学、中国人民大学等十所高校和研究机构热心环境保护事业的法律和技术专家、学者、律师和研究生兼职组成，由中国政法大学环境法教授王灿发先生任中心主任。中心通过组织热心环境保护事业的法律专家、学者、律师和环境管理与技术专家对中国环境资源立法及其实施问题开展专题研究、进行国际交流、对环境执法和司法人员及公众进行环境法知识的培训，普及环境资源法知识，提高公众的环境法律意识和中国的环境资源立法、执法水平；通过对污染受害者提供法律帮助的方式，维护污染受害者的环境权益，促进中国环境资源法的执行和遵守。

生态环境事关民生福祉，美丽中国需要司法保护。本案中，上诉人破坏生态的行为严重违反了我国环境保护的法律法规规定，已经给社会公共利益造成十分重大的损害。被上诉人作为多年来专门从事环境保护公益活动并且符合环境民事公益诉讼起诉条件的社会组织，对于上诉人损害社会公共利益的行为提起环境民事公益诉讼，保护我们共有的生态环境资源不受非法的侵害，传递出无限的社会正能量，我单位作为原审的支持起诉单位，也愿意传递这份正能量，望贵院能够依法审理作出裁判！

原审支持起诉单位：

中国政法大学环境资源法研究和服务中心

2015 年 12 月 7 日

附：法律条文

《中华人民共和国民事诉讼法》

第十五条 机关、社会团体、企业事业单位对损害国家、集体或者个人民事权益的行为，可以支持受损害的单位或者个人向人民法院起诉。

《最高人民法院关于审理环境民事公益诉讼案件适用法律若干问题的解释》

第十一条 检察机关、负有环境保护监督管理职责的部门及其他机关、社会组织、企业事业单位依据民事诉讼法第十五条的规定，可以通过提供法律咨询、提交书面意见、协助调查取证等方式支持社会组织依法提起环境民事公益诉讼。

福建省高级人民法院
出庭通知书

（2015）闽民终字第 2060 号

中国政法大学环境资源法研究和服务中心：

　　本院受理的上诉人谢×锦，倪×香、郑×姜与被上诉人北京市朝阳区自然之友环境研究所、福建省绿家园环境友好中心、原审被告李×粟、原审第三人南平市国资源局延平分局，南平市延平区林业局侵权责任纠纷一案，定于 2015 年 12 月 7 日下午 2 时 45 分在福建省高级人民法院第五法庭公开开庭审理。特通知你作为原审支持起诉人出庭参加诉讼。

福建省高级人民法院（印）
二〇五年十一月三十日

福建省高级人民法院
民事判决书

（2015）闽民终字第 2060 号

　　上诉人（原审被告）：谢×锦，男，19××年××月××日出生，×族，××××，住福建省××市××区。

　　上诉人（原审被告）：倪×香，男，19××年×月××日出生，×族，××，住福建省××市。

　　上诉人（原审被告）：郑×姜，男，19××年×月×日出生，×族，××，住福建省××市。

　　以上三上诉人共同委托代理人：谢×铃、陈×敏，北京中银（福州）律师事务所律师。

被上诉人（原审原告）：北京市朝阳区自然之友环境研究所。住所地：北京市朝阳区裕民路 12 号 2 号楼×层××××。

法定代表人：张×赫，职务：副总干事。

委托代理人：葛×，×，北京市朝阳区自然之友环境研究所环境法律项目负责人，住××市××区。

委托代理人：刘×，上海金钻律师事务所律师。

被上诉人（原审原告）：福建省绿家园环境友好中心。住所地：福建省福州市鼓楼区营迹路 38 号温泉花园×座××。

法定代表人：林×英，职务：主任。

委托代理人：吴×心，湖北隆中律师事务所律师。

原审被告：李×槊，男，19××年××月××日出生，×族，××，住浙江省××县。

委托代理人：邱×华，福建全信律师事务所律师。

原审第三人：南平市国土资源局延平分局。住所地：福建省南平市延平区胜利街 182 号。

法定代表人：黄×，职务：局长。

委托代理人：贺×华，福建舜宁律师事务所律师。

原审第三人：南平市延平区林业局。住所地：福建省南平市延平区朝阳路 34 号。

法定代表人：王×旭，职务：局长。

委托代理人：郭×辉，福建闽越律师事务所律师。

原审支持起诉人：中国政法大学环境资源法研究和服务中心（又称"污染受害者法律帮助中心"）。住所地：北京市海淀区西土城路 35 号润博会议×××。

负责人：王灿发，职务：主任。

委托代理人：祝×贺，北京市君永律师事务所律师。

上诉人谢×锦、倪×香、郑×姜因与被上诉人北京市朝阳区自然之友环境研究所（以下简称"自然之友"）、福建省绿家园环境友好中心（以下简称"福建绿家园"）、原审被告李×槊、原审第三人南平市国土资源局延平分局

（以下简称"国土延平分局"）、南平市延平区林业局（以下简称"延平区林业局"）环境侵权责任纠纷一案，不服南平市中级人民法院（2015）南民初字第38号民事判决，向本院提起上诉。本院依法组成合议庭于2015年12月7日公开开庭审理了本案。上诉人谢×锦、倪×香、郑×姜及其委托代理人陈×敏，被上诉人自然之友的委托代理人葛×、刘×，福建绿家园的法定代表人林×英及其委托代理人吴×心，原审被告李×榘的委托代理人邱×华，原审第三人延平区林业局的委托代理人郭×辉，原审支持起诉人中国政法大学环境资源法研究和服务中心的委托代理人祝×贺到庭参加诉讼。现已审理终结。

原审审理查明：中国文化书院绿色分院作为社会团体分支机构（英文名称"Friends of Nature"，习称"自然之友"），于2003年5月8日经民政部登记，并以"自然之友"名义开展环境保护公益活动。原告自然之友在此基础上于2010年6月18日在北京市朝阳区民政局登记成立，属于民办非企业单位，从事非营利性社会服务活动的社会组织。章程规定的宗旨：倡导生态文明、从事环境研究、促进可持续发展。业务范围：固体废弃物处理技术研究及相关政策研究，固体废弃物对生态环境的影响研究，固体废弃物研究相关科普活动推广及相关环境教育推广。经北京市朝阳区民政局年度检查，2010年度合格、2011年度基本合格、2012年度合格、2013年度合格。原告自然之友提供了2009年至2014年各年度工作报告，内容主要体现从事环境问题调查研究、保护生态环境、环保知识教育等公益活动，并声明自成立以来无违法记录。原告福建绿家园是2006年11月7日在福建省民政厅登记的民办非企业单位，是非营利性社会服务活动的社会组织。章程规定的宗旨：普及公民环境保护意识，保护生态环境与生态平衡。业务范围：保护生态环境、传播环境文化、开展学术技术交流。经福建省民政厅年度检查，2009年至2013年度均合格。原告福建绿家园提供了2009年至2013年各年度工作报告，内容主要体现参与环境问题调查、保护生态环境、宣传环境保护等公益活动，并声明自成立以来无违法记录。

2005年5月18日，经第三人国土延平分局许可，被告李×榘取得证号为3507020520004的采矿许可证，采矿权人为被告李×榘，矿山名称为南平市延平区××石材厂，有效期限自2005年4月至2008年8月，矿区面积0.0039平方公里，矿种为饰面花岗岩，开采深度由282米至252米标高。被告李×榘亦取得南平市延平区××石材厂个体工商户营业执照。2008年6月3日，经第三人国土延平分局许可，被告李×棨取得证号为3507020820014的采矿许可证，有效期限自2008年6月至2008年8月，开采深度由520米至483米标高，采矿权人、矿山名称、矿区面积、矿种等与3507020520004的采矿许可证一致。2008年5月28日，被告李×棨向第三人国土延平分局交纳了10 000元生态环境恢复保证金。被告李×棨采矿过程中未依法取得占用林地许可证。2008年11月福建省冶金工业设计院出具一份《南平市延平区砂基洋（恒兴）矿区饰面花岗岩开发利用方案》对矿区水土保持、土地复垦、闭坑措施等作了可行方案。

2008年7月28日，被告李×棨与被告谢×锦签订一份《采矿权转让合同》。2008年7月29日，被告李×棨与被告谢×锦、倪×香、郑×姜又重新签订一份内容相同的《采矿权转让合同》，约定被告李×棨出让给被告谢×锦、倪×香、郑×姜的采矿矿区位于福建省南平市延平区太平镇葫芦山村，矿山名称为南平市延平区××石材厂，矿区面积0.0039平方公里，矿种为饰面花岗岩，采矿权四至范围及界址为矿山范围扩大至现采矿点山顶整个范围。登记于李×棨名下的《采矿许可证》证号为3507020520004，李×棨负责办理该采矿许可证续期十年，矿山范围扩大至现采矿点整个山顶范围。李×棨领取续期《采矿许可证》之日起配合将采矿权人变更至谢×锦名下。李×棨负责协调开通矿山脚部至山顶的道路。合同末尾注明：原2008年7月28日，被告李×棨与被告谢×锦单独签订的合同无效，以2008年7月29日被告李×棨与被告谢×锦、倪×香、郑×姜三个股东共同重新签订的合同为有效合同。合同还约定了价款支付、违约责任等内容。该合同签订后，未经采矿权审批管理机关审批。被告谢×锦、倪×香、郑×姜三人经商量决定由被告谢×锦具体负责矿山的采矿事宜。此后，在未依法取得占用林地许可证及办理采矿许可续期手续的情况下，被告谢×锦、倪×香、郑×姜改变被告李×棨原有塘口位置从山顶剥山皮、开采矿石，并将剥山皮和开采矿石产生的弃石往山下倾倒，直至2010年初停止开采，造成林地原有植被严重毁坏。被告谢×锦、倪×香、郑×姜还在矿山的塘口下方兴建了砖混结构的工棚用于矿山工人居住。在国土资源部门数次责令停止采矿的情况下，2011年6月份，被告谢×锦、倪×香、郑×姜还雇佣挖掘机到该矿山，在矿山边坡处开路和扩大矿山塘口面积，造成该处林地原有植被严重毁坏。经福建天祥司法鉴定所鉴定，被告谢×锦、倪×香、郑×姜采石塘口位于 005 林班 08 大班 040 小班、013 林班 02 大班 050 小班，占用林地面积 10.54 亩；弃石位于 013 林班 02 大班 050 小班和 013 林班 02 大班 020 小班，占用林地的面积 8.62 亩；工棚位于 005 林班 08 大班 070 小班，占用林地的面积 0.28 亩，非法占用林地面积共计 19.44 亩。被告李×槊原采石塘口位于 013 林班 02 大班 020 小班、050 小班、070 小班占用林地面积 8.89 亩。占用林地现场被用于采石、堆放弃石弃土，造成林地的原有植被被严重破坏。被告谢×锦、倪×香、郑×姜因犯非法占用农用地罪，于 2014 年 7 月 28 日被南平市延平区人民法院分别判处有期徒刑一年六个月、一年四个月、一年二个月。三被告不服，提起上诉，南平市中级人民法院二审裁定：驳回上诉，维持原判。

2010 年 3 月 26 日，被告李×槊出具委托书委托被告谢×锦、倪×香、郑×姜代为办理证号 3507020520004《采矿许可证》所属矿山的拆迁补偿相关事宜。

2014 年 11 月 13 日，第三人国土延平分局向被告李×槊登记的南平市延平区××石材厂发出一份《关于缴纳矿山生态环境恢复治理保证金的通知》，要求缴纳矿山生态环境恢复治理保证金 252 000 元。

在被告谢×锦、倪×香、郑×姜犯非法占用农用地罪一案侦查过程中，侦查机关南平市公安局延平森林分局制作的 2014 年 1 月 20 日补充现场勘验笔录记载："谢×锦、倪×香、郑×姜三人后期采矿的弃石处下方与原老板李×槊的矿山塘口部分重叠，原老板李×槊的矿山塘口部分被弃石覆盖。"2014 年 1 月 22 日被告谢×锦的现场辨认笔录记载："原李×槊的旧塘口已被山顶新塘口采挖期间所产生的弃石、弃土所掩埋。"以及 2014 年 2 月 12 日第二次补充现场勘验笔录记载："原老板李×槊在现场同时表示，他今天在现场指认的其原来采石塘口现部分已被谢×锦、倪×香、郑×姜三人后期采矿所产生的弃土、弃石掩埋覆盖。"

本案诉讼期间，原告自然之友委托北京中林资产评估有限公司评估。经评估，北京中林资产评估有限公司作出评估报告，意见为：生态修复项目的总费用在评估基准日的价值为 110.19 万元；价值损害即生态环境受到损害至恢复原状期间服务功能损失为 134 万元，其中损毁林木价值 5 万元，推迟林木正常成熟的损失价值 2 万元，植被破坏导致碳释放的生态损失价值、森林植被破坏期生态服务价值、森林恢复期生态服务价值 127 万元。

原告自然之友为本案支付评估费 6000 元,律师费 96 200 元,为本案支出的其他合理费用 31 308 元(合理的交通费 22 840 元、合理的住宿费 4148 元、市内交通及用餐费参照《中央和国家机关差旅费管理办法》规定的标准并结合差旅费发票及案件合理的出差需要,确定为 4320 元);原告福建绿家园为本案支付律师费 25 261 元,为本案支出的其他合理费用 7393.5 元(交通费 4513.5 元、住宿费 400 元、市内交通及用餐费参照《中央和国家机关差旅费管理办法》规定的标准并结合差旅费发票及案件合理的出差需要,确定为 2480 元)。

原审法院认为,本案争议的主要焦点问题:1. 原告自然之友、福建绿家园是否符合"从事环境保护公益活动连续五年以上"的主体资格要件;2. 被告谢×锦、倪×香、郑×姜、李×槊是否应承担破坏生态环境的侵权责任,以及具体的责任形式和责任大小;3.《最高人民法院关于审理环境民事公益诉讼案件适用法律若干问题的解释》规定的生态环境受到损害至恢复原状期间服务功能损失是否适用于本案;4. 评估费用、律师费以及为诉讼支出的其他合理费用的确定问题;5. 第三人国土延平分局、延平区林业局是否应承担组织恢复植被的民事责任。

关于原告自然之友、福建绿家园的主体资格问题。《中华人民共和国环境保护法》第五十八条规定:"对污染环境、破坏生态,损害社会公共利益的行为,符合下列条件的社会组织可以向人民法院提起诉讼:(一)依法在设区的市级以上人民政府民政部门登记;(二)专门从事环境保护公益活动连续五年以上且无违法记录。"原告自然之友系 2010 年 6 月 18 日在北京市朝阳区民政局登记成立的民办非企业单位,虽然其自登记之日起至本案起诉之日止成立不满五年,但其在登记前已经依法从事环境保护公益活动,至提起本案诉讼前从事环境保护公益活动已满五年,且在本案诉讼过程中其登记设立已满五年,并无违法记录。因此,原告自然之友在本案中符合"从事环境保护公益活动连续五年以上"的主体资格要件。原告福建绿家园于 2006 年 11 月 7 日在福建省民政厅登记,是从事环境保护的非营利性的社会组织,专门从事环境保护公益活动连续五年以上且无违法记录。故原告自然之友、福建绿家园均符合《中华人民共和国环境保护法》第五十八条规定,作为公益诉讼原告的主体适格。

关于被告谢×锦、倪×香、郑×姜、李×槊是否应承担破坏生态的侵权责任，以及具体的责任形式和责任大小问题。被告谢×锦、倪×香、郑×姜非法占用林地共19.44亩，被告谢×锦、倪×香、郑×姜依法应当承担该部分损坏林地植被的恢复义务。虽然被告李×槊与被告谢×锦、倪×香、郑×姜签订了《采矿权转让合同》，但该合同未经主管部门批准而未生效，且被告李×槊的采矿许可证到期未经行政主管部门办理续期手续的情况下，擅自将矿山采矿权四至范围扩大至原采矿点整个山顶范围，转让给被告谢×锦、倪×香、郑×姜采矿，被告李×槊对被告谢×锦、倪×香、郑×姜非法占用林地造成植被破坏的行为具有共同过错，故被告李×槊对被告谢×锦、倪×香、郑×姜非法占用林地19.44亩应承担共同责任。由于被告李×槊的原塘口8.89亩部分已被被告谢×锦、倪×香、郑×姜之后采矿期间所产生的弃石、弃土所掩埋，对该部分被告李×槊与被告谢×锦、倪×香、郑×姜的责任无法区分，故被告谢×锦、倪×香、郑×姜也应对该部分承担共同恢复责任。《中华人民共和国森林法》第十八条规定："进行勘查、开采矿藏和各项建设工程，应当不占或者少占林地；必须占用或者征用林地的，经县级以上人民政府林业行政主管部门审核同意后，依照有关土地管理的法律、行政法规办理建设用地审批手续，并由用地单位依照国务院有关规定缴纳森林植被恢复费。"被告李×槊和被告谢×锦、倪×香、郑×姜未经林业行政主管部门审批，为采矿先后非法占用林地共28.33亩，造成林地的原有植被被严重破坏，属于破坏生态环境、损害社会公共利益的行为。关于被告李×槊提出其采矿的矿区塘口早在1995年即已存在，其没有提供证据，且根据国土资源部《矿山地质环境保护规定》第二十四条规定："采矿权转让的，矿山地质环境保护与治理恢复的义务同时转让。采矿权受让人应当依照本规定，履行矿山地质环境保护与治理恢复的义务。"其受让采矿权的同时，也应承受恢复的义务。综上，被告谢×锦、倪×香、郑×姜、李×槊依法应共同承担恢复林地植被的义务，如未在判决指定的期限内履行恢复林地植被的义务，则应共同赔偿生态环境修复费用110.19万元用于恢复林地植被。

关于《最高人民法院关于审理环境民事公益诉讼案件适用法律若干问题的解释》规定的生态环境受到损害至恢复原状期间服务功能损失是否适用于本案的问题。因新的法律、法规或者司法解释实施前的有关民事行为或者事件发生纠纷起诉到人民法院,在行为发生时的法律、法规或者司法解释没有明确规定时,可以适用新的法律、法规或者司法解释的规定。2015 年 1 月 7 日《最高人民法院关于审理环境民事公益诉讼案件适用法律若干问题的解释》正式施行,该解释第二十一条规定:"原告请求被告赔偿生态环境受到损害至恢复原状期间服务功能损失的,人民法院可以依法予以支持。"本案系于 2015 年 1 月 1 日立案受理,一审审理过程中上述司法解释颁布实施,故针对该司法解释规定的生态环境服务功能损失,可以适用于本案。因此,原告主张被告赔偿生态环境受到损害至恢复原状期间服务功能损失,予以支持。但因原告主张的损害价值 134 万元中的损毁林木价值 5 万元和推迟林木正常成熟的损失价值 2 万元属于林木所有者的权利,不属于植被生态公共服务功能的损失,故原告无权主张,不予支持;其余植被破坏导致碳释放的生态损失价值、森林植被破坏期生态服务价值、森林恢复期生态服务价值合计 127 万元属于生态公共服务功能的损失价值,予以支持。

关于鉴定费用、律师费以及为诉讼支出的其他合理费用问题。根据《最高人民法院关于审理环境民事公益诉讼案件适用法律若干问题的解释》第二十二条规定,原告自然之友主张的评估费用 6000 元,属于为诉讼合理支出,予以支持;其主张的律师费 96 200 元在律师收费相关规定允许范围内,没有违反规定,予以支持;为诉讼支出的其他合理费用 31 308 元亦属必要,予以支持。原告福建绿家园主张的律师费用 25 261 元系参照律师收费办法的规定,在收费幅度内按标的额约 1% 收取,合法合理,予以支持;为诉讼支出的其他合理费用 7393.5 元,亦予以支持。

关于第三人国土延平分局、延平区林业局是否应承担组织恢复植被的责任问题。本案中,第三人国土延平分局、延平区林业局作为对环境保护负有监督管理职责的行政执法部门,与本案处理结果没有民事法律利害关系,不应作为民事法律关系的第三人承担责任。

综上,依照《中华人民共和国民法通则》第一百一十七条、第一百三十条、《中华人民共和国环境保护法》第五十八条和《最高人民法院关于审理环境民事公益诉讼案件适用法律若干问题的解释》第十八条、第二十条、第二十一条、第二十二条之规定,判决:一、被告谢×锦、倪×香、郑×姜和李×鼗应于本判决生效后五个月内清除南平市延平区葫芦山砂基洋××石材厂矿山采石处现存工棚、机械设备、石料和弃石，恢复被破坏的 28.33 亩林地功能，按照《造林技术规程》（DB35/T 84-2005）标准并结合当地林业行政部门人工造林技术要求在该林地上补种林木，并对补种的林木抚育管护三年（管护时间从补种的林木经验收合格之日起计算）；二、被告谢×锦、倪×香、郑×姜和李×檠不能在第一项判决指定的期限内恢复林地植被，应于期限届满之日起十日内共同赔偿生态环境修复费用 110.19 万元（支付到南平市中级人民法院指定账户），该款用于本案的生态环境修复；三、被告谢×锦、倪×香、郑×姜和李×檠应于本判决生效后十日内共同赔偿生态环境受到损害至恢复原状期间服务功能损失 127 万元（支付到南平市中级人民法院指定账户），该款用于本案的生态环境修复或异地公共生态环境修复；四、被告谢×锦、倪×香、郑×姜和李×檠应于本判决生效后十日内共同支付原告北京市朝阳区自然之友环境研究所支出的评估费 6000 元、律师费 96 200 元、为诉讼支出的其他合理费用 31 308 元，合计 133 508 元；五、被告谢×锦、倪×香、郑×姜和李×檠应于本判决生效后十日内共同支付原告福建省绿家园环境友好中心律师费 25 261 元、为诉讼支出的其他合理费用 7393.5 元，合计 32 654.5 元；六、驳回原告北京市朝阳区自然之友环境研究所和福建省绿家园环境友好中心的其他诉讼请求。如果未能按本判决指定的期间履行给付金钱义务，应当依照《中华人民共和国民事诉讼法》第二百五十三条之规定，加倍支付迟延履行期间的债务利息。案件受理费 26 335 元，保全费 5000 元，由被告谢×锦、倪×香、郑×姜和李×檠共同负担 30 775 元；由原告北京市朝阳区自然之友环境研究所和福建省绿家园环境友好中心共同负担 560 元，该款依原告申请准予免交。

一审宣判后，原审被告谢×锦、倪×香、郑×姜不服，向本院提起上诉。

上诉人谢×锦、倪×香、郑×姜上诉称：1. 原判对上诉人是否构成侵权的主观过错未予查明，对于当地政府、相关行政执法部门当时制定的政策以及行政违法、不作为没有查明认定，将应当由当地人民政府、相关行政主管部门承担的责任全部归责上诉人承担，缺乏公平公正。2. 关于生态环境修复费用、生态环境受到损害至恢复原状期间服务功能损失的评估意见不能作为认定本案事实的依据。3.《最高人民法院关于审理环境民事公益诉讼案件适用法律若干问题的解释》规定的生态环境受到损害至恢复原状期间服务功能损失不能适用于本案，原判适用法律错误。4. 被上诉人自然之友提起本案诉讼时，依法设立时间不足五年，即专门从事环境保护公益活动达不到连续五年，不符合原告主体资格。综上，原判认定事实不清，适用法律错误，程序违法，请求撤销原审判决，改判驳回被上诉人的一审诉讼请求。

被上诉人自然之友、福建绿家园答辩称：1. 上诉人在未经审批许可的情况下实施开采行为，主观过错明显，当地人民政府、相关行政主管部门当时制定的政策以及行政违法、不作为与上诉人的环境侵权后果没有直接必然的联系。2. 评估意见系聘请具有森林资源评估能力的专家，对生态环境修复费用和生态环境受到损害至恢复原状期间服务功能损失提出的意见，并出庭接受询问，应予采信。3.《中华人民共和国民法通则》《中华人民共和国侵权责任法》均规定恢复原状、赔偿损失等民事责任承担方式，应包括赔偿生态环境受到损害至恢复原状期间服务功能损失。《最高人民法院关于审理环境民事公益诉讼案件适用法律若干问题的解释》规定的生态环境受到损害至恢复原状期间服务功能损失可以适用于本案。4. 自然之友已从事环境保护公益活动连续满五年以上，符合原告主体资格要件。综上，原判认定事实清楚，证据充分，适用法律正确，程序合法，请求驳回上诉，维持原判。

原审被告李×棨答辩称，同意上诉人一方的上诉意见，请求改判驳回被上诉人对其提出的一审诉讼请求。

原审第三人延平区林业局答辩称，原判认定其作为对环境保护负有监督管理职责的行政执法部门，与本案处理结果没有民事法律利害关系，不应作为民事法律关系的第三人承担责任，此认定事实清楚，适用法律正确，请求二审法院予以维持。

原审支持起诉人中国政法大学环境资源法研究和服务中心提交意见称，上诉人破坏生态环境的行为严重违反了我国环境保护的法律法规，已经给社会公共利益造成重大损失。被上诉人多年来专门从事环境保护公益活动，符合环境民事公益诉讼的起诉条件，其支持被上诉人提起本案环境民事公益诉讼。

本案二审审理期间，上诉人谢×锦、倪×香、郑×姜于二审庭审中当庭补充提交以下5份证据：证据1. 合肥至福州铁路（闽×）公司筹备组合福（闽×）筹综函（2009）29号《关于协调解决新建合肥至福州铁路经过南平市境内压覆矿厂问题的函》复印件1份；证据2. 福建省南平市人民政府办公室南政办函（2009）71 号《关于转发合福铁路公司筹备组关于协调解决新建合肥至福州铁路经过南平市境内压覆矿厂问题的函》复印件 1 份；证据 3. 南平市延平区铁路建设指挥部（2010）10 号《关于研究京福高铁经过延平区境内压覆矿厂有关问题的会议纪要》复印件 1 份；证据 4. 京福闽×公司、合福铁路南平征迁指挥部《关于合福铁（延平段）压覆矿问题协调会议纪要》复印件 1 份，上述证据 1 至证据 4 以证明上诉人至今未取得采矿许可证是当地政府因铁路建设而暂停办理。证据 5. 南平市延平区××石材厂从 2008 年 10 月至 2010 年 10 月的用电量情况记录表复印件 1 份，以证明根据用电量情况，上诉人采矿行为发生在 2008 年 11 月至 2009 年 7 月间，2009 年 8 月之后没有采矿行为。被上诉人自然之友、福建绿家园质证认为，上诉人提交的 5 份证据从证据的取得时间看，均不属于新证据，证据 1 至证据 4 与本案没有关联性，证据 5 不能证明上诉人于 2009 年 8 月之后停止生产。本院认为，上诉人提交的 5 份证据在本案一审诉讼前就已持有而未在一审告知的举证期限内提供，现于二审庭审中当庭提供，已超过举证期限，且不属于新证据范畴，亦不影响原判对上诉人环境侵权事实和责任承担的认定，故本院不予采纳。

经二审审理查明，一审认定的事实清楚，本院予以确认。

关于上诉人谢×锦、倪×香、郑×姜提出被上诉人自然之友不符合原告主体资格的上诉理由。经查，上诉人自然之友于 2010 年 6 月 18 日在北京市朝阳区民政局登记成立，其在登记前已经依法从事环境保护公益活动，虽然其自登记之日起至本案起诉之日止成立不满五年，但其提起本案诉讼前从事环境保护公益活动已连续满五年。故原判认定上诉人自然之友符合《中华人民共和国环境保护法》第五十八条规定，作为本案环境公益诉讼原告的主体适格，并无不当，上诉人的此项上诉理由不能成立，不予支持。

关于上诉人谢×锦、倪×香、郑×姜提出其不应承担本案侵权责任的上诉理由。经查，上诉人谢×锦、倪×香、郑×姜未经林业行政主管部门审批，为采矿非法占用林地，直接造成 19.44 亩林地的原有植被被严重破坏，依法应当承担环境侵权责任。上诉人谢×锦、倪×香、郑×姜在采矿过程中占用林地，除直接造成上述 19.44 亩林地植被被破坏外，还将采矿所产生的弃石、弃土堆放掩盖在原审被告李×槊的原采石塘口所占用破坏的 8.89 亩林地上，双方对造成上述 8.89 亩林地植被被破坏的侵权责任已无法区分，应共同承担责任。原审被告李×榘未经行政主管部门审批，擅自将矿山采矿权四至范围扩大至原采矿点整个山顶范围，转让给上诉人谢×锦、倪×香、郑×姜采矿，对造成上述19.44 亩林地植被被破坏，具有共同过错，双方应共同承担责任。本案上诉人谢×锦、倪×香、郑×姜及原审被告李×榘实施了占用林地、破坏林地植被的侵权行为，所侵犯的客体是森林资源，而非矿产资源。根据《中华人民共和国森林法》第十八条的规定，上诉人谢×锦、倪×香、郑×姜及原审被告李×榘实施占用林地的行为是否经人民政府相关行政主管部门审批同意，均应承担恢复林地植被的责任。因此，当地人民政府和相关行政主管部门是否存在行政违法、不作为的情形，不影响上诉人谢×锦、倪×香、郑×姜及原审被告李×榘作为侵权人承担本案的环境侵权责任。故原审认定上诉人谢×锦、倪×香、郑×姜及原审被告李×榘应共同承担上述计 28.33 亩林地植被被破坏的环境侵权责任，此认定事实清楚，于法有据，上诉人的此项上诉理由亦不能成立，不予支持。

关于上诉人谢×锦、倪×香、郑×姜提出生态环境修复费用、生态环境受到损害至恢复原状期间服务功能损失的评估意见不能作为认定本案事实依据的上诉理由。经查，该评估意见系具有资产评估资质的北京中林资产评估有限公司出具，虽未能提供评估人员的个人评估资格证书，但参与评估的主要人员具有生态学教授职称、生态学博士学位，其中评估人员厦门大学生态学教授李×基和生态学博士吴×栋、景×平在一审庭审中出庭接受质询，可以视为专家意见。鉴于上诉人谢×锦、倪×香、郑×姜及原审被告李×榘在一审和二审期间均未申请对本案生态环境修复费用、生态环境受到损害至恢复原状期间服务功能损失进行重新评估，根据《最高人民法院关于审理环境民事公益诉讼案件适用法律若干问题的解释》第二十三条规定，原判将该评估意见视为专家意见予以参考，合理确定本案生态环境修复费用、生态环境受到损害至恢复原状期间服务功能损失，符合法律规定。故上诉人的此项上诉理由亦不能成立，不予支持。

关于上诉人谢×锦、倪×香、郑×姜提出《最高人民法院关于审理环境民事公益诉讼案件适用法律若干问题的解释》规定的生态环境受到损害至恢复原状期间服务功能损失不能适用于本案的上诉理由。经查，因新的法律、法规或者司法解释实施前的有关民事行为或者事件发生纠纷起诉到人民法院，在行为发生时的法律、法规或者司法解释没有明确规定时，可以适用新的法律、法规或者司法解释的规定。《中华人民共和国民法通则》《中华人民共和国侵权责任法》均规定了侵权人应承担赔偿损失的侵权责任，但对赔偿损失的具体事项没有明确规定。本案于 2015 年 1 月 1 日立案受理，一审审理过程中《最高人民法院关于审理环境民事公益诉讼案件适用法律若干问题的解释》于 2015 年 1 月 7 日颁布实施，该司法解释第二十一条的规定："原告请求被告赔偿生态环境受到损害至恢复原状期间服务功能损失的，人民法院可以依法予以支持。"因此，该司法解释明确规定了生态环境受到损害至恢复原状期间服务功能损失属于赔偿损失的事项，可以适用于本案。故上诉人谢×锦、倪×香、郑×姜及原审被告李×槊占用林地，造成林地植被被严重破坏，属于破坏生态环境、损害社会公共利益的行为，在共同承担恢复林地植被责任的同时，还应共同赔偿生态环境受到损害至恢复原状期间服务功能损失，上诉人的此项上诉理由亦不能成立，不予支持。

综上，本院认为，上诉人谢×锦、倪×香、郑×姜的上诉理由和原审被告李×槊的答辩意见缺乏事实和法律依据不能成立，对其上诉请求不予支持。被上诉人自然之友、福建绿家园以及原审第三人延平区林业局的答辩意见成立，予以支持。原判决认定事实清楚，适用法律正确，应予维持。依照《中华人民共和国民事诉讼法》第一百七十条第一款第一项之规定，判决如下：

驳回上诉，维持原判。

本案二审案件受理费人民币 26 335 元，由上诉人谢×锦、倪×香、郑×姜共同负担。

本判决为终审判决。

审　判　长　　祝×霖
审　判　员　　李×平
代理审判员　　林×斌
二○一五年十二月十四日
书　记　员　　林　×

中华人民共和国最高人民法院
民事裁定书

（2016）最高法民申 1919 号

再审申请人（一审被告、二审上诉人）：谢×锦，男，19××年××月××日生，×族，住福建省××市××区。

被申请人（一审原告、二审被上诉人）：北京市朝阳区自然之友环境研究所。住所地：北京市朝阳区裕民路××××楼××××××。

法定代表人：张×赫，职务：该研究所副总干事。

被申请人（一审原告、二审被上诉人）：福建省绿家园环境友好中心。住所地：福建省福州市鼓楼区营迹路××温泉花园××××。

法定代表人：林×英，职务：该中心主任。

委托诉讼代理人：吴×心，湖北隆中律师事务所律师。

二审上诉人（一审被告）：倪×香，男，19××年×月××日出生，×族，住福建省××市。

二审上诉人（一审被告）：郑×姜，男，19××年×月×日出生，×族，住福建省××市。

一审被告：李×槊，男，19××年××月××日出生，×族，住浙江省××县。

一审第三人：福建省南平市国土资源局延平分局。住所地：福建省南平市延平区胜利街××××。

法定代表人：黄×，职务：该分局局长。

一审第三人：福建省南平市延平区林业局。住所地：福建省南平市延平区朝阳路××××。

法定代表人：王×旭，职务：该局局长。

再审申请人谢×锦因与被申请人北京市朝阳区自然之友环境研究所（以下简称"自然之友"）、福建省绿家园环境友好中心（以下简称"福建绿家园"），及二审上诉人倪×香、郑×姜，一审被告李×槊，一审第三人南平市国土资源局延平分局（以下简称"延平国土分局"）、南平市延平区林业局

（以下简称"延平区林业局"）破坏生态公益诉讼纠纷一案，不服福建省高级人民法院（2015）闽民终字第2060号民事判决，向本院申请再审。本院依法组成合议庭进行了审查，现已审查终结。

谢×锦申请再审称：（一）二审判决认定谢×锦采矿占用林地，严重毁坏林地原有植被，属于破坏生态环境、损害社会公共利益的行为缺乏证据证明。1. 谢×锦边开采边审批、使用林地完全符合当地政府招商引资政策，主观上没有任何过错。2. 谢×锦缴纳了生态恢复保证金、林地管理费、资源管理费，支付了青苗补偿费，不应当再承担林地功能、林地植被恢复责任等。3. 谢×锦提交了办理案涉矿山采矿许可证延期、扩大开采范围申请，其中包含办理使用林地权申请，案涉矿山经年检合格。国土资源主管部门、林业主管部门对矿山只收取费用，没有及时通知停止开采、办理使用林地许可手续，应当承担责任。4. 案涉矿山因合福铁路建设列入压覆矿征用范围，京福闽×公司（以下简称"闽×公司"）下文要求所有压覆矿停止开采时才通知原矿主停止开采。矿山采矿许可证延期、扩大开采范围审批暂停，原有采矿许可证应视同有效，恢复矿山植被的义务由压覆矿征用部门负责。（二）二审判决认定谢×锦等共同侵权属于适用法律错误。谢×锦边开采边审批、使用林地合法，与地方政府之间不存在共同侵权的事实，本案应当适用《中华人民共和国民法通则》（以下简称《民法通则》）第一百零六条第二款规定，由地方政府承担侵权责任。二审判决认定谢×锦等共同侵权造成损害，承担连带责任，适用法律错误。谢×锦根据《中华人民共和国民事诉讼法》第二百条第二项、第六项之规定申请再审。

自然之友提交意见称：（一）二审判决认定事实清楚、适用法律正确。1. 谢×锦非法占用林地，造成林地、植被严重破坏的事实有大量证据证明，谢×锦也未否定；2. 谢×锦明知采矿需要办理行政许可手续，其在未取得相关行政许可的情况下开采，过错十分明显。（二）谢×锦申请再审的理由不成立，也没有新的事实和证据推翻二审判决。1.《南平市延平区关于鼓励开采和加工石材的优惠条件》中先登记，先开工，然后再办理其他手续的规定，并未否定行政许可制度，地方政策亦不能与法律法规相抵触。2. 生态恢复保证金并不等同于开采取得行政许可，也不意味着可以免除生态修复责任。3. 行政主管部门的年检不是对超采、扩采违法行为的确认。4. 闽×公司下文所有压覆矿停止开采，不能证明谢×锦就此停止开采。闽×公司与谢×锦之间是补偿关系，将原采矿许可证视为有效是用于解决补偿问题，不能以此认为谢×锦开采行为合法。5. 地方政府行使行政管理监督职责和谢×锦等承担的破坏生态责任，并非同一法律关系。谢×锦违法采矿、占用林地造成林地、林地植被严重破坏，应当依照《民法通则》、《中华人民共和国侵权责任法》（以下简称《侵权责任法》）、《最高人民法院关于审理环境民事公益诉讼案件适用法律若干问题的解释》等法律法规承担破坏生态责任，二审判决适用法律正确。谢×锦的再审申请不能成立，请求予以驳回。

福建绿家园提交意见称：（一）谢×锦没有办理使用林地许可手续，占用林地有过错。首先，对于谢×锦申请使用林地的行政许可应由林业主管部门作出，国土资源主管部门向林业主管部门去函只是为了交流工作，函件内容和形式都不符合使用林地许可文件的要求。其次，一审、二审审理期间，大量证据证明谢×锦等非法开采，占用林地，造成林地原有植被严重毁坏。另外，生态恢复保证金和森林植被恢复费的缴纳与生态环境修复费用并非同一性质。（二）谢×锦是案涉矿山生态环境恢复的义务人。谢×锦没有提交证据证明矿山产权归闽×公司所有，也没有提交证据证明闽×公司现在或者将来会改变案涉矿山林地用途。谢×锦关于矿山因合福铁路建设列入压覆矿征用范围，恢复矿山植被的义务由压覆矿征用部门负责的理由不能成立。谢×锦的再审申请缺乏事实与法律依据，请求予以驳回。

本院认为，本案系社会组织提起的破坏生态公益诉讼。谢×锦认为，二审判决认定其采矿占用林地，严重毁坏林地原有植被，属于破坏生态环境、损害社会公共利益的行为缺乏证据证明；认定其应当与他人对共同实施的破坏生态行为承担连带责任，构成适用法律错误。故本案重点围绕谢×锦因采矿占用林地，造成林地原有植被严重毁坏，损害生态环境公共利益，是否应当承担相应的侵权责任，以及谢×锦等应否共同承担连带责任等问题进行审查。

（一）关于二审判决认定谢×锦因采矿占用林地，造成林地原有植被严重毁坏，损害生态环境公共利益，应当承担相应的侵权责任是否正确的问题。

1. 谢×锦是否实施了破坏生态环境的侵权行为。本案查明，谢×锦等改变李×橾原塘口位置，从案涉矿区山顶剥山皮、开采矿石，并将剥山皮和开采矿石产生的弃石往山下倾倒，直至2010年初停止开采，造成林地原有植被严重毁坏。此外，谢×锦等还在矿山塘口下方兴建砖混结构的工棚用于矿工居住。在国土资源主管部门数次责令停止采矿的情况下，2011年6月，谢×锦等仍然雇佣挖掘机到涉案矿山边坡处开路和扩大矿山塘口面积，造成该处林地原有植被严重毁坏。福建天祥司法鉴定所鉴定意见书载明，谢×锦等采石塘口占用林地面积10.54亩；弃石占用林地面积8.62亩；工棚占用林地面积0.28亩。李×槊原采石塘口占用林地面积8.89亩。根据南平市公安局延平森林分局制作的现场勘验笔录记载，原李×槊的旧塘口已被谢×锦等从山顶新塘口采挖期间产生的弃石、弃土掩埋。上述开采行为共计占用林地面积达28.33亩。被占用林地用于采石、堆放弃石弃土，造成林地的原有植被严重毁坏。根据《侵权责任法》第六十五条"因污染环境造成损害的，污染者应当承担侵权责任"之规定，谢×锦实施了破坏生态环境的行为，应当承担相应的侵权责任。因此，谢×锦主张其边开采边审批、使用林地符合当地政府招商引资政策，主观上没有过错，不应当承担责任的理由不能成立。

2. 谢×锦实施占用林地、严重毁坏林地原有植被行为是否损害了生态环境公共利益。根据《中华人民共和国环境保护法》第二条的规定，环境是指影响人类生存和发展的各种天然的和经过人工改造的自然因素的总体，其中包括森林资源等。根据《中华人民共和国森林法实施条例》第二条"森林资源，包括森林、林木、林地以及依托森林、林木、林地生存的野生动物、植物和微生物"的规定，矿山范围内的森林、林木和林地等自然资源均是当地生态环境的重要组成部分。谢×锦等开采矿山占用林地、严重毁坏林地原有植被，损害了构成当地生态环境自然因素的森林、林木和林地等，影响了森林资源所具有的蓄水保土、调节气候、改善环境和维持生物多样性功能的正常发挥，属于损害生态环境公共利益，应当承担生态环境修复责任。北京中林资产评估有限公司（以下简称"中林公司"）出具《福建南平采石场生态修复初步费用估算报告》载明，该生态环境损害的修复项目总费用在评估基准日的价值为110.19万元。中林公司出具的《福建南平采石场生态修复初步费用估算报告补充意见》及其说明载明，除了造成损毁林木损失5万元，推迟林木正常成熟损失2万元以外，还存在森林被破坏期和森林恢复期损失的以下生态服务价值损失：①水源涵养损失价值；②保育土壤损失价值；③固定二氧化碳释放氧气损失价值；④净化大气环境损失价值；⑤生物多样性损失价值，以及植被破坏导致碳释放的生态损害价值等共计 127 万元。二审判决根据上述评估意见，合理确定本案生态环境修复费用、生态环境受到损害至恢复原状期间服务功能损失，具有事实和法律依据。故谢×锦的此项申请理由亦不能成立，本院不予支持。

3. 关于谢×锦主张不承担恢复林地功能和林地植被责任的事由是否成立的问题。根据《侵权责任法》第六十六条规定，行为人主张不承担环境污染责任或者减轻责任的，应当就法律规定的不承担责任或者减轻责任的情形及其行为与损害之间不存在因果关系承担举证责任。首先，谢×锦主张其缴纳了矿山生态环境恢复治理保证金、林地管理费、资源管理费，支付了青苗补偿费等，不应当再承担恢复林地功能和林地植被责任。经查，2014 年 11 月 13 日延平国土分局向李×槊送达《关于缴纳矿山生态环境恢复治理保证金的通知》载明，根据《福建省矿山生态环境恢复治理保证金管理办法》（以下简称《保证金办法》）有关规定，案涉矿山需缴纳矿山生态环境恢复治理保证金 25.2 万元。对于矿山生态环境恢复治理保证金的性质和用途，《保证金办法》明确规定，由采矿权人预先缴存，用于矿区地面塌陷、地裂缝、地裂缝坏、崩塌、滑坡，地形地貌景观及生态环境破坏等的预防和恢复治理的暂存资金和生态环境恢复治理保证金与谢×锦因开采占用林地、毁坏林地原有植被承担的破坏生态环境侵权责任的性质和目的均不相同，并非法定免责事由。根据《中华人民共和国森林法》第十八条"进行勘查、开采矿藏和各项建设工程，应当不占或者少占林地；必须占用或者征用林地的，经县级以上人民政府林业主管部门审核同意后，依照有关土地管理的法律、行政法规办理建设用地审批手续，并由用地单位依照国务院有关规定缴纳森林植被恢复费。森林植被恢复费专款专用，由林业主管部门依照有关规定统一安排植树造林，恢复森林植被，植树造林面积不得少于因占用、征用林地而减少的森林植被面积"之规定，森林植被恢复费是由林业主管部门审核，同意开采人等占用林地、办理用地审批手续后，依法收取的费用，该费用由林业主管部门统一支配，用于恢复森林植被。至于青苗补助费是由林地占用人向林地原种植物所有人当地村民支付的补偿费用，也与案涉生态环境修复费用无涉。根据《中华人民共和国矿产资源法》第三十二条"开采矿产资源，必须遵守有关环境保护的法律规定，防止污染环境。……林地因采矿受到破坏的，矿山企业应当因地制宜地采取复垦利用、植树种草或者其他利用措施。开采矿产资源给他人生产、生活造成损失的，应当负责赔偿，并采取必要的补救措施"之规定，即使缴纳了森林植被恢复费亦不能免除损害生态环境行为实施人的侵权责任。谢×锦称其缴纳林地管理费、资源管理费并未举证证明。其次，谢×锦称其提交了办理案涉矿山采矿许可证延期、扩大开采范围申请，采矿权人变更登记申请，其中包含办理林地使用权申请；延平国土分局致函延平区林业局称，谢×锦等扩大开采范围不属于禁采区，案涉矿山也经年检合格，谢×锦没有违反相关法律规定，不应当承担破坏生态责任。本院认为，谢×锦未办理案涉矿山采矿许可证延期、开采范围扩大许可、采矿权变更登记，以及林地使用许可等手续，即违法开采矿产资源，国土资源主管部门先后多次下发通知，制止其违法行为，谢×锦所述与事实不符，其主张不能采信。另外，谢×锦主张案涉矿山被列入合福铁路建设压覆矿征用范围，生态环境修复责任应当由压覆矿征用部门承担。本院认为，谢×锦等开采占用林地、严重毁坏林地原有植被的行为发生在案涉矿山被闽×公司压覆矿征用之前，与合福铁路征用补偿款发放没有关联性，该再审申请事由不能成立。

谢×锦因开采矿山占用林地、严重毁坏林地原有植被的行为，已经造成生态环境损害，其未能举证证明存在法律规定的不承担责任或者减轻责任的情形及其行为与损害之间不存在因果关系。二审法院判决谢×锦依法承担恢复林地功能、林地植被，赔偿生态环境遭受损害至恢复期间服务功能损失的责任，具有事实和法律依据，并无不当。

（二）关于谢×锦等应否承担共同侵权连带责任的问题。

根据《侵权责任法》第八条"二人以上共同实施侵权行为，造成他人损害的，应当承担连带责任"之规定，谢×锦等与李×槊签订《采矿权转让合同》，在明知李×槊的采矿许可证开采期限届满、未办理续期，且未取得林地使用许可的情况下，与李×槊约定变更采矿权主体，将矿山采矿权四至范围扩大至现采矿点整个山顶范围，并将李×槊的原矿山塘口部分用弃石、弃土掩埋覆盖，谢×锦等与李×槊共同实施的开采，以及占用林地、严重毁坏林地原有植被行为，损害了环境公共利益，应当承担连带责任。二审判决谢×锦等与李×槊共同承担破坏生态环境责任，并无不当，应予确认。至于国土资源主管部门、林业主管部门是否只收取相关费用，未及时通知停止开采、办理林地使用许可证书，属于行政主管部门履行行政监督管理职责的行为，不属于民事案件受理范围。

综上，谢×锦的再审申请不符合《中华人民共和国民事诉讼法》第二百条第二项、第六项规定的情形。依照《中华人民共和国民事诉讼法》第二百零四条第一款、《最高人民法院关于适用〈中华人民共和国民事诉讼法〉的解释》第三百九十五条第二款的规定，裁定如下：

驳回谢×锦的再审申请。

审 判 长　王×飞

代理审判员　孙　×

代理审判员　叶　×

二○一七年一月二十六日

书 记 员　魏　×

福建省人民检察院
民事监督案件受理通知书
（副本）

闽检控民受［2017］50 号

谢×锦、倪×香、郑×姜、北京市朝阳区自然之友环境研究所、福建省绿家园环境友好中心、李×槊、南平市国土资源局延平分局、南平市延平区林业局、中国政法大学环境资源法研究和服务中心：

谢×锦不服福建省高级人民法院（2015）闽民终字第 2060 号民事判决一案，向我院申请监督，我院经审查认为符合受理条件，根据《中华人民共和国民事诉讼法》第二百零九条之规定，决定予以受理。

特此通知。

福建省人民检察院

2017 年 9 月 21 日

福建省人民检察院
不支持监督申请决定书

闽检民（行）监［2017］35000000087 号

　　谢×锦因与北京市朝阳区自然之友环境研究所、福建省绿家园环境友好中心环境侵权责任纠纷一案，不服福建省高级人民法院（2015）闽民终字第2060号民事判决，向本院申请监督。本案现已审查终结。

　　本院认为，该案不符合监督条件。理由如下：

　　谢×锦等人开矿行为共计占用林地面积达28.33亩，造成林地的原有植被严重毁坏，南平市中级人民法院（2014）南刑终字第135号刑事裁定书确认了上述事实。其开采占用林地，严重毁坏林地原有植被的行为发生在案涉矿山被闽×公司压覆矿征用之前。因此，谢×锦破坏生态环境的侵权行为属实。根据《中华人民共和国侵权责任法》第六十五条之规定，谢×锦实施了破坏生态环境的行为，应当承担相应的侵权责任。

　　综上，根据《人民检察院民事诉讼监督规则（试行）》第九十条的规定，本院决定不支持谢×锦的监督申请。

福建省人民检察院
2017 年 12 月 20 日

福建长汀水污染公益诉讼案

一、诉讼主体

原告：福建省绿家园环境友好中心

支持起诉单位：龙岩市长汀县环境保护局、中国政法大学环境资源法研究和服务中心（又称"污染受害者法律帮助中心"，简称"CLAPV"或者"中心"）

被告：兰×福

案由：水污染责任纠纷环境民事公益诉讼

二、诉讼程序

立案管辖程序

受理：2015 年 4 月 21 日

受理案号：（2015）岩民初字第 160 号

受理法院：福建省龙岩市中级人民法院

管辖裁定：2015 年 5 月 7 日

一审程序

受理：2015 年 5 月 8 日

案号：（2015）汀民初字第 1405 号

一审：长汀县人民法院

结案：2015 年 7 月 6 日

三、诉讼请求

被告兰×福于 1998 年在未办理环评手续的情况下，在长汀县古城镇杨梅溪村汀四公路旁 28 公里处建养猪场一座，养猪废水排入濯田河，既破坏生态、也污染环境，故原告提出如下诉讼请求：

一、判决被告立即停止向濯田河排放养猪废水。

二、判决被告二个月内拆除现养猪场占地范围的地上建筑和地下基础，对沼气池、氧化塘和猪圈粪便进行无害化清理，恢复原地植被。

三、被告不能按第二项请求二个月内恢复原地植被的，赔偿原地生态环境修复费用 5 万元（暂定），由原告用该款恢复原地植被。

四、判决被告承担诉讼费、评估或鉴定费、原告律师费和工作人员差旅费等实际支出。

四、案件结果

本案由福建省龙岩市中级人民法院受理后，再报请福建省高级人民法院，于 2015 年 5 月 4 日，福建省高级人民法院作出 ［（2015）闽民他字第 31 号］决定书，同意本案交由长汀县人民法院审理。2015 年 5 月 7 日，福建省龙岩市中级人民法院作出《民事裁定书》，裁定本案交由长汀县人民法院审理。

长汀县人民法院在审理过程中，经主持调解，双方当事人自愿达成如下协议：

一、被告兰×福于本调解协议签订之日起十日内停止其位于长汀县古城镇杨梅溪村汀四公路旁 28 公里处（中璜路口）养猪场的养殖及向濯田河排放养猪废水。

二、被告兰×福于 2015 年 6 月 20 日前（按长汀县人民政府文件汀政综〔2015〕123 号《长汀县人民政府关于印发长汀县 2015 年生猪养殖污染专项整治工作方案的通知》要求）自行拆除其位于长汀县古城镇杨梅溪村汀四公路旁 28 公里处（中璜路口）养猪场占地范围的土地上的建筑物和构筑物等，同时对沼气池、氧化塘和猪场内的粪便等污染物进行无害化处理，并应通过畜牧局、环保局验收。如逾期未自行拆除并通过验收，由法院委托有资质的专业机构完成上述工作，所需费用由被告兰×福负担。

三、被告兰×福于 2016 年 5 月 30 日前在该猪场占用土地上种植适宜作物，以恢复该土地的植被，并应通过林业局、环保局验收，防止水土流失造成危害，如逾期未完成恢复原地植被，并通过验收的，法院将委托有资质的专业机构完成恢复原地植被工作，所需费用由被告兰×福负担。

四、原告福建省绿家园环境友好中心因诉讼所支出的律师费 8000 元，差旅费 20 000 元，合计 28 000 元，如被告兰×福自动履行本协议，上述费用由原告自行承担，如被告兰×福不能自动履行本协议，由被告兰×福支付。

五、本案案件受理费 1050 元，原被告各负担人民币 525 元。

上述协议内容已由长汀县人民法院根据相关规定进行公告，经审查，其内容未违反法律规定，也未损害公共利益，长汀县人民法院依法予以确认，并出具调解书，双方当事人已签收具有法律效力。

五、支持工作

本案由龙岩市长汀县环境保护局和中国政法大学环境资源法研究和服务中心两家单位作为支持起诉单位，参加案件支持工作，为案件的审理和原告依法提供了支持起诉工作。

中国政法大学环境资源法研究和服务中心作为本案支持起诉单位，为本案提供法律咨询、派遣志愿律师为原告代理、提交书面支持意见、委托代理人出庭支持起诉、协助调查取证等支持起诉工作。

龙岩市长汀县环境保护局和中心为原告在证据、生态环境保护民事公益诉讼的诉讼代理人等方面都提供了强有力的支持。支持单位参与案件审理的过程中，龙岩市长汀县环境保护局为原告在被告环境污染证据方面提供了协助调查取证的工作，中心派遣志愿律师为原告提供诉讼代理，增强原告处理案件的法律能力，同时委托代理人出庭支持起诉，提交书面支持意见，更进一步为原告在法律人员方面提供环境资源法律支持。

六、诉讼影响

本案作为环境民事公益诉讼案件，为了增强案件的生态环境法律普法作用和效果，本案是公开开庭审理，各方面人员近百人旁听了庭审，长汀县法院在庭审中首次通过福建法院网和新浪微博进行视频与图文直播，本案是 2014 年《中华人民共和国环境保护法》修订后全国首例畜牧养殖水污染环境公益诉讼案，庭审时，经法院主持调解，原被告双方当庭达成协议，故，本案也是 2014 年《中华人民共和国环境保护法》实施后第一个结案且当庭达成调解的环境公益诉讼案件，为今后此类案件的解决提供了参考的案例样本。

七、诉讼文书

环境公益民事起诉状

原告：福建省绿家园环境友好中心（简称"福建绿家园"）。地址：福州市营迹路 38 号温泉花园×座××，邮编：××××××。

法定代表人：邓×兴，职务：副理事长。

支持起诉单位：长汀县环境保护局。地址：龙岩市长汀县环城中路 3-8 号，邮编：××××××。

法定代表人：邱×发，职务：局长。

支持起诉单位：中国政法大学环境资源法研究和服务中心（又称"污染受害者法律帮助中心"）。地址：北京市海淀区西土城路 35 号润博会议×××，邮编：××××××。

负责人：王灿发，职务：主任。

被告：兰×福，男。住址、身份证号码（略）。

案由：生态破坏、水污染责任纠纷。

诉讼请求：

一、判决被告立即停止向濯田河排放养猪废水。

二、判决被告二个月内拆除现养猪场占地范围的地上建筑和地下基础，对沼气池、氧化塘和猪圈粪便进行无害化清理，恢复原地植被。

三、被告不能按第二项请求二个月内恢复原地植被的，赔偿原地生态环境修复费用 5 万元（暂定），由原告用该款恢复原地植被。

四、判决被告承担诉讼费、评估或鉴定费、原告律师费和工作人员差旅费等实际支出。

事实和理由：

原告是成立于 1998 年的非营利性民间环保组织，宗旨是"推动公众参与，与政府互动促进环境保护"于 2011 年在民政部门登记注册。业务范围是保护生态环境、传播环境文化、开展学术技术交流。原告无违法记录。根据《中华人民共和国环境保护法》第五十八条，原告对污染环境、破坏生态，损害社会公共利益的行为有权提起环境民事公益诉讼。

1998 年，被告未办环评手续，在古城镇杨梅溪村汀四公路旁 28 公里处（中磺路口）占用林地建养猪场一座，养猪废水排入濯田河。根据《检测报告》（JB-NHJC-2015-J-003），被告养猪废水 CODcr 超标 1.32 倍，氨氮超标 3.35 倍，总磷超标 5.29 倍。现被告养猪场所在地为汀江源国家级自然保护区范围。

原告认为："许多自然保护区内生长着茂密的原始森林，而森林涵养水源的作用是巨大的。森林能阻挡雨水直接冲刷土地，降低地表径流的速度，使其获得缓慢下渗的机会。林地土壤疏松，林内枯枝落叶又能保水。据实验，无林坡地，土壤只能吸收 56% 的水分，但坡上如有 80~100 米宽的林带时，地表径流则完全被转变为地下径流而储蓄起来，像水库一样。"（天津市海洋局《自然保护区作用和效益》）。因此，全社会都有责任和义务保护自然保护区林地植被和河流水质。

本案中，被告污染环境、破坏生态损害社会公共利益行为如下：一是改变林地用途兴建养猪场，不仅占用林地本身丧失了生态功能，而且影响到了汀江源国家级自然保护区生态环境功能的整体性。二是将超标养猪废水排入濯田河，污染了河流水质。故根据《中华人民共和国水污染防治法》第十七条、《中华人民共和国环境保护法》第五十八条、《中华人民共和国侵权责任法》第十五条等规定，特向贵院起诉。二支持单位根据《中华人民共和国民事诉讼法》第十五条，支持原告起诉。请法院支持原告诉讼请求。

此致

福建省龙岩市中级人民法院

原告：福建省绿家园环境友好中心

2015 年 4 月 13 日

支持起诉单位：长汀县环境保护局

2015 年 4 月 13 日

支持起诉单位：中国政法大学环境资源法研究和服务中心

2015 年 4 月 13 日

中国政法大学环境资源法研究和服务中心
支持原告起诉意见书

尊敬的审判长、审判员、人民陪审员：

贵院受理的原告福建省绿家园环境友好中心诉被告兰×福水污染责任纠纷案件，根据《中华人民共和国民事诉讼法》《最高人民法院关于审理环境民事公益诉讼案件适用法律若干问题的解释》等相关规定，中国政法大学环境资源法研究和服务中心（又称"污染受害者法律帮助中心"）通过向原告提供生态环境保护法律咨询、派遣律师志愿者、协助调查取证、提交书面支持意见等方式支持原告依法提起本案环境民事公益诉讼，现我单位派遣代表人员，当庭发表书面支持意见，望法庭予以采纳。

环境是人类赖以生存的各种自然因素的总体，切实保护和改善环境关系到人民群众生命健康、社会和谐安定和中华民族的永续发展。当前，我国面临环境污染严重、生态系统退化的严峻形势。对此，人民群众反映强烈，党中央高度关注。党的十八大把生态文明建设纳入中国特色社会主义事业"五位一体"总体布局，并提出了"建设美丽中国"的美好愿景。十八届三中、四中全会分别通过的决定，分别强调"用制度保护生态环境""用严格的法律制度保护生态环境"。

为此，我国民事诉讼法和环境保护法相继规定了民事公益诉讼制度，但由于相应的法律规定比较原则，对于起诉条件、管辖、责任类型以及诉讼费用负担等方面更是没有涉及，导致环境民事公益诉讼屡屡被挡在司法救济大门之外。2015 年 1 月 6 日，最高人民法院公布了《最高人民法院关于审理环境民事公益诉讼案件适用法律若干问题的解释》，2015 年 1 月 7 日已开始施行，对环境民事公益诉讼作出了明确的规定，为符合起诉条件的社会组织提供了法律指引，体现了最高人民法院为"建设美丽中国"运用"严格的法律制度保护生态环境"的决心。

中国政法大学环境资源法研究和服务中心成立于 1998 年 10 月，是经中国政法大学批准，司法部备案的民间环境保护团体。其成员由中国政法大学从事环境资源法研究和教学的教授、副教授为主，联合北京大学、清华大学、中国人民大学等十所高校和研究机构热心环境保护事业的法律和技术专家、学者、律师和研究生兼职组成，由中国政法大学环境法教授王灿发先生任中心主任。中心通过组织热心环境保护事业的法律专家、学者、律师和环境管理与技术专家对中国环境资源立法及其实施问题开展专题研究、进行国际交流、对环境执法和司法人员及公众进行环境法知识的培训，普及环境资源法知识，提高公众的环境法律意识和中国的环境资源立法、执法水平；通过对污染受害者提供法律帮助的方式，维护污染受害者的环境权益，促进中国环境资源法的执行和遵守。

生态环境事关民生福祉，美丽中国需要司法保护。本案中，被告破坏生态、污染环境的行为严重违反了我国环境保护的法律法规规定，已经给社会公共利益造成十分重大的损害。原告作为多年来专门从事环境保护公益活动并且符合环境民事公益诉讼起诉条件的社会组织，对于被告损害社会公共利益的行为提起环境民事公益诉讼，保护我们共有的生态环境资源不受非法的侵害，传递出无限的社会正能量，我单位作为原告的支持起诉单位，也愿意传递这份正能量，望贵院能够支持原告的诉讼请求，依法作出裁判。

原告支持起诉单位（签章）：

中国政法大学环境资源法研究和服务中心

2015 年 6 月 5 日

附：法律条文

《中华人民共和国民事诉讼法》

第十五条 机关、社会团体、企业事业单位对损害国家、集体或者个人民事权益的行为，可以支持受损害的单位或者个人向人民法院起诉。

《最高人民法院关于审理环境民事公益诉讼案件适用法律若干问题的解释》

第十一条 检察机关、负有环境保护监督管理职责的部门及其他机关、社会组织、企业事业单位依据民事诉讼法第十五条的规定，可以通过提供法律咨询、提交书面意见、协助调查取证等方式支持社会组织依法提起环境民事公益诉讼。

福建省龙岩市中级人民法院
民事裁定书

（2015）岩民初字第 160 号

原告：福建省绿家园环境友好中心。住所地：福州市营迹路 38 号温泉花园×座××，组织机构代码：793×××××-3。

委托代理人：吴×心，湖北隆中律师事务所律师。

委托代理人：林×英，福建省绿家园环境友好中心工作人员。

被告：兰×福，×，×族，住福建省××县。

原告福建省绿家园环境友好中心与被告兰×福水污染责任纠纷一案，向本院提起诉讼。本院受理后，根据《中华人民共和国民事诉讼法》第三十八条第一款的规定，报请福建省高级人民法院批准将本案交长汀县人民法院审理。2015 年 5 月 4 日福建省高级人民法院作出（2015）闽民他字第 31 号决定书，同意将原告福建省绿家园环境友好中心与被告兰×福水污染责任纠纷一案交由长汀县人民法院审理。

本院认为，由于本案所涉的污染发生地和损害结果地均在长汀县的汀江源自然保护区范围内，为有利于案件所涉及水域污染的综合治理，经福建省高级人民法院批准同意将原告福建省绿家园环境友好中心与被告兰×福水污染责任纠纷一案交由长汀县人民法院审理。根据《中华人民共和国民事诉讼法》第三十八条第一款、《最高人民法院关于适用〈中华人民共和国民事诉讼法〉的解释》第四十二条第二款的规定，裁定如下：

将原告福建省绿家园环境友好中心与被告兰×福水污染责任纠纷一案交由长汀县人民法院审理。

审判长　张×贞

审判员　吴×琼

审判员　童×华

二〇一五年五月七日

书记员　江×鹤

（代）

附：法律条文

《中华人民共和国民事诉讼法》

第三十八条第一款　上级人民法院有权审理下级人民法院管辖的第一审民事案件；确有必要将本院管辖的第一审民事案件交下级人民法院审理的，应当报请其上级人民法院批准。

《最高人民法院关于适用〈中华人民共和国民事诉讼法〉的解释》

第四十二条第二款　人民法院交下级人民法院审理前，应当报请其上级人民法院批准。上级人民法院批准后，人民法院应当裁定将案件交下级人民法院审理。

长汀县人民法院
出庭通知书

我院受理原告福建省绿家园环境友好中心与被告兰×福水污染责任纠纷一案，现决定于 2015 年 6 月 5 日上午 9 时 0 分在长汀县人民法院第一法庭开庭审理，特此通知。请准时出庭参加诉讼。

此致

中国政法大学环境资源法研究和服务中心

长汀县人民法院

代理书记员：涂×萍

2015 年 5 月 27 日

被通知人的工作单位：福建省绿家园环境友好中心。

住址：北京市海淀区西土城路 35 号润博会议×××。

注：1. 此通知适用于通知人民检察院、辩护人、证人、鉴定人、翻译员。

2. 被通知人的姓名填在"此致"下面的空横线上。

福建省长汀县人民法院
民事调解书

（2015）汀民初字第 1405 号

原告：福建省绿家园环境友好中心。住所地：福州市营迹路 38 号温泉花园×座××。组织机构代码：793×××××-3。

法定代表人：邓×兴，职务：该中心副理事长。

委托代理人一：鲁×。

委托代理人二：吴×心，湖北隆中律师事务所律师。

支持起诉单位：龙岩市长汀县环境保护局。住所地：龙岩市长汀县环城中路 3-8 号。组织机构代码：004×××××-6。

法定代表人：丘×发，职务：该局局长。

委托代理人：刘×财，系该局工作人员。

支持起诉单位：中国政法大学环境资源法研究和服务中心。住所地：北京市海淀区西土城路 35 号润博会议×××。

负责人：王灿发，职务：该中心主任。

委托代理人：祝×贺。

被告：兰×福。

委托代理人：饶×清，长汀县大同法律服务所法律服务工作者。

原告福建省绿家园环境友好中心及支持起诉单位长汀县环境保护局、中国政法大学环境资源法研究和服务中心与被告兰×福水污染责任纠纷公益诉讼一案，龙岩市中级人民法院在报请福建省高级人民法院批准后，于 2015 年 5 月 7 日裁定将该案交由本院审理，本院于 2015 年 5 月 8 日受理后，依法组成合议庭公开进行了审理。原告福建省绿家园环境友好中心及其委托代理人吴×心、鲁×，支持起诉单位长汀县环境保护局委托代理人刘×财、中国政法大学环境资源法研究和服务中心委托代理人祝×贺，被告兰×福及其委托代理人饶×清到庭参加诉讼。本案现已审理终结。

原告诉称，1998 年，被告未办环评手续，在古城镇杨梅溪村汀四公路旁 28 公里处（中磺路口）占用林地建养猪场一座，养猪废水排入濯田河。根据《检测报告》（JB-NHJC-2015-J-003），被告养猪废水 CODcr 超标 1.32 倍，氨氮超标 3.35 倍，总磷超标 5.29 倍。现被告养猪场所在地为汀江源国家级自然保护区范围。

被告破坏生态，污染环境损害社会公共利益的行为：一是改变林地用途兴建养猪场，不仅占用林地本身丧失了生态功能，而且影响到了汀江源国家级自然保护区生态环境功能的整体性。二是将超标养猪废水排入濯田河，污染了河流水质。故根据《中华人民共和国水污染防治法》第十七条、《中华人民共和国环境保护法》第五十八条、《中华人民共和国侵权责任法》第十五条等规定，特请求：

一、判决被告立即停止向濯田河排放养猪废水。

二、判决被告二个月内拆除现养猪场占地范围的地上建筑和地下基础，对沼气池、氧化塘和猪圈粪便进行无害化清理，恢复原地植被。

三、被告不能按第二项请求二个月内恢复原地植被的，赔偿原地生态环境修复费用 5 万元，由原告用该款恢复原地植被。

四、判决被告承担诉讼费、评估或鉴定费、原告律师费和工作人员差旅费等实际支出。

被告兰×福辩称：1. 被告建养猪场有其特殊的历史背景：1998 年被告响应政府号召，进行大种大养，为我县菜篮子工程做贡献。2. 被告建养猪场的地点不是林地，不在汀江源自然保护区范围内。3. 庭审前，被告已经停止生产经营，已自行拆除部分建筑物。4. 被告在养猪场建有沼气池，氧化塘，排出的废水不会污染水质。5. 地上建筑物拆除后，猪粪的危害不具有长久性。6. 原告提出在二个月内恢复原地植被不符合客观规律和自然规律。7. 原告要求被告赔偿生态环境修复费用，由原告代为修复，没有法律依据。

经审理查明：被告兰×福于 1998 年在未办理环评手续的情况下，在长汀县古城镇杨梅溪村汀四公路旁 28 公里处建养猪场一座，养猪废水排入濯田河，既破坏生态，也污染环境。

本案在审理过程中，经本院主持调解，双方当事人自愿达成协议如下：

一、被告兰×福于本调解协议签订之日起十日内停止其位于长汀县古城镇杨梅溪村汀四公路旁 28 公里处（中璜路口）养猪场的养殖及向濯田河排放养猪废水。

二、被告兰×福于 2015 年 6 月 20 日前（按长汀县人民政府文件汀政综〔2015〕123 号《长汀县人民政府关于印发长汀县 2015 年生猪养殖污染专项整治工作方案的通知》要求）自行拆除其位于长汀县古城镇杨梅溪村汀四公路旁 28 公里处（中璜路口）养猪场占地范围的土地上的建筑物和构筑物等，同时对沼气池、氧化塘和猪场内的粪便等污染物进行无害化处理，并应通过畜牧局、环保局验收。如逾期未自行拆除并通过验收，由法院委托有资质的专业机构完成上述工作，所需费用由被告兰×福负担。

三、被告兰×福于 2016 年 5 月 30 日前在该猪场占用土地上种植适宜作物，以恢复该土地的植被，并应通过林业局、环保局验收，防止水土流失造成危害，如逾期未完成恢复原地植被，并通过验收的，法院将委托有资质的专业机构完成恢复原地植被工作，所需费用由被告兰×福负担。

四、原告福建省绿家园环境友好中心因诉讼所支出的律师费 8000 元，差旅费 20 000 元，合计 28 000 元，如被告兰×福自动履行本协议，上述费用由原告自行承担，如被告兰×福不能自动履行本协议，由被告兰×福支付。

五、本案案件受理费 1050 元，原被告各负担人民币 525 元。

上述协议内容已由本院根据《最高人民法院关于审理环境民事公益诉讼

案件适用法律若干问题的解释》第二十五条第一款的规定进行公告了 30 日。经审查，其内容未违反法律规定，也未损害公共利益，本院依法予以确认，并出具调解书。

本调解书自双方当事人签收后即具有法律效力。

审　判　长　　丘×发

审　判　员　　侯×霞

人民陪审员　　黄×生

二○一五年七月六日

书　记　员　　刘×达

山东某公司大气污染公益诉讼案

一、诉讼主体

原告：北京市朝阳区自然之友环境研究所

支持起诉单位：中国政法大学环境资源法研究和服务中心（又称"污染受害者法律帮助中心"，简称"CLAPV"或者"中心"）、济南市绿行齐鲁环保公益服务中心

被告：山东××化工股份有限公司

案由：环境污染责任纠纷（大气）环境民事公益诉讼

二、诉讼程序

受理：2016 年 1 月 19 日

案号：（2016）鲁 05 民初 11 号

一审：山东省东营市中级人民法院

结案：2016 年 5 月 7 日

三、诉讼请求

被告山东××化工股份有限公司下属热电厂自 2014 年以来持续向大气超标排放污染物，并存在环保设施未验收即投入生产、私自篡改监测数据等不遵守环境法行为，经环境保护主管部门多次行政处罚并未整改合格，严重危及大气环境，损害了社会公共利益，为维护环境公共利益，依法制止被告违法

排污的恶劣行为，原告向人民法院提出如下诉讼请求：

1. 判令被告停止超标排污对大气环境的侵害，消除所有不遵守环境保护法律法规行为对大气环境造成的危险。

2. 判令被告支付 2014 年 1 月 1 日起至被告停止侵害、消除所有不遵守环境保护法律法规行为对大气环境造成危险期间，向大气排放污染物所产生的大气环境治理费用，约人民币 1000 万元，具体数额以专家意见或鉴定意见为准。

3. 判令被告在省级以上媒体向全社会公开赔礼道歉。

4. 判令被告承担本案诉讼费用，包括案件受理费、鉴定检测费用、专家费、原告律师费等。

四、案件结果

本案经过开庭审理后，经东营市中级人民法院主持调解，原被告双方达成如下调解协议：

一、被告山东××化工股份有限公司支付生态环境治理费 3 000 000 元，于调解协议生效后 10 日内支付于法院指定的环保基金账户。

二、原告北京市朝阳区自然之友环境研究所支出的律师代理费 95 000 元、交通费等 30 000 元、专家咨询费 30 000 元，被告山东××化工股份有限公司于调解协议生效后 10 日内向原告支付。

三、案件受理费 81 800 元，减半收取 40 900 元，由被告山东××化工股份有限公司负担。

上述协议内容经依法向社会公示且公示期间已经届满，内容符合法律规定，东营市中级人民法院予以确认并作出调解书后，已经双方当事人签收具有法律效力。

五、支持工作

本案中，中国政法大学环境资源法研究和服务中心与济南市绿行齐鲁环保公益服务中心两家单位作为支持单位，参加案件支持工作，为案件的审理和原告提供了支持起诉工作。

中国政法大学环境资源法研究和服务中心作为本案支持起诉单位，为本案提供法律咨询、派遣志愿律师为原告代理、提交书面支持意见、委托代理人出庭支持起诉、协助调查取证等支持起诉工作。

中心和济南市绿行齐鲁环保公益服务中心为原告在大气污染案件处理思路、生态环境保护民事公益诉讼的诉讼代理人等方面都提供了强有力的支持。支持单位参与案件审理的过程中，山东本地社会组织可以发挥对于案件所在地熟悉的优势，提供当地的案件信息来支持案件，中心作为专业的环境资源法领域的研究和服务机构，提供专业的法律知识和代理人为原告提供智力和法律人员的支持。

六、诉讼影响

本案是山东省法院审结的首例大气污染民事公益诉讼案件，也是山东省首例由社会团体作为支持起诉人参与的环境公益诉讼案件，并入选 2017 年最高人民法院十大环境公益诉讼典型案例。

2017 年 3 月 7 日，最高人民法院举行发布会，发布了十起环境公益诉讼典型案例，其中本案入选，现场发布了本案典型意义及专家点评意见。发布本案典型意义是：

> 本案涉及公用事业单位超标排放的环境污染责任。××公司（即山东××化工股份有限公司）系热电企业，在生产过程中多次违法超标排放，对大气造成严重污染。诉讼中，××公司积极整改，停止侵害，实现达标排放，监测设备正常运行，使本案具备了调解的基础。法院依法确认该企业存在向大气超标排放污染物等违法事实，并依照《最高人民法院关于审理环境民事公益诉讼案件适用法律若干问题的解释》第二十五条规定，对调解协议内容进行公示，公告期间届满又对调解协议内容进行审查后出具调解书。该案对于督促公用事业单位在提供公共服务过程中履行环境保护责任，依法保障社会公众在环境公益诉讼案件调解程序中的知情权、参与权，做了有益的探索，具有良好的示范意义。

点评专家：孙佑海，天津大学法学院院长、教授，发布点评意见如下：

关于环境民事公益诉讼案件能否适用调解的问题，在制定相关司法解释时有过争论。《最高人民法院关于审理环境民事公益诉讼案件适用法律若干问题的解释》第二十五条明确规定，在办理环境民事公益诉讼案件中可以采用调解方式。本案中，山东省东营市中级人民法院根据该司法解释，采用调解方式成功解决了一起在全国有重大影响的环境民事公益诉讼纠纷，取得了良好的社会效果。在环境民事公益诉讼案件中适用调解方式，需要认真把握以下几点：一是对社会公共利益的保护不能仅仅寄希望于通过单一途径或单一方式，多元矛盾纠纷解决机制不失为另一种有效选择；二是对环境民事公益诉讼案件进行调解，符合构建社会主义和谐社会的要求，且具有成本低、效率高、社会风险小、节约司法资源等优势；三是根据权利和义务相一致的原则，既然环境民事公益诉讼的原告负担着诉讼中的一切义务，那么，其也理当享有完整的诉讼权利，包括处分权在内，否则不公平；四是鉴于该类公益诉讼的性质，应当强化监督，人民法院不仅要对调解协议依法进行公告，听取社会公众的意见和建议，而且公告期满后还要进行认真审查，认为调解协议或者和解协议的内容不损害社会公共利益的，才可以出具调解书。东营市中级人民法院在案件的办理中，悉心关照环境民事公益诉讼的特点，根据"有限调解"等原则，对环境民事公益诉讼调解的特殊模式予以考量，凸显环境民事公益诉讼不同于一般民事诉讼的特征，取得了宝贵的经验，对今后办理类似案件，具有良好的示范性。

七、诉讼文书

环境民事公益起诉状

原告：北京市朝阳区自然之友环境研究所（简称"自然之友"）。住所地：北京市朝阳区裕民路 12 号 2 号楼×层××××。
法定代表人：张×赫，职务：副总干事。

联系地址：北京市朝阳区裕民路 12 号华展国际公寓×座×××。

联系电话：×××××××××××。

支持起诉单位：中国政法大学环境资源法研究和服务中心（又名"污染受害者法律帮助中心"）。住所地：北京市海淀区学院南路 38 号智慧大厦×××。

负责人：王灿发，职务：主任。

联系电话：×××××××××××。

支持起诉单位：济南市绿行齐鲁环保公益服务中心。住所地：山东省济南市槐荫区经四纬十二卢浮宫馆 1 号楼×单元××××室。

法定代表人：杨×生，职务：执行理事。

联系电话：×××××××××××。

被告：山东××化工股份有限公司。住所地：山东省东营市广饶县大王经济技术开发区。

法定代表人：赵×岭，职务：总经理。

联系电话：×××××××××××。

案由：环境民事公益诉讼。

诉讼请求：

1. 判令被告停止超标排污对大气环境的侵害，消除所有不遵守环境保护法律法规行为对大气环境造成的危险。

2. 判令被告支付 2014 年 1 月 1 日起至被告停止侵害、消除所有不遵守环境保护法律法规行为对大气环境造成危险期间，向大气排放污染物所产生的大气环境治理费用，约人民币 1000 万元，具体数额以专家意见或鉴定意见为准。

3. 判令被告在省级以上媒体向全社会公开赔礼道歉。

4. 判令被告承担本案诉讼费用，包括案件受理费、鉴定检测费用、专家费、原告律师费等。

事实与理由：

被告山东××化工股份有限公司（以下简称"××化工"）是一家生产、销售一氯甲烷、二氯甲烷、三氯甲烷、苯胺、硝基苯、烧碱、液氯、高纯盐酸、环氧丙烷、二氯丙烷、工业氢等化学原料的大型企业，2014 年以来，××化工下属热电厂长期向大气超标排放污染物，并且存在环保设施未经验收投入生产、私自篡改监测数据等环境违法行为，多次受到环境保护行政主管部门的行政处罚。

2014 年 3 月到 2015 年 10 月间，东营市广饶县环境保护局先后因超标排放大气污染物、环保设施未经验收投入生产等环境违法行为对××化工进行了 13 次行政处罚，其中包括五次按日连续处罚，按日连续处罚金额达 1 500 万元，××化工仅交纳 300 万元。

东营市环保局因××化工热电项目自动在线监测数据弄虚作假、不正常使用脱硫脱硝设施等环境违法行为对××化工进行了 3 次行政处罚。

山东省环保厅因××化工热电项目外排废气严重超标对××化工挂牌督办，责成东营市环境保护局立案查处，责成企业立即进行停产整改，限期建成脱硫脱硝设施。

2015 年 11 月 5 日，环境保护部（以下简称"环保部"）公布"2015 年 9 月份人民群众和新闻媒体反映的环境案件处理情况"，××化工名列其中，是山东唯一一家被环保部通报、督查的化工企业。

根据广饶县环境保护局官方发布的空气质量状况公告，××化工所在地广饶县大王镇的空气质量是广饶县下属几个乡镇质量最差地区。原告认为××化工长期持续超标排放氮氧化物、硫氧化物，对广饶县的空气质量变差负有不可推卸的责任。

综上所述，被告长期向大气超标排放污染物，作为国控重点污染源，环保设施未经验收即投入生产且不正常使用大气污染物处理设施，在线监测设备未验收、未移交第三方运营、存在数据弄虚作假行为，经环境保护主管部门多次行政处罚并未整改合格，是性质恶劣的环境违法行为，严重危及大气环境，损害了社会公共利益，违反了《中华人民共和国环境保护法》《中华人民共和国大气污染防治法》等多部法律法规，造成了严重的环境损害后果，应该承担环境侵权的法律责任。

原告北京市朝阳区自然之友环境研究所，是一家在北京市朝阳区民政局登记注册的社会组织，专门从事环境保护公益活动已 20 余年。为维护环境公共利益，依法制止被告违法排污的恶劣行为，消除污染大气环境的危险，并支付大气环境治理费用，具体数额以被告因侵害行为所获得的利益或专家意见为准。

依照《中华人民共和国环境保护法》第五十八条等规定提起环境民事公益诉讼，请法院依法受理，查明事实，作出公正判决，支持原告的诉讼请求。

此致

山东省东营市中级人民法院

具状人：北京市朝阳区自然之友环境研究所

法定代表人：张×赫

2016 年 1 月 4 日

山东省东营市中级人民法院
传票

案号：（2016）鲁 05 民初 11 号。

案由：环境污染责任纠纷。

被传唤人：中国政法大学环境资源法研究和服务中心。

负责人：王灿发。

单位或地址：北京市海淀区学院南路 38 号智慧大厦××××。

传唤事由：开庭或询问。

应到时间：2016 年 2 月 26 日 8 时 40 分。

应到处所：第十二审判庭。

注意事项：

1. 被传唤人必须准时到达处所。

2. 本票由被传唤人携带来院报到。

3. 被传唤人收到传票后，应在送达回证上签名或盖章。

4. 原告（上诉人）经传票传唤，无正当理由不到庭的，按撤诉处理。

5. 被告（被上诉人）经传票传唤，无正当理由不到庭的，缺席判决。

山东省东营市中级人民法院（院印）

二〇一六年一月二十日

中国政法大学环境资源法研究和服务中心
支持原告起诉意见书

尊敬的审判长、审判员、人民陪审员：

　　贵院受理的原告北京市朝阳区自然之友环境研究所诉被告山东××化工股份有限公司环境民事公益诉讼纠纷案件，根据《中华人民共和国民事诉讼法》《最高人民法院关于审理环境民事公益诉讼案件适用法律若干问题的解释》等相关规定，中国政法大学环境资源法研究和服务中心（又称"污染受害者法律帮助中心"）通过向原告提供环境保护专业法律咨询、派遣律师志愿者、协助调查取证、提交书面支持意见等方式支持原告依法提起本案环境民事公益诉讼，现我单位提交书面支持意见，望法庭予以采纳。

　　环境是人类赖以生存的各种自然因素的总体，切实保护和改善环境关系到人民群众生命健康、社会和谐安定和中华民族的永续发展。当前，我国面临环境污染严重、生态系统退化的严峻形势。对此，人民群众反映强烈，党中央高度关注。党的十八大把生态文明建设纳入中国特色社会主义事业"五位一体"总体布局，并提出了"建设美丽中国"的美好愿景。十八届三中、四中全会分别通过的决定，分别强调"用制度保护生态环境""用严格的法律制度保护生态环境"。

　　为此，我国民事诉讼法和环境保护法相继规定了民事公益诉讼制度，但由于相应的法律规定比较原则，对于起诉条件、管辖、责任类型以及诉讼费用负担等方面更是没有涉及，导致环境民事公益诉讼屡屡被挡在司法救济大门之外。2015 年 1 月 6 日，最高人民法院公布了《最高人民法院关于审理环境民事公益诉讼案件适用法律若干问题的解释》，2015 年 1 月 7 日已开始施行，对环境民事公益诉讼作出了明确的规定，为符合起诉条件的社会组织提供了法律的指引，体现了最高人民法院为"建设美丽中国"运用"严格的法律制度保护生态环境"的决心。

　　中国政法大学环境资源法研究和服务中心成立于 1998 年 10 月，是经中国政法大学批准，司法部备案的民间环境保护团体。其成员由中国政法大学从事环境资源法研究和教学的教授、副教授为主，联合北京大学、清华大学、中国人民大学等十所高校和研究机构热心环境保护事业的法律和技术专家、学者、律师和研究生兼职组成，由中国政法大学环境法教授王灿发先生任中心主任。中心通过组织热心环境保护事业的法律专家、学者、律师和环境管理与技术专家对中国环境资源立法及其实施问题开展专题研究、进行国际交流、对环境执法和司法人员及公众进行环境法知识的培训，普及环境资源法知识，提高公众的环境法律意识和中国的环境资源立法、执法水平；通过对污染受害者提供法律帮助的方式，维护污染受害者的环境权益，促进中国环境资源法的执行和遵守。

生态环境事关民生福祉，美丽中国需要司法保护。本案中，被告山东××化工股份有限公司作为一家生产企业，应当严格遵守我国环境保护法律法规的规定进行生产，但是，被告却无视我国环境保护法的规定，先后因超标排放大气污染物、环保设施未经验收投入生产等环境违法行为被环境保护行政主管部门屡次行政处罚，多次进行按日计罚，被告并未因严厉行政执法而规范自己的生产，以致被山东省环保厅挂牌督办，环保部通报、督查，被告长期、故意污染环境的行为严重违反了我国环境保护的法律法规规定，更严重危及大气环境，已经给社会公共利益造成十分重大的损害。原告作为多年来专门从事环境保护公益活动并且符合环境民事公益诉讼起诉条件的社会组织，对于被告损害社会公共利益的行为提起环境民事公益诉讼，保护我们共有的大气环境资源不受非法的侵害，传递出无限的社会正能量，我单位作为原告的支持起诉单位，也愿意传递这份正能量，望贵院能够支持原告的诉讼请求，依法作出裁判。

原告支持起诉单位（签章）：

中国政法大学环境资源法研究和服务中心

2016 年 1 月 6 日

附：法律条文

《中华人民共和国民事诉讼法》

第十五条 机关、社会团体、企业事业单位对损害国家、集体或者个人民事权益的行为，可以支持受损害的单位或者个人向人民法院起诉。

《最高人民法院关于审理环境民事公益诉讼案件适用法律若干问题的解释》

第十一条 检察机关、负有环境保护监督管理职责的部门及其他机关、社会组织、企业事业单位依据民事诉讼法第十五条的规定，可以通过提供法律咨询、提交书面意见、协助调查取证等方式支持社会组织依法提起环境民事公益诉讼。

山东省东营市中级人民法院
民事调解书

(2016) 鲁 05 民初 11 号

原告：北京市朝阳区自然之友环境研究所。住所地：北京市朝阳区裕民路 12 号 2 号楼×层××××室。

法定代表人： 张×赫，职务：副总干事。

委托代理人： 刘×，上海金钻律师事务所律师。

支持起诉单位： 中国政法大学环境资源法研究和服务中心。住所地：北京市海淀区学院南路 38 号智慧大厦××××室。

负责人： 王灿发，职务：主任。

委托代理人： 祝×贺，北京市君永律师事务所律师。

支持起诉单位： 济南市绿行齐鲁环保公益服务中心。住所地：山东省济南市槐区经四纬十二卢浮官馆 1 号楼×单元××××室。

法定代表人： 杨×生，职务：执行理事。

委托代理人： 陈×然，济南市绿行齐鲁环保公益服务中心工作人员。

被告： 山东××化工股份有限公司。住所地：山东省东营市广饶县大王经济技术开发区。

法定代表人： 赵×岭，职务：总经理。

委托代理人： 赵×义，男，19××年×月×日出生，×族，山东××集团公司副总裁，住山东省广饶县××镇××路×××号×号院。

委托代理人： 张×江，男，19××年×月××日出生，×族，山东××化工股份有限公司环保总监，住山东省广饶县××镇×路×××号×号院。

原告北京市朝阳区自然之友环境研究所与被告山东××化工股份有限公司环境污责任纠纷一案，本案受理后，依法组成合议庭，进行了审理。

原告起诉称，自2014年以来，被告山东××化工股份有限公司长期向大气超标排放污染物，环保设施未经验收即投入生产且不正常使用大气污染物处理设施，在线监测设备未验收、未移交第三方运营、存在数据弄虚作假行为，经环境保护主管部门多次行政处罚并未整改合格，是性质恶劣的环境违法行为，严重危及大气环境，损害了社会公共利益，违反了《中华人民共和国环境保护法》《中华人民共和国大气污染防治法》等多部法律法规，造成了严重的环境损害后果，应该承担环境侵权的法律责任。为维护环境公共利益，依法制止被告违法排污的恶劣行为，请求：1. 判令被告停止超标排污对大气环境的侵害，消除所有不遵守环境保护法律法规行为对大气环境造成的危险。2. 判令被告支付2014年1月1日起至被告停止侵害、消除所有不遵守环境保护法律法规行为对大气环境造成危险期间，向大气排放污染物所产生的大气环境治理费用，约人民币1000万元，具体数额以专家意见或鉴定结论为准。3. 判令被告在省级以上媒体向全社会公开赔礼道歉。4. 判令被告承担本案诉讼费用，包括案件受理费、鉴定检测费用、专家费、原告律师费等。

中国法大学环境资源法研究和服务中心支持起诉意见称，被告山东××化工股份有限公司无视国家环境保护法的规定，长期、故意污染环境，给社会公共利益造成损害，希望法院支持原告诉讼请求，依法裁判。

济南市绿行齐鲁环保公益服务中心支持起诉意见称，被告存在长期向大气超标排放等违法行为，严重危及大气环境，损害公共利益，应承担环境侵权责任，被告应停止侵害，支付环境治理费用并公开道歉。

被告山东××化工股份有限公司辩称，1. 被告已于2015年6月份全部达标排放，监测设备也全部运行并通过了市环保局的验收。被告未及时纠正违法行为是因为承担了当地乡镇机关和居民的供暖，在供暖期无法停工，造成了设备改造的延期。2. 请求在考虑企业承担能力的情况下适当地降低对大气污染费用的支付，同时考虑被告因公益造成延期改造，并非企业的有意行为，不再让被告单位公开道歉。

经审理查明，被告山东××化工股份有限公司下属热电厂自 2014 年以来持续向大气超标排放污染物，并存在环保设施未验收即投入生产、私自篡改监测数据等环境违法行为。2014 年至 2015 年间，广饶县环境保护局因超标排放大气污染物、环保设施未经验收投入生产等违法行为对被告进行了 13 次行政处罚；东营市环保局对被告进行了 3 次行政处罚；山东省环保厅对被告挂牌督办，责成东营市环境保护局立案查处，责成被告停产整改、限期建成脱硫脱硝设施；2015 年 11 月 5 日，国家环保部对被告通报、督查。

在审理过程中，经本院主持调解，原被告双方达成如下调解协议：

一、被告山东××化工股份有限公司支付生态环境治理费 3 000 000 元，于调解协议生效后 10 日内支付于法院指定的环保基金账户。

二、原告北京市朝阳区自然之友环境研究所支出的律师代理费 95 000 元、交通费等 30 000 元、专家咨询费 30 000 元，被告山东××化工股份有限公司于调解协议生效后 10 日内向原告支付。

三、案件受理费 81 800 元，减半收取 40 900 元，由被告山东××化工股份有限公司负担。

上述协议内容已经向社会公示且公示期间已经届满。

上述协议内容符合法律规定，本院予以确认。

本调解书经双方当事人签收后即具有法律效力。

审判长　　王×民

审判员　　杨×梅

审判员　　晋　×

二〇一六年五月七日

书记员　　刘　×

广东某自然保护区生态破坏公益诉讼案

一、诉讼主体

原告：北京市朝阳区自然之友环境研究所、广东省环境保护基金会

支持起诉单位：中国政法大学环境资源法研究和服务中心（又称"污染受害者法律帮助中心"，简称"CLAPV"或者"中心"）、广州市越秀区鸟兽虫木自然保育中心

被告：广东××森林景区管理有限公司、深圳市东××实业发展有限公司、广东省××林业局

案由：环境污染责任纠纷环境民事公益诉讼

二、诉讼程序

一审程序

受理：2016 年 3 月 4 日

案号：（2016）粤 18 民初 3 号

一审：广东省清远市中级人民法院

结案：2017 年 2 月 20 日

执行程序

执行法院：广东省清远市中级人民法院

执行裁定：2017 年 4 月 5 日

三、诉讼请求

2009 年 12 月 26 日，广东省××林业局与被告深圳市东××实业发展有限公司签约合作开发乳源县五指山南岭国家森林公园，南岭国家森林公园与南岭国家级自然保护区的面积几乎完全重叠，南岭国家级自然保护区位于南岭山脉的核心，在乳源瑶族自治县与湖南省交界地带，是广东省最大面积的国家级自然保护区，主要保护对象为中亚热带常绿阔叶林和珍稀濒危野生动植物及其栖息地。2010 年 10 月份始，被告开始在广东南岭国家级自然保护区核心区内炸山修路，老蓬段至石坑岭路段植被被全部破坏殆尽，修路造成植被严重破坏，公路运行将永久性地加剧动植物栖息地的破碎化，进而导致部分濒危动植物的小种群现象甚至局部灭绝，对生态环境产生难以弥补的损害，为此原告自然之友向广东省清远市中级人民法院提起环境民事公益诉讼，并提出如下诉讼请求：

1. 请求判令二被告立即停止在南岭国家级自然保护区核心区内老蓬至石坑崀之间修建公路。

2. 请求判令二被告在六个月内将在南岭国家级自然保护区核心区内老蓬至石坑崀之间修路毁坏的生态环境恢复至原状，若二被告未在六个月内将修路毁坏的生态环境恢复至原状，则支付生态环境修复费用 500 万元（以评估或专家意见为准）。

3. 请求判令二被告共同赔偿上述修路生态环境受到损害至恢复原状期间服务功能损失费用 500 万元（以评估或专家意见为准）。

4. 判令二被告在省级以上媒体上对南岭国家级自然保护区核心区内修路破坏生态环境的行为公开赔礼道歉。

5. 判令二被告支付原告因诉讼支出的评估或鉴定费、律师费、差旅费、调查取证费、专家咨询费、诉讼费等费用。

2016 年 3 月 4 日，本案立案后，广东省环境保护基金会向法院申请成为共同原告，加入本案诉讼，并且申请追加广东省××林业局为本案被告，法院根据申请，同意加入共同原告，并依法追加广东省××林业局作为本案被告参加诉讼，广东省环境保护基金会加入诉讼后，也提出自己的如下诉讼请求：

1. 请求判令被告立即停止在广东南岭国家级自然保护区核心区和缓冲区内修路毁林等一切与自然保护区保护方向不一致的旅游项目开发活动。

2. 请求判令被告支付生态环境修复费用人民币 500 万元（以评估或专家意见为准），指令原告或由依法负有自然保护区监督检查职能的地方环境保护行政主管部门指定的其他机构，选择和监督有资格的第三方生态环境修复单位使用生态环境修复费用，将三被告在南岭国家级自然保护区核心区和缓冲区修路毁坏的生态环境恢复至原状。

3. 请求判令被告共同赔偿自上述修路毁林破坏生态环境之日起至恢复原状期间广东南岭国家级自然保护区生态环境服务功能损失费用 500 万元（以评估或专家意见为准）。

4. 判令被告在《中国绿色时报》或《中国环境报》上对南岭国家级自然保护区核心区内修路破坏生态环境的行为公开赔礼道歉。

5. 判令被告支付原告因诉讼支出的评估或鉴定费、律师费（按广东省律师服务收费政府指导价收取，分段累计收 27.1 万元）、差旅费、调查取证费、专家咨询费等费用。

四、案件结果

本案经过证据交换、庭外座谈、现场考察、评估、专家咨询、法院调解等过程，后在审理过程中，经法院主持调解，当事人自愿达成如下协议：

一、被告广东××森林景区管理有限公司对因石坑崆公路修建而给生态环境所带来的破坏向社会公众表示歉意；立即停止在南岭国家级自然保护区（南岭国家森林公园）内老蓬至石坑崆之间的修建公路行为，保持公路现状；已完成的道路仅作为森林防火、资源管护、生态修复使用；今后在自然保护区内不得新增旅游开发项目。

二、被告广东××森林景区管理有限公司在签订本调解协议之日起十日内赔偿生态环境修复费用 500 万元（此款已经履行）。上述费用用于老蓬至石坑崆段公路的生态修复以及自然保护区内的其他生态治理。

三、被告广东××森林景区管理有限公司按照广东省林业调查规划院所作出的《南岭国家森林公园林区公路（老蓬段）边坡复绿与生态修复（期）工程方案》的标准实施生态环境修复工作，于 2019 年 4 月 30 日前完成。生态环境修复工程必须履行公开招投标程序，并在原告、支持起诉单位和社会公众监督下使用生态环境修复费用。

四、被告广东××森林景区管理有限公司应在每年 12 月，向执行法院及原告通报生态修复进展情况，并接受司法、行政、原告、支持起诉单位及社会监督。被告广东省××林业局负责监督生态环境修复工程的具体实施。原告及支持起诉单位有权到现场查看生态修复情况，相关合理费用支出由被告广东××森林景区管理有限公司负担。本案当事人及相关专家对生态环境修复工作效果进行评估，由此产生的相关费用由被告广东××森林景区管理有限公司负担；如经评估生态环境修复结果尚未达到《南岭国家森林公园林区公路（老蓬段）边坡复绿与生态修复（期）工程方案》的要求，被告广东××森林景区管理有限公司应继续承担后续生态环境修复费用直至通过生态环境修复效果评估为止。

五、被告广东××森林景区管理有限公司应向原告北京朝阳区自然之友环境研究所支付律师费 20 万元、差旅费 4 万元、评估费 6 万、专家咨询费 2 万；应向原告广东省环保基金会支付律师费 20 万、专家咨询费 3 万元；应向中国政法大学环境资源法研究和服务中心支付调查取证费 5 万元；应向广州市越秀区鸟兽虫木自然保护育中心支付调查取证费 5 万元。

六、本案案件受理费 81 800 元、公告费用 6300 元，由被告广东××森林景区管理有限公司负担。

该调解协议在《人民法院报》及法院公告栏上进行了为期 30 日的公告，公告期满后未收到任何意见和建议，法院认为，上述协议不违反法律规定和社会公共利益，予以确认，调解书已经各方当事人签收具有法律效力。

五、支持工作

本案中，中国政法大学环境资源法研究和服务中心与广州市越秀区鸟兽虫木自然保育中心两家单位作为支持起诉单位，参加案件支持工作，为案件的审理和原告依法提供了支持起诉工作。

中国政法大学环境资源法研究和服务中心作为本案支持起诉单位，为本案提供法律咨询、派遣志愿律师为原告代理、派遣中心人员参与现场考察、协助调查取证、执行监督等支持起诉工作。

中心和广州市越秀区鸟兽虫木自然保育中心为原告在自然保护区类型案件处理思路、生态环境保护民事公益诉讼的诉讼代理人等方面都提供了强有力的支持。支持单位参与案件审理的过程中，广东当地社会组织可以发挥对于案件所在地熟悉的优势，提供当地的案件信息，参与诉讼和执行等方式来支持案件，中心作为专业的环境资源法领域的研究和服务机构，提供专业的法律知识和诉讼代理人为原告提供智力和法律人员的支持。

六、诉讼影响

本案是 2014 年《中华人民共和国环境保护法》实施后，广东首宗以调解结案的由环保组织提起的环境公益诉讼案，系首起涉及自然保护区环境要素的新类型环境民事公益诉讼案件，首起有实施执行代管人制度的案件，首起支持支持起诉单位费用的案件。

本案是涉及自然保护区环境要素的新类型案件，案件受理时，未有可以参考的案例支撑，该案件的解决也为今后的相关案件办理提供了处理的思路。

本案有很多值得思考和启示的作用，首先，体现在生态破坏案件解决需要各方的积极参与和努力。其次，法院、原告和支持单位参与案件的执行监督。再次，本案执行中，法院首次实施执行代管人制度。最后，生态环境修复完成后，法院、原告和支持单位参与修复的验收。

七、诉讼文书

民事起诉状

原告：北京市朝阳区自然之友环境研究所（简称"自然之友"）。住所地：北京市朝阳区××××××，邮编：××××××，通信地址：北京市朝阳区××××××，联系电话：××××××。

法定代表人：张×赫，职务：副总干事。

支持起诉单位：中国政法大学环境资源法研究和服务中心（又称"污染受害者法律帮助中心"）。住所地：北京市海淀区学院南路 38 号智慧大厦××××，邮编：××××××，联系电话：010-×××××××。

负责人：王灿发，职务：主任。

支持起诉单位：广州市越秀区鸟兽虫木自然保育中心。住所地：广东省广州市越秀区××××××，邮编：××××××，通信地址：广州市越秀区××××××，联系电话：××××××。

法定代表人：彭×，职务：负责人。

被告：广东××森林景区管理有限公司（简称"景区公司"）。住所地：乳源县五指山南岭国家森林公园××林业局××××××，邮编：××××××，联系电话：××××××。

法定代表人：刘×文，职务：董事长。

被告：深圳市东××实业发展有限公司（简称"东××公司"）。住所地：深圳市南山区××××××，邮编：××××××，联系电话：××××××。

法定代表人：张×能，职务：董事长。

案由：环境民事公益诉讼。

诉讼请求：

1. 请求判令二被告立即停止在南岭国家级自然保护区核心区内老蓬至石坑崆之间修建公路。

2. 请求判令二被告在六个月内将在南岭国家级自然保护区核心区内老蓬

至石坑崆之间修路毁坏的生态环境恢复至原状，若二被告未在六个月内将修路毁坏的生态环境恢复至原状，则支付生态环境修复费用 500 万元（以评估或专家意见为准）。

3. 请求判令二被告共同赔偿上述修路生态环境受到损害至恢复原状期间服务功能损失费用 500 万元（以评估或专家意见为准）。

4. 判令二被告在省级以上媒体上对南岭国家级自然保护区核心区内修路破坏生态环境的行为公开赔礼道歉。

5. 判令二被告支付原告因诉讼支出的评估或鉴定费、律师费、差旅费、调查取证费、专家咨询费、诉讼费等费用。

事实与理由：

2009 年 12 月 26 日，广东省××林业局与被告东××公司签约合作开发乳源县五指山南岭国家森林公园。此后，被告景区公司、东××公司在南岭国家森林公园进行森林生态旅游项目开发、经营及管理。南岭国家森林公园与南岭国家级自然保护区的面积几乎完全重叠。

2010 年 10 月份始，被告开始在广东南岭国家级自然保护区核心区内炸山修路。2011 年底，核心区修路的石坑崆山体陡峭，修路一圈一圈炸开山体，炸开的山石不经任何处理，直接用推土机推下山，使大量森林植被被掩埋，石坑崆的山体体无完肤。2012 年，老蓬段至石坑崆路段植被被全部破坏殆尽，公路雏形已现。2016 年元旦，被告开始实施硬化路面施工，目测至少有 4 公里沙泥路（之前炸山毁林开的沙泥路）已经铺上水泥，施工工人告知 2016 年年底可通车。自然保护区核心区内严禁任何开发建设项目，被告在南岭国家级自然保护区核心区内自 2010 年动工炸山毁林修路至现在实施路面硬化的建设工程也未取得环境影响评价审批。被告的行为违反了《中华人民共和国环境保护法》第十九条、第二十九条，《中华人民共和国环境影响评价法》第二十五条，《自然保护区条例》第二十七条、第二十八条、第三十二条，《国家级森林公园管理办法》第九条等规定。

南岭国家级自然保护区是 1994 年经国务院批准的国家级自然保护区，孕育着丰富的森林和野生动植物资源，是我国生物多样性关键性地区，至今未调整保护区内功能区边界。被告修建的公路位于南岭国家级自然保护区的西北部，在老蓬至石坑崆之间，海拔 850~1800 米，沿途多为深谷、陡坡，全长 17 公里，完全在南岭国家级自然保护区核心区内。修路造成植被严重破坏，公路运行将永久性地加剧动植物栖息地的破碎化，进而导致部分濒危动植物的小种群现象甚至局部灭绝，对生态环境产生难以弥补的损害。

原告自然之友是 1993 年 6 月 5 日成立的非营利性民间环保组织，宗旨是"倡导生态文明、开展环境研究，促进可持续发展"，于 2010 年 6 月在民政部门登记注册，无违法记录。根据《中华人民共和国环境保护法》第五十八条原告有权提起环境民事公益诉讼。第三人是该自然保护区的管理部门，有义务保护破坏的生态环境承担相应责任。

综上，原告认为：二被告的行为已使国家级自然保护区核心区自然生态环境受到严重损害，并将继续加剧对生态环境的损害。故为保护好我们赖以生存的生态环境，特依据《中华人民共和国环境保护法》等法律规定向贵院提起环境民事公益诉讼，请求贵院依法裁判支持原告的诉讼请求。

此致
广东省清远市中级人民法院

具状人：北京市朝阳区自然之友环境研究所
支持起诉单位：中国政法大学环境资源法研究和服务中心
支持起诉单位：广州市越秀区鸟兽虫木自然保育中心
2016 年 1 月 28 日

广东省清远市中级人民法院
受理案件通知书

（2016）粤 18 民初 3 号

北京市朝阳区自然之友环境研究所：

你（单位）与广东××森林景区管理有限公司、深圳市东××实业发展有限公司之间环境污染责任纠纷一案，你（单位）起诉至本院。本院依法组成合议庭对本案进行审理，现将有关事项通知如下：

一、当事人在诉讼过程中，有权行使《中华人民共和国民事诉讼法》第四十九条、第五十条、第五十一条等规定的诉讼权利，同时必须遵守诉讼秩序，履行诉讼义务。

二、自然人参加诉讼的，应当提交身份证明；法人或者其他组织参加诉讼的，应当提交法人或者其他组织资格证明以及法定代表人或者负责人的身份证明。

三、需要委托代理人代为诉讼的，应当提交符合《中华人民共和国民事诉讼法》第五十九条规定的授权委托书，在中华人民共和国领域内没有住所以及港澳地区的当事人的授权委托书还需办理《中华人民共和国民事诉讼法》第二百六十四条规定的手续。

四、根据最高人民法院《关于人民法院在互联网公布裁判文书的规定》第四条、第五条的规定，裁判文书除涉及国家秘密、个人隐私、未成年人违法犯罪、调解方式结案以及其他不宜在互联网公布的以外，应当在互联网公布。

附：《告知合议庭成员通知书》

本院地址：清远市新城 10 号小区，邮政编码：××××××。
联系人：李×玲，联系电话：0763-××××××。

广东省清远市中级人民法院（印）

二〇一六年三月四日

作为共同原告的申请书

清远市中级人民法院：

我们看到贵院发布环境公益诉讼受理公告，贵院受理了原告北京市朝阳区自然之友环境研究所诉被告广东××森林景区管理有限公司、深圳市东××实业发展有限公司环境民事公益诉讼案。根据《最高人民法院关于审理环境民事公益诉讼案件适用法律若干问题的解释》（法释〔2015〕01 号）第十条第二款规定，"有权提起诉讼的其他机关和社会组织在公告之日起三十日内申请参加诉讼，经审查符合法定条件的，人民法院应当将其列为共同原告"，作为长期关注生态环保并符合法定条件的组织，我会申请作为共同原告参加本案诉讼（今年 1 月 18 日，广州市中级人民法院已受理我会对焦云环境民事公益诉讼案）。

请准许。

广东省环境保护基金会

二〇一六年三月二十八日

民事起诉状

原告：广东省环境保护基金会。住所地：广州市黄埔大道×××××，邮编：××××××，联系电话：××××××。

法定代表人：陈×，职务：理事长。

被告：广东××森林景区管理有限公司（简称"景区公司"）。住所地：乳源县五指山南岭国家森林公园××林业局××××××，邮编：××××××，联系电话：××××××。

法定代表人：刘×文，职务：董事长。

被告：深圳市东××实业发展有限公司（简称"东××公司"）。住所地：深圳市南山区××××××，邮编：××××××，联系电话：××××××。

法定代表人：张×能，职务：董事长。

案由：环境民事公益诉讼。

诉讼请求：

1. 请求判令被告立即停止在广东南岭国家级自然保护区核心区和缓冲区内修路毁林等一切与自然保护区保护方向不一致的旅游项目开发活动。

2. 请求判令被告支付生态环境修复费用人民币 500 万元（以评估或专家意见为准），指令原告或由依法负有自然保护区监督检查职能的地方环境保护行政主管部门指定的其他机构，选择和监督有资格的第三方生态环境修复单位使用生态环境修复费用，将三被告在南岭国家级自然保护区核心区和缓冲区修路毁坏的生态环境恢复至原状。

3. 请求判令被告共同赔偿自上述修路毁林破坏生态环境之日起至恢复原

状期间广东南岭国家级自然保护区生态环境服务功能损失费用 500 万元（以评估或专家意见为准）。

4. 判令被告在《中国绿色时报》或《中国环境报》上对南岭国家级自然保护区核心区内修路破坏生态环境的行为公开赔礼道歉。

5. 判令被告支付原告因诉讼支出的评估或鉴定费、律师费（按广东省律师服务收费政府指导价收取，分段累计收 27.1 万元）、差旅费、调查取证费、专家咨询费等费用。

事实与理由：

根据已提起诉讼的另一原告——北京市朝阳区自然之友环境研究所和支持起诉单位已提交给贵院的证据材料，以及本原告掌握的证据，本原告主张如下事实：

广东省××林业局（系事业法人单位）与二被告（以下简称"三单位"）擅自决定在广东南岭国家级自然保护区内进行包括毁坏 I 级保护林地予以修路在内的旅游项目开发活动，未经国务院有关自然保护区行政主管部门批准，其所谓南岭国家森林公园总体规划与广东南岭国家级自然保护区总体规划相矛盾且未获国家林业局批复同意，未经环境影响评价审批，其公路建设未经道路交通主管部门批准、未经国土资源部门用地审批同意，未取得公路建设开工许可证，甚至未经占用林地审批程序，是彻头彻尾的违法行为，包括被告在内的三单位置国家法律法规和各级各类主管部门三令五申于不顾，致使广东南岭国家级自然保护区已被国务院、国家林业局确定为 30 个国家督办的国家级自然保护区之一。

违反的主要法律法规和其他法律性文件包括：《国家级森林公园管理办法》、《自然保护区条例》、《自然保护区土地管理办法》、《中华人民共和国公路法》、《公路管理条例》及其实施细则、《中华人民共和国森林法》及其实施条例、《建设项目使用林地审核审批管理办法》、《中华人民共和国环境保护法》、《中华人民共和国环境影响评价法》、《建设项目环境保护管理条例》、《中华人民共和国土地管理法》、《中华人民共和国水土保持法》、交通部《关于实施公路建设项目施工许可工作的通知》（交公路发〔2005〕258 号）等。

违法行为发生后，三单位拒绝停止项目开发施工，未真正进行生态环境修复，顶风作案，在中共十八大确立生态文明战略、绿色发展理念之后，特别是在国务院督办，国家环境保护部、国家林业局、国土资源部、发改委、水利部、农业总等十部委《关于进一步加强涉及自然保护区开发建设活动监督管理的通知》（环发〔2015〕57 号）发布之后，广东省××林业局和二被告仍拒绝停止违法活动，导致广东南岭国家级自然保护区被国家督办的恶劣后果。

南岭是广东人民的重要靠山，在其类似心脏的自然保护区核心区域内违法进行商业经营活动，是置广东全体人民利益于不顾。

鉴于事实证明已不宜由包括被告在内的三单位自己实施生态环境修复，即，一其已失信于公众一次，二是由其自己实施缺乏动力、效果极差，三不易监管，因此，请求直接判令被告支付生态环境修复费用，由第三方生态环境修复机构代为进行生态环境修复，方为合理、可行。

以上事实和理由，敬请贵院查明，支持原告诉讼请求，通过司法手段实现党和国家战略部署，保护广东人民的靠山不被开膛破肚！

此致

清远市中级人民法院

具状人：广东省环境保护基金会

2016 年 3 月 28 日

追加被告申请书

申请人：广东省环境保护基金会。住所地：广州市黄埔大道××××××，邮政编码：××××××，联系电话：××××××，法定代表人：陈×，职务：理事长。

被申请人：广东省××林业局，事业单位法人证书号：144000000660，法定代表人：陈×明，住所地：广东省韶关市乳源县五指山，联系电话：××××××。

申请事项：

追加被申请人为本案被告参加诉讼，依法判令其与其他被告共同承担责任。

申请事实与理由：

被申请人是广东南岭国家级自然保护区的土地使用和建设管理事业单位，

企事业单位都是《中华人民共和国环境保护法》的调整对象。被申请人罔顾国家法律规定和党中央、国务院、和国家林业、环保、国土职能部门的三令五申，未经行政主管部门审批同意，擅自做主与深圳东××实业发展有限公司签订合作协议，对广东南岭国家自然保护区进行旅游项目开发，未经交通、环保、国土、林业等主管部门的相关审批许可，在自然保护区核心区、缓冲区内进行旅游公路建设，擅自建设石坑崆盘山公路，对施工企业的野蛮施工、破坏生态行为不履行管护、制止职责，导致自然保护区核心区、缓冲区内生态系统遭受巨大破坏！根据《国家林业局办公室关于国家级自然保护区"绿剑行动"监督检查结果的通报》（办护字〔2016〕23号），广东南岭国家级自然保护区已被定为国家重点督办整改的30处国家级自然保护区之一，在国内外造成极坏的影响，给党和国家生态文明国家战略的执行造成极大干扰，给党和国家形象造成极大破坏！

对上述事实，自然之友和申请人已依法作为共同原告，对深圳市东××实业发展有限公司和相关单位广东××森林景区管理有限公司提起环境侵权民事公益诉讼，以维护社会公共利益，并已提交相关证据以证明被申请人与本案有上述重大利害关系，根据《中华人民共和国环境保护法》第六十一条、第六十三条和第六十四条以及《中华人民共和国侵权责任法》《最高人民法院关于审理环境侵权责任纠纷案件适用法律若干问题的解释》的相关规定，被申请人应与本案被告承担共同侵权责任，是必须共同进行诉讼的当事人，因此，根据《最高人民法院关于适用〈中华人民共和国民事诉讼法〉的解释》第七十三条之规定，"必须共同进行诉讼的当事人没有参加诉讼的，人民法院应当依照民事诉讼法第一百三十二条的规定，通知其参加；当事人也可以向人民法院申请追加。人民法院对当事人提出的申请，应当进行审查，申请理由不成立的，裁定驳回；申请理由成立的，书面通知被追加的当事人参加诉讼"。申请人特此申请追加被申请人作为被告参加诉讼，以查明案情，追究其责任。

此致

清远市中级人民法院

申请人：广东省环境保护基金会

2016 年 3 月 28 日

附：法律条文

《中华人民共和国环境保护法》

第六条第一款 一切单位和个人都有保护环境的义务。

第六条第三款 企业事业单位和其他生产经营者应当防止、减少环境污染和生态破坏，对所造成的损害依法承担责任。

广东省清远市中级人民法院
民事调解书

（2016）粤 18 民初 3 号

原告：北京市朝阳区自然之友环境研究所。地址：北京市朝阳区××××××。

法定代表人：张×赫，职务：总干事。

委托代理人：刘×，上海金钻律师事务所律师。

委托代理人：祝×贺，北京市君永律师事务所律师。

支持单位：中国政法大学环境资源法研究和服务中心。地址：北京市海淀区学院南路 38 号智慧大厦××××。

负责人：王灿发，职务：该所主任。

支持单位：广州市越秀区鸟兽虫木自然保护育中心。

法定代表人：彭×，职务：负责人。

委托代理人：邹×栋，北京大成（广州）律师事务所律师。

委托代理人：李×，北京大成（广州）律师事务所实习律师。

原告：广东省环境保护基金会。地址：广州市××××××。

法定代表人：陈×。

委托代理人：陈×儒，北京市盈科（广州）律师事务所律师。

委托代理人：李×，该基金会法律中心副主任。

被告：广东××森林景区管理有限公司。地址：乳源县××××××。

法定代表人：刘×文，职务：董事长。

委托代理人：于×平，北京市中伦（青岛）律师事务所律师。

委托代理人：孙×龙，北京市中伦（青岛）律师事务所律师。

被告：深圳市东××实业发展有限公司。地址：深圳市南山区××××××。

法定代表人：张×能，职务：董事长。

委托代理人：郑×，该公司职员。

被告：广东省××林业局。地址：乳源县××××××。

法定代表人：陈×明，职务：局长。

原告北京市朝阳区自然之友环境研究所、广东省环境保护基金会、支持单位中国政法大学环境资源法研究和服务中心、广州市越秀区鸟兽虫木自然保护育中心与被告广东××森林景区管理有限公司、深圳市东××实业发展有限公司环境污染责任纠纷一案，本院于 2016 年 3 月 4 日立案后，依法适用普通程序进行审理。在审理过程中，原告广东省环境保护基金会向本院申请追加广东省××林业局为本案被告，本院根据此项申请，依法追加广东省××林业局作为本案被告参加诉讼。

原告北京市朝阳区自然之友环境研究所诉称：2009 年 12 月 26 日，广东省××林业局与被告深圳市东××实业发展有限公司签约合作开发乳源县五指山南岭国家森林公园。此后，被告广东××森林景区管理有限公司、深圳市东××实业发展有限公司在南岭国家森林公园进行森林生态旅游项目开发、经营及管理。南岭国家森林公园与南岭国家级自然保护区的面积几乎完全重叠。2010 年 10 月份始，被告开始在广东南岭国家级自然保护区核心区内炸山修路。2011 年底，核心区修路的石坑岭山体陡峭，炸开的山石不经任何处理，直接用推土机推下山，使大量森林植被被掩埋。2012 年，老蓬段至石坑岭路段植被被全部破坏殆尽，公路雏形已现。2016 年元旦，被告开始实施硬化路面施工，目测至少有 4 公里沙泥路（之前炸山毁林开的沙泥路）已经铺上水泥。修路造成植被严重破坏，公路运行将永久性地加剧动植物栖息地的破碎化，进而导致部分濒危动植物的小种群现象甚至局部灭绝，对生态环境产生难以弥补的损害。原告认为：被告的行为已使国家级自然保护区核心区自然生态环境受到严重损害，并将继续加剧对生态环境的损害。请求判令被告：

1. 立即停止在南岭国家级自然保护区核心区内老蓬至石坑岭之间修建公路；

2. 在六个月内将在南岭国家级自然保护区核心区内老蓬至石坑岭之间修路毁坏的生态环境恢复至原状，若未在六个月内将修路毁坏的生态环境恢复至原状，则支付生态环境修复费用 500 万元（以评估或专家意见为准）；3. 共同赔偿上述修路生态环境受到损害至恢复原状期间服务功能损失费用 500 万元（以评估或专家意见为准）；4. 在省级以上媒体上对南岭国家级自然保护区核心区内修路破坏生态环境的行为公开赔礼道歉。5. 支付原告因诉讼支出的评估或鉴定费、律师费、差旅费、调查取证费、专家咨询费、诉讼费等费用。

原告广东省环境保护基金会诉称：广东省××林业局与被告广东××森林景区管理有限公司、深圳市东××实业发展有限公司擅自决定在广东南岭国家级自然保护区内进行修路在内的旅游项目开发活动，未经国务院有关自然保护区行政主管部门批准，广东南岭国家森林公园总体规划与广东南岭国家级自然保护区总体规划相矛盾，且未获国家林业局批复同意和环境影响评价审批，其公路建设未经道路交通主管部门批准取得公路建设开工许可证、亦未经国土资源部门用地审批程序。违法行为发生后，三被告单位拒绝停止项目开发施工，未真正进行生态环境修复。请求判令被告：1. 立即停止在广东南岭国家级自然保护区核心区和缓冲区内修路毁林等一切与自然保护区保护方向不一致的旅游项目开发活动；2. 支付生态环境修复费用人民币 500 万元（以评估或专家意见为准），指令原告或由依法负有自然保护区监督检查职能的地方环境保护行政主管部门指定的其他机构，选择和监督有资格的第三方生态环境修复单位使用生态环境修复费用，将三被告在南岭国家级自然保护区核心区和缓冲区修路毁坏的生态环境恢复至原状；3. 共同赔偿自上述修路毁林破坏生态环境之日起至恢复原状期间广东南岭国家级自然保护区生态环境服务功能损失费用 500 万元（以评估或专家意见为准）；4. 在《中国绿色时报》或《中国环境报》上对南岭国家级自然保护区核心区内修路破坏生态环境的行为公开赔礼道歉；5. 支付原告因诉讼支出的评估或鉴定费、律师费 27.1 万元及差旅费、调查取证费、专家咨询费等费用。

本案审理过程中，经本院主持调解，当事人自愿达成如下协议：

一、被告广东××森林景区管理有限公司对因石坑崆公路修建而给生态环境带来的破坏向社会公众表示歉意；立即停止在南岭国家级自然保护区（南岭国家森林公园）内老蓬至石坑崆之间的修建公路行为，保持公路现状；已完成的道路仅作为森林防火、资源管护、生态修复使用；今后在自然保护区内不得新增旅游开发项目。

二、被告广东××森林景区管理有限公司在签订本调解协议之日起十日内赔偿生态环境修复费用500万元（此款已经履行）。上述费用用于老蓬至石坑崆段公路的生态修复以及自然保护区内的其他生态治理。

三、被告广东××森林景区管理有限公司按照广东省林业调查规划院所作出的《南岭国家森林公园林区公路（老蓬段）边坡复绿与生态修复（期）工程方案》的标准实施生态环境修复工作，于2019年4月30日前完成。生态环境修复工程必须履行公开招投标程序，并在原告、支持起诉单位和社会公众监督下使用生态环境修复费用。

四、被告广东××森林景区管理有限公司应在每年12月，向执行法院及原告通报生态修复进展情况，并接受司法、行政、原告、支持起诉单位及社会监督。被告广东省××林业局负责监督生态环境修复工程的具体实施。原告及支持起诉单位有权到现场查看生态修复情况，相关合理费用支出由被告广东××森林景区管理有限公司负担。本案当事人及相关专家对生态环境修复工作效果进行评估，由此产生的相关费用由被告广东××森林景区管理有限公司负担；如经评估生态环境修复结果尚未达到《南岭国家森林公园林区公路（老蓬段）边坡复绿与生态修复（期）工程方案》的要求，被告广东××森林景区管理有限公司应继续承担后续生态环境修复费用直至通过生态环境修复效果评估为止。

五、被告广东××森林景区管理有限公司应向原告北京朝阳区自然之友环境研究所支付律师费20万元、差旅费4万元、评估费6万、专家咨询费2万；应向原告广东省环保基金会支付律师费20万、专家咨询费3万元；应向中国政法大学环境资源法研究和服务中心支付调查取证费5万元、应向广州市越秀区鸟兽虫木自然保护育中心支付调查取证费5万元。

六、本案案件受理费81 800元、公告费用6300元，由被告广东××森林景区管理有限公司负担。

本院于2017年1月14日将上述调解协议在《人民法院报》及本院公告栏上进行了为期30日的公告，公告期满后未收到任何意见和建议。

本院认为，上述协议不违反法律规定和社会公共利益，本院予以确认。

本调解书经各方当事人签收后，即具有法律效力。

审判长　　谢×诚

审判员　　张×青

审判员　　刘×戈

二〇一七年二月二十日

书记员　　李×玲

广东省清远市中级人民法院
民事裁定书

（2016）粤 18 民初 3 号

原告： 北京市朝阳区自然之友环境研究所。地址：北京市朝阳区××××××。

法定代表人： 张×赫，职务：总干事。

支持单位： 中国政法大学环境资源法研究和服务中心。地址：北京市海淀区学院南路 38 号智慧大厦××××。

负责人： 王灿发，职务：该所主任。

支持单位： 广州市越秀区鸟兽虫木自然保育中心。

法定代表人： 彭×，职务：负责人。

原告： 广东省环境保护基金会。地址：广州市黄埔大道××××××。

法定代表人： 陈×。

被告： 广东××森林景区管理有限公司。地址：乳源县五指山南岭国家森林公司××林业局××××××。

定代表人： 刘×文，职务：董事长。

被告： 深圳市东××实业发展有限公司。地址：深圳市南山区××××××。

法定代表人： 张×能，职务：董事长。

被告： 广东省××林业局。地址：乳源县五指山南岭国家森林公园××林业局办公楼。

法定代表人：陈×明，职务：局长。

原告北京市朝阳区自然之友环境研究所、广东省环境保护基金会、支持单位中国政法大学环境资源法研究和服务中心、广州市越秀区鸟兽虫木自然保育中心与被告广东××森林景区管理有限公司、深圳市东××实业发展有限公司、广东省××林业局环境污染责任纠纷一案，本院已于2017年2月20日制作民事调解书，并已送达给诉讼当事人，该民事调解书现已发生法律效力。关于该民事调解书第三项确定的生态环境修复工程条款的履行问题，由于该生态环境修复工程涉及制定修复工程预算、工程公开招投标、签订治理修复工程合同、监督工程按标准施工、处理施工现场关系、报支工程进度款、管理工程账册、出具结算报告等一系列问题。为保障本案生态环境修复工程的顺利实施，实现生态修复的最终目的，现本院决定指定广东省××林业局代为管理实施生态环境修复工程的相关事项。参照《最高人民法院关于审理环境民事公益诉讼案件适用法律若干问题的解释》的规定，裁定如下：

一、由本院指定广东省××林业局为本案环境民事公益诉讼的执行代管人。

二、广东省××林业局必须正确履行本院确定的权责（详见附件：《权责清单》）。

本裁定为终审裁定，自裁定之日起生效。

审判长　　谢×诚

审判员　　张×青

审判员　　刘×戈

二〇一七年四月五日

书记员　　李×玲

附：南岭国家级自然保护区石坑崆公路生态修复执行托管人权责清单

一、确定设计公司。根据广东省林业调查规划院所作出的《南国家森林公园林区公路（老蓬段）边坡复绿与生态修复（期）工程方案》的标准和生态修复施工设计方案，编制工程预算，施工设计和工程预算经本院和原告认可后，作为生态修复工程公开招标和施工管理、工程验收的依据。

二、必须坚持公开透明原则组织生态修复工程的招投标具体工作，并应通知原被告、支持起诉单位到场监督招投标过程。

三、以发包人名义与中标施工单位签订工程施工合同及与监理公司签订聘请合同。工程施工合同和监理公司聘请合同须由本院审核同意。

四、按《南岭国家森林公园林区公路（老蓬段）边坡复绿与生态修复（期）工程方案》和生态修复施工设计要求监督中标施工单位严格履行合同，督促施工企业科学施工，保质保量完成生态修复工作。并根据监理公司提出的付款请求，按合同约定的工程进度进行审核，审核后及时向本院申请拨付款给工程施工企业。

五、确保生态修复费用的使用符合案件要求，保证生态修复费用用于生态修复项目，接受原被告、支持起诉单位的监督和备询。

六、及时处置施工现场的相关事务，确保施工安全和施工进度。

七、保管工程相关资料和文件，按档案管理要求造册存档。

八、工程竣工后，参与工程验收，并出具结算报告。

九、每个季度向本院、原告、支持起诉单位报告生态修复工程进度和其他具体事项，并负责解释和回复原被告、支持起诉单位提出的相关问题。

十、监督涉案公路封闭管理，除森林防火和资源管护外，不得用于其他用途。

江苏常州毒地公益诉讼案

一、诉讼主体

原告：北京市朝阳区自然之友环境研究所、中国生物多样性保护与绿色发展基金会

支持起诉单位：中国政法大学环境资源法研究和服务中心（又称"污染受害者法律帮助中心"，简称"CLAPV"或者"中心"）、苏州工业园区绿色江南公众环境关注中心

被告：江苏常×化工有限公司、常州市×宇化工有限公司、江苏华×化工集团有限公司

案由：环境污染责任纠纷环境民事公益诉讼

二、诉讼程序

一审程序

受理：2016 年 5 月 16 日

案号：（2016）苏 04 民初 214 号

一审：江苏省常州市中级人民法院

结案：2017 年 1 月 25 日

二审程序

案号：（2017）苏民终 232 号

二审：江苏省高级人民法院

结案：2018 年 12 月 26 日

审判监督程序

案号：（2019）最高法民申 1168 号

再审：中华人民共和国最高人民法院

三、诉讼请求

本案三被告的原厂址位于江苏省常州市通江中路与辽河路交叉路口西北角，占地面积约 26 万平方米（简称"常×地块"），三被告在生产经营及对危险废物管理过程中，严重污染了常×地块及周边环境后搬离，但却均未对其进行修复处理，原告通过调查了解到，常×地块及其周围的土壤、地下水等生态环境损害目前仍未得到有效修复，原告向江苏省常州市中级人民法院提起环境民事公益诉讼，提出如下诉讼请求：

    1. 请求判令三被告消除其污染物对原厂址及周边区域土壤、地下水等生态环境的影响，并承担相关生态环境修复费用（具体数额以损害鉴定评估或生态环境修复方案确定的金额为准）。生态环境损害无法修复的，判令三被告实施货币赔偿，用于替代修复。

    2. 请求判令三被告对其造成的土壤、地下水污染等生态环境损害行为，在国家级、江苏省级和常州市级媒体上向公众赔礼道歉。

    3. 请求判令三被告承担原告因本诉讼支出的生态环境损害调查费用、污染检测检验费、损害鉴定评估费用、生态环境修复方案编制费用、律师费、差旅费、调查取证费、专家咨询费、案件受理费等。

四、案件结果

本案由江苏省常州市中级人民法院受理后，经庭前会议、开庭审理、公开宣判审理程序，一审判决如下：

驳回原告北京市朝阳区自然之友环境研究所、中国生物多样性保护与绿色发展基金会的诉讼请求。

案件受理费 1 891 800 元，由两原告自然之友、绿发会共同负担。

一审宣判后，两原告不服江苏省常州市中级人民法院（2016）苏 04 民初 214 号一审民事判决，分别向江苏省高级人民法院提起上诉，该院于 2017 年 2 月 24 日立案后，依法组成合议庭并于 2018 年 12 月 19 日公开开庭进行了审理，作出二审判决如下：

一、撤销江苏省常州市中级人民法院（2016）苏 04 民初 214 号民事判决。

二、江苏常×化工有限公司、常州市×宇化工有限公司、江苏华×化工集团有限公司在本判决生效后十五日内，在国家级媒体上就其污染行为向社会公众赔礼道歉。

三、江苏常×化工有限公司、常州市×宇化工有限公司、江苏华×化工集团有限公司在本判决生效之日起十日内，共同向北京市朝阳区自然之友环境研究所支付本案律师费、差旅费 230 000 元，向中国生物多样性保护与绿色发展基金会支付本案律师费、差旅费 230 000 元。

四、驳回北京市朝阳区自然之友环境研究所、中国生物多样性保护与绿色发展基金会的其他诉讼请求。

如江苏常×化工有限公司、常州市×宇化工有限公司、江苏华×化工集团有限公司未按本判决指定的期间履行给付义务，应当按照《中华人民共和国民事诉讼法》第二百五十三条之规定，加倍支付迟延履行期间的债务利息。

一审案件受理费 100 元、二审案件受理费 100 元，由江苏常×化工有限公司、常州市×宇化工有限公司、江苏华×化工集团有限公司负担。

二审宣判后，中国生物多样性保护与绿色发展基金会不服江苏省高级人民法院（2017）苏民终 232 号二审民事判决，向中华人民共和国最高人民法院申请再审，最高人民法院依法组成合议庭进行审查，审查终结后作出《民事裁定书》裁定如下：

一、本案由本院提审。

二、再审期间，不中止原判决的执行。

五、支持工作

本案中，中国政法大学环境资源法研究和服务中心与苏州工业园区绿色江南公众环境关注中心两家单位作为支持起诉单位，参加案件支持工作，为案件的审理和原告依法提供了支持起诉工作。

中国政法大学环境资源法研究和服务中心作为本案支持起诉单位，为本案提供法律咨询、派遣志愿律师为上诉人代理、派遣中心人员参与常州市政府和常州市环境保护局座谈会议、委托代理人出庭支持起诉、协助调查取证等支持起诉工作。

中心和苏州工业园区绿色江南公众环境关注中心为原告在土壤污染类型案件处理思路、生态环境保护民事公益诉讼的诉讼代理人等方面都提供了强有力的支持，支持单位参与案件审理的过程中，常州当地社会组织可以发挥对于案件所在地熟悉的优势，提供当地的案件信息来支持案件，中心作为专业的环境资源法领域的研究和服务机构，提供专业的法律知识和诉讼代理人为原告提供智力和法律人员的支持。

六、诉讼影响

本案是涉及土壤污染类型的案件，对于我国土壤污染防治法的立法提供了案例的参考和支持，推动我国环境法治的完善。案件审理时正处于我国土壤污染防治法的立法过程中，案件在审理中缺少专门针对土壤污染防治的法律，于是只能适用环境保护普通法的法律规定和土壤污染防治的相关政策规定来作为案件审理的参考法律适用，本案的审理对于土壤污染防治法的修复主体责任及土壤污染防治措施等规定都提供了一线的司法案例的支撑。

本案对于诉讼费给公益诉讼原告社会组织起诉带来的法律风险，引人思考。本案经历了一审、二审、审判监督程序，在一审审理后，一审判决原告要承担案件受理费 1 891 800 元，该"天价诉讼费"给环境民事公益诉讼的原告造成巨大的压力，也为当时提起环境民事公益诉讼的原告们警示了公益诉讼的巨大的法律风险和经济风险，案件经过上诉后，二审法院将案件受理费确定为，一审案件受理费 100 元、二审案件受理费 100 元。此外，本案在一审时，中心作为支持起诉单位在支持意见中提出了"两原告系非营利社会组织，支持起诉单位建议法院缓收、减收或免收两原告的诉讼费用"的意见，法院也未作出相应的回应。本案的诉讼费处理情况，对于环境公益诉讼制度贯彻和落实都带来了发人深省的思考。

七、诉讼文书

民事起诉书

原告一：北京市朝阳区自然之友环境研究所。

登记证号：京朝民证字第 0530450 号。

住所地：北京市朝阳区裕民路 12 号 2 号楼×层××××。

法定代表人：张×赫，职务：副总干事。

通信地址：北京市朝阳区裕民路 12 号华展国际公寓×座×××。

联系电话：010-××××××-××× ××××××。

原告二：中国生物多样性保护与绿色发展基金会。

登记证号：基证字第 0021 号。

住所地：北京市东城区永定门外西革新里 98 号。

法定代表人：胡×平，职务：理事长。

通信地址：北京市海淀区世纪金源国际公寓×单元××。

联系电话：010-××××××。

支持起诉单位一：中国政法大学环境资源法研究和服务中心（又名"污染受害者法律帮助中心"）。

住所地：北京市海淀区学院南路 38 号智慧大厦××××。

负责人：王灿发，职务：主任。

联系电话：××××××。

支持起诉单位二：苏州工业园区绿色江南公众环境关注中心。

住所地：苏州市工业园区顺达广场×幢×××室。

法定代表人：方×君，职务：主任。

联系电话：×××××。

被告一：江苏常×化工有限公司。

住所地：常州市新北区长江北路 1229 号。

法定代表人：龙×军。

联系电话：0519-×××××，0519-×××××。

被告二：常州市×宇化工有限公司。

住所地：常州市新北区通江中路 600 号××幢×××-×××室。

法定代表人：周×剑。

联系电话：0519-×××××。

被告三：江苏华×化工集团有限公司（原常州市华×化工厂）。

住所地：常州市新北区港区北路 8 号。

法定代表人：恽×顺。

联系电话：0519-××××× ×××××。

案由：环境污染责任纠纷。

诉讼请求：

1. 请求判令三被告消除其污染物对原厂址及周边区域土壤、地下水等生态环境的影响，并承担相关生态环境修复费用（具体数额以损害鉴定评估或生态环境修复方案确定的金额为准）。生态环境损害无法修复的，判令三被告实施货币赔偿，用于替代修复。

2. 请求判令三被告对其造成的土壤、地下水污染等生态环境损害行为，在国家级、江苏省级和常州市级媒体上向公众赔礼道歉。

3. 请求判令三被告承担原告因本诉讼支出的生态环境损害调查费用、污染检测检验费、损害鉴定评估费用、生态环境修复方案编制费用、律师费、差旅费、调查取证费、专家咨询费、案件受理费等。

事实和理由：

三被告原厂址位于江苏省常州市通江中路与辽河路交叉路口西北角，占地面积约 26 万平方米（简称"常×地块"，面积以最终损害鉴定评估报告测量为准）。三被告在生产经营及对危险废物管理过程中，严重污染了常×地块及周边环境后搬离，但却均未对其进行修复处理。

2015 年 9 月，常州外国语学校搬入距离常×地块仅一条马路之隔的新校址（常州市通江中路与辽河路交叉路口西南角）后，该校多名学生身体出现不适反应，前后有数百名学生体检查出皮炎、湿疹、支气管炎、血液指标异常、白细胞减少等异常症状，发生了媒体广泛报道的"常州外国语学校污染事件"。

原告通过调查了解到，常×地块及其周围的土壤、地下水等生态环境损害目前仍未得到有效修复。

原告认为，三被告的行为违反了《中华人民共和国环境保护法》《中华人民共和国固体废物污染环境防治法》《中华人民共和国侵权责任法》等法律、法规、规章的规定，应承担环境侵权的法律责任。

根据《中华人民共和国环境保护法》第五十八条、《中华人民共和国民事诉讼法》第五十五条和《最高人民法院关于审理环境民事公益诉讼案件适用法律若干问题的解释》的相关规定，二原告具有提起环境公益诉讼的法定资格，特起诉至贵院，请依法支持原告的诉讼请求，作出公正判决。

此致
江苏省常州市中级人民法院

原告一（盖章）：北京市朝阳区自然之友环境研究所
原告二（盖章）：中国生物多样性保护与绿色发展基金会
2016 年 5 月 6 日

附：

1. 本起诉书副本 3 份
2. 证据材料一式 4 份

中国政法大学环境资源法研究和服务中心
支持原告起诉意见书

尊敬的审判长、审判员：

贵院受理的原告北京市朝阳区自然之友环境研究所、中国生物多样性保护与绿色发展基金会诉被告江苏常×化工有限公司、常州市×宇化工有限公司、江苏华×化工集团有限公司（原常州市华×化工厂）环境污染责任纠纷环境民事公益诉讼案件，根据《中华人民共和国民事诉讼法》《最高人民法院关于审理环境民事公益诉讼案件适用法律若干问题的解释》等相关规定，中国政法大学环境资源法研究和服务中心（又称"污染受害者法律帮助中心"）通过向原告提供法律咨询、就案件提出参考意见等方式支持原告依法提起本案环境民事公益诉讼，现我单位提交书面支持意见，望贵院予以采纳。

环境是人类赖以生存的各种自然因素的总体，切实保护和改善环境关系到人民群众生命健康、社会和谐安定和中华民族的永续发展。当前，我国面临环境污染严重、生态系统退化的严峻形势。对此，人民群众反映强烈，党中央高度关注。党的十八大把生态文明建设纳入中国特色社会主义事业"五位一体"总体布局，并提出了"建设美丽中国"的美好愿景。十八届三中、四中全会分别通过的决定，分别强调"用制度保护生态环境""用严格的法律制度保护生态环境"。

为此，我国民事诉讼法和环境保护法相继规定了民事公益诉讼制度。2015年1月6日，最高人民法院公布了《最高人民法院关于审理环境民事公益诉讼案件适用法律若干问题的解释》，为符合起诉条件的社会组织提供了法律的指引，体现了最高人民法院为"建设美丽中国"运用"严格的法律制度保护生态环境"的决心。

中国政法大学环境资源法研究和服务中心成立于1998年10月，是经中国政法大学批准，司法部备案的民间环境保护团体。其成员由中国政法大学从事环境资源法研究和教学的教授、副教授为主，联合北京大学、清华大学、中国人民大学等十所高校和研究机构热心环境保护事业的法律和技术专家、学者、律师和研究生兼职组成，由中国政法大学环境法教授王灿发先生任中心主任。中心通过组织热心环境保护事业的法律专家、学者、律师和环境管理与技术专家对中国环境资源立法及其实施问题开展专题研究、进行国际交流、对环境执法和司法人员及公众进行环境法知识的培训，普及环境资源法知识，提高公众的环境法律意识和中国的环境资源立法、执法水平；通过对污染受害者提供法律帮助的方式，维护污染受害者的环境权益，促进中国环境资源法的执行和遵守。

对该案支持意见如下：

1. 根据《中华人民共和国民事诉讼法》《中华人民共和国环境保护法》《最高人民法院关于审理环境民事公益诉讼案件适用法律若干问题的解释》等规定，两家原告提起本案诉讼符合原告主体资格法定条件。

2. 根据我国环境保护相关法律规定，企业事业单位和其他生产经营者应当防止、减少环境污染和生态破坏，对所造成的损害依法承担责任。被告原生产经营排放的污染物存在破坏环境、产生危险的事实，对社会公共利益造成损害。故为维护社会公共利益，原告的诉讼请求应当得到司法支持。

3. 两家原告作为非营利社会组织，支持起诉单位建议法院缓收、减收或免收原告诉讼费用。

4. 希望被告能够通过本案负起责任，加强对污染场地治理，采取有效措施减少环境影响，依法履行应尽的环境保护法律义务和责任。

生态环境事关民生福祉，美丽中国需要司法保护。土壤、大气、地下水等自然因素是经济社会可持续发展的物质基础，关系人民群众身体健康，关系美丽中国建设，保护好各种自然因素构成的环境是推进生态文明建设和维护国家生态安全的重要内容。我中心支持原告北京市朝阳区自然之友环境研究所、中国生物多样性保护与绿色发展基金会提起本案环境民事公益诉讼一案，望人民法院依法审理支持原告的诉讼请求！

原告支持起诉单位（签章）：

中国政法大学环境资源法研究和服务中心

2016 年 11 月 23 日

附：法律条文

《中华人民共和国民事诉讼法》

第十五条　机关、社会团体、企业事业单位对损害国家、集体或者个人民事权益的行为，可以支持受损害的单位或者个人向人民法院起诉。

《最高人民法院关于审理环境民事公益诉讼案件适用法律若干问题的解释》

第十一条　检察机关、负有环境保护监督管理职责的部门及其他机关、社会组织、企业事业单位依据民事诉讼法第十五条的规定，可以通过提供法律咨询、提交书面意见、协助调查取证等方式支持社会组织依法提起环境民事公益诉讼。

常州市中级人民法院
庭前会议通知书

（2016）苏 04 民初 214 号

中国政法大学环境资源法研究和服务中心：

本院受理北京市朝阳区自然之友环境研究所、中国生物多样性保护与绿色发展基金会与江苏常×化工有限公司、常州市×宇化工有限公司、江苏华×化工集团有限公司环境公益诉讼纠纷一案，定于 2016 年 11 月 15 日上午 9 时整在本院第 11 法庭举行庭前会议。

特此通知。

江苏省常州市中级人民法院（印）

2016 年 11 月 8 日

常州市中级人民法院
出庭通知书

（2016）苏 04 民初 214 号

中国政法大学环境资源法研究和服务中心：

本院受理的北京市朝阳区自然之友环境研究所、中国生物多样性保护与绿色发展基金会与江苏常×化工有限公司、常州市×宇化工有限公司、江苏华×化工集团有限公司环境公益诉讼纠纷一案，定于 2016 年 12 月 21 日上午 9 时在本院第 14 法庭开庭。

· 特此通知。

江苏省常州市中级人民法院（印）

2016 年 12 月 12 日

常州市中级人民法院
出庭通知书

（2016）苏 04 民初 214 号

中国政法大学环境资源法研究和服务中心：

本院受理的北京市朝阳区自然之友环境研究所、中国生物多样性保护与绿色发展基金会与江苏常×化工有限公司、常州市×宇化工有限公司、江苏华×化工集团有限公司环境污染公益诉讼一案，定于 2017 年 1 月 25 日上午 10：30 时在本院第 14 法庭开庭宣判。

特此通知。

江苏省常州市中级人民法院（印）

2017 年 1 月 18 日

江苏省常州市中级人民法院
民事判决书

(2016)苏 04 民初 214 号

原告：北京市朝阳区自然之友环境研究所。住所地：北京市朝阳区裕民路 12 号。

法定代表人：张×赫，职务：副总干事。

委托诉讼代理人：王××涵，该所法律与政策倡导部项目主任。

委托诉讼代理人：宋×，北京市金杜律师事务所律师。

原告：中国生物多样性保护与绿色发展基金会。住所地：北京市东城区永定门外西革新里 98 号。

法定代表人：胡×平，职务：理事长。

委托诉讼代理人：曹×娟，该基金会法务部工作人员。

委托诉讼代理人：赵×，安徽昊华律师事务所律师。

支持起诉单位：中国政法大学环境资源法研究和服务中心。住所地：北京市海淀区学院南路 38 号智慧大厦××××。

主要负责人：王灿发，职务：主任。

委托诉讼代理人：祝×贺，北京市君永律师事务所律师。

支持起诉单位：苏州工业园区绿色江南公众环境关注中心。住所地：江苏省苏州市工业园区顺达广场×幢×××室。

法定代表人：方×君，职务：主任。

委托诉讼代理人：蒋×萍，江苏蓝之天律师事务所律师。

被告：江苏常×化工有限公司。住所地：江苏省常州市新北区长江北路 1229 号。

法定代表人：龙×军，职务：董事长。

委托诉讼代理人：蔡×恩，湖北得伟君尚律师事务所律师。

委托诉讼代理人：周×东，江苏东晟律师事务所律师。

被告：常州市×宇化工有限公司。住所地：江苏省常州市新北区通江中路 600 号××幢×××-×××室。

法定代表人：周×剑，职务：董事长。

委托诉讼代理人：周×，江苏博爱星律师事务所律师。

委托诉讼代理人：谢×，江苏博爱星律师事务所律师。

被告：江苏华×化工集团有限公司。住所地：江苏省常州市新北区港区北路8号。

法定代表人：恽×顺，职务：董事长。

委托诉讼代理人：成×，江苏博爱星律师事务所律师。

委托诉讼代理人：汪×东，南京知识律师事务所律师。

原告北京市朝阳区自然之友环境研究所（以下简称"自然之友"）、中国生物多样性保护与绿色发展基金会（以下简称"绿发会"）与被告江苏常×化工有限公司（以下简称"常×公司"）、常州市×宇化工有限公司（以下简称"×宇公司"）、江苏华×化工集团有限公司（以下简称"华×公司"）环境污染公益诉讼一案，本院于2016年5月16日立案后，依法适用普通程序，于2016年5月21日公告了案件受理情况。本院于2016年12月21日公开开庭进行了审理，原告自然之友的委托诉讼代理人宋×，原告绿发会的委托诉讼代理人赵×，被告常×公司的委托诉讼代理人周×东、蔡×恩，被告×宇公司的委托诉讼代理人周×、谢×，被告华×公司的委托诉讼代理人成×、汪×东到庭参加诉讼。中国政法大学环境资源法研究和服务中心（以下简称"法研中心"）、苏州工业园区绿色江南公众环境关注中心（以下简称"绿色江南"）向本院提交书面意见，协助原告调查取证，支持提起公益诉讼，法研中心指派委托诉讼代理人祝×贺，绿色江南指派法定代表人方×君、委托诉讼代理人蒋×萍参加庭审。本案现已审理终结。

自然之友、绿发会两原告向本院提出诉讼请求：1.请求判令三被告消除其污染物对原厂址及周边区域土壤、地下水等生态环境的影响，并承担相关生态环境修复费用（具体数额以损害鉴定评估或生态环境修复方案确定的金额为准）。生态环境损害无法修复的，判令三被告实施货币赔偿，用于替代修复。2.请求判令三被告对其造成的土壤、地下水污染等生态环境损害行为，在国家级、江苏省级和常州市级媒体上向公众赔礼道歉。3.请求判令三被告承担原告因本诉讼支出的生态环境损害调查费用、污染检测检验费、损害鉴定评估费用、生态环境修复方案编制费用、律师费、差旅费、调查取证费、专家咨询费、案件受理费等。

事实与理由：三被告原厂址位于江苏省常州市通江中路与辽河路交叉路口西北角，占地面积约 26 万平方米（以下简称"常×地块"）。三被告在生产经营及对危险废物管理过程中，严重污染了"常×地块"及周边环境后搬离，但却未对其进行修复处理。2015 年 9 月，常州外国语学校搬入距离"常×地块"仅一条马路之隔的新校址后，该校多名学生身体出现不适反应、××、湿疹、××、血液指标异常、白细胞减少等异常症状，发生了媒体广泛报道的"常州外国语学校污染事件"。两原告通过调查了解到，"常×地块"及其周围的土壤、地下水等生态环境损害目前仍未得到有效修复。两原告认为，三被告的行为违反了《中华人民共和国环境保护法》《中华人民共和国固体废物污染环境防治法》《中华人民共和国侵权责任法》等相关法律规定，应承担环境侵权的法律责任。审理中，两原告明确要求三被告承担环境修复费用为 3.7 亿元；自然之友明确要求三被告承担律师费、差旅费合计 413 675.6 元；绿发会明确要求三被告承担立案、递交材料所产生的费用及差旅费 8460 元，律师费 10 万元，合计 108 460 元。

法研中心支持起诉称：一、根据《中华人民共和国民事诉讼法》《中华人民共和国环境保护法》《最高人民法院关于审理环境民事公益诉讼案件适用法律若干问题的解释》等规定，两原告提起本案诉讼符合原告主体资格的法定条件。二、根据我国环境保护相关法律规定，企业事业单位和其他生产经营者应当防止、减少环境污染和生态破坏，对所造成的损害依法承担责任。三被告生产经营排放的污染物存在破坏环境、产生危险的事实，对社会公共利益造成损害。故为维护社会公共利益，两原告的诉讼请求应当得到司法支持。三、两原告系非营利社会组织，支持起诉单位建议法院缓收、减收或免收两原告的诉讼费用。四、希望三被告能够通过本案负起责任，加强对污染场地治理，采取有效措施减少环境影响，依法履行应尽的环境保护法律义务和责任。生态环境事关民生福祉，美丽中国需要司法保护。土壤、大气、地下水等自然因素是经济社会可持续发展的物质基础，关系人民群众身体健康，关系美丽中国建设，保护好各种自然因素构成的环境是推进生态文明建设和维护国家生态安全的重要内容。法研中心支持两原告提起本案环境民事公益诉讼，望法院依法审理，支持两原告的诉讼请求。

绿色江南支持起诉称：三被告都是化工企业，之前生产过程中污染了"常×地块"，却没有对该地块进行评估、治理、修复。该地块地下水和土壤受到污染，土壤有害物质亦挥发到空气中。该地块的污染未得到根本解决，周边地区和学校学生受到污染，即损害了公共利益。土壤和地下水是生物圈基本要素，污染问题无法通过自救予以解决，故该地块的污染危害具有持久性、广泛性。综上，两原告具备提起环境公益诉讼主体资格，绿色江南依据《中华人民共和国民事诉讼法》第十五条的规定，支持两原告对三被告提起本案诉讼。

常×公司、×宇公司、华×公司共同辩称：一、两原告的起诉不符合环境公益诉讼的起诉条件，应予裁定驳回。（一）环境民事公益诉讼制度为保护环境公共利益而设置，法律规定起诉时原告应提交被告的行为已经损害公共利益或者具有损害社会公共利益重大风险的初步证明材料，但本案两原告的证据材料不能证明上述内容。1. 本案不存在污染损害公共利益的情形，两原告除举证常州外国语学校受到影响的新闻报道外，没有其他证据证明受到污染的案涉地块损害了公共利益，且该新闻报道所反映的突发空气异味事件，经采取紧急修复措施后，损害已经消除，案涉地块的周边及地下水也并未检测出污染物质危害，因此案涉地块污染在两原告起诉前已不存在对公共利益的损害事实。2. 案涉地块由建设用地转为绿化用地，已不再存在污染损害的重大风险，仅存的污染是针对案涉地块本身。如案涉地块的具体使用权人不能合法使用该地块，受到污染损害的为特定主体的财产权益而非公共利益。而两原告不是案涉污染土地的权利人，故无权提起本案的诉讼。（二）两原告的起诉不符合设立环境公益诉讼制度目的。当环境公共利益有权利人或相关主体在进行修复或者保护时，再提起公益诉讼已无必要。即使本案属于公益诉讼范畴，因案涉地块土地使用权被政府收回，环境修复义务按约定由案外人履行，且案外人已开展修复工程，对工程尚未完成的部分政府已作出行政命令由案外人继续修复。两原告追求的对污染土地进行生态修复的诉讼利益在已有案外人替代修复的情况下，其诉讼目的已经实现，故本案同样应当驳回两原告的起诉。二、三被告不是案涉地块土壤污染治理、修复的责任主体。根据国务院《土壤污染防治行动计划》、环境保护部《关于加强土壤污染防治工作的意见》、环境保护部办公厅《关于保障工业企业场地再开发利用环境安全的通知》、常州市人民政府《常州市工业用地和经营性用地土壤环境保护管理办法（试行）》的相关规定，土地使用权依法转让的，受让人是环境治理、修复的责任主体，案涉地块已多次依法转让，故三被告不再是土壤治理、修复的责任主体。

常×公司另辩称：常×公司的企业性质是由原国有企业改制为民营企业，对历史形成的污染问题，根据"谁污染、谁治理"和"谁受益、谁补偿"的原则，土壤污染治理、修复的责任应由政府相关部门承担。常×公司已经将土地交由政府收储，土地使用权已不再属于常×公司，客观上已无法对案涉地块进行修复。行政机关确定案涉地块污染修复主体，实施修复工程具有行政合法性。综上，请求驳回两原告的起诉。

×宇公司另辩称：一、两原告将×宇公司列为被告不当。×宇公司自 2002 年起即停止了化工产品的生产，而 2002 年之前×宇公司的名称为"常州市×宇化工厂"，企业性质为村办集体所有制企业，系×家村集体所有，土壤污染为该期间及历史原因造成，因此应由该集体承担相应的责任，而非现在的有限责任公司。二、两原告提起本案诉讼已经超过诉讼时效。2015 年案涉地块修复过程中对常州外国语学校产生影响，但目前相关学生和学校并没有发生环境污染的后果。本案环境损害的事实发生在 2010 年以前，而 2010 年 3 月至 5 月间，政府已经委托鉴定机构对案涉地块的污染状况进行了评估，该信息属于政府公开信息，两原告应当在 2011 年就知道污染的事实，但未在三年内提起诉讼，显然已经超过诉讼时效。三、案涉地块已经由政府责令相关单位修复。×宇公司厂房所在地块的土地使用权已发生转移，根据相关规定，应由土地使用权的受让人承担相关责任。综上，请求驳回两原告诉讼请求。

华×公司另辩称：由华×公司承担环境修复责任不具有合理性。华×公司前身是乡办集体企业，直到 2005 年农村集体经济组织的股权才退出，退出时所交易资产价格中并不包含修复生产经营过程中场地污染的费用，现将该部分责任强加给华×公司明显缺乏合理性。

本院经审理查明：

一、三被告生产经营基本情况。

常×、×宇、华×公司原厂址地块（即常×地块）位于常州市新北区龙虎塘街道，主要包括江苏常×化工有限公司××农药厂、江苏华×化工集团有限公司华×化工厂、常州市×宇化工有限公司原厂址，总面积约为 26.2 公顷。该地块东侧为通江路，隔路为腾龙苑，南侧为辽河路及地铁（建设中），隔路为天合国际学校和常州外国语学校，西侧为村庄拆除后遗留空地，北侧为藻江河支流，隔河为村庄拆除后遗留空地。

常×公司是由原常×农药厂、原常州××化工厂改制组建而成的有限责任公司，其中原常×农药厂厂址系本案所涉地块，占地面积约为 18.7 公顷。常×农药厂成立于 1979 年 2 月，是一家专业生产农药原药及制剂、农药中间体、化工中间体等精细化工产品的国营化工企业，所生产的产品包括十八酰氯、双碳酰氯、2-氰基苯酚、间苯二甲酰氯、除草剂和杀虫剂可湿性粉剂、除草剂和杀虫剂乳油类等几十种。2000 年 4 月，常×农药厂改制为由国有资本、职工持股会和自然人为投资主体的有限责任公司，至 2014 年 5 月，国有资本转让给深圳×××农化股份有限公司后成为民营股份制企业。2006 年，常×农药厂启动搬迁工作，2009 年全面停产，至 2010 年 6 月完成搬迁。2010 年 8 月常×农药厂地块土地交付常州市新北国土储备中心。

常州市×宇化工有限公司原为武进县龙虎塘××化工厂，由×家行政村创办于 1989 年，占地面积约 4.6 公顷，企业性质为村办集体所有制。1995 年 1 月，企业完成股份合作制改革，同年 7 月企业更名为常州市×宇化工厂。2004 年起，公司在原厂址经营的纳税记录为零。2004 年 5 月，公司进行改制，由集体所有制企业变更为有限责任公司，公司名称为常州市×宇化工有限公司。×宇公司所生产的产品包括甲萘酚、甲萘胺、尼文酸等，生产使用的化工原料包括精萘、硫黄、硝酸、硫化钠等。2007 年，×宇公司启动搬迁工作，至 2008 年年底全厂停产开始搬迁。

江苏华×化工集团公司下属子公司华×化工厂厂址系本案所涉地块，占地面积约 3.2 公顷。华×化工厂成立于 1990 年 5 月，性质为乡镇集体经济，1997 年 12 月改制为股份合作制企业。2005 年 4 月，常州市华×化工厂变更为江苏华×化工有限公司，性质变更为有限责任公司，农村集体经济组织的股权退出。华×化工厂厂址内除华×化工厂外，历史上还设立过常州华×明化工有限公司、常州×捷化工有限公司和常州新兴华×明化工有限公司。其中，常州华×明化工有限公司成立于 1995 年，由常州市华×化工厂、日本大内新兴化学工业株式会社和日本国株式会社明城商会合资兴建；常州×捷化工有限公司成立于2000年，由常州市华×化工厂与捷克NOROMO国际贸易有限公司合资兴建；常州新兴华×明化工有限公司成立于2002年，由常州市华×化工厂、日本大内新兴化学工业株式会社和日本国株式会社明城商会合资兴建。华×化工厂及相关合资企业所生产的产品包括甲萘胺、工业级甲萘酚、橡胶防老剂、显像液中间体等，生产使用的化工原料包括精萘、硝酸、硫黄、硫酸、甲萘酚、苯胺、甲醇等。2009年底华×化工厂全部停产并完成搬迁。

二、案涉地块受污染情况。

常×、×宇、华×公司在生产经营期间对于案涉地块土壤及地下水造成了污染。2011年3月至5月，常州市新北区政府拟对"常×地块"进行商业住宅项目开发，委托原常州市环境保护研究所对案涉地块内土壤和地下水污染情况进行了调查。根据现场调查、实验室分析结果和场地水文地质特点分析显示，案涉地块土壤和地下水污染严重，环境风险不可接受，必须对污染场地实施修复。其中：

1. 常×公司（常×农药厂厂区）。

在常×农药厂厂区，初步估计受污染的土壤约44 740平方米，主要受挥发酚、钡、铜、铅、总石油烃、苯系物、氯苯、氯代苯、1，2-二氯乙烷、二氯甲烷、氯仿、四氯化碳等的污染。

该地块地下水污染严重，涉及区域包括整个地块，面积约172 367平方米，该厂地块地下水无机指标，包括高锰酸盐指数、硫酸盐、氯化物等大部分都超过中国地下水质量标准的Ⅲ类标准，主要受锑、砷、钡、铍、镉、铜、铅、镍、苯胺、氯代苯、苯系物、氯苯、总石油烃等的污染。

2. ×宇公司。

在×宇公司厂区，初步估计受污染的土壤约16 390平方米，主要受挥发酚、铅、萘、总石油烃、氯苯、氯仿等的污染。

地下水污染区域约24 732平方米，该地块地下水无机指标，包括挥发酚、高锰酸盐指数、氯化物、硝酸盐等超过中国地下水质量标准的Ⅲ类标准，主要受铍、总石油烃、四氯化碳、氯代苯等的污染。

3. 华×公司。

在华×公司厂区，初步估计受污染的土壤约9360平方米，主要受挥发酚、砷、铅、锌、萘、总石油烃、氯苯、氯仿等的污染。另外部分区域土壤中甲萘胺的浓度很高。

地下水污染区域约 20 027 平方米，主要受挥发酚、高锰酸盐指数、硫酸盐、亚硝酸盐、总石油烃、氯苯等的污染，另外地下水中甲萘胺的浓度很高。

三、关于案涉地块土壤、地下水受污染状况的调查情况。

2011 年，常州市新北区政府拟利用"常×地块"进行商业住宅开发。为了解该地块的土壤、地下水受污染情况，2011 年 3 月至 5 月，常州市新北区政府委托原常州市环境保护研究所对常×地块内土壤和地下水的污染情况进行了调查，编制了《常×（华×、×宇）公司原厂址地块场地环境调查技术报告》和《常×（华×、×宇）公司原厂址地块场地健康风险评估报告》。

2013 年，由于《污染场地风险评估技术导则》风险评估的参数、模型有变化，常州市环境科学研究院编制了《常×（华×、×宇）公司原厂址地块健康风险评估修编报告》，重新估算土壤修复面积、修复土方量，提出了住宅类用地类型、工业及其他用地类型下的地下水修复面积及修复量。

2013 年 8 月，根据调查及风险评估结果，常州市环境科学研究院编制了《常×（华×、×宇）公司原厂址地块污染场地土壤和地下水修复技术方案》，方案中提出污染土壤采用"异位-资源化利用+局部区域隔离"的修复方法，即将污染场地-6 米以上的污染土壤挖出，利用现有的新型干法水泥回转窑生产装置，作为水泥厂原料资源化利用，-6 米以下未达到修复目标的污染土壤采取隔离的措施；污染地下水修复采用"原位化学氧化"的修复方法，即将化学氧化剂通过注入井引入地下水含水层，通过药剂与地下水的充分接触，发生氧化反应，去除或降解地下水中的污染物，以此达到修复效果。

上述历次方案制定、调整均组织召开了中科院南京土壤研究所、南京环境科学研究所、东南大学、南京大学、中科院烟台海岸带研究所等单位专家参加的评审会评议并获得通过。

四、关于案涉地块土壤、地下水的修复情况。

2014 年 3 月，一期污染土壤修复工程正式实施。至 2015 年 12 月底，已完成一期修复区域 95% 污染土壤的异位资源化利用。后因修复过程中次生的空气异味对常州外国语学校师生等项目地块周边敏感人群产生影响，修复工程全面停止，剩余 5% 的污染土壤未修复，地下水修复工程亦未开展。2016 年初，"常×地块"由商业开发转变用地性质为公共绿化用地。

常州外国语学校师生受污染场地影响事件发生后，国务院教育督导委员会派出专项督导组，环保部、江苏省政府联合成立环保调查组，国家卫计委和江苏省卫计委成立医疗卫生专家组，赴常州开展督导，调查和分析研究等工作。调查组认为常州外国语学校校园环境安全，但"常×地块"修复工作的施工和监管存在问题，要求常州市政府抓紧制定并实施"常×地块"污染防控和修复方案。

常州市政府开展应急措施，编制了《常×（华×、×宇）公司原厂址地块污染场地应急处置方案》和《常×（华×、×宇）公司原厂址地块污染场地技术方案调整报告》，将原污染土壤异位−资源化+局部隔离的修复方案，调整为整体覆土封盖的修复方案。2016年2月15日，案涉地块污染场地土壤修复调整工程完成，并通过验收。常州市政府要求常州市新北区政府具体负责实施"常×地块"防控修复工作。

2016年5月，江苏××环境科技股份有限公司编制了《常×（华×、×宇）公司原厂址地块污染场地防控技术方案》（以下简称《防控技术方案》）。按照长期场地污染防控的总体思路，以最基本目标，即确保场地和周边敏感人群环境健康安全为前提条件，分三个阶段（2016—2020年、2021—2035年、2036年以后）细化目标和工作要求。

2016年8月，常州市环境监测中心编制了《常×（华×、×宇）公司原厂址地块环境监控实施方案》（以下简称《监控实施方案》），该方案确定了"常×地块"内及周边环境空气、地表水、地下水、土壤气的五年环境监控计划。2016年9月26日，常州市环境监测中心主持召开了《监控实施方案》专家评审会，由中国环境监测总站、南京市环境监测中心站、常州市环境科学研究院组成专家组，对该方案进行了咨询评议，专家一致认为该方案内容翔实，总体合理可行。目前根据方案内容已经逐步开展环境空气、地表水、地下水、土壤气监测。现已完成地表水常规指标、特征指标以及生物指标的监测；完成环境空气中挥发性有机物（55种），对环芳烃（16种）的24小时连续监测；完成"常×地块"及周边地下水与土壤气的采样检测分析，分析因子包括常规指标、特征指标、生物指标等，首次检测结果显示各项指标正常。

在《防控技术方案》基础上，2016年8月至9月，常州黑××建设投资有限公司委托常州××农业机械有限公司开展了"常×地块"喷淋系统的布设，该系统通过保持土壤湿度可以阻碍土壤中气体挥发。

2016年9月，为了更好地实施《防控技术方案》，常州黑××建设投资有限公司委托中科院南京土壤研究所编制《常×（华×、×宇）地块环境污染防控工程实施方案》，并承担补充调查、场地覆土性能评估、风险评估及地下水污染模拟和编制后续场地环境污染防控实施技术方案等相关工作。

2016年10月，根据实施方案需求，中科院南京土壤研究所编制完成《常×（华×、×宇）公司原厂址地块环境污染防控工程-场地补充调查方案》（以下简称《防控工程-场地补充调查方案》），确定土壤地下水以及水文地质补充调查的实施方案。2016年10月16日，中科院南京土壤研究所组织召开了《防控工程-场地补充调查方案》的专家评审会，由中国环境科学研究院、北京市环境保护科学研究院、江苏省环境监测中心、中国地质大学、中科院烟台海岸带研究所的专家组成专家组，对该方案进行了咨询评议，专家一致认为该方案编制依据充分，设计合理，研究方法和技术路线可行，目标与考核指标明确，工作程序符合相关技术规范与要求，野外施工潜在环境风险分析详细，预防及处置措施得当，应急方案准备充分。

2016年11月，逐步开展加密调查、野外测试、取样及检测工作，因考虑调查勘探过程中可能产生的二次污染、气候条件、周边环境影响等因素，目前未大面积开展调查作业，正在试验准备阶段，计划利用学校节假期间完成场地调查工作。计划2017年9月完成场地补充调查野外作业及相关实验检测，完成场地调查报告、风险评估、地下水模型等技术报告编写。2017年10月出具防控工程实施方案，2017年底开始实施工程措施，第一阶段选用对场地扰动较少的地下水抽提处理技术和工程措施。该技术通过设置在地下水污染区的抽水井，将污染地下水抽提到地面进行处理，可以有效降低污染物总量。

以上事实，由各方当事人提供的证据及本院调查的证据予以证实。

本案各方争议焦点为：一、本案诉讼标的是否具有公益性？二、两原告请求三被告消除危险或赔偿环境修复费用、赔礼道歉的诉讼请求是否能够成立？

针对争议焦点一，本院认为，本案诉讼标的具有公益性。原常州市环境保护研究所受常州市新北区政府委托于 2011 年所作的《常×（华×、×宇）公司原厂址地块场地环境调查技术报告》和《常×（华×、×宇）公司原厂址地块场地健康风险评估报告》显示，案涉地块土壤和地下水污染严重，环境风险不可接受，必须对污染场地实施修复。上述证据足以证明，长期化工生产经营对案涉地块的土壤、地下水造成了污染。由于土壤与地下水之间存在高度关联性，而地下水亦存在一定的流动性，因此，案涉地块化工生产排放的污染物并非仅仅损害了土地使用权人利益，而同时具有损害社会公共利益的风险，两原告的起诉具有公益性。

　　针对争议焦点二，本院认为，两原告关于请求三被告消除危险或赔偿环境修复费用、赔礼道歉的诉讼请求不能成立。一、案涉地块于 2009 年由常州市新北国土储备中心协议收储并实际交付。常州市政府及常州市新北区政府在本案诉讼开始前即对案涉污染地块实施应急处置，并正在组织开展相应的环境修复。常州市政府对相关环境空气、地表水、地下水、土壤气进行监测的结果表明，案涉地块土壤和地下水对外界环境的威胁已经得到初步控制。环境保护部《关于加强土壤污染防治工作的意见》（环发〔2008〕48 号）第八项规定：造成污染的单位已经终止，或者由于历史等原因确实不能确定造成污染的单位或者个人的，被污染的土壤或者地下水，由有关人民政府依法负责修复和治理；该单位享有的土地使用权依法转让的，由土地使用权受让人负责修复和治理。有关当事人另有约定的，从其约定；但是不得免除当事人的污染防治责任。常州市政府实施的环境应急处置与修复行为符合上述规定的要求，也符合国务院《土壤污染防治行动计划》的规定。在常州市政府正在实施环境修复的过程中，三被告并无可能取代政府实施环境修复行为。二、案涉地块因承载化工产品生产而产生的环境污染始于 20 世纪七八十年代，土壤污染现状历经长期发展过程。案涉地块上的生产企业亦历经国有、集体企业产权制度改革，股权转让，中外合资等复杂变迁。在此期间，有关环境污染侵权责任法律法规逐步完善，企业环境保护法律责任逐步严格，防治污染的技术手段逐步发展。案涉地块环境污染系数十年来化工生产积累叠加造成，但两原告未提交可以清晰界定三被告与改制前各个阶段生产企业各自应当承担的环境污染侵权责任范围、责任形式、责任份额以及责任金额的证据。

综上，在案涉地块环境污染损害修复工作已由常州市新北区政府依法组织开展，环境污染风险已得到有效控制，后续的环境污染监测、环境修复工作仍然正在实施的情况下，两原告提起本案公益诉讼维护社会环境公共利益的诉讼目的已在逐步实现。因此，对两原告提出的判令三被告消除危险或赔偿环境修复费用、赔礼道歉的诉讼请求，本院依法不予支持。两原告主张由三被告承担律师费、差旅费等相关费用，本院亦不予支持。依照《中华人民共和国民事诉讼法》第五十五条、第六十四条、第一百四十二条，《最高人民法院关于审理环境民事公益诉讼案件适用法律若干问题的解释》第一条的规定，判决如下：

驳回原告北京市朝阳区自然之友环境研究所、中国生物多样性保护与绿色发展基金会的诉讼请求。

案件受理费1 891 800元，由两原告自然之友、绿发会共同负担。

如不服本判决，可在判决书送达之日起十五日内，向本院递交上诉状并按对方当事人的人数提交上诉状副本，上诉于江苏省高级人民法院，同时按《诉讼费用交纳办法》规定向该院预交上诉案件受理费（开户行：中国农业银行南京山西路支行，账号：10×××75）。

审判长　　黄　×

审判员　　王　×

审判员　　金×茹

二〇一七年一月二十五日

书记员　　诸×燕

附：法律条文

《中华人民共和国民事诉讼法》

第五十五条　对污染环境、侵害众多消费者合法权益等损害社会公共利益的行为，法律规定的机关和有关组织可以向人民法院提起诉讼。

第六十四条　当事人对自己提出的主张，有责任提供证据。当事人及其诉讼代理人因客观原因不能自行收集的证据，或者人民法院认为审理案件需要的证据，人民法院应当调查收集。人民法院应当按照法定程序，全面地、客观地审查核实证据。

第一百四十二条 法庭辩论终结，应当依法作出判决。判决前能够调解的，还可以进行调解，调解不成的，应当及时判决。

《最高人民法院关于审理环境民事公益诉讼案件适用法律若干问题的解释》

第一条 法律规定的机关和有关组织依据民事诉讼法第五十五条、环境保护法第五十八条等法律的规定，对已经损害社会公共利益或者具有损害社会公共利益重大风险的污染环境、破坏生态的行为提起诉讼，符合民事诉讼法第一百一十九条第二项、第三项、第四项规定的，人民法院应予受理。

民事上诉状

上诉人：北京市朝阳区自然之友环境研究所。

住所地：北京市朝阳区裕民路 12 号 2 号楼×层××××。

法定代表人：张×赫，职务：副总干事。

通信地址：北京市朝阳区裕民路 12 号华展国际公寓×座×××。

支持起诉单位：中国政法大学环境资源法研究和服务中心（又名"污染受害者法律帮助中心"）。

住所地：北京市海淀区学院南路 38 号智慧大厦××××。

负责人：王灿发，职务：主任。

支持起诉单位：苏州工业园区绿色江南公众环境关注中心。

住所地：苏州市工业园区顺达广场×幢×××室。

法定代表人：方×君，职务：主任。

被上诉人：江苏常×化工有限公司。

住所地：常州市新北区长江北路 1229 号。

法定代表人：龙×军，职务：董事长。

被上诉人：常州市×宇化工有限公司。

住所地：常州市新北区通江中路 600 号××幢×××-×××室。

法定代表人：周×剑，职务：董事长。

被上诉人：江苏华×化工集团有限公司（原常州市华×化工厂）。

住所地：常州市新北区港区北路 8 号。

法定代表人：恽×顺，职务：董事长。

上诉人不服江苏省常州市中级人民法院（2016）苏 04 民初 214 号《民事判决书》，现依法提出上诉。

上诉请求：

1. 请求撤销常州市中级人民法院（2016）苏 04 民初 214 号《民事判决书》。

2. 请求改判三被上诉人消除其原厂址污染物对原厂址及周边区域土壤、地下水等生态环境的影响，并承担相关生态环境修复费用。

3. 请求改判三被上诉人对其造成的土壤、地下水污染等生态环境损害行为，在国家级、江苏省级和常州市级媒体上向公众赔礼道歉。

4. 请求改判三被上诉人承担上诉人因本诉讼支出的一审、二审律师费、差旅费、案件受理费等实际支出。

事实和理由：

三被上诉人原厂址位于常×地块。一审法院查明，三被上诉人在生产经营过程中，对常×地块土壤及地下水造成了严重污染，一审法院还进一步查明，常×地块的污染土壤尚未得到全部修复，地下水修复工程亦未开展。

根据现行《中华人民共和国环境保护法》（以下简称《环保法》）第六条第三款的规定，企业事业单位和其他生产经营者应当防止、减少环境污染和生态破坏，对所造成的损害依法承担任。三被上诉人作为常×地块土壤及地下水污染者，应当对造成常×地块的土壤及地下水污染损害依法承担治理和修复责任。另根据《最高人民法院关于审理环境民事公益诉讼案件适用法律若干问题的解释》（2014 年 12 月 8 日最高人民法院审判委员会第 1631 次会议通过，自 2015 年 1 月 7 日起施行）第十八条的规定，污染环境、破坏生态，已经损害社会公共利益或者具有损害社会公共利益重大风险的行为，原告可以请求被告承担消除危险、恢复原状、赔礼道歉等民事责任。因此，在被上诉人的污染行为和损害后果明确，且常×地块土壤、地下水修复尚未完成的情况下，上诉人在一审中的各项诉讼请求均具有法律依据，法院应当判决三被上诉人承担消除其原厂址污染物对原厂址及周边区域土壤、地下水等生态环境的影响，并承担相关生态环境修复用等责任，而不是驳回上诉人的诉讼请求。

但是，一审法院却错误进行了事实认定，并且存在适用法律错误、程序不当和错误分配举证责任的问题。为此，上诉人特提起上诉，上诉理由如下：

一、一审判决援引环境保护部《关于加强土壤污染防治工作的意见》（2008年6月6日，环发〔2008〕48号）（简称《土壤防治工作意见》），适用法律错误。

（一）《土壤防治工作意见》已于2016年7月13日失效，且其作为行政机关发布的规范性文件，不应作为法院判决依据。

中华人民共和国环境保护部于2016年7月13日发布第40号令，决定废止《关于加强土壤污染防治工作的意见》（第三十六项）。一审法院援引一个已经被废止的范性文件作为判案依据和说理依据，严重错误。

此外，《土壤防治工作意见》仅仅是一份行政机关颁布的规范性文件，根据《最高人民法院关于裁判文书引用法律、法规等规范性法律文件的规定》（法释〔2009〕14号）的规定，行政机关颁布的规范性文件并不是法院民事裁判的依据。

（二）按照"谁污染，谁治理"的原则，三被上诉人应对常×地块承担污染修复及治理责任。但一审法院刻意回避、曲解《土壤防治工作意见》的规定，为被上诉人脱责。

一审法院对《土壤防治工作意见》断章取义，刻意曲解《土壤防治工作意见》中要求污染企业承担土壤污染修复及治理责任的规定。《土壤防治工作意见》第八项明确规定："对污染企业搬迁后的厂址和其他可能受到污染的土地进行开发利用的，环保部门应督促有关责任单位或个人开展污染土壤风险评估，明确修复和治理的责任主体和技术要求，监督污染场地土壤治理和修复，降低土地再利用特别是改为居住用地对人体健康影响的风险。""对遗留污染物造成的土壤及地下水污染等环境问题，由原生产经营单位负责治理并恢复土壤使用功能。""按照'谁污染、谁治理'的原则，被污染的土壤或者地下水，由造成污染的单位和个人负责修复和治理。""造成污染的单位因改制（上诉人注：即本案的情形）或者合并、分立而发生变更的，其所承担的修复和治理责任，依法由变更后承继其债权、债务的单位承担。"

可以看出，一审法院有意回避在同一个规范性文件的同一个条文中，明确要求被上诉人承担责任的规定，为被上诉人脱责找理由。

（三）本案中不存在《土壤防治工作意见》第八项中所述的"造成污染的单位已经终止"的情形。

根据一审法院查明的事实，江苏常×化工有限公司是由全民所有制企业整体改制为有限责任公司；常州市×宇化工有限公司、江苏华×化工集团有限公司则进行了股份合作制改革。

《最高人民法院关于审理与企业改制相关的民事纠纷案件若干问题的规定》（2002 年 12 月 3 日最高人民法院审判委员会第 1259 次会议通过，自 2003 年 2 月 1 日起施行）第五条规定，改制为有限责任公司的，原企业债务由改造后的新设公司承担；第八条、第九条、第十条规定，进行股份合作制改革的，原企业的债务由改造后的股份合作制企业承担。

三被上诉人因污染环境所产生的环境修复责任属于企业债务，根据前述司法解释规定，三被上诉人应承担的土壤修复责任等应由改制后的企业承担，而不应该出现三被上诉人因改制而"金蝉脱壳"的情形。

（四）本案中不存在《土壤防治工作意见》第八项中所述的"由于历史等原因确实不能确定造成污染的单位或者个人"的情形。

本案中，一审判决已经非常明确地认定了三被上诉人存在污染行为，造成污染的单位具体、明确。虽然一审法院认为被上诉人由于改制，存在不同的阶段，因此需要划分不同阶段企业具体的污染情况，但即便如此，也只是可能存在多个责任主体以及区分责任大小的问题，而非"不能确定"责任主体。

（五）本案中不存在《土壤防治工作意见》第八项中所述的"土地使用权依法转让"（简称"土地转让"）的情形。土地收储并非土地转让，常×地块收储后，环境修复及治理责任主体并未发生转移，三被上诉人仍应继续承担土壤及地下水的修复责任。

一审法院混淆了"土地收储"和"土地使用权依法转让"这两种完全不同性质的法律行为和法律概念。

三被上诉人与常州市新北国土储备中心之间签订土地收储协议，因此二者之间是土地储备法律关系，并非国有土地使用权转让法律关系。

根据现行《土地储备管理办法》第二条的规定，土地储备，是指市、县人民政府国土资源管理部门为实现调控土地市场、促进土地资源合理利用目标，依法取得土地，进行前期开发、储存以备供应土地的行为。就法律关系主体而言，土地收储的当事方并非平等民事主体，而是一方为国有土地使用权人，另一方为代表国家行使土地所有的国土资源管理部门，土地收储协议性质上属于行政合同。根据《中华人民共和国城镇国有土地使用权出让和转让暂行条例》（中华人民共和国国务院令第 55 号）第十九条第一款的规定，土地使用权转让是指土地使用者将土地使用权再转移的行为，包括出售、交换和赠与。因此，土地使用权转让的当事方为平等的民事主体，土地使用权转让合同为民事合同。

土地收储与土地转让是两种截然不同的法律行为，土地收储后，原土地使用权人因其污染行为所成的损害所应承担的责任，不应也没有任何法律依据可以转移给政府。事实上，三被上诉人所签订的土地收储协议中，也未约定原土地的环境污染责任由收储方承担。因此，本案中土地收储后，三被上诉人对常×地块的污染治理及修复责任并未免除，也不能转移给政府。

二、一审法院将"防控"和"修复"混为一谈，毫无根据地把政府作为修复责任主体，并错误地将政府采取"防控"认为上诉人的诉讼目的已经达到，认定事实错误。

（一）"防控"不等于"修复"。

根据一审法院提供的信息，即便是常州市新北区政府，其所进行的工作仅仅是"开展了常×地块的污染场地防控"。防控不等于修复，并且防控技术方案的总体目的是"监测"，并非修复。

常州市人民政府新闻办公室于 2016 年 8 月 26 日发布《常州外国语学校事件调查结果通报》也认为"鉴于'常×地块'污染土壤和地下水尚未完全修复，调查组已要求常州市政府抓紧制定并实施'常×地块'污染防控和修复方案"。

（二）政府在本案中不是环境修复责任主体。

"谁污染，谁治理"是环境责任的基本原则，我国法律及相关规定并未规定地方政府可以代替污染主体成为治理和修复责任的义务方，常州市及新北区政府不能代替三被上诉人承担污染土壤和地下水的治理和修复责任。

退一步说，即使政府对常×地块进行修复，履行的是政府的公共管理职能，不能改变"谁污染，谁治理"的基本原则，不能免除三被上诉人的修复责任。而且，政府的修复资金源于纳税人，由纳税人为三被上诉人的污染行为买单，既无法律依据也不公平。一审法院的判决无异于"企业污染，百姓买单"，势必造成严重的社会负面影响。

（三）政府在环境治理中已支出的费用以及未来按照防控方案可能支出的费用，应由三被上诉人承担。

政府进行环境治理，并非环境修复责任主体的变更，三被上诉人作为污染者，仍然是环境修复责任主体。政府已经支出的污染土壤和地下水应急处置和风险防控费用，以及未来需要支出的治理和修复费用，仍应由三被上诉人承担。

（四）本案中常×地块尚未得到修复，被上诉人未承担环境修复责任，上诉人的诉讼目的远未实现。

本案中，上诉人的诉讼请求之一是要求三被上诉人消除其原厂址污染物对原厂址及周边区域土壤、地下水等生态环境的影响，并承担相关生态环境修复费用。目前，案涉地块尚未修复，严重污染的地下水也尚未采取任何修复和风险防控措施。三被上诉人作为责任主体并未承担责任，上诉人的诉讼目的远未实现。

三、一审法院错误地将本应由被上诉人承担的证明责任分配由上诉人承担。

如前所述，本案中由于三被上诉人的法律主体一直存续，本无须区分不同所有制阶段的具体污染情况。退一步说，即使如一审法院所述，需要清晰界定三被上诉人与改制前各阶段生产企业各自应当承担的环境污染侵权责任范围、责任份额，根据现行《中华人民共和国侵权责任法》第六十六条的规定，应由污染者承担证明责任，证明各个阶段的污染具体是由哪一家主体造成的，从而减轻自身的责任；或根据《最高人民法院关于审理环境侵权责任纠纷案件适用法律若干问题的解释》（法释〔2015〕12号）第四条的规定，"两个以上污染者污染环境，对污染者承担责任的大小，人民法院应当根据污染物的种类、排放量、危害性以及有无排污许可证、是否超过污染物排放标准、是否超过重点污染物排放总量控制指标等因素确定",由法院进行确定。

一审法院将举证责任分配给上诉人,完全没有法律依据,无异于让污染者轻而易举地逃避其本应承担的法律责任。

四、一审法院未行使释明权,判决"天价"诉讼费,程序不当。

(一)一审法院在审理中发现可能存在其他责任主体,并作为判决依据的情况下,未向上诉人释明是否变更或追加被告,程序不当。

一审法院驳回上诉人诉请的重要理由是上诉人没有提供三被上诉人和改制前各个不同阶段的生产企业各自应当承担的责任大小的相关证据。

尽管上诉人认为一审法院的前述观点本质上是错误的,但同时也认为,如果一审法院在审理过程中认为"案涉地块污染系数十年来化工生产积累叠加造成",三被上诉人和改制前的各个不同阶段的生产企业不是同一主体,共同实施了污染系争地块的侵权行为,属于造成环境污染的共同侵权人,认定本案是共同侵权案件,且当前仅起诉了部分共同侵权人,本案的被告应当不止三个被上诉人,则根据现行《中华人民共和国民事诉讼法》第一百三十二条和《最高人民法院关于适用〈中华人民共和国民事诉讼法〉的解释》第七十三条规定:"必须共同进行诉讼的当事人没有参加诉讼的,人民法院应当……通知其参加。"并参照《最高人民法院关于审理人身损害赔偿案件适用法律若干问题的解释》(2003 年 12 月 4 日最高人民法院审判委员会第 1299 次会议通过,自 2004 年 5 月 1 日起施行)第五条规定,一审法院应当立即行使释明权,将相关风险提示给上诉人,由上诉人决定是否变更或追加被告,以最大限度地实现社会公益。

但一审法院并未依法行使该等释明,在释明问题上存在程序上的违法,足以影响判决的公正性和权威性,导致一审判决错误。

(二)一审判决的案件受理费畸高,不符合环境公益诉讼的特点,也不利于社会组织监督污染企业,与国家加强环境资源审判、推进生态文明建设的精神相违背。

由于三被上诉人严重的环境污染行为,且对污染后果置之不理,上诉人作为环境公益组织,依据法律规定,提起环境公益诉讼。根据《最高人民法院关于审理环境民事公益诉讼案件用法律若干问题的解释》(2014 年 12 月 8 日最高人民法院审判委员会第 1631 次会议通过,自 2015 年 1 月 7 日起施行)

第三十四条的规定，社会组织不能通过环境公益诉讼牟利。在上诉人胜诉后，法院判决由三被上诉人承担的环境修复费用，将全部用于环境修复，社会组织不会获得一分一毫的收益。一审法院错误适用普通民商事财产类案件的诉讼费用收取办法，无视环境公益诉讼的特点，无视上诉人依法保护环境的努力，对上诉人是非常不公平的。

上诉人作为非营利性的公益环保组织，财务状况本已十分艰难，完全符合减交、免交诉讼费的条件。特别是一审法院已经认定了三被上诉人存在污染行为，上诉人在本案诉讼中并无过错。因此，一审法院对案件受理费的认定非常不合理，必将对今后的环境公益诉讼造成极大的阻碍。由于一审法院的"天价诉讼费"，也给社会舆论造成了不良影响。

为此，上诉人申请法院根据《最高人民法院关于审理环境民事公益诉讼案件适用法律若干问题的解释》（2014 年 12 月 8 日最高人民法院审判委员会第 1631 次会议通过，自 2015 年 1 月 7 日起施行）第三十三条第二款的规定，准许上诉人依法免交本案的案件受理费，或依法支持上诉人的上诉请求，判令三被上诉人承担案件受理费。

综上所述，本案一审判决事实认定错误，法律适用错误，错误分配举证责任，程序不当。一审判决将给污染者传递一个非常错误的信号，让污染企业误认为即便自身存在污染行为，政府也会用纳税人的钱财为其开脱，必将使目前已经困难重重的环境保护工作难上加难。上诉人恳请贵院依法查明事实、正确适用法律，对本案作出改判。

此致
江苏省高级人民法院

上诉人：北京市朝阳区自然之友环境研究所

2017 年 2 月 7 日

民事上诉状

上诉人（一审原告）：中国生物多样性保护与绿色发展基金会。

一审共同原告：北京市朝阳区自然之友环境研究所。

支持起诉单位：中国政法大学环境资源法研究和服务中心（又称"污染

受害者法律帮助中心"）。

支持起诉单位：苏州工业园区绿色江南公众环境关注中心。

被上诉人（一审被告）：江苏常×化工有限公司。

被上诉人（一审被告）：常州市×宇化工有限公司。

被上诉人（一审被告）：江苏华×化工集团有限公司（原常州市华×化工厂）。

上诉人因不服江苏省常州市中级人民法院所作（2016）苏 04 民初 214 号民事判决书，现依法提出上诉。

上诉请求：

一、撤销江苏省常州市中级人民法院所作（2016）苏 04 民初 214 号民事判决。

二、发回原审人民法院重审，或依法改判：1. 判决三被上诉人消除其污染行为对原厂址范围及周边区域的土壤、地下水等生态环境造成的影响及危害，如未履行上述义务则由三被上诉人承担相应生态环境治理修复费用。2. 判决三被上诉人对其污染土壤、地下水等破坏生态环境的行为，通过国家级、江苏省级和常州市级媒体向社会公众赔礼道歉。3. 判决三被上诉人承担上诉人支出的和必须支出的一审、二审差旅费、律师费、调查取证费用、案件受理费等必要的诉讼费用。

事实和理由：

一审法院审理查明，本案三被上诉人均系化工生产企业，原厂址位于江苏省常州市新北区龙虎塘街道（即常×地块）。在长期生产经营过程中，三被上诉人对原厂址范围及周边区域的土壤、地下水等生态环境造成了严重的污染影响。此后，三被上诉人于本案一审诉前均已搬迁。

2009 年至 2010 年间，案涉地块由常州市新北国土储备中心协议收储并实际交付。此后，常州政府部门于 2011 年开始对案涉地块组织开展环境修复工作。至 2016 年 1 月，常×地块的污染土壤修复工程因故无法继续进行，污染地块尚未得到全部修复，另，地下水修复工程亦未开展。此后，常州政府部门组织编制了污染场地防控技术方案、环境监控实施方案等。

基于以上事实，结合案件实际情况，上诉人认为本案一审判决在证据、事实认定方面均存在严重疏漏及错误，且适用法律错误，存在程序违法问题，具体理由阐述如下：

一、一审法院在事实认定方面存在错误。

（一）"已对地块局部开展修复工作"并不等于"地块整体的污染危害已得到初步控制"。

根据一审认定（焦点二部分），据常州市政府对相关环境质量标准的监测结果表明，案涉地块土壤及地下水对外界环境的威胁已经初步得到控制。上诉人认为此项事实认定严重错误。

1. 首先，一审中并没有充分证据证明常州市政府对案涉地块及周边区域的空气、地表水、地下水、土壤气等环境质量指标进行过检测，且已全部达标。

2. 不可否认，至一审审理期间，常州政府部门已对案涉地块的局部（一期过程）开展初步修复工作，但这并不等于"地块整体污染危害已得到初步控制"。

根据一审判决认定，至 2015 年 12 月底，因修复过程中次生的空气异味对案涉地块周边敏感人群产生影响，故修复工程停止，一期修复工程剩余 5% 的污染土壤未修复，地下水修复工作"亦未开展"。此后，常州市政府开展应急措施，并将原污染土壤异位-资源化+局部隔离的修复方案，调整为"整体覆土封盖"的修复方案。

上诉人认为：案涉地块环境修复工程共分两期，涉及的污染的土壤面积 7 万余平方米，地下水面积高达"21.7 万平方米"。对此，若要认定污染危害已初步控制，在施工面积上，至少应是已大面积开展，而非"局部开展"。在施工程度上，均已开始深入修复（如土壤淋洗、地下水生物修复），而非仅为"土方清挖"。

据查，截至一审期间，案涉地块仅是一期区域的土方清挖完成了 95%，但需注意，取走后的污染土壤仅为物理空间的转移，其对外部环境的危害并未消除。

试问：在未对土壤的污染物质进行消解/隔离，同时，对污染地下水没有进行任何修复工作的情况下，上述污染物质对外界环境的威胁是如何自动消除的？又是如何被得以控制的？一审如此认定，无论依日常逻辑，还是科学角度均无法说通。

3. 故在如此情况下，仅能认定为"案涉地块的局部已开展了修复工作"。然而，一审法院在没有充足证据佐证的情况下即认定"案涉地块的土壤及地下水对外界环境的威胁已经初步得到控制"，此项认定根本没有事实依据，存在明显错误，应依法予以纠正。

（二）一审认为本案存在环境保护部《关于加强土壤污染防治工作的意见》（简称《土壤防治工作意见》）第八项中所述的"造成污染的单位已经终止，或者由于历史等原因确实不能确定造成污染的单位或者个人的，被污染的土壤或者地下水，由有关人民政府依法负责修复和治理；该单位享有的土地使用权依法转让的，由土地使用权受让人负责修复和治理"的情形，一审法院对此事实认定错误。

1. 本案中并无"造成污染的单位已经终止"的情形。

经一审查明，江苏常×化工有限公司系由全民所有制企业整体改制为有限责任公司，另查，常州市×宇化工有限公司、江苏华×化工集团有限公司则进行了股份合作制改革。即，三被上诉人均是合法延续至今，并无终止情形发生。然而，一审法院却认定本案存在"造成污染的单位已经终止"的情形，故，此项事实明显认定错误。

根据《中华人民共和国民法通则》第四十四条规定，企业法人分立、合并，它的权利和义务由变更后的法人享有和承担。另据《最高人民法院关于审理与企业改制相关的民事纠纷案件若干问题的规定》第五条规定，改制为有限责任公司的，原企业债务由改造后的新设公司承担；第八条、第九条、第十条规定，进行股份合作制改革的，原企业的债务由改造后的股份合作制企业承担。

污染环境属于侵权行为，对之应承担的环境修复责任属于企业债务范围，故据前述规定，案涉地块的土壤修复责任亦应由改制后的企业，即三被上诉人承担。

2. 本案中不存在"由于历史等原因确实不能确定造成污染的单位或者个人"的情形。

虽然三被上诉人历史上均存在过改制情况，但过程中并无终止情形，延续至今，本案的责任主体可谓具体、明确。一审判决（第10页）亦非常具体、明确的认定了三被上诉人在生产经营期间对案涉地块土壤及地下水造成了污染。故，本案中根本不存在"由于历史等原因确实不能确定造成污染的单位或者个人"的情形。

3. 本案中不存在"土地使用权依法转让"的情形。

经查，三被上诉人与常州市新北国土储备中心签订了土地收储协议，因此二者之间是土地储备法律关系，但此收储行为不能认定为国有土地使用权转让。

根据规定，土地收储与土地转让是完全不同的法律行为，一审法院错将"土地收储"认定为"土地使用权转让"行为，混淆了这两种完全不同的法律行为，此项亦属事实认定错误。

即使案涉土地被政府部门收储，原土地使用权人仍应对其污染环境的行为承担民事责任，不应因土地（本案亦为被侵害的客体）的权属已转至政府，环境修复责任亦即随之转移。事实上，三被上诉人所签订的土地收储协议中也未约定将原土地的环境污染责任转由收储方承担。故，案涉土地被收储后，三被上诉人对其污染土地后修复治理责任并未免除，无理由，亦无依据将该责任转移给政府承担。

（三）本案中，政府部门不是环境修复责任主体，一审所作"三被告并无可能取代政府实施环境修复行为"之认定是错误的。

我国现行的法律法规并未规定政府部门可以代替污染者成为环境修复的责任方，"谁污染，谁治理"是环境责任的基本原则，即使本案的政府部门对案涉地块进行了修复工作，但其仅是履行政府的公共管理职能而已，并不是完全代替了污染主体而成为环境修复的责任方。

依前述分析，本案中不存在《土壤防治工作意见》第八项所述相应情形，环境修复责任应由三被上诉人承担。现三被上诉人均仍正常存续，故应主动（也有能力）共同承担，或与政府共同实施环境修复行为，不存在"无可能取代政府实施环境修复行为"的情形。故，一审所作该项认定是错误的。

（四）在案涉地块尚未得到修复的情况下，仅依据目前的修复工作量及所做防控方案，不能认定"维护社会环境公共利益的诉讼目的已在逐步实现"，依据严重不足。

1. 经查，案涉地块仅在局部开展了修复工作，对污染的地下水尚未采取任何修复和风险防控措施。对于后续大量且长期的修复工作，其质量的优劣及能否顺利开展仍受到包括资金等诸多因素的限制，能否完全修复尚存在较大不确定性。

另经查，2016 年 1 月，常州市环境科学研究院根据需要编制了《常×（华×、×宇）公司原厂址地块污染场地土壤修复方案调整报告》（简称《土壤修复方案调整报告》），调整后的修复方案是"覆土封盖"方案，故需长期控制污染物的暴露风险，同时，其验收工作亦是需要长期的、若干次的监测来验证。然而，土壤修复方案调整工程的验收监测仅在次月，即 2 月份就完成采集分析检测，并随即于 2 月 15 日就通过了专家评审，同时，专家验收意见中亦未提及后续需要做长期监测。

另需注意的是，在 2016 年 8 月常州市环境监测中心编制的《常×（华×、×宇）公司原厂址地块环境监控实施方案》（简称《监控实施方案》）也确定有对常×地块内及周边环境需开展"五年环境监控计划"。进一步说明该《土壤修复方案调整报告》之调整工程的验收工作存在着严重瑕疵，不能保证该调整方案的充分科学性，其安全性及可行性均有待考察。故，即便实施此方案也难以确保后续环境修复工作的质量及修复效果。

2. 环境公益诉讼的目的是维护环境公共利益，主要表现为，通过预防并制裁侵害环境公益的行为而使环境公益免于（不再继续）损害，以及对已经造成的环境损害采取积极的补救措施。前者彰显环境公益诉讼的预防功能，后者体现为环境公益诉讼的救济功能。

上诉人一审诉求三被上诉人消除其原厂址污染物对原厂址及周边区域土壤、地下水等生态环境的影响，承担相关生态环境修复费用，以及向公众赔礼道歉。

本案中，常州政府部门对案涉地块已开展修复工作，但却未让曾经的污染者，本案三被上诉人承担任何民事责任，公益诉讼的制裁目的未得任何体现。

故，一审认定"维护社会环境公共利益的诉讼目的已在逐步实现"严重缺乏依据，应属事实认定错误。

二、一审法院在适用法律方面存在严重错误。

（一）一审判决中援引《土壤防治工作意见》（环发〔2008〕48号）作为其说理依据。经查询，根据2016年7月13日公布施行环境保护部令第40号《关于废止部分环保部门规章和规范性文件的决定》，该文件已经被废止。

同时，一审法院还对该废止的规范性文件内容有选择性地错误适用，完全不顾基本的汉语语法常识，有意选择适用对被上诉人有利的条款。因此，一审判决断章取义式地引用已废止文件之举显属适用法律错误，应当依法予以纠正。

（二）一审法院错误地将本应由被上诉人承担的证明责任分配由上诉人承担。

首先，因三被上诉人的法律主体一直合法存续，故本案无需区分不同阶段的具体污染情况。退一步而言，即使需要界定三被上诉人与改制前各阶段生产企业应当承担的责任范围及份额，根据《中华人民共和国侵权责任法》第六十六条的规定，亦应由污染者承担证明责任，以明确证明各个阶段的污染主体及其责任份额，从而减轻自身的责任。另，根据《最高人民法院关于审理环境侵权责任纠纷案件适用法律若干问题的解释》（法释〔2015〕12号）第四条的规定，"两个以上污染者污染环境，对污染者承担责任的大小，人民法院应当根据污染物的种类、排放量、危害性以及有无排污许可证、是否超过污染物排放标准、是否超过重点污染物排放总量控制指标等因素确定"，由法院进行确定。

此外，举证责任的分配强调公平、合理、可能性，本案原告系公益组织，对被告的历史沿革及污染情况显然没有被告自身更加了解，也不具备深入调查的可行性。故，一审法院将该举证责任分配给上诉人，且让上诉人承担其不利后果，是完全没有法律依据的，更是有悖法律基本的公平、合理原则。

（三）本案无需由当事人必须明确证明"各个主体"的污染责任。因为，根据《中华人民共和国侵权责任法》第十二条规定，二人以上分别实施侵权行为造成同一损害，能够确定责任大小的，各自承担相应的责任；难以确定责任大小的，平均承担赔偿责任。

故，即便本案须由案涉地块上各阶段上的所有"主体"来承担责任，也无需必须举证出"各主体的参与度"。依前述规定平均担责即可。一审竟无视如此明确的法律规定，实属适用法律错误。

（四）仅因"政府已开始修复""土地权属已发生转移"等缘故即判污染者不承担侵权责任，于法无据，于理不通，应当予以纠正。

三、一审审理过程中遗漏了必须参加诉讼的当事人，程序严重违法。

（一）首先，据一审查明，常州市相关政府机关对涉案地块组织实施了修复行为，被告方抗辩不担责任的理由也在于此。同时，被上诉人举证证明，土地已由政府收储，那么，政府就应当承担修复责任。既然被上诉人指控政府应当担责，那么，政府就应当有最起码的辩解权利和参与诉讼的权利。但是，一审判决并没有向双方当事人进行释明，也没有依法定程序向相关政府送达法律文书或意见，已剥夺了政府就将来可能承担责任的抗辩权和诉讼权利。

（二）一审法院驳回上诉人诉请的重要理由之一是上诉人没有提供三被上诉人和改制前各个不同阶段企业责任份额进行举证，导致无法裁判。暂不论一审法院此项认定是否正确，即便应增加其他侵权责任主体，根据《中华人民共和国民事诉讼法》第一百三十二条和《最高人民法院关于适用〈中华人民共和国民事诉讼法〉的解释》第七十三条"必须共同进行诉讼的当事人没有参加诉讼的，人民法院应当通知其参加诉讼"的规定，为确保案件的公平合理性，法院应适时行使释明权，将相关风险提示给上诉人，由上诉人决定是否变更或追加被告，以保证最大程度地实现社会公益。

但，一审法院并未依法针对上述情形进行相应释明，不得不说存在程序上的违法，且已足以影响判决的公正性。

四、一审判决关于案件受理费的认定存在错误，其做法不符合环境公益诉讼的特点，与当前推进生态文明建设的精神相违背，严重失当，应予纠正。

（一）在一审诉讼过程中，原告并没有书面或口头变更诉讼请求。所谓天价诉讼费是上诉人收到判决书后通过反推才得知是从政府防控方案当中的数字而来，一审法院据此认定如此高额的案件受理费，显属不当。

（二）即便依据前述情形，鉴于本案系环境公益诉讼，另考虑到公益组织的非营利性，以及诉讼目的的非营利性，法院亦应在审理过程中就案件受理费的计算及风险事宜向原告进行释明，但一审法院并无此举。

（三）上诉人系非营利性的环保公益组织，完全符合最高人民法院规定之关于减交、免交诉讼费的条件。但一审法院却完全无视本案公益诉讼的特点，在计算本案的受理费时错误地适用了普通民商事财产类案件的收取标准，并判决让上诉人全额承担。环境公益诉讼制度的引入，旨在唤起与鼓励更多的社会公益组织参与保护环境公共利益，然，一审法院的如此判决无异于在为环境公益诉讼设"绊脚石"，与当前推进生态文明建设的政策精神相完全相悖。此举于情、于理、于法均是站不住脚的，严重失当，应予纠正。

综上所述，一审判决在事实认定、法律适用、审理程序、举证责任分配方面均存在明显错误。鉴于此，上诉人特根据《中华人民共和国民事诉讼法》等法律规定提起上诉，恳请贵院依法审理，判如所请，以维护法律尊严及环境正义。

此致
江苏省高级人民法院

上诉人：中国生物多样性保护与绿色发展基金会
日期：2017 年 2 月 17 日

江苏省高级人民法院
民事判决书

（2017）苏民终 232 号

上诉人（原审原告）：北京市朝阳区自然之友环境研究所。住所地：在北京市朝阳区裕民路 12 号。

法定代表人：张×驹，职务：该所所长。

委托诉讼代理人：刘×，上海金钻律师事务所律师。

委托诉讼代理人：吴×良，上海市金茂律师事务所律师。

上诉人（原审原告）：中国生物多样性保护与绿色发展基金会。住所地：北京市东城区永定门外西革新里 98 号。

法定代表人：胡×平，职务：该基金会理事长。

委托诉讼代理人：霍×剑，北京市雨仁律师事务所律师。

委托诉讼代理人：赵×，安徽昊华律师事务所律师。

支持起诉单位：中国政法大学环境资源法研究和服务中心。住所地：北京市海淀区学院南路 38 号智慧大厦××××。

主要负责人：王灿发，职务：该中心主任。

支持起诉单位：苏州工业园区绿色江南公众环境关注中心。住所地：江苏省苏州市工业园区顺达广场×幢×××室。

法定代表人：方×君，职务：该中心主任。

委托诉讼代理人：万×，上海市金茂律师事务所律师。

被上诉人（原审被告）：江苏常×化工有限公司。住所地：江苏省常州市新北区长江北路 1229 号。

法定代表人：叶×文，职务：该公司总经理。

委托诉讼代理人：周×东，江苏东晟律师事务所律师。

委托诉讼代理人：聂×华，江苏东晟律师事务所律师。

被上诉人（原审被告）：常州市×宇化工有限公司。住所地：江苏省常州市新北区通江中路 600 号××幢×××-×××室。

法定代表人：周×剑，职务：该公司董事长。

委托诉讼代理人：周×，江苏博爱星律师事务所律师。

委托诉讼代理人：谢×，江苏博爱星律师事务所律师。

被上诉人（原审被告）：江苏华×化工集团有限公司。住所地：江苏省常州市新北区港区北路 8 号。

法定代表人：樊×良，职务：该公司董事长。

委托诉讼代理人：成×，江苏博爱星律师事务所律师。

委托诉讼代理人：汪×东，南京知识律师事务所律师。

上诉人北京市朝阳区自然之友环境研究所（以下简称"自然之友"）、中国生物多样性保护与绿色发展基金会（以下简称"绿发会"）因与被上诉人江苏常×化工有限公司（以下简称"常×公司"）、常州市×宇化工有限公司（以下简称"×宇公司"）、江苏华×化工集团有限公司（以下简称"华×公司"）环境民事公益诉讼一案，不服江苏省常州市中级人民法院（以下简称"常州中院"）（2016）苏 04 民初 214 号民事判决，分别向本院提起上诉。本院于 2017 年 2 月 24 日立案后，依法组成合议庭并于 2018 年 12 月 19 日公开开庭进行了审理。上诉人自然之友的委托诉讼代理人刘×、吴×良，上诉人绿发会的委托诉讼代理人霍×剑、赵×，支持起诉单位苏州工业园区绿色江南公众环境关注中心的委托诉讼代理人万×，被上诉人常×公司的委托诉讼代理人周×东、聂×华，被上诉人×宇公司的委托诉讼代理人周×、谢×，被上诉人华×公司的委托诉讼代理人成×、汪×东到庭参加诉讼。本案现已审理终结。

自然之友与绿发会上诉请求：

一、撤销一审判决。

二、责令被上诉人消除其原厂址污染物对原厂址及周边区域土壤、地下水等生态环境的影响，将原厂址恢复原状。

三、责令被上诉人就其生态环境损害行为，在国家级、江苏省级和常州市级媒体上向公众赔礼道歉。

四、由被上诉人承担上诉人一审、二审律师费、差旅费、案件受理费等。

事实和理由：

一、三被上诉人应当承担环境污染侵权责任。

（一）"谁污染、谁担责"是环境污染责任承担的基本原则。被上诉人污染环境，损害了社会公共利益，应当承担修复责任。

（二）政府部门不能代替污染者成为环境修复的责任主体。环境保护部《关于加强土壤污染防治工作的意见》已经失效，不能作为一审裁判依据；本案亦不存在该意见中规定的污染单位终止、土地使用权依法转让等情形。三被上诉人与常州市新北国土储备中心（以下简称"新北国土储备中心"）签订的土地收储协议是行政合同，不产生土地使用权转让的法律效果；地方政府实施环境修复仅是履行公共管理职能，不能代替污染者成为修复责任主体。政府已支出和将来需要支出的修复费用应由被上诉人承担。

（三）被上诉人存在违法生产造成污染物泄漏、填埋固体废物及搬迁污染等行为，具有主观过错，应当承担赔礼道歉责任。

二、环境民事公益诉讼目的尚未实现。

环境修复的诉讼目的尚未实现。常州市新北区人民政府（以下简称"新北区政府"）仅对案涉地块污染进行防控而不是修复。没有证据证明案涉地块及周边区域环境质量指标进行过检测且已全部达标；案涉地块仅完成一期95%的土壤清除，地下水尚未采取任何修复措施；后期能否完全修复存在较大不确定性。污染者承担环境修复责任的诉讼目的也未达到。

三、举证责任分配、处理错误。

三被上诉人的法律主体一直合法存续，改制不影响其对改制前污染责任的承担，即使影响也应由被上诉人负担改制前后污染情况的举证责任。

四、审判程序不当。

被上诉人认为地方政府收储后应当承担修复责任，但一审法院没有追加地方政府为第三人参加诉讼，遗漏了必须参加诉讼的当事人，剥夺了地方政府就将来可能承担责任的抗辩权和诉讼权利。

五、诉讼费判决不当。

公益诉讼不应当适用普通民事财产案件的诉讼费用收取标准；上诉人一审诉讼中没有书面或口头变更诉讼请求，未提出 3.7 亿元的赔偿数额；上诉人符合减交、免交诉讼费条件。

被上诉人常×公司、×宇公司、华×公司答辩称，上诉人的诉讼请求缺乏事实和法律依据，应予驳回。

事实和理由：

一、本案不具备公益诉讼案件的受理条件。

（一）污染行为没有损害公共利益。本案受到污染的是案涉地块本身，没有损害社会公共利益。

（二）没有污染行为。×宇公司于 2004 年 5 月成立后，未在案涉地块进行化工生产。

（三）超过诉讼时效。两上诉人在 2011 年 5 月相关环境调查技术报告形成之日即应当知晓环境损害的事实，本案诉讼超过了三年的诉讼时效期间。

二、被上诉人不应承担环境污染侵权责任。

（一）案涉地块环境污染修复责任应由地方政府承担。1. 案涉地块已由地方政府收储并交付。根据国务院《土壤污染防治行动计划》等相关规定，土地使用权受让人应承担污染修复责任。地方政府实施修复在《关于加强土壤污染防治工作的意见》被废止之前；2. 地方政府作为修复责任主体具有法律依据。相关政府文件都明确新北区政府为修复责任主体；3. 地方政府承担修复责任具有合理性。地方政府拥有修复所需的专业知识、资源和能力，被上诉人丧失了案涉地块土地使用权和控制权，无法进行修复。

（二）改制遗留债务应当由企业出卖人承担。改制未考虑污染债务，对历史形成的污染，根据"谁污染、谁治理"和"谁受益、谁补偿"的原则，应当由企业利润的主要受益者地方政府承担修复责任；地方政府收储案涉地块的价格低于正常价格，且约定收储以后的"地下责任"由收储一方承担，"地下责任"即污染治理责任。

（三）案涉地块历史上存在与被上诉人无关的污染企业。

（四）本案污染行为系历史原因造成，当时技术手段落后、法律要求不严，被上诉人不存在违法情形，不应承担赔礼道歉责任。

三、环境公益诉讼目的已在逐步实现。

（一）地方政府已经组织实施环境修复工作。污染危害已得到初步控制，后续防控措施合理且正在实施。

（二）防控与修复都是污染地块处理的合理方式。原环境保护部《污染地块土壤环境管理办法（试行）》规定，风险管控是对暂不开发利用的污染地块采取的以防止污染扩散为目的的措施，或者对拟开发利用为居住用地和商业、学校、医疗等公共设施用地采取的以安全利用为目的的措施。新北区政府将案涉地块规划调整为绿化用地，相应调整修复方案并采取防控措施符合该规定。

（三）要求被上诉人取代政府实施环境修复行为不符合公益诉讼目的。在地方政府作为法定的环境保护责任主体已经实施污染修复情况下，公益组织已经丧失诉的基础。

四、举证责任分配符合法律规定。

上诉人承担举证责任符合"谁主张、谁举证"的法律规定，被上诉人在《中华人民共和国侵权责任法》于 2010 年 7 月 1 日施行前即已搬离，该法不具有溯及力，本案不适用无过错责任和举证责任倒置的规定。

五、审判程序合法。

地方政府不是法定的必要诉讼当事人，是否变更或追加第三人是上诉人应尽的义务，一审判决未对地方政府有无修复责任进行认定。

六、案件受理费的认定和承担符合法律规定。

上诉人在起诉状中明确要求被上诉人承担生态环境修复费用，庭审中一再主张参照修复技术方案，判令被上诉人赔偿至少 3.773 亿元的修复费用，且未向法院申请减、免案件受理费。

自然之友、绿发会一审诉讼请求：①判令常×公司、×宇公司、华×公司消除其污染物对原厂址及周边区域土壤、地下水等生态环境的影响，并承担相关生态环境修复费用（具体数额以损害鉴定评估或生态环境修复方案确定的金额为准）；生态环境损害无法修复的，判令常×公司、×宇公司、华×公司实施货币赔偿，用于替代修复；②判令常×公司、×宇公司、华×公司对其造成的土壤、地下水污染等生态环境损害行为，在国家级、江苏省级和常州市级媒体上向公众赔礼道歉；③请求判令常×公司、×宇公司、华×公司承担自然之友、绿发会因本案诉讼支出的生态环境损害调查费用、污染检测检验费、损害鉴定评估费用、生态环境修复方案编制费用、律师费、差旅费、调查取证费、专家咨询费、案件受理费等。

一审法院认定事实：

一、被上诉人生产经营情况。

常×农药厂成立于 1979 年 2 月，系专业生产农药原药及制剂等精细化工产品的国营化工企业，占地面积 18.7 公顷。2000 年 4 月，改制为国有资本、职工持股会和自然人为投资主体的有限责任公司。2014 年 5 月，国有资本转让后成为民营股份制企业。2006 年，常×公司启动搬迁工作，2009 年全面停产，2010 年 6 月完成搬迁。2010 年 8 月常×公司土地交付给新北国土储备中心。

×宇公司原为武进县龙虎塘××化工厂，系村办集体所有制企业，占地面积约 4.6 公顷。1995 年 1 月，企业完成股份合作制改革，同年 7 月更名为常州市×宇化工厂。2004 年起在原厂址经营的纳税记录为零。2004 年 5 月进行改制，变更为常州市×宇化工有限公司。2007 年，×宇公司启动搬迁工作，至 2008 年底全厂停产开始搬迁。

华×公司原系成立于 1990 年 5 月的乡镇集体企业华×化工厂。1997 年 12

月改制为股份合作制企业。2005 年 4 月，变更为江苏华×化工有限公司，农村集体经济组织的股权退出。华×化工厂厂址内除华×化工厂外，历史上还设立过该厂与外资合资的常州华×明化工有限公司、常州×捷化工有限公司和常州新兴华×明化工有限公司。2009 年底华×公司全部停产并完成搬迁。

二、案涉地块受污染情况。

常×公司、×宇公司、华×公司原厂址地块位于常州市新北区龙虎塘街道。三公司在生产经营期间污染了案涉地块土壤及地下水。2011 年 3 月至 5 月，新北区政府拟对案涉地块进行商业住宅项目开发，委托原常州市环境保护研究所对案涉地块内土壤和地下水污染情况进行了调查，案涉地块土壤和地下水污染严重，环境风险不可接受，必须实施修复。其中，常×农药厂厂区初步估计受污染的土壤约 44 740 平方米；地下水污染严重，涉及区域包括整个地块，面积约 172 367 平方米，地下水无机指标大部分都超过中国地下水质量标准的Ⅲ类标准；×宇公司厂区初步估计受污染的土壤约 16 390 平方米，地下水无机指标超过中国地下水质量标准的Ⅲ类标准；华×公司厂区初步估计受污染的土壤约 9360 平方米，地下水污染区域约 20 027 平方米。

三、案涉地块土壤、地下水受污染状况的调查情况。

2011 年，新北区政府拟利用案涉地块进行商业住宅开发。2011 年 3 月至 5 月，新北区政府委托原常州市环境保护研究所对案涉地块内土壤和地下水的污染情况进行了调查，编制了《常×（华×、×宇）公司原厂址地块场地环境调查技术报告》和《常×（华×、×宇）公司原厂址地块场地健康风险评估报告》。

2013 年，由于《污染场地风险评估技术导则》风险评估的参数、模型有变化，常州市环境科学研究院编制了《常×（华×、×宇）公司原厂址地块健康风险评估修编报告》，重新估算土壤修复面积、修复土方量，提出了住宅类用地类型、工业及其他用地类型下的地下水修复面积及修复量。

2013 年 8 月，常州市环境科学研究院编制了《常×（华×、×宇）公司原厂址地块污染场地土壤和地下水修复技术方案》，方案中提出污染土壤采用"异位-资源化利用+局部区域隔离"的修复方法，即将污染场地-6 米以上的污染土壤挖出，利用现有的新型干法水泥回转窑生产装置，作为水泥厂原料资源化利用，-6 米以下未达到修复目标的污染土壤采取隔离的措施；污染地下水修复采用"原位化学氧化"的修复方法，即将化学氧化剂通过注入井引入地下水含水层，通过药剂与地下水的充分接触，发生氧化反应，去除或降解地下水中的污染物，以此达到修复效果。

上述历次方案制定、调整均组织召开专家评审会并获得通过。

四、案涉地块土壤、地下水的修复情况。

2014年3月，一期污染土壤修复工程正式实施。至2015年12月底，已完成一期修复区域95%污染土壤的异位资源化利用。后因修复过程中次生的空气异味对常州外国语学校（以下简称"常外"）师生等周边敏感人群产生影响，修复工程全面停止，剩余5%的污染土壤未修复，地下水修复工程亦未开展。2016年初，案涉地块由商业开发转变用地性质为公共绿化用地。

常外事件发生后，国务院教育督导委员会派出专项督导组，环保部、江苏省人民政府联合成立环保调查组，国家卫计委和江苏省卫计委成立医疗卫生专家组，赴常州开展督导、调查和分析研究等工作。调查组认为常外校园环境安全，但案涉地块修复工作的施工和监管存在问题，要求常州市人民政府（以下简称"常州市政府"）抓紧制定并实施案涉地块污染防控和修复方案。

常州市政府编制了《常×（华×、×宇）公司原厂址地块污染场地应急处置方案》和《常×（华×、×宇）公司原厂址地块污染场地技术方案调整报告》，将原污染土壤异位-资源化+局部隔离的修复方案，调整为整体覆土封盖的修复方案。2016年2月15日，案涉地块污染场地土壤修复调整工程完成并通过验收。常州市政府要求新北区政府具体负责实施案涉地块防控修复工作。

2016年5月，江苏××环境科技股份有限公司编制了《常×（华×、×宇）公司原厂址地块污染场地防控技术方案》（以下简称《防控技术方案》）。按照长期场地污染防控的总体思路，以确保场地和周边敏感人群环境健康安全为前提条件，分三个阶段（2016—2020年、2021—2035年、2036年以后）细化目标和工作要求。

2016年8月，常州市环境监测中心编制了《常×（华×、×宇）公司原厂址地块环境监控实施方案》（以下简称《监控实施方案》），该方案确定了案涉地块内及周边环境空气、地表水、地下水、土壤气的五年环境监控计划。2016年9月26日，常州市环境监测中心主持召开了《监控实施方案》专家评审会，专家一致认为该方案内容翔实，总体合理可行。目前根据方案内容已经逐步开展环境空气、地表水、地下水、土壤气监测。现已完成地表水常规指标、特征指标以及生物指标的监测；完成环境空气中挥发性有机物（55种），对环芳烃（16种）的24小时连续监测；完成案涉地块及周边地下水与土壤气的采样检测分析，分析因子包括常规指标、特征指标、生物指标等，首次检测结果显示各项指标正常。

在《防控技术方案》基础上，2016年8月至9月，常州黑××建设投资有限公司（以下简称"黑××公司"）委托常州××农业机械有限公司开展了案涉地块喷淋系统的布设，该系统通过保持土壤湿度可以阻碍土壤中气体挥发。

2016年9月，为了更好地实施《防控技术方案》，黑××公司委托中科院南京土壤研究所编制《常×（华×、×宇）地块环境污染防控工程实施方案》，并承担补充调查、场地覆土性能评估、风险评估及地下水污染模拟和编制后续场地环境污染防控实施技术方案等相关工作。

2016年10月，根据实施方案需求，中科院南京土壤研究所编制了《常×（华×、×宇）公司原厂址地块环境污染防控工程-场地补充调查方案》，该方案于2016年10月16日通过专家评审。

2016年11月，逐步开展加密调查、野外测试、取样及检测工作，计划利用学校节假日期间完成场地调查工作。计划2017年9月完成场地补充调查野外作业及相关实验检测，完成场地调查报告、风险评估、地下水模型等技术报告编写。2017年10月出具防控工程实施方案，2017年底开始实施工程措施，第一阶段选用对场地扰动较少的地下水抽提处理技术和工程措施，通过抽水井将污染地下水抽提到地面进行处理，可以有效降低污染物总量。

一审法院认为：

一、本案诉讼标的具有公益性。

原常州市环境保护研究所受新北区政府委托于2011年所作的《常×（华×、×宇）公司原厂址地块场地环境调查技术报告》和《常×（华×、×宇）公司原厂址地块场地健康风险评估报告》显示，案涉地块土壤和地下水污染严重，环境风险不可接受，必须对污染场地实施修复。上述证据足以证明，长期化工生产经营对案涉地块的土壤、地下水造成了污染。由于土壤与地下水之间存在高度关联性，而地下水亦存在一定的流动性，因此，案涉地块化工生产排放的污染物并非仅仅损害了土地使用权人利益，而同时具有损害社会公共利益的风险，自然之友、绿发会的起诉具有公益性。

二、自然之友与绿发会关于请求常×公司、华×公司、×宇公司消除危险或赔偿环境修复费用、赔礼道歉的诉讼请求不能成立。

（一）案涉地块于 2009 年由新北国土储备中心协议收储并实际交付。常州市政府及新北区政府在本案诉讼开始前即对案涉地块实施应急处置，并正在组织开展相应的环境修复。常州市政府对相关环境空气、地表水、地下水、土壤气进行监测的结果表明，案涉地块土壤和地下水对外界环境的威胁已经得到初步控制。环境保护部《关于加强土壤污染防治工作的意见》第八项规定：造成污染的单位已经终止，或者由于历史等原因确实不能确定造成污染的单位或者个人的，被污染的土壤或者地下水，由有关人民政府依法负责修复和治理；该单位享有的土地使用权依法转让的，由土地使用权受让人负责修复和治理。有关当事人另有约定的，从其约定；但是不得免除当事人的污染防治责任。常州市政府实施的环境应急处置与修复行为符合上述规定的要求，也符合国务院《土壤污染防治行动计划》的规定。在常州市政府正在实施环境修复的过程中，常×公司、华×公司、×宇公司并无可能取代政府实施环境修复行为。

（二）案涉地块因承载化工产品生产而产生的环境污染始于 20 世纪七八十年代，土壤污染现状历经长期发展过程。案涉地块上的生产企业亦历经国有、集体企业产权制度改革，股权转让，中外合资等复杂变迁。在此期间，有关环境污染侵权责任法律法规逐步完善，企业环境保护法律责任逐步严格，防治污染的技术手段逐步发展。案涉地块环境污染系数十年来化工生产积累叠加造成，但自然之友与绿发会未提交可以清晰界定常×公司、华×公司、×宇公司与改制前各阶段生产企业各自应当承担的环境污染侵权责任范围、责任形式、责任份额以及责任金额的证据。

在案涉地块环境污染损害修复工作已由新北区政府依法组织开展，环境污染风险已得到有效控制，后续的环境污染监测、环境修复工作仍然正在实施的情况下，自然之友、绿发会提起本案公益诉讼维护社会公共利益的诉讼目的已在逐步实现。对自然之友、绿发会的诉讼请求，不予支持。自然之友、绿发会主张由常×公司、华×公司、×宇公司承担律师费、差旅费等相关费用，亦不予支持。

综上所述，一审法院依照《中华人民共和国民事诉讼法》第五十五条、第六十四条、第一百四十二条，《最高人民法院关于审理环境民事公益诉讼案件适用法律若干问题的解释》第一条之规定，判决驳回自然之友、绿发会的诉讼请求；案件受理费1 891 800元，由自然之友、绿发会共同负担。

本院审理期间：

上诉人围绕上诉请求提交了新证据，本院依照上诉人申请调取了部分证据，本院组织当事人进行了质证。

一、上诉人自然之友提交常州市环境保护局对常×公司在案涉地块环境违法行为作出的《行政处罚决定书》20份（2006年8月—2009年8月）；对常×公司其他生产区域作出的《行政处罚决定书》17份；常州市环境保护局新北分局2008年6月5日作出的《关于责令江苏华×化工有限公司限产的通知》、2015年5月26日、2017年10月30日对华×公司分别作出的《行政处罚决定书》2份。用以证明被上诉人常×公司、华×公司多次受到行政处罚，环境违法行为具有故意性。

被上诉人常×公司对于该组证据真实性无异议，但认为部分行政处罚发生于案涉地块被政府收储前，部分行政处罚不在案涉地块范围内。

上诉人华×公司对于该组证据真实性无异议，但认为是对案涉地块之外其他厂区生产行为的处罚，与本案没有关联性。

本院认为，上诉人自然之友提交的环保机关对常×公司在案涉地块环境违法行为作出的20份《行政处罚决定书》与本案具有关联性，本院对该证据予以确认。其余证据与本案不具备关联性，不予确认。

二、上诉人绿发会提交工商资料13份，用以证明被上诉人成立后，仅有内部体制的变化，没有发生主体的灭失。

三被上诉人对该组证据真实性、合法性没有异议，但认为土壤污染的修复责任属于遗漏责任，污染形成的债务应当由企业改制前的出卖人承担。

本院经审查对该组证据的真实性、合法性、关联性予以确认。

三、上诉人自然之友提交二审期间律师委托协议、差旅费等证据，用以证明二审律师费 304 167 元、差旅费 12 618 元。绿发会提交二审期间律师委托协议、差旅费及绿发会 5 名工作人员 3 个月的平均月工资、社保、公积金等证据，用以证明二审律师费 370 000 余元、差旅费 242 720.31 元。

三被上诉人质证认为对律师委托协议的真实性不持异议，但对差旅费、工资、社保等的真实性无法确认，绿发会工作人员社保、公积金开支与本案无关联性。

本院对两上诉人提交的律师代理协议及相关差旅费的真实性予以确认。上诉人绿发会提交的工作人员工资、社保、公积金等证据与本案没有关联性，对该证据不予确认。

四、自然之友、绿发会申请本院调取《常×（华×、×宇）公司地块一期开发区域土壤修复范围加密调查技术报告》《常×（华×、×宇）公司地块二期开发区域土壤修复范围加密调查技术报告》《常×（华×、×宇）公司原厂址地块固体废物填埋区污染土壤和地下水修复技术方案》，用以证明修复没有完成，相关修复评估中遗漏有关固体废物填埋的修复费用近 1000 万元，原审判决认定环境公益诉讼目的已经逐步实现没有依据。

被上诉人常×公司、×宇公司、华×公司对该组证据的真实性、合法性予以认可，但认为不能证明上诉人的证明目的。

本院经审查对该组证据的真实性、合法性、关联性予以确认。

二审期间，本院依职权从新北区政府调取了案涉地块规划变更及开发相关情况，案涉地块污染调查、评估、修复及监测情况等相关证据，均在本院于 2018 年 2 月 28 日召开的庭前会议中出示并向双方当事人提供了复印件，在 2018 年 12 月 18 日召开的庭前会议中听取了当事人意见，并就调查收集该证据的情况予以说明。

上诉人自然之友、绿发会对上述证据的真实性无异议；自然之友对合法性无异议，绿发会对部分证据的合法性无法确认。被上诉人常×公司、华×公司、×宇公司对上述证据的真实性、合法性无异议。

本院经审查对该组证据的真实性、合法性、关联性予以确认。

对于一审法院查明的案件事实，上诉人自然之友、绿发会除对案涉地块一期土壤修复中清除的 95% 土壤已被用于异位资源化利用提出异议外，对其余事实没有异议；被上诉人常×公司、×宇公司、华×公司没有异议。对双方当事人均无异议的事实，本院予以确认。

本院经审理查明：

一、案涉地块收储情况。

三被上诉人案涉地块原国有土地使用权证的土地用途为工业用地。2009—2010 年案涉地块被收储后，以新北国土储备中心为权利人办理了的国有土地使用权证，用途为商业、办公、住宅。

二、案涉地块污染情况。

案涉地块及周边区域主要由企业、居民区所包围，没有自然保护区和濒危动植物分布。案涉地块相关环境调查技术报告、健康风险评估报告等对三被上诉人原厂区进行了调查，查明了各自原厂区内土壤和地下超标污染物、重点污染物的区域、点位、种类、浓度和生物毒性的区域、级别；待修复污染土壤区域关注污染物种类、深度、面积、体积、土壤湿重等。案涉地块土壤、地下水污染与产品生产过程或事故状态时所产生的跑、冒、滴、漏以及物料存放、废水排放、废物废液管理不规范有密切关联。在三个厂区都发现有工业固体废物填埋，场地拆迁后三个厂区均有未处理完的生产废水遗留在厂区地面的坑里，且地面均遗存物料。特别是常×公司在搬迁过程中发生过废液倾倒导致局部土壤严重污染的情况。

常×公司于 2006 年 8 月—2009 年 8 月在案涉地块生产期间，先后 20 次因超标排污、未经环保部门审批同意进行相关项目生产、违法储存处置危险废物受到行政处罚。

三、案涉地块前期修复及应急处置情况。

2012 年 3 月 31 日，常州市环境保护局向常州市高新区（新北区）经营用地工作办公室作出《关于限期开展污染场地治理的通知》，要求尽快委托专业机构编制完成污染场地治理方案。受常州市新北区城市管理与建设局委托，黑××公司承担了案涉地块污染场地土壤和地下水修复工程建设项目。

2013 年 8 月，受黑××公司委托，常州市环境科学研究院编制了《常×（华×、×宇）公司地块污染场地土壤和地下水修复技术方案》，该技术方案基于保护人体健康目标，计算出住宅类用地土壤与地下水的修复目标值。

2013 年 9 月，经常州市政府批准，案涉区域规划调整为商业用地、商住混合用地、公园绿地。

2013 年 9 月 6 日，常州市新北区环境保护局对黑××公司报批的《常×（华×、×宇）公司原厂址地块污染场地土壤和地下水修复工程项目环境影响报告表（附大气、地下水专项分析）》等作出审批意见，从环境保护角度同意该项目经区经发局正式批复后开工建设。环评结果表明，虽然案涉地块周围原有的污染企业均已关闭或搬迁，污染物对该场地的土壤、地下水、大气、水体等环境的影响相对降低，但是若不进行治理，场地内的污染物会慢慢散发，对周边环境及居民健康造成风险，而且现有场地无法进行开发利用。项目的实施将最大程度消除现地块内的土壤和地下水的污染，利于场地的后期开发，更能改善周边居民的生活环境。

2013 年 9 月 12 日，常州市环境保护局向黑××公司作出《关于受理常×（华×、×宇）公司原厂址地块污染场地土壤和地下水修复技术方案备案的通知》，要求黑××公司根据修复技术方案要求，开展污染土壤和地下水修复工作，严把工程质量关。同时，针对污染区域的土壤进行挖掘时，采取必要的安全防护措施和风险防范措施。修复工程经该局验收合格后，方可进行场地开发。

2013 年 12 月，常州市环境科学研究院编制《常×（华×、×宇）公司地块一期开发区域土壤修复范围加密调查技术报告》。

2015 年 3 月，常州市环境科学研究院编制《常×（华×、×宇）公司地块二期开发区域土壤修复范围加密调查技术报告》。

2015 年 3 月，常州市环境科学研究院编制《常×（华×、×宇）公司地块污染场地土壤和地下水修复技术方案修编》。

2015 年 4 月，常州市环境科学研究院编制《常×（华×、×宇）公司原厂址地块固体废物填埋区污染土壤和地下水修复技术方案》，因位于案涉地块的 2 处固体废物填埋区（一处为详细调查时期发现，另一处为修复过程中发现）土壤污染物浓度较高，且气味较重，需要进行应急处置。根据该修复方案，土壤修复处置费用为 890 万元、固废处置费用估算为 40 万元~100 万元。

2014 年 3 月，修复工程一期正式实施，至 2015 年 12 月，一期工程中土方清挖完成率为 95%，地下水修复尚未开展。2015 年 7 月，修复工程二期部分工作启动，开始部分重点污染区域试挖施工。2015 年 12 月中旬，现场堆放约 3 万吨污染土壤受冬季北风影响，对周边的大气环境造成污染。2016 年 1 月，黑××公司委托常州市环境科学研究院编制《常×地块修复工程空气异味应急处置方案》，制定了堆存污染土壤隔离、场内集水池积水外运、基坑清洁土壤覆盖等应急措施。

2016 年 1 月，常州市环境科学研究院编制《常×（华×、×宇）公司原厂址地块污染场地土壤修复技术方案调整报告》，为避免因开挖施工造成的次生环境问题，结合场地使用性质的变更，修复方案调整为：土壤封盖（capping）隔离和生态修复、地下水原位修复及修复后长期监控。根据风险评估结论，绿化用地暴露场景下，在环境风险不可接受的污染区域覆盖一定厚度的粘土，可一定程度上控制污染土壤及地下水的环境风险，达到该区域作为绿化用地的环境要求。

2016 年 2 月，常州市环境科学研究院编制了《常×（华×、×宇）公司原厂址地块污染场地土壤修复调整工程验收技术方案》《常×（华×、×宇）公司原厂址地块污染场地土壤修复调整工程验收技术报告（备案稿）》，综合验收结果分析，案涉地块修复调整工程已经达到验收标准，达到作为公共绿地的标准。

四、后续防控修复情况。

2016 年 5 月，江苏××环境科技股份有限公司编制了《防控技术方案》，该方案指出：土壤污染修复（应急）工程完成后，为评估工程环境绩效，不同部门和单位委托第三方检测机构进行检测。常州市环境监测中心 2 月 3 日对场地内实施的土壤污染修复调整（应急）工程进行了验收监测。为进一步验证和评价覆土隔离空气污染途径的效果，2016 年 2 月 3 日，常州市环境科学研究院委托上海××品标检测技术有限公司进行检测。检测结果均表明：案涉地块和常外校区与其他参照点对比，大气环境中总体上检出污染物种类、检出的挥发性有机物总浓度、多环芳烃平均总浓度均相当，环境空气质量无明显差别。土壤污染修复调整（应急）工程达到了预期效果。案涉地块在完成覆盖隔离的调整（应急）工程措施后，目前可以确保场地和周边敏感人群环境健康安全。由于土壤修复调整（应急）工程并没有消除场地污染和地下水中的污染物，污染土壤中污染成分可能向地下水迁移，或形成土壤气逸出地表，地下水中的污染物也可能扩散。需要控制可能存在的潜在风险，实现确保场地和周边敏感人群环境健康安全的目标。

该报告场地污染防控的总体思路是分阶段有重点地实施检测、预警、应急和治理。以环境健康风险管理为主线，建立大气、土壤气和地下水污染的检测及预警体系；制定应急措施方案；制定降低场地污染总量的技术方案并启动切实可行的工程措施，有效地控制场地污染。按照长期场地污染防控的总体思路，分三个阶段细化目标和工作要求。第一阶段（2016—2020 年）：建立场地空气、土壤气、地下水、地表水环境长期检测体系，以及风险预警机制；根据可能出现的风险事故制定应急措施方案；制定降低场地污染物总量技术方案并实施施工工程措施。第二阶段（2021—2035 年）：在第一阶段实施工作的绩效评估基础上，调整技术方案和工程措施，进一步降低场地污染物总量，消除可能存在的土壤、地下水污染的潜在风险。第三阶段（2036 年—）：在第二阶段实施工作的绩效评估基础上，持续跟踪土壤与地下水污染物自然降解的过程，调整技术方案和工程措施，加快恢复场地内土壤及地下水的原有功能。

2016 年 5 月—2018 年 5 月，案涉地块智能灌溉系统、生态修复配套措施工程、绿化工程等相继竣工通过验收。

2016 年 12 月，常州市环境监测中心编制《常×（华×、×宇）公司原厂址地块 2016 年度环境质量评估报告》、2018 年 1 月，常州市人居环境监测防治中心编制《常×（华×、×宇）公司原厂址地块 2017 年度环境质量评估报告》，根据连续两年对相关区域空气、地表水、地下水、土壤气的跟踪监测结果表明，案涉地块和常外校区环境空气质量正常，案涉地块作为公共绿地，地块内及周边活动人群的健康风险完全可以接受。

五、相关诉讼费用情况。

2016 年 4 月 9 日，上诉人自然之友向一审法院送交《缓交诉讼费用申请书》，该格式文本打印的申请书上的两处"减交"字样均由自然之友当时的委托代理人（特别授权）王××涵用笔划去并在两处签署姓名、日期。绿发会未申请缓交、减交、免交诉讼费用。本案一审阶段，法院未予催交。自然之友、绿发会亦未交纳诉讼费用。本院二审阶段，上诉人自然之友、绿发会向本院提交书面申请，请求缓交、减交、免交诉讼费用。本院依法准予两上诉人缓交上诉费。

一审庭审中，绿发会委托代理人赵×（一般授权）三次提到按照 2013 年

8月土壤、地下水修复方案备案稿中 3.773 亿元~3.942 亿元酌定被告承担修复责任，其中最后陈述阶段明确请求法庭依法参照 2013 年 8 月的技术方案，判令被告赔偿 3.773 亿元~3.942 亿元之间的合理数额。

一审中，自然之友提出由三被上诉人负担律师费（含税）413 675.6 元、差旅费 21 539.1 元；绿发会提出由三被上诉人负担律师费 100 000 元，差旅费 8460 元。

六、相关案件情况。

自然之友、绿发会以黑××公司、江苏天马××建设集团有限公司在案涉地块土壤修复中，未落实建设密闭大棚及配套废气收集设备等环评要求导致大气污染、在 S122 省道沿线倾倒工程土方造成环境污染，严重损害社会公共利益为由提起环境民事公益诉讼，要求判令两公司承担修复或赔偿责任；在国家、江苏省、常州市级媒体赔礼道歉；承担自然之友、绿发会支出的调查检测、鉴定评估、律师费等费用。常州中院于 2016 年 11 月立案受理。

本院认为：

根据双方当事人的上诉请求和答辩意见，本案争议焦点是：一、被上诉人是否应当承担环境污染侵权责任；二、在政府已经组织实施环境污染风险管控和修复的情况下，是否应当由被上诉人承担环境污染风险管控和修复费用；三、被上诉人是否应当赔礼道歉。

一、关于被上诉人是否应当承担环境污染侵权责任问题。

（一）本案属于环境公益诉讼案件的受案范围。

《最高人民法院关于审理环境民事公益诉讼案件适用法律若干问题的解释》第十八条规定："对污染环境、破坏生态，已经损害社会公共利益或者具有损害社会公共利益重大风险的行为，原告可以请求被告承担停止侵害、排除妨碍、消除危险、恢复原状、赔偿损失、赔礼道歉等民事责任"。本案被上诉人常×公司、×宇公司、华×公司长期从事农药、化工生产，导致案涉地块土壤、地下水受到严重污染，对周边生态环境及人群健康造成重大风险。虽然新北区政府收储案涉地块后，组织实施了污染风险管控和修复，但截至上诉人自然之友、绿发会于 2016 年 5 月提起本案公益诉讼时，案涉地块污染风险管控、修复尚未全部完成，其中地下水的修复尚未开展。《防控技术方案》中也指出"由于土壤修复调整（应急）工程并没有消除场地污染和地下水中的污染物，污染土壤中污染成分可能向地下水迁移，或形成土壤气逸出地表，地下水中的污染物也可能扩散。需要控制可能存在的潜在风险，实现确保场地和周边敏感人群环境健康安全的目标"。因此，被上诉人认为本案不存在污染损害社会公共利益的情形，不属于环境公益诉讼受案范围的抗辩理由与事实相悖，本院不予支持。

（二）被上诉人应当承担环境污染侵权责任。

1. 污染者担责是法律确定的环境保护的基本原则。《中华人民共和国环境保护法》第五条明确将损害担责确定为环境保护的基本原则。《中华人民共和国侵权责任法》第六十五条规定："因污染环境造成损害的，污染者应当承担侵权责任。"被上诉人常×公司、×宇公司、华×公司实施了污染环境的行为，应当承担相应的侵权责任。

2. 被上诉人应对企业改制前的污染行为承担环境侵权责任。三被上诉人企业虽历经改制，但改制只是企业经营体制、股权结构、管理方式等发生变化，企业主体一直延续而未终止或灭失。三被上诉人应当对其企业改制前的污染损害行为承担环境侵权责任。被上诉人×宇公司提出的其成立后未在案涉地块实施化工生产，没有对案涉地块造成环境污染，因此不承担污染责任的抗辩，没有事实和法律依据，本院不予支持。

3. 政府收储不是法定的不承担侵权责任或减轻责任的情形。《中华人民共和国侵权责任法》第六十六条规定，因污染环境发生纠纷，污染者应当就法律规定的不承担责任或者减轻责任的情形承担举证责任。三被上诉人主张改制中未计入环境污染侵权责任所产生的债务，因此企业改制前生产经营行为产生的污染责任应当由企业出卖方相关地方政府承担，并非法律规定的不承担责任或者减轻责任的情形，本院不予支持。三被上诉人认为其原有的案涉地块国有土地使用权已被收储，土地使用权已经依法转让，相关侵权责任应当由土地受让人地方政府承担，亦非法律规定的不承担责任或者减轻责任的情形，本院不予支持。

4. 案涉地块存在其他污染责任单位不影响被上诉人对其自身污染行为承担环境侵权责任。被上诉人×宇公司、华×公司主张，其位于案涉地块的原厂区曾有与其不存在法律上承继关系的其他单位进行过化工生产，所造成的污染与其无关。《中华人民共和国侵权责任法》第十二条规定："二人以上分别实施侵权行为造成同一损害，能够确定责任大小的，各自承担相应的责任；难以确定责任大小的，平均承担赔偿责任。"根据相关调查、评估，三被上诉人各自原厂区内土壤和地下水超标污染物种类，重点污染物的区域、点位、种类、浓度和生物毒性的区域、级别等与三被上诉人公司在案涉地块厂区内各类产品生产区、辅助生产区、办公生活区、污水处理与仓储区等区域基本对应，可以印证案涉场地污染主要系三被上诉人从事农药、化工生产所致。因此，被上诉人×宇公司、华×公司应当就其生产经管行为对案涉场地造成的环境污染承担相应的侵权责任。

（三）本案起诉未超过诉讼时效。

根据《中华人民共和国环境保护法》第六十六条规定，提起环境损害赔偿诉讼的时效期间为三年，从当事人知道或者应当知道其受到损害时起计算。被上诉人认为在2011年5月相关环境调查技术报告形成之日，上诉人即应当知晓案涉地块环境损害的事实，但未提供证据证明该信息已经通过适当方式向社会公众公开并为社会公众所知悉。本案环境污染问题系修复过程中的异味对周边敏感人群产生影响，2016年初经媒体报道后而为社会公众所知。因此，上诉人于2016年5月提起本案诉讼，并未超过三年的诉讼时效。而且案涉地块环境污染一直处于持续状态，《最高人民法院关于审理环境侵权责任纠纷案件适用法律若干问题的解释》第十七条规定："被侵权人提起诉讼，请求污染者停止侵害、排除妨碍、消除危险的，不受环境保护法第六十六条规定的时效期间的限制。"因此，被上诉人主张本案已超过诉讼时效期间的观点不能成立。

二、关于被上诉人是否应当承担污染风险管控和修复责任问题。

虽然根据《最高人民法院关于审理环境民事公益诉讼案件适用法律若干问题的解释》第十八条规定，本案上诉人具有要求被上诉人承担案涉场地环境污染风险管控和修复责任的请求权，但在地方政府已经对案涉地块进行风险管控和修复的情况下，该项诉讼请求难以支持。

（一）地方政府组织实施污染风险管控、修复与污染者担责并无冲突。

组织实施污染风险管控和修复是污染者的法律义务而不是法律权利，不具有人身专属性和排他性，并不产生排除其他主体实施污染风险管控、修复以维护社会公共利益的效力。其他主体组织实施风险管控、修复既不等同于其在承担环境污染侵权责任，也不与污染者担责的归责原则相冲突。

工业污染场地尤其是化工、农药企业污染场地的环境治理修复难度大、周期长，需要较强的组织管理能力、专业技术能力以及高度的责任意识。地方政府组织实施风险防控和修复，在资金保障、资源调度、组织管理等各方面均有其优势。

（二）地方政府组织实施的风险管控、修复范围已经涵盖被上诉人的侵权责任范围。

环境污染侵权行为往往具有一个侵权行为同时侵犯不同主体多种权益的特点。案涉地块因长期化工、农药生产而受到污染，不仅损害了土地所有者、使用者的土地资源利用权利，而且以污染土壤、地下水为介质的污染物蒸发、迁移、流动等，将导致周边生态环境受损或处于危险状态，损害社会公共利益。符合条件的社会组织有权为了维护社会公共利益提起环境公益诉讼。新北区政府收储案涉地块后，根据不同时期的用地规划，先后以居住用地、绿化用地为标准制定了污染风险管控和修复方案，全面实施后可以保证与目前案涉地块规划用途相匹配的周边生态环境和公众健康安全。因此，新北区政府的修复方案已经涵盖了被上诉人应当承担的案涉场地污染风险防控和修复责任范围。

（三）风险管控、修复工作已经取得阶段性成效。

上诉人提起本案诉讼前，新北区政府已经组织开展了案涉地块污染情况调查评估、编制了污染土壤和地下水的修复方案、组织实施了相关修复工程。在修复过程中发生次生大气污染后及时采取了应急措施，调整了案涉地块用地规划和修复方案，完成了相应的工程施工并组织进行了验收。此后，编制了长期污染防控技术方案和实施方案并相应地开展了工作，编制了场地污染监控方案并采取了污染监控措施。相关调查报告、技术方案、实施方案、工程验收等均经过专家评审并获得通过。根据 2016 年底、2017 年底连续两年对案涉场地及周边区域空气、地表水、地下水、土壤气的跟踪监测表明，生态环境风险和人群健康安全已经具有一定程度的保障，地方政府组织实施的环境风险管控、修复已经取得明显效果。工业企业场地污染修复治理难度大、周期长，案涉地块属于多介质污染（土壤、地下水）以及多种化学品、重金属复合污染，对其进行风险管控、修复是一个长期过程，最终效果也需要长时间的检测和检验。上诉人要求消除污染对案涉地块及周边土壤、地下水生态环境影响的诉讼请求已经部分得以实现，并具有最终得到实现的高度可能性。

（四）上诉人提出的被上诉人承担地方政府支出的污染治理费用的诉讼请求不属于本案审理范围。

《最高人民法院关于审理环境民事公益诉讼案件适用法律若干问题的解释》第二十条第二款规定："人民法院可以在判决被告修复生态环境的同时，确定被告不履行修复义务时应承担的生态环境修复费用；也可以直接判决被告承担生态环境修复费用。"第二十四条规定："人民法院判决被告承担的生态环境修复费用、生态环境受到损害至恢复原状期间服务功能损失等款项，应当用于修复被损害的生态环境。"因此，环境公益诉讼的被告承担环境修复责任的方式有两种，即组织实施环境修复或承担修复费用。在污染者无力或不愿履行组织实施环境修复的情况下，法院可以判令由其出资交由第三方组织实施修复。但案外人新北区政府在本案诉讼前已经组织实施案涉地块的污染风险管控和修复。如果新北区政府认为相关费用应由被上诉人负担或分担，可以依法向被上诉人追偿。由三被上诉人负担新北区政府支出的修复费用的诉求超出了环境公益诉讼的请求范围。新北区政府并非本案当事人，法院无权主动介入界定其与被上诉人之间的权利义务关系。就本案而言，地方政府组织实施污染风险管控、修复行为与被上诉人是否应当担责之间没有法律上的利害关系。各方当事人出具的证据足以对本案的核心问题即三被上诉人是否应当担责，如何担责作出裁判，相关地方政府没有必要作为第三人参加诉讼。上诉人认为一审法院没有追加地方政府为第三人参加诉讼，诉讼程序不合法的主张没有事实和法律依据。

综上，被上诉人常×公司、×宇公司、华×公司实施了污染环境行为，损害了社会公共利益。上诉人自然之友、绿发会提出的由被上诉人承担环境污染侵权责任的诉求具有事实和法律依据，应当得到支持。但新北区政府已经有效组织实施案涉地块污染风险管控、修复，目前没有判令三被上诉人组织实施风险管控、修复的必要性。土壤污染损害后果具有累积性和隐蔽性，土壤污染风险管控、修复具有长期性、复杂性。鉴于案涉风险管控、修复工作尚未完成，修复效果存在一定的不确定性，污染行为对周边生态环境造成损害的风险依然存在，如果新北区政府组织实施的风险管控、修复未能完成，或完成后仍不足以消除污染对周边生态环境、公众健康的影响，符合条件的社会组织等适格主体依然可以另行提起环境民事公益诉讼，追究被上诉人的后续治理修复污染责任，维护社会公共利益。目前，因无法确定该后续治理所需费用的具体数额，本案尚不具备判决被上诉人承担生态环境修复费用的条件。

三、关于被上诉人是否应当赔礼道歉问题。

被上诉人辩称污染具有污染防治技术手段不足、法律法规要求不严等历史原因，不能为此承担赔礼道歉责任。虽然被上诉人在长期生产经营中造成的污染有其一定的历史原因和发展局限，难以要求被上诉人就整个历史阶段中全部污染行为承担赔礼道歉责任，但被上诉人常×公司于2006年8月—2009年8月期间受到行政处罚的环境违法行为和三被上诉人在案涉地块生产时发生的工业固废填埋行为、搬迁中对工业固废不当处置行为，明显违反了当时就已经生效的《中华人民共和国环境保护法》和《中华人民共和国固体废物污染环境防治法》等法律规定，过错明显。案涉地块环境污染已经导致社会公众对于自身健康的担忧和焦虑，对生活于优良生态环境的满足感、获得感的降低，造成了社会公众精神利益上的损失，被上诉人应当向社会公众赔礼道歉。

四、关于律师费、差旅费问题。

《最高人民法院关于审理环境民事公益诉讼案件适用法律若干问题的解释》第二十二条规定："原告请求被告承担检验、鉴定费用，合理的律师费以及为诉讼支出的其他合理费用的，人民法院可以依法予以支持。"综合考虑与本案直接关联的上诉人工作人员、诉讼委托代理人所办理的必要事项，以及案件的性质、办理难度、工作方式、交通距离、交通方式等，本院酌定由三被上诉人负担上诉人自然之友一审、二审律师费、差旅费共230 000元；负担上诉人绿发会一审、二审律师费、差旅费共230 000元。

五、关于案件受理费问题。

环境民事公益诉讼案件受理费应当适用国务院《诉讼费用交纳办法》的规定交纳，有财产诉求的根据诉讼请求的金额或者价额，按照一定比例分段累计交纳；非财产案件的受理费按件计收。本案上诉人提出的由被上诉人修复受损环境、赔礼道歉的诉求属于非财产诉求。上诉人提出的由被上诉人承担修复费用的诉求因无法确定后续治理所需费用，不能作为案件受理费的计算依据。且上诉人优先诉求是由被上诉人修复受损环境，承担修复费用系优先诉求不能实现时的备位诉求，应当按照优先诉求确定案件受理费。因此，本案按照非财产案件计算案件受理费。

综上所述，上诉人自然之友、绿发会的上诉请求部分成立。原审判决认定事实基本清楚，审判程序合法，但适用法律存在错误。依照《中华人民共和国环境保护法》第六十四条，《中华人民共和国侵权责任法》第六十五条，《最高人民法院关于审理环境民事公益诉讼案件适用法律若干问题的解释》第十八条、第二十二条，《中华人民共和国民事诉讼法》第一百七十条第一款第二项之规定，判决如下：

一、撤销江苏省常州市中级人民法院（2016）苏04民初214号民事判决。

二、江苏常×化工有限公司、常州市×宇化工有限公司、江苏华×化工集团有限公司在本判决生效后十五日内，在国家级媒体上就其污染行为向社会公众赔礼道歉。

三、江苏常×化工有限公司、常州市×宇化工有限公司、江苏华×化工集团有限公司在本判决生效之日起十日内，共同向北京市朝阳区自然之友环境研究所支付本案律师费、差旅费230 000元，向中国生物多样性保护与绿色发展基金会支付本案律师费、差旅费230 000元。

四、驳回北京市朝阳区自然之友环境研究所、中国生物多样性保护与绿色发展基金会的其他诉讼请求。

如江苏常×化工有限公司、常州市×宇化工有限公司、江苏华×化工集团有限公司未按本判决指定的期间履行给付义务，应当按照《中华人民共和国民事诉讼法》第二百五十三条之规定，加倍支付迟延履行期间的债务利息。

一审案件受理费100元、二审案件受理费100元，由江苏常×化工有限公司、常州市×宇化工有限公司、江苏华×化工集团有限公司负担。

本判决为终审判决。

审判长　　陈　×

审判员　　臧　×

审判员　　赵　×

二〇一八年十二月二十六日

书记员　　钱×培

书记员　　任×悦

最高人民法院
应诉通知书

(2019) 最高法民申 1168 号

中国政法大学环境资源法研究和服务中心、苏州工业园区绿色江南公众环境关注中心：

中国生物多样性保护与绿色发展基金会因与常州市×宇化工有限公司、江苏常×化工有限公司、江苏华×化工集团有限公司、原审原告北京市朝阳区自然之友环境研究所及你单位环境污染责任纠纷一案，不服江苏省高级人民法院于 2018 年 12 月 26 日作出的（2017）苏民终 232 号民事判决，向本院申请再审，本院已立案审查。现依法向你发送再审申请书副本。你应当自收到再审申请书副本之日起十五日内提交书面意见、营业执照副本复印件、组织机构代码证复印件法定代表人或者主要负责身份证明书（单位当事人）、授权委托书和代理人身份证明（写明授权范围，联系电话。若为律师代理，还需提交律师事务所函及律师执业证复印件；若为基层法律服务工作者代理，还需提交基层法律服务工作者执业证复印件、基层法律服务所出具的介绍信及当事人一方位于其辖区内的证明材料；若为公民代理，还需提交身份证复印件等符合《最高人民法院关于适用〈中华人民共和国民事诉讼法〉的解释》第八十八条规定的材料）、证据材料。不提交的，不影响本院审查。

如向本院提交或补充材料，应列明材料清单，一并通过邮局邮寄给北京市东城区东交民巷 27 号最高人民法院环境资源庭吴×，联系电话：010-××××××××；邮编：××××××。

特此通知。

附：再审申请书副本一份

中华人民共和国最高人民法院（印）
二〇一九年二月二十二日

民事再审申请书

再审申请人（一审原告、二审上诉人）：中国生物多样性保护与绿色发展基金会。住所地：北京市海淀区板井路世纪金源国际公寓×单元××。

法定代表人：胡×平，职务：该基金会理事长。

委托诉讼代理人：曾×斌，湖北瀛楚律师事务所律师。

委托诉讼代理人：绳×辉，北京德和衡律师事务所律师。

被申请人（一审被告、二审被上诉人）：江苏常×化工有限公司。住所地：江苏省常州市新北区长江北路1229号。

法定代表人：叶×文，职务：该公司总经理。

被申请人（一审被告、二审被上诉人）：常州市×宇化工有限公司。住所地：江苏省常州市新北区通江中路600号××幢×××-×××室。

法定代表人：周×剑，职务：该公司董事长。

被申请人（一审被告、二审被上诉人）：江苏华×化工集团有限公司。住所地：江苏省常州市新北区港区北路8号。

法定代表人：樊×良，职务：该公司董事长。

一审原告、二审上诉人：北京市朝阳区自然之友环境研究所。住所地：北京市朝阳区裕民路12号。

法定代表人：张×驹，职务：该所所长。

原支持起诉单位：中国政法大学环境资源法研究和服务中心。住所地：北京市海淀区学院南路38号智慧大厦××××。

主要负责人：王灿发，职务：该中心主任。

原支持起诉单位：苏州工业园区绿色江南公众环境关注中心。住所地：江苏省苏州市工业园区顺达广场×幢×××室。

法定代表人：方×君，职务：该中心主任。

再审申请人中国生物多样性保护与绿色发展基金会（以下简称"绿发会"）因与被申请人江苏常×化工有限公司（以下简称"常×公司"）、常州市×宇化工有限公司（以下简称"×宇公司"）、江苏华×化工集团有限公司（以下简称"华×公司"）环境民事公诉讼一案（以下简称"该案"），不服江苏省高级人民法院（2017）苏民终 232 号民事判决（以下简称"原二审判决"），特向最高人民法院申请再审。

再审请求：

1. 维持原二审判决第一项、第二项。

2. 撤销原二审判决第四项，判令三被申请人承担案涉地块相关生态环境修复费用，即，因实施或者组织实施土壤污染状况调查和土壤污染风险评估、风险管控、修复、风险管控效果评估、修复效果评估、后期管理等活动所支出的费用（具体数以环境损害鉴定评估为准）。

3. 撤销原二审判决第三项，改判由三被申请人参照《北京市律师诉讼代理服务收费政府指导标准》（2016 年 5 月 4 日）之规定，承担申请人在一审、二审两个阶段聘请的代理律师费用；并由被申请人承担申请人实际支出的其他所有案件成本费用。

4. 撤销原二审判决中关于案件受理费的负担，改判由三被申请人承担原一审、二审各 189 万元的案件受理费。

5. 判令三被申请人承担案件再审阶段的司法鉴定评估等费用，以及申请人在再审阶段聘请的律师代理费用和其他案件支出费用。

事实及理由：

该案历时两年半，经江苏省常州市中级人民法院、江苏省高级人民法院两级人民法院审理，是社会各界广泛关注和媒体热议的"常州毒地案"。

再审申请人认为，原二审判决认定的基本事实缺乏证据证明，未查明涉案地块及周边区域土壤和地下水的生态环境损害情况，对确定修复费用具体数额的事实证据的调查收集申请置之不理，断案逻辑错乱，适用法律错误，判决结果存在严重错误，依法应予再审。具体理由和事实如下：

一、原二审判决认定基本事实缺乏证据证明。

（一）常州市新北区土地收储中心对毒地的收储行为，包括收储时对于毒地的污染评估和价值评估，对污染毒地治理责任，以及不同被申请人的具体情况，还有与毒地使用相关的规划变更情况等，这些基本事实缺乏证据证明。

虽然无论是事实上还是法律上，该毒地使用权都已经从被申请人转移至新北区土地收储中心（新北区土地收储中心与政府并不完全等同），那么，在收储毒地前，对于该毒地的污染状况和土地价值是如何评价和认识的？更为重要的是，收储协议对于双方的权利义务是如何确定的？新北区土地收储中心是否有关于对毒地污染治理修复责任的明示接受？

根据一审判决书和二审判决书，甚至在一审判决书中，专门列示了环境保护部环发〔2008〕48号文《关于加强土壤污染防治工作的意见》，该意见针对污染土地使用权转移后的污染承担等问题进行了专门规制，被申请人也直接以收储协议中约定有"地下责任"作为其二审的抗辩理由，这些都涉及该毒地收储行为等事实，很显然是本案的基本事实。

（二）根据一审和二审判决书中的记载，地方政府对于毒地开展的历次环境风险检测评估等风险管控、修复等技术方案，一直是作为应急处置手段在进行，始终没有导入对毒地的常规治理处置中。

审判决书在第22页"后续防控修复情况"中，很清楚地记载土壤污染修复（应急）工程，"案涉地块在完成覆盖隔离的调整（应急）工程措施后……"，"由于土壤修复（应急）工程并没有消除场地污染和地下水中的污染物……"，等等，所以要求"分阶段有重点地实施检测、预警、应急和治理"，"分三个阶段细化目标和工作要求，第一阶段2016—2020年，第二阶段2021—2035年，第三阶段2036年—"。

目前的这些技术手段均是基于应急处置措施，并没有采取应有的常规处置措施。或者说，本案没有就土地的常规性污染治理修复这个基本事实查明。所以出现了二审判决书中说的"污染行为对周边生态环境造成损害的风险依然存在"。其实，法律上风险犹存（不是技术上的风险）的原因，在于二审法院未依据诉讼程序，从法律上对该基本事实予以查明，而不应简单归责于科学不确定性；如果说有科学上的不确定性，法院也应对法律事实予以查明，但本案却根本没有查明。

（三）申请人的诉讼请求之一是三被申请人消除其原厂址污染物对原厂址及周边区域土壤、地下水等环境的影响，将原厂址恢复原状。原二审判决谈到最多的是修复方案和土壤的修复，但根本看不到有关地下水修复已经实施或得到有效治理的表述，何来证据佐证？更谈不上使得申请人的诉讼请求的部分实现的可能。

（四）本案的风险管控修复等费用，缺乏证据证明。

申请人在诉讼请求中的表述，包含修复费用承担，一审判决书也在案件受理费的承担部分，依据申请人提出的修复费用的承担请求，计算案件受理费，申请人并且对此提出了上诉。但通观整个二审判决书，却始终没有关于风险管控修复等费用的基本事实，更没有证据予以证明。已经支出的费用没有查明，更别说对后续的修复费用通过委托鉴定的方式查明了，甚至在二审判决书中以"无法确定该后续治理所需的具体数额"为由，作为拒绝查明该基本事实的借口。根据诉讼法理，这种"无法确定说"很显然只是于行使司法权的低级托词。

二、原二审判决适用法律存在多处错误，特别是以政府治理修复为由、曲解"损害担责"基本环境法原则和规定，与 2019 年 1 月 1 日生效的土壤污染防治法直接冲突，是导致判决错误的根本原因。

需要特别指出，原二审判决的核心观点在二审判决书第 30~32 页，其中没有说理，既未列出裁判的法律依据，也未给出裁判的理由，判决结论与现行法律法规及司法解释直接冲突。

（一）原二审判决三被申请人承担环境侵权责任，却让政府承担费用，逻辑错乱，明显违背环境保护法"损害担责"的立法原意和法律规定。

现行的环境保护法第五条规定了"损害担责"原则。对担责的具体方式，《最高人民法院关于审理环境侵权责任纠纷案件适用法律若干问题的解释》《最高人民法院关于审理环境民事公益诉讼案件适用法律若干问题的解释》作出了规定，明确了法院判定侵权责任承担方式应考虑的因素既包括被侵权人的诉讼请求，也充分考虑污染者行为的违法性程度，以及环境保护与经济发展的关系等多种因素的衡平。损害担责的立法本意是让污染者付出代价，而不是原二审判决的"形式上担责，实质上免责"。

（二）《最高人民法院关于审理环境民事公益诉讼案件适用法律若干问题的解释》第十九条至第二十四条对原告的诉讼请求作出规定，更是明确了环境修复费用的具体内容，原二审判决认定申请人诉讼请求超出环境民事公益诉讼请求范围，缺乏法律依据。

（三）原二审判决明显与判决后四天即生效的《中华人民共和国土壤污染防治法》第四十六条相抵触，有故意规避该法之嫌。

原二审判决是在 2018 年 12 月 26 日作出的，《中华人民共和国土壤污染防治法》自 2019 年 1 月 1 日施行。这部法律继承了我国在此之前关于土壤污染法律责任的一系列规定，特别是在"损害担责"方面没有改变，是与之前的法律法规规章一脉相承的。它虽然不能够直接适用于本案，但是，应该作为本案土壤污染责任认定的法理依据予以遵守。

既然原二审判决已经认定"被告应当承担环境污染侵权责任"，那就说明已经认定了本案的"土壤污染责任人为原土地使用权人"，本案"土地使用权已经被地方人民政府收回，土壤污染责任人为原土地使用权人的，由地方人民政府组织实施土壤污染风险管控和修复（《中华人民共和国土壤污染防治法》第六十八条）"，"因实施或者组织实施土壤污染状况调查和土壤污染风险评估、风险管控、修复、风险管控效果评估、修复效果评估、后期管理等活动所支出的费用，由土壤污染责任人承担（《中华人民共和国土壤污染防治法》第四十六条）"。

（四）即使按照原一审判决适用的环境保护部《关于加强土壤污染防治工作的意见》，原二审判决也是错误的。

这个依据是一审判决的法律依据，只是一审判决书对法条理解错误。二审判决书却根本没有法律依据。

环境保护部《关于加强土壤污染防治工作的意见》第八项规定："造成污染的单位已经终止，或者由于历史等原因确实不能确定造成污染的单位或者个人的，被污染的土壤或者地下水，由有关人民政府依法负责修复和治理；该单位享有的土地使用权依法转让的，由土地使用权受让人负责修复和治理。有关当事人另有约定的，从其约定；但是不得免除当事人的污染防治责任。"

在本案被申请人等污染企业存在且已明确的情况下，地方政府不是负责修复和治理的"当事人"，何况判决书前面已经认定了"被告应当承担环境污染侵权责任"。

（五）原判决未将当地政府部门列入第三人，遗漏了必须参加诉讼的当事人，无法查明相关事实，违反法律适用规则。

法律设定第三人参加诉讼的主要目的是查明事实、简化诉讼程序，解决当事人之间的纠纷，维护当事人的合法权益。本案中，政府为修复案涉地块投入大量的人力物力，其支出财政资金的实际情况是查明修复案涉地块已经发生和即将发生的费用事实的关键。申请人在上诉时和在二审中均明确提出追加政府为第三人参加诉讼的请求，但两级法院均未通知政府参加诉讼，这是造成本案始终没有查明案件基本事实的一个主因。

（六）原判决以长期场地污染防控的总体思路替代环境修复的事实认定缺少法律依据，是荒谬的。

环境修复是指生态环境损害发生后，为防止污染物扩散迁移、降低环境中污染物程度，将环境污染导致的人体健康风险和生态风险降至可接受风险水平而开展的必要的、合理的行动或措施，而不是仅仅指思路、规划、承诺。

申请人要求法院判令被申请人对被污染的案涉场地恢复原状等诉讼请求具体、明确，而不是要求被申请人按照原判决引用的"总体思路"作出承诺。

（七）对申请人律师代理费和案件其他成本的判决违反司法解释规定，错误引导社会价值取向，危害环境公益诉讼制度。

为鼓励社会组织提起环境公益诉讼，《最高人民法院关于审理环境民事公益诉讼案件适用法律若干问题的解释》第二十二条明确规定，申请人"合理的律师费"应由污染责任人支付。

那么如何理解"合理性标准"？申请人认为，与环境公益诉讼被告的律师代理费用相当，才算是合理的。与被告的律师代理费相当的意思，就是原被告双方的律师，按照同一个标准同一个习惯进行取费。舍弃这个比照的合理性，单独由裁判法官仅凭个人品行认知和偏好，来决定申请人的律师代理费用，既无法律依据，也显失公平，还会留下职业报复的漏洞，所以二审判决书对于申请人律师费的判决，明显不合理。

道理很简单，你想鼓励支持环保组织提起公益诉讼，就得同意环保组织能够像被告污染者一样，花同样的律师费，请到同级别的专业律师；你不能用低于被告律师费的做法，达到限制申请人聘请专业律师的客观结果。否则，对于环境公益诉讼，就是假支持真反对。

因此，"合理"的律师费，最低标准应该就是律师行业收费标准。没有比国家、政府颁布的收费标准更合理的了。不支持公益诉讼原告代理律师按照标准收费，是违反法律的做法，应予彻底纠正：公益诉讼原告代理律师的律师费用至少不应该比被告的律师代理费用低，这就是合理律师费的应有内涵。

如果以公益为由，不支持原告律师按照标准收取代理费，是对律师的道德绑架；不支持公益诉讼原告代理律师按照标准收费，客观上减轻了污染者的污染成本，是为污染者的利益考量的结果；不支持公益诉讼原告代理律按照标准收费，客观上是打击律师从事公益诉讼的积极性，进而打击公益诉讼原告的积极性，是在以法律之名行打击公益诉讼之实；不支持公益诉讼原告代理律师按照标准收费，对社会价值导向起到了非常坏的影响，是把社会价值观引向混乱的推手；不支持公益诉讼原告代理律师按照标准收费，是违反国际上已经成熟的、经过实践检验的做法，是逆潮流之举。

公益诉讼原告进行诉讼的成本依法应予全部支持，这是法律的明确规定，本案原审判决在这个方面的错误太过明显，是对环保社会组织开展公益诉讼抱有偏见的突出表现。

三、原一审、二审法院对申请人因客观原因不能自行收集审理案件的主要证据，书面申请人民法院鉴定、收集，法院未予同意是严重错误。

申请人在提起诉讼时就向法院递交了《环境损害鉴定评估申请》，目的在于查明案涉地块生态环境损害的空间范围、损害类型、损害程度、生态环境修复费用的具体数额等，也就是因实施或者组织实施土壤污染状况调查和土壤污染风险评估、风险管控、修复、风险管控效果评估、修复效果评估、后期管理等活动所支出的费用。

这些是本案审理所需的主要证据，它是申请人因客观原因不能自行收集、向法院申请调查收集的类型。它与申请人的诉讼请求紧密相关，但原审两级法院均始终未予调查收集，也未委托专业部门给予鉴定。

四、原二审判决遗漏诉讼请求，没有对地下水的污染状况、法律责任等进行审理。

原二审判决在判决书第28页，关于被申请人是否应当承担污染风险管控和修复责任问题，都是有关土壤污染的，根本没有顾及地下水污染的问题和责任。

本案从环境检测调查评估所显示的结论看，地下水与表层土壤一样，同样遭到了严重的污染危害。

申请人在起诉书和上诉状中，均清晰表述为"土壤及地下水等"，而二审判决书将此不同的环境要素的损害，含糊其词，冶于一炉，这既是基本事实缺乏证据证明，也是明显地遗漏了对地下水污染诉讼请求有关问题的审理。

基于以上理由，申请人认为原二审判决确有错误。为维护社会环境公共利益，维护法律的严肃性和尊严，根据《中华人民共和国民事诉讼法》第二百条第一款第二、五、六、十一项、《最高人民法院关于适用〈中华人民共和国民事诉讼法〉的解释》第三百九十条、《最高人民法院关于民事审判监督程序严格依法适用指令再审和发回重审若干问题的规定》第五条，以及其他相关法律规定，请求最高人民法院对本案依法进行再审。

　　此致

最高人民法院

申请人：中国生物多样性保护与绿色发展基金会

2019 年 1 月 22 日

中华人民共和国最高人民法院
民事裁定书

（2019）最高法民申 1168 号

　　再审申请人（一审原告、二审上诉人）：中国生物多样性保护与绿色发展基金会。住所地：北京市东城区永定门外西革新里 98 号。

　　法定代表人：谢×阳，职务：该基金会理事长。

　　委托诉讼代理人：曾×斌，湖北环源律师事务所律师。

　　委托诉讼代理人：绳×辉，北京德和衡律师事务所律师。

　　被申请人（一审被告、二审被上诉人）：江苏常×化工有限公司。住所地：江苏省常州市新北区长江北路 1229 号。

　　法定代表人：叶×文，职务：该公司总经理。

　　委托诉讼代理人：周×东，江苏东晟律师事务所律师。

　　委托诉讼代理人：聂×华，江苏东晟律师事务所律师。

　　被申请人（一审被告、二审被上诉人）：常州市×宇化工有限公司。住所地：江苏省常州市新北区通江中路 600 号××幢×××-×××室。

　　法定代表人：周×剑，职务：该公司董事长。

　　委托诉讼代理人：周×，江苏博爱星律师事务所律师。

　　委托诉讼代理人：谢×，江苏博爱星（江阴）律师事务所律师。

　　被申请人（一审被告、二审被上诉人）：江苏华×化工集团有限公司。住所地：江苏省常州市新北区港区北路 8 号。

法定代表人：恽×顺，职务：该公司董事长。

委托诉讼代理人：成×，江苏博爱星（南京）律师事务所律师。

一审原告、二审上诉人：北京市朝阳区自然之友环境研究所。住所地：北京市朝阳区裕民路 12 号。

法定代表人：张×驹，职务：该所所长。

原支持起诉单位：中国政法大学环境资源法研究和服务中心。住所地：北京市海淀区。

主要负责人：王灿发，职务：该中心主任。

原支持起诉单位：苏州工业园区绿色江南公众环境关注中心。住所地：江苏省苏州市。

法定代表人：方×君，职务：该中心主任。

再审申请人中国生物多样性保护与绿色发展基金会因与被申请人江苏常×化工有限公司、常州市×宇化工有限公司、江苏华×化工集团有限公司，一审原告、二审上诉人北京市朝阳区自然之友环境研究所环境民事公益诉讼一案，不服江苏省高级人民法院（2017）苏民终 232 号民事判决，向本院申请再审。本院依法组成合议庭进行了审查，现已审查终结。

本院认为，中国生物多样性保护与绿色发展基金会的再审申请符合《中华人民共和国民事诉讼法》第二百条第六项规定的情形。依照《中华人民共和国民事诉讼法》第二百零四条、第二百零六条，《最高人民法院关于适用〈中华人民共和国民事诉讼法〉的解释》第三百九十五条第一款规定，裁定如下：

一、本案由本院提审。

二、再审期间，不中止原判决的执行。

审判长　　王×光

审判员　　王×飞

审判员　　李　×

二〇二〇年三月十九日

法官助理　吴×敏

书记员　　齐　×

北京市某小区公益诉讼案

一、诉讼主体

原告：北京市朝阳区自然之友环境研究所

支持起诉单位：中国政法大学环境资源法研究和服务中心（又称"污染受害者法律帮助中心"，简称"CLAPV"或者"中心"）、北京环鸣律师事务所

被告：北京××芳园房地产开发有限公司、北京××物业管理有限公司

案由：固体废物污染责任纠纷环境民事公益诉讼

二、诉讼程序

受理：2015 年 7 月 23 日

案号：（2015）四中民初字第 233 号

一审：北京市第四中级人民法院

结案：2018 年 10 月 24 日

三、诉讼请求

北京市昌平区东小口镇的××芳园小区，有一个总面积 100 多亩的人工湖，这里生活着鸟类、刺猬、青蛙等野生动物，生长着多个种类的植物群落，5 米深的湖底芦苇摇曳，湖滨柳树成荫，野鸭出没栖息，人与自然和谐相处。这片湿地是小区及周边地区的天然"绿肺"，生态服务功能丰富，不仅景色宜

人，适合休闲观光，还能涵养水源、净化水质、调节小气候、维护生物多样性。自 2014 年 10 月起，二被告开始向北京市昌平区××芳园小区人工湖区填埋开槽土，破坏了当地生态系统，为保护××芳园小区原有湖泊湿地，制止违法处置建筑垃圾，维护公共环境利益，原告向北京市第四中级人民法院提起环境民事公益诉讼，提出如下诉讼请求：

1. 判令二被告停止侵害，立即停止在涉案湖泊区域的施工作业，不得继续倾倒渣土等固体废物，不得继续破坏原有生态。

2. 判令二被告承担生态环境修复费用共计 950 万元，用于恢复当地植被以及修复生态服务功能。

3. 判令二被告赔偿自涉案湖泊区域植物群落、湿地生态受到损害至恢复原状态期间的服务功能损失费，用于北京市昌平区湿地保护等公益事业。

4. 判令二被告承担本案全部诉讼费用以及原告为诉讼支付的调查取证费、评估费、专家费、律师费等费用。

原告于本案开庭前将第二项诉讼请求变更为判令二被告恢复湿地原状，将所破坏湿地的生态环境修复到损害发生之前的状态和功能。

四、案件结果

本案历经三年多的审理，经过多次法庭谈话、鉴定评估、证据交换、开庭审理、公开宣判等程序，二被告在填湖后实施了种植绿化等改造行为，法院认可涉案湖区在改造完成时是符合生态系统服务价值要求的，认为原告主张的环境权益已经得到了有效保护，为坚持保护优先、预防为主、综合治理的环境保护原则，维护改造后的生态环境系统，基于环境民事公益诉讼的实现社会公共利益的特点，为充分保护湖区生态环境，实现当事人诉讼请求的公益目的，一审法院北京市第四中级人民法院作出判决如下：

一、确认被告北京××芳园房地产开发有限公司、北京××物业管理有限公司对位于北京市昌平区东小口镇××芳园小区内人工湖实施的改造绿化行为，并对上述经改造绿化的环境负有维护义务，不得在该区域内实施破坏生态、污染环境的行为。

二、驳回原告北京市朝阳区自然之友环境研究所的其他诉讼请求。

三、鉴定费 254 660 元，由原告北京市朝阳区自然之友环境研究所负担，已交纳 125 000 元，对于尚未交纳的 129 660 元，于本判决生效之日起十五日内向本院交纳。

如果未按本判决指定的期间履行给付金钱义务，应当按照《中华人民共和国民事诉讼法》第二百五十三条规定，加倍支付迟延履行期间的债务利息。

案件受理费 70 元，由原告北京市朝阳区自然之友环境研究所负担，于本判决生效之日起七日内向本院交纳。

五、支持工作

本案中，中国政法大学环境资源法研究和服务中心、北京环鸣律师事务所两家单位作为支持单位，参加案件支持工作，为案件的审理和原告依法提供了支持起诉工作。

2017 年 6 月 6 日，北京市第四中级人民法院官网，发布作者马军的《北京四中院四项举措推动环境民事公益诉讼审判工作》文章中，对于第二项举措内容写道"二是建立完善保障公众参与机制。为方便社会公众积极参与和社会组织支持诉讼，北京四中院充分发挥社会组织支持诉讼优势，让包括环境保护组织、检察机关、企业事业单位等社会组织充分发挥支持作用，实践中有政法大学环境资源法研究所和律师事务所作为支持诉讼人参与到支持环境公益诉讼中，有效地实现了支持环境公益诉讼的目的"，体现了法院对支持起诉工作给予的肯定和鼓励态度。

中国政法大学环境资源法研究和服务中心作为本案支持起诉单位，为本案提供法律咨询、提交书面支持意见、委托代理人出庭支持起诉、协助调查取证等支持起诉工作，增强原告诉讼能力。

六、诉讼影响

本案为北京地区第一例环境民事公益诉讼案件，系北京市首例由公益组织提起的环境民事公益诉讼案件，系适用 2014 年修订的《中华人民共和国环境保护法》《最高人民法院关于审理环境民事公益诉讼案件适用法律若干问题的解释》受理的第一例环境民事公益诉讼案件，系由中国案例研究法学会、中国政法大学诉讼法学研究院、法治周末报社主办，中国公益诉讼网、清华大学案例法研究中心、中央财经大学法律援助中心协办的"2016 年中国十大公益诉讼"之一。

北京市第四中级人民法院作为全国首批跨行政区划法院，集中管辖审理北京市涉环境资源民事公益诉讼案件，本案作为北京地区第一例环境民事公益诉讼案件，在推动环境公益诉讼司法实践方面起到积极作用。

七、诉讼文书

环境民事公益诉讼起诉状

原告：北京市朝阳区自然之友环境研究所（简称"自然之友"）。住所地：北京市朝阳区裕民路 12 号×号楼×层××××，邮政编码：××××××。

法定代表人：张×赫。

被告一：北京××芳园房地产开发有限公司。住所地：北京市昌平区东小口镇××芳园小区。

法定代表人：卢×启。

被告二：北京××物业管理有限公司。住所地：北京市昌平区北七家镇东沙各庄村 105 号。

法定代表人：李×。

案由：固体废物污染责任纠纷。

诉讼请求:

1. 判令二被告停止侵害,立即停止在北京市昌平区××芳园小区湖泊区域的施工作业,不得继续倾倒渣土等固体废物,不得继续破坏原有生态。

2. 判令二被告承担生态环境修复费用,包括制定、实施修复方案的费用和监测、监管等费用,共950万元,用于原地恢复当地植被以及修复生态服务功能。

3. 判令二被告赔偿期间损失,即赔偿涉案湖泊区域植物群落、湿地生态受到损害至恢复原状期间服务功能损失费,用于北京市昌平区湿地保护等公益事业。

4. 判令二被告承担本案全部诉讼费用以及原告为诉讼支付的调查取证费、评估费、专家费、律师费等费用。

事实和理由:

位于北京市昌平区东小口镇的××芳园小区,有一个总面积约200亩的湖泊湿地。这里生活着鸟类、刺猬、青蛙等野生动物,生长着多个种类的植物群落。5米深的湖底芦苇摇曳,湖滨柳树成荫,野鸭出没栖息,人与自然和谐相处。这片湿地是小区及周边地区的天然"绿肺",生态服务功能丰富,不仅景色宜人,适合休闲观光,还能涵养水源、净化水质、调节小气候、维护生物多样性。

此外,××芳园小区所处地势比周边区域低洼,且无雨水外排系统,小区内的湿地承担着雨水蓄积和排出的作用,对防洪排涝起着十分重要的作用;一旦湖面被填、排水不畅,在天降暴雨之际,将威胁周边众多居民的生命财产安全。

自2014年10月起,××芳园小区的约200亩原有湖泊区域,开始陷入灭顶之灾。被告一北京××芳园房地产开发有限公司、被告二北京××物业管理有限公司,不顾居民群众的反对,在没有办理许可手续的情况下,非法组织施工作业,将来路不明的建筑垃圾和建筑开槽土等倾倒入湖,大肆填埋湖泊区域,严重破坏了植被、湿地等生态系统。至今,倾倒建筑垃圾等填湖行为仍在进行,原有湖泊区域四分之三以上被渣土填满,连接社区东西两岸的桥梁随之拆除，正常生长的植物群落遭到毁坏，原来的良好生态环境消失殆尽。

经小区业主多次向政府反映、举报，北京市昌平区城市管理综合行政执法监察局调查认定：2014 年 10 月 21 日，北京××芳园房地产开发有限公司张贴《通知》，声称该公司决定将小区湖面进行平整绿化。10 月 22 日，该公司雇佣车队开始进行填埋作业，回填土大多是工地渣土。被告一按照 200 元/车的价格收取相关渣土，但不具备渣土消纳许可证。10 月 25 日，城管执法人员向被告一送达《责令改正通知书》。

《中华人民共和国土地管理法》严禁任何人未经批准非法占用土地。现行《中华人民共和国环境保护法》第二条，将湿地列为应予保护的环境要素之一。该法第三十五条规定：城乡建设应当结合当地自然环境的特点，保护植被、水域和自然景观。国家林业局《湿地保护管理规定》第三十一条指出："除法律法规有特别规定的以外，在湿地内禁止从事下列活动：（二）填埋、排干湿地或者擅自改变湿地用途。"该规章第三十二条第一款要求："工程建设应当不占或者少占湿地。确需征收或者占用的，用地单位应当依法办理相关手续，并给予补偿。"同时，《北京市生活垃圾管理条例》第四十一条第三款明文规定："设置建筑垃圾消纳场所的，应当取得市政市容行政主管部门核发的建筑垃圾消纳场所设置许可。"

一切侵占湿地、破坏生态的行为人，都应该依法承担侵权责任，受到国家法律的追究。本案二被告未经办理任何手续，在合法建成的××芳园小区湖泊区域内，通过填埋湖泊、毁坏天然植被的方式消纳建筑垃圾，这一行为违反《中华人民共和国环境保护法》《中华人民共和国土地管理法》《中华人民共和国侵权责任法》以及《北京市生活垃圾管理条例》《北京市湿地保护条例》、国家林业局《湿地保护管理规定》，严重破坏相关生态系统的完整性、稳定性，严重妨碍生态服务功能的发挥，已经损害了社会公共利益。

原告北京市朝阳区自然之友环境研究所，是一家在北京市朝阳区民政局登记注册满五年的社会组织，致力于推动环境公益诉讼，为无告的大自然不懈代言。我单位的宗旨和业务范围，以固体废弃物相关研究与工作为核心。为保护××芳园小区原有湖泊湿地，制止违法处置建筑垃圾，维护公共环境利益，现我单位依照《中华人民共和国环境保护法》第五十八条和相关法律、司法解释的规定，对二被告破坏生态的侵权行为提起公益诉讼，请法院依法受理本案、查明事实，作出公正判决，支持我方诉讼请求。

此致

北京市第四中级人民法院

具状人：北京市朝阳区自然之友环境研究所

法定代表人：张×赫

2015 年 7 月 16 日

支持起诉意见书

贵院受理的北京市朝阳区自然之友环境研究所（简称"自然之友"）诉北京××芳园房地产开发有限公司、北京××物业管理有限公司环境民事公益诉讼［（2015）四中民（商）初字第 233 号］一案，根据《中华人民共和国民事诉讼法》《最高人民法院关于审理环境民事公益诉讼案件适用法律若干问题的解释》等相关规定，中国政法大学环境资源法研究和服务中心（又称"污染受害者法律帮助中心"）支持原告北京市朝阳区自然之友环境研究所的起诉，支持起诉意见如下：

一、被告填湖行为导致生态破坏应承担环境侵权责任。

北京市昌平区东小口镇××芳园小区（以下简称"××芳园小区"）内的人工湖面积约 128 亩，在小区建设之前是村庄鱼塘。该人工湖 2014 年 10 月被填埋时，部分区域仍然有水存在。从 2003 年到 2015 年间的卫星影像图及实地拍摄的图片，可以看到，人工湖区域由碧波荡漾到绿树成荫，最终被夷为一片黄土。根据《北京市湿地保护条例》的规定，人工湖泊属于湿地。按照××芳园小区人工湖的面积，应纳入湿地名录（北京市及昌平区并未制定湿地名录）进行管理，在未确定湿地名录的情况下，对符合列入名录要件的湿地应该严格管理，其用途不得随意改变。所以，××芳园小区内人工湖的任何填埋行为都是生态破坏行为。

被告填湖的行为导致湖泊区域生态环境遭到破坏，生态服务功能完全丧失，违反了我国环境保护的法律法规规定，已经给社会公共利益造成十分重大的损害，根据《最高人民法院关于审理环境民事公益诉讼案件适用法律若干问题的解释》及《最高人民法院关于审理环境侵权责任纠纷案件适用法律若干问题的解释》，被告应承担侵权责任。

二、被告应恢复××芳园小区人工湖的生态功能。

2015年10月，国务院办公厅印发了《关于推进海绵城市建设的指导意见》指出，建设海绵城市，统筹发挥自然生态功能和人工干预功能，有效控制雨水径流，实现自然积存、自然渗透、自然净化的城市发展方式，促进人与自然和谐发展。通过海绵城市建设，最大限度地减少城市开发建设对生态环境的影响。××芳园小区人工湖的生态恢复方案，应该能够回应建设海绵城市的要求，改造后的景观在满足环境美化的同时，要具备蓄滞雨水、本地生物多样性保护以及一定的自我调节能力。

本案中，原告自然之友作为多年来专门从事环境保护公益活动并且符合环境民事公益诉讼起诉条件的社会组织，对于被告损害社会公共利益的行为提起环境民事公益诉讼，保护我们共有的生态环境资源不受侵害，我单位愿意作为支持起诉单位，望贵院能够依法审理作出裁判！

此致
北京市第四中级人民法院

支持单位：中国政法大学环境资源法研究和服务中心
2015年12月14日

附：法律条文

《中华人民共和国民事诉讼法》

第十五条　机关、社会团体、企业事业单位对损害国家、集体或者个人民事权益的行为，可以支持受损害的单位或者个人向人民法院起诉。

《最高人民法院关于审理环境民事公益诉讼案件适用法律若干问题的解释》

第十一条　检察机关、负有环境保护监督管理职责的部门及其他机关、社会组织、企业事业单位依据民事诉讼法第十五条的规定，可以通过提供法律咨询、提交书面意见、协助调查取证等方式支持社会组织依法提起环境民事公益诉讼。

《最高人民法院关于审理环境侵权责任纠纷案件适用法律若干问题的解释》

第一条　因污染环境造成损害，不论污染者有无过错，污染者应当承担侵权责任。污染者以排污符合国家或者地方污染物排放标准为由主张不承担责任的，人民法院不予支持。

污染者不承担责任或者减轻责任的情形，适用海洋环境保护法、水污染防治法、大气污染防治法等环境保护单行法的规定；相关环境保护单行法没有规定的，适用侵权责任法的规定。

第十七条 被侵权人提起诉讼，请求污染者停止侵害、排除妨碍、消除危险的，不受环境保护法第六十六条规定的时效期间的限制。

第十八条 本解释适用于审理因污染环境、破坏生态造成损害的民事案件，但法律和司法解释对环境民事公益诉讼案件另有规定的除外。

《北京市湿地保护条例》

第十七条 本市对国家重要湿地、市级湿地和区县级湿地实行名录管理。

第十八条 本市面积 8 公顷以上的湿地，应当列入湿地名录。

符合下列条件之一的，应当列入市级湿地名录：

（一）河流湿地、湖泊湿地和沼泽湿地；

（二）库容量在 1000 万立方米以上的库塘湿地；

（三）具有重要的人文、科学研究和宣传教育价值的湿地；

（四）具有生态系统典型性和代表性的湿地。

第二十七条 列入名录的湿地，任何单位和个人未经批准不得擅自开垦、占用或者改变湿地用途。

北京市第四中级人民法院
出庭通知书

（2015）四中民初字第 233 号

中国政法大学环境资源法研究和服务中心：

本院受理原告北京市朝阳区自然之友环境研究所与被告北京××芳园房地产开发有限公司、北京××物业管理有限公司固体废物污染责任纠纷一案，定于 2018 年 8 月 16 日 9 时 30 分在本院第二法庭开庭审理。依照《最高人民法院关于审理环境民事公益诉讼案件适用法律若干问题的解释》第十一条，《中华人民共和国民事诉讼法》第十五条、第一百三十六条,《最高人民法院关于适用〈中华人民共和国民事诉讼法〉的解释》第二百二十七条规定,通知你单位支持本案公益诉讼。

联系人:法官助理马×文。

联系电话:×××××××。

联系地址:北京市丰台区张仪村路三顷地甲三号。

特此通知。

北京市第四中级人民法院(印)

2018 年 8 月 10 日

北京市第四中级人民法院
出庭通知书

(2015) 四中民初字第 233 号

中国政法大学环境资源法研究和服务中心:

本院受理原告北京市朝阳区自然之友环境研究所与被告北京××芳园房地产开发有限公司、北京××物业管理有限公司固体废物污染责任纠纷一案,定于 2018 年 10 月 24 日 9 时 30 分在本院第三法庭宣判。依照《最高人民法院关于审理环境民事公益诉讼案件适用法律若干问题的解释》第十一条,《中华人民共和国民事诉讼法》第十五条、第一百三十六条,《最高人民法院关于适用〈中华人民共和国民事诉讼法〉的解释》第二百二十七条规定,通知你单位。

联系人:法官助理马×文。

联系电话:×××××××。

联系地址:北京市丰台区张仪村路三顷地甲三号。

特此通知。

北京市第四中级人民法院(印)

2018 年 10 月 15 日

北京市第四中级人民法院
民事判决书

（2015）四中民初字第 233 号

原告：北京市朝阳区自然之友环境研究所。住所地：北京市朝阳区祁家豁子 2 号（南院）××号楼（友诚大厦）×××室。

法定代表人：张×驹，职务：总干事。

委托诉讼代理人：夏×，北京市中咨律师事务所律师。

支持起诉单位：中国政法大学环境资源法研究和服务中心。住所地：北京市海淀区西直门北大街甲 1 号楼依都阁××层×××。

负责人：王灿发，职务：主任。

委托诉讼代理人：祝×贺，北京市君永律师事务所律师。

委托诉讼代理人：刘×，上海金钻律师事务所律师。

支持起诉单位：北京环鸣律师事务所。住所地：北京市朝阳区北三环东路 19 号蓝星大厦×××室。

负责人：胡×来，职务：主任。

被告：北京××芳园房地产开发有限公司。住所地：北京市昌平区东小口镇××芳园小区。

法定代表人：卢×启，职务：董事长。

委托诉讼代理人：沙×金，北京德恒律师事务所律师。

被告：北京××物业管理有限公司。住所地：北京市昌平区北七家镇东沙各庄村 105 号。

法定代表人：李×，职务：总经理。

委托诉讼代理人：易×，北京德恒律师事务所实习律师。

以上二被告共同委托诉讼代理人：王×平，北京德恒律师事务所律师。

原告北京市朝阳区自然之友环境研究所（以下简称"自然之友研究所"）与被告北京××芳园房地产开发有限公司（以下简称"××芳园公司"）、北京××物业管理有限公司（以下简称"××物业公司"）固体废物污染责任纠纷环境民事公益诉讼一案，本院于 2015 年 7 月 23 日立案后，依法适用普通程序，于 2015 年 7 月 29 日公告了案件受理情况。本院于 2018 年 8 月 16 日公开开庭进行了审理，原告自然之友研究所的法定代表人张×驹、委托诉讼代理人夏×，被告××芳园公司的法定代表人卢×启、委托诉讼代理人沙×金，被告××物业公司的法定代表人李×、委托诉讼代理人易×，上述二被告的共同委托诉讼代理人王×平到庭参加诉讼。支持起诉单位中国政法大学环境资源法研究和服务中心向本院提交书面意见，协助原告调查取证，支持提起公益诉讼，指派祝×贺参加庭审。支持起诉单位北京环鸣律师事务所向本院提交书面意见，协助原告调查取证，支持提起公益诉讼，指派胡×来参加庭审。本案现已审理终结。

自然之友研究所向本院提出诉讼请求：1. 判令二被告停止侵害，立即停止在涉案湖泊区域的施工作业，不得继续倾倒渣土等固体废物，不得继续破坏原有生态；2. 判令二被告承担生态环境修复费用共计 950 万元，用于恢复当地植被以及修复生态服务功能；3. 判令二被告赔偿自涉案湖泊区域植物群落、湿地生态受到损害至恢复原状期间的服务功能损失费，用于北京市昌平区湿地保护等公益事业；4. 判令二被告承担本案全部诉讼费用以及原告为诉讼支付的调查取证费、评估费、专家费、律师费等费用。自然之友研究所于本案开庭前将第二项诉讼请求变更为判令二被告恢复湿地原状，将所破坏湿地的生态环境修复到损害发生之前的状态和功能。

事实和理由：自 2014 年 10 月起，二被告开始向北京市昌平区××芳园小区人工湖区填埋开槽土，破坏了当地生态系统。北京市昌平区城市管理综合行政执法监察局经调查认定，2014 年 10 月 21 日，××芳园公司在该小区张贴《通知》，决定对涉案湖区进行平整绿化。2014 年 10 月 22 日，××芳园公司雇佣车队开始进行填埋作业，回填土大多为工地渣土，××芳园公司在未具备渣土消纳许可证的情况下，以 200 元/车的价格收取渣土，对涉案湖区进行填埋作业。2014 年 10 月 25 日，城管执法人员向××芳园公司送达《责令改正通知书》《谈话通知书》《现场检查笔录》等相关手续，××芳园公司拒绝签收。本案中二被告的上述行为违反了《中华人民共和国环境保护法》《中华人民共和国土地管理法》《中华人民共和国侵权责任法》《北京市生活垃圾管理条例》《北京市湿地保护条例》《湿地保护管理规定》的规定，破坏了生态系统的完整性和稳定性，妨碍了生态服务功能的发挥，损害了公共利益。虽然二被告在填埋后进行了相关景观提升工作，但是不足以弥补填埋行为对湿地造成的损害，且新增加的生态功能无法与之前受到破坏的生态服务功能相平衡。

中国政法大学环境资源法研究和服务中心支持起诉称：1. 二被告应对其填湖行为导致的生态破坏承担环境侵权责任；2. 二被告应恢复涉案人工湖区的生态功能。

北京环鸣律师事务所支持起诉称：虽然涉案湖区并未列入湿地名录，但是依据鉴定评估报告，涉案湖区在性质上属于湿地，应受到司法保护。本案二被告向涉案湖区填埋渣土，导致湿地消失，生态功能遭受损害，应当以占补平衡的方式承担生态修复责任。

××芳园公司、××物业公司辩称：自然之友研究所作为公益组织，为保护生态环境参加公益诉讼，具有积极意义，但其诉讼行为也应符合有关法律的规定。自然之友研究所就本案提起公益诉讼，缺乏法律依据：

一、××芳园公司与××物业公司并非本案诉讼的适格被告主体。××芳园小区是经过建设规划部门合法批准建设的项目，合法合规完成了规划设计、建设施工、销售、业主入住使用等全部程序。按照审批规划，涉案人工湖是小区建设规划用地的组成部分，属于小区景观和绿化用地。根据《中华人民共和国物权法》（以下简称《物权法》）第七十三条规定，小区内的道路、绿地、场所、人工湖等均属于业主共有，业主是真正的权利人。涉案人工湖因客观原因无水以后，经小区业主集体投票表决，绝大多数业主同意进行绿化改造，委托开发方施工并承担费用。因此，对于涉案人工湖的绿化改造，应由小区业主承担后果和法律责任。

二、自然之友研究所主张的权利并非公益。××芳园小区内的公共设施，是为了满足业主的生活需求和美化环境，并非其他社会功能，维护费用来源于××物业公司收取的物业费。涉案人工湖既未列入有关行政管理部门登记的湿地名录，亦未列入北京市政地图上的湖区标示。因此，与涉案人工湖有关的内容属于业主共有私权的范畴，不属于社会公共权利。

三、自然之友研究所的诉讼诉求更改次数较多，内容不明确。自然之友研究所以固体废物污染责任纠纷为由提起本案公益诉讼，起诉后多次变更诉讼请求，却未明确提出事实依据。本案经鉴定部门现场勘验鉴定，涉案湖区的土壤和水质均未存在固体废物污染的情形。涉案湖区未列入行政管理机关登记的湿地名录，不具有湿地功能。且涉案人工湖经绿化改造后，仍有较大的洪水调蓄空间。

当事人围绕诉讼请求依法提交了证据，本院组织当事人进行了证据交换和质证。对当事人无异议的证据，本院予以确认并在卷佐证。对有争议的证据和事实，本院将结合在案全部证据，以公益诉讼案件中的证据特性和证据规则为基础，运用逻辑推理和日常生活经验法则，对证据的证明力作出判断。

原告自然之友研究所向本院提交了16份证据：证据1-1为2003年9月13日至2015年8月11日期间的17张谷歌卫星影像图，证明××芳园小区内人工湖的变迁过程；证据1-2为2009年6月28日××芳园小区的卫星影像图（分辨率0.5米×0.5米），证明至2009年6月28日，涉案人工湖水面面积仍未减少；证据1-3为2014年10月18日××芳园小区的卫星影像图（分辨率0.5米×0.5米），证明至2014年10月18日，涉案人工湖区域植被丰富；证据1-4为涉案人工湖被填埋前后的照片（共24张），证明填埋前和填埋后的情况；证据2-1为2014年11月26日《法制晚报》的报道，证明因××芳园公司的填埋行为，涉案湖区变成了垃圾渣土填埋场；证据2-2为××芳园小区居民反对填湖的签名表，证明小区居民自发发起填湖调查，约100人签名反对填湖；证据2-3为《关于××芳园社区院内填湖相关事宜函》（2015年4月8日），证明××芳园公司未向居民委员会提供填湖手续，自2015年3月20日，部分居民对××芳园公司的填湖行为提出疑问，××芳园公司于2015年4月3日公示的2014年业主座谈会决议情况与事实不符；证据2-4为市住房城乡建设委（2015）第1067号告《政府信息公开告知书》，证明××物业公司初次取得物业服务企业资质的时间为2015年4月16日；证据2-5为2014年11月9日《北京市昌平区城市管理综合行政执法监察局关于反映东小口镇××芳园小区内倾倒垃圾渣土问题举报的回复》，证明2014年10月22日开始填湖，回填土来自昌平区霍营街道霍营村委会南侧工地，土质大多是渣土，××芳园公司不具备渣土消纳许可证，且拒绝签收《责令改正通知书》《谈话通知书》《现场检查笔录》等相关手续，不配合执法人员工作；证据3-1为《××芳园景观绿化规划总平面图》，证明人工湖区域景观绿化示意图是由××芳园公司自行编制的；证据3-2为××芳园公司与北京鑫×安达机械施工有限公司（以下简称

"鑫×公司") 签订的《协议书》，证明××芳园公司收取建筑渣土处理费用，鑫×公司负责填湖后的绿化；证据 4-1 为自然之友研究所与北京市中咨律师事务所签订的《委托代理合同》，证明北京市中咨律师事务所就本案提供法律服务，律师费为 15 万元；证据 4-2 为专家费支付标准说明，证明自然之友研究所支付专家费用的标准；证据 4-3 为鉴定费支付协议和发票，证明自然之友研究所已按照付款协议向鉴定单位垫付鉴定费用 12.5 万元；证据 5-1 为海绵城市改造方案，证明自然之友研究所已就改造涉案人工湖区提出方案；证据 5-2 为专家服务费票据，证明自然之友研究所已为专家辅助人出庭支付了相关费用。为证明证据 5-1 和证据 5-2，自然之友研究所申请具有专门知识的人出庭，经本院批准，具有专门知识的人出庭解释了海绵城市改造方案，并回答了相关问题。

原告自然之友研究所将上述证据分为五组在庭审中出示，二被告对上述证据发表了质证意见。

原告自然之友研究所出示的第一组证据为证据 1-1、证据 1-2、证据 1-3、证据 1-4，证明自 2010 年起，涉案人工湖开始自然干缩，湖底生长出茂盛植被。自 2015 年 4 月起，二被告开始用建筑渣土填埋人工湖，致使该区域生态服务功能完全丧失。对于该组证据，二被告对证据 1-1、证据 1-2、证据 1-3 的真实性认可，证明目的不认可，认为自然之友研究所提供的上述卫星影像图未能准确反映涉案湖区的水位变化情况；对证据 1-4 的真实性和证明目的均不认可，认为上述照片不能准确反映涉案人工湖的真实情况。

原告自然之友研究所出示的第二组证据为证据 2-1、证据 2-2、证据 2-3、证据 2-4、证据 2-5，证明××芳园公司违法填湖遭到多名居民反对，且××物业公司在未取得物业资质的情况下进入××芳园小区服务，发起了关于填湖的民意调查。对于该组证据，二被告对证据 2-1、证据 2-2、证据 2-3 的真实性和证明目的均不予认可；对证据 2-4 的真实性认可，但与本案不具有关联性，认为征求意见与物业资质无关；对证据 2-5 的真实性认可，证明目的不认可。

原告自然之友研究所出示的第三组证据为证据 3-1、证据 3-2，证明××芳园公司未按照生态规律和环保政策改造湖区景观，并将其交由不具备专业资质的单位绿化施工。对于该组证据，二被告对证据 3-1 的真实性和证明目的均认可，××芳园公司的初衷是为了治理和改善小区环境，且在绿化过程中并未实施破坏生态、损害环境的行为；对证据3-2的真实性认可，证明目的不认可，××芳园公司不存在使用渣土填湖的行为，其与鑫×公司明确约定"不要渣土"，由××芳园公司负责"填土后的绿化"。

原告自然之友研究所出示的第四组证据为证据4-1、证据4-2、证据4-3，证明自然之友研究所为本案支出的律师费、专家费、鉴定费等费用。对于该组证据，二被告对证据4-1的真实性认可，但在二被告未实施破坏生态、损害环境行为的情况下，不应由二被告负担；对证据4-2的真实性和证明目的均不认可；对证据4-3的真实性认可，但不认可就未实施的破坏生态、损害环境行为负担本案鉴定费。

原告自然之友研究所出示的第五组证据为证据5-1、证据5-2，证明自然之友研究所聘请相关专家为改造涉案人工湖区研究了相关方案并支付了费用。对于该组证据，二被告认为证据5-1与本案不具关联性，认为证据5-2中所涉及的专家为自然之友研究所的劳务人员，缺乏公正性与独立性，故与本案不具关联性。对于自然之友研究所申请的具有专门知识的人出庭，二被告对出庭人员的专业性和中立性不予认可，并认为其所解释的关于海绵城市改造方案的相关问题与本案不具关联性。

对于自然之友研究所提交的16份证据，本院认定如下：证据1-1、证据1-2、证据1-3、证据1-4具有合法性、真实性、关联性，能够证明涉案人工湖区水位逐年下降的情况，本院予以确认。证据2-1和证据2-2的真实性和关联性缺乏充分依据，本院不予确认。证据2-3、证据2-4、证据2-5与本案不具关联性，本院不予确认。证据3-1和证据3-2具有合法性、真实性、关联性，能够证明涉案小区的规划，以及××芳园公司委托鑫×公司填湖的事实，本院予以确认。证据4-1、证据4-2、证据4-3、证据5-2具有合法性、真实性、关联性，能够证明自然之友研究所为本案支出的律师费、鉴定费、专家咨询费，本院予以确认。证据5-1与本案不具关联性，本院不予确认。对于由自然之友研究所申请、经本院批准出庭的具有专门知识的人员，因该人员身份不具中立性，且提出的改造方案与本案不具直接关联性，本院不予确认。

被告××芳园公司和××物业公司向本院提交了29份证据：证据1为2014年10月24日会议记录和视频光盘，证明针对涉案人工湖的干涸情况，二被告在居民委员会的组织下，与业主代表开会商讨解决方案；证据 2 为委托书，证明××芳园公司委托××物业公司就填湖绿化方案向小区业主征求意见；证据 3 为公示和修湖意见表，证明××芳园公司已通过入户调查、电话调查等方式，就填湖绿化方案征求业主意见，共有 73.66% 的业主同意填湖绿化方案，××芳园公司在小区内张贴公告，填湖方案已经经过民主程序和公示，取得了小区内绝大部分业主的同意；证据 4 为填湖绿化照片 38 张，证明二被告填湖绿化的经过和具体情况；证据 5 为协议书、运输证等，证明由鑫×公司负责填湖绿化；证据 6 为协议书和发票，证明填湖绿化的情况和费用；证据 7 为绿化工程合同、二期明细表、位置、绿化工程款明细、收款人身份证、树苗统计表、资质文件，证明采购树苗的相关情况；证据 8 为采购渗水砖的支出凭单、收据、收款人身份证、资质文件，证明采购渗水砖的相关情况；证据 9 为采购电缆的发票、发票查询情况、销售凭证、产品合格证、检验报告，证明采购电缆的相关情况；证据 10 为购销合同、发货清单、销售方的营业执照、认证文件、产品质量合格证书、检验报告，证明采购水管的相关情况；证据 11 为协议书、交易方身份证、支付凭证、发票，证明安装凉亭的相关情况；证据 12 为荷花苗种植合同、支出凭单、发票、开户许可证，证明购买种植荷花的相关情况；证据 13 为协议书、计算表、施工图、统计表、施工明细等，证明砌砖、铺砖等相关情况；证据 14 为情况说明，证明二被告已就填湖绿化事宜向东小口镇政府汇报说明；证据 15 为情况说明及其附件，证明二被告在填湖绿化改造完成之后，再次向东小口镇政府汇报相关情况；证据 16 为关于××物业公司的集中供水卫生许可证，证明小区水源不存在污染的问题；证据 17 为北京市昌平区疾病预防控制中心检测报告，证明涉案小区内水质符合国家标准，不存在水源污染的问题；证据 18 为 2018 年 7 月 26 日的视频光盘（内含 7 段视频），证明 2018 年 7 月 26 日北京大规模降雨时，小区及小区周边排水良好，并未丧失蓄洪能力；证据 19 为照片 8 张，证明 2018 年 7 月 26 日北京大规模降雨时小区及小区周边的情况；证据 20 为照片 16 张，证明 2017 年 6 月 24 日法院组织鉴定人员及双方当事人实地勘查，小区经过改造治理取得了良好效果，不存在环境污染或者生态破坏的问题；证据 21 为涉案小区改造后的卫星图，证明小区经过改造治理取得了良好效果；证据 22 为涉案小区改造后的照片 22 张，证明小区经过改造治理取得了良好效果；证据 23 为涉案湖区的现状，证明小区业主对改造后的小区环境表示满意；证据24为小区改造前、后的对比视频，证明填湖绿化改造后的涉案湖区视频；证据25为谷歌地图截图（30张），对照分析表，北京市2012年7月21日、2016年7月20日、2018年7月16日的降雨情况和灾害报道，百度地图截图，证明自然之友研究所有意掩饰案件事实，在北京市三次暴雨期间，涉案小区蓄洪功能良好，百度地图对涉案人工湖的标示为绿地；证据26为自然之友研究所于2018年8月13日在其公众号中发布的开庭消息，证明其所标有"本文所用图片源自网络"的图片与其提交的证据1-4所标为"实景照片"不符；证据27为网络检索结果，证明自然之友研究所提交的证据2-1不存在；证据28为核对情况统计，证明自然之友研究所提交的证据2-2与事实不符；证据29为对比图片，证明涉案湖区经绿化改造后，景观和气候调节功能等都有明显改善。

对于××芳园公司和××物业公司提交的29份证据，自然之友研究所认为：对证据1的真实性认可，证明目的不认可，该证据只能证明开会的事实，不能证明三分之二以上业主同意填埋湖区；对证据2的真实性认可，但表述中的"湖泊干枯多年"不准确，应为"干缩状态"，并保留了部分湿地生态功能；对证据3的真实性不认可；对证据4的真实性认可，证明目的不认可，涉案湖区之前的湿地生态功能并未得到恢复；对证据5的真实性认可，但是不能证明二被告未向涉案湖区填埋渣土；对证据6的真实性认可，证明目的不认可，该证据不能证明填埋行为的合法性，以及对环境造成的影响；对证据7的真实性认可，但其与证据5之间相互矛盾；对证据8、证据9、证据10、证据11、证据12、证据13的真实性认可，但上述证据不能证明涉案人工湖恢复了原有的湿地生态；对证据14的证明目的不认可，该证据不能证明二被告填埋行为的合法性；对证据15的证明目的不认可，该证据的落款时间为2015年4月21日，此时刚启动大规模的填埋作业，绿化改造尚不可能完成；对证据16的证明目的不认可，该份证据不能证明饮用水源未受到污染；对证据17的证明目的不认可，该证据不能证明涉案湖区填埋后小区内的水质情况；对证据18和证据19的真实性不认可；对证据20、证据21、证据22的真实性认可，证明目的不认可，上述证据不能证明涉案湖区的生态已经得到恢复；对证据23的证明力和有效性不认可；对证据24的证明目的不认可，该证据不能证明涉案湖区的生态已经得到恢复；对证据25的证明目的不认可，该证据表明涉案湖区多年未生长木本植物，符合北京市对于湿地生态系统的规定，且暴雨造成了小区水患；对证据 26 的关联性不认可；对证据 27、证据 28 的证明目的不认可；对证据 29 的证明目的不认可，该证据无法证明涉案湖区的生态系统得到恢复。

对于××芳园公司和××物业公司提交的 29 份证据，本院认定如下：证据 1、证据 2、证据 3 具有合法性、真实性、关联性，能够证明二被告就填埋涉案湖区事项与小区业主讨论，并得到超过三分之二业主同意，本院予以确认；证据 4、证据 5、证据 6、证据 7、证据 8、证据 9、证据 10、证据 11、证据 12、证据 13 具有合法性、真实性、关联性，能够证明二被告改造绿化涉案湖区的事实，本院予以确认；证据 14、证据 15 具有合法性、真实性、关联性，能够证明二被告已就填湖绿化事宜向东小口镇政府汇报的事实，本院予以确认；证据 16、证据 17 具有合法性、真实性、关联性，能够证明涉案小区水质在湖区填埋后未受到污染的事实，本院予以确认；证据 18、证据 19 与本案不具关联性，本院不予确认；证据 20 具有合法性、真实性、关联性，能够证明本案所涉鉴定的现场勘查情况，本院予以确认；证据 21、证据 22、证据 23、证据 24 具有合法性、真实性、关联性，能够证明涉案人工湖经改造绿化后的情况，本院予以确认；证据 25 具有真实性、合法性，卫星图能够证明涉案湖区的变化情况，本院予以确认，暴雨图片与本案不具关联性，本院不予确认；证据 26 与本案不具关联性，本院不予确认；证据 27 的真实性缺乏充分依据，本院不予确认；证据 28 和证据 29 具有合法性、真实性、关联性，本院予以确认。

本案审理过程中，自然之友研究所于 2016 年 5 月 9 日向本院提交《鉴定申请书》，请求对本案所涉填土行为是否对原生态系统造成重金属污染及其他损害，以及是否会造成生态环境损害进行鉴定。本院于 2016 年 6 月 12 日出具《委托司法鉴定函》，委托环境资源部环境规划院环境风险及损害鉴定评估研究中心（以下简称"鉴定中心"）对本案所涉专业性生态环境问题进行鉴定。鉴定中心于 2018 年 4 月作出《××芳园案件生态环境损害鉴定评估报告》（以下简称"原鉴定评估报告"）。经庭前证据交换，本院认为《原鉴定评估报告》所依据的检材存在瑕疵，要求鉴定中心补充鉴定，双方当事人对鉴定中心补充鉴定均无异议。鉴定中心于 2018 年 8 月出具了《××芳园案件生态环境损害鉴定评估报告》（以下简称《鉴定评估报告》），内容包括：项目概述、土壤环境损害鉴定评估、水环境损害鉴定评估、生态损害鉴定评估、生态环境损害鉴定评估结论、签字盖章六个部分，载明："5. 生态环境损害鉴定评估结论。①填埋行为未对评估区土壤和地表水环境造成损害。②填埋前原有人工湿地每年提供的生态系统服务价值为 17.04 万元；填埋后剩余的 0.82hm² 人工湿地在 2015—2018 年每年提供的服务价值分别为 2.69 万元、4.08 万元和 8.10 万元；填埋后被告在小区种植的 5.18hm² 人工林地每年能提供的生态系统服务价值为 27.29 万元。③从 2015 年生态破坏开始至 2018 年评估区生态系统服务期间损失和生态系统恢复措施的期间效益分别为 29.43 万元和 36.13 万元，已采取恢复措施的服务价值超出了受损害的服务价值，不需要再采取其他生态恢复措施。"

本案原被告均向本院申请鉴定人出庭，本院依法通知鉴定人出庭作证，原被告双方对鉴定人进行了询问，对《鉴定评估报告》进行了质证。本院认为，鉴定中心具有鉴定资质，检材具有客观性和真实性，鉴定程序合法，鉴定参考标准具有科学性和合理性，论证充分，鉴定人出庭进行了合理充分的解释，《鉴定评估报告》能够证明本案所涉专业性生态环境问题。《鉴定评估报告》具有真实性、合法性、关联性，本院予以确认。

本案审理过程中，本院依照《最高人民法院关于审理环境民事公益诉讼案件适用法律若干问题的解释》（以下简称《环境民事公益诉讼司法解释》）第十二条规定，于 2015 年 7 月 27 日，向北京市环境保护局、北京市昌平区环境保护局、北京市园林绿化局、北京市昌平区园林绿化局、北京市水务局、北京市昌平区水务局、北京市住房和城乡建设委员会、北京市昌平区住房和城乡建设委员会、北京市规划委员会、北京市规划委员会昌平分局、北京市国土资源局、北京市国土资源局昌平分局、北京市城市管理综合行政执法监察局、北京市昌平区城市管理综合行政执法监察局送达了（2015）四中民初字第 233 号《环境民事公益诉讼案件告知书》（以下简称《案件告知书》），于 2015 年 8 月 5 日向北京市市政市容管理委员会、北京市昌平区市政市容管理委员会送达了案件告知书，按照《环境民事公益诉讼司法解释》《最高人民法院、民政部、环境保护部关于贯彻实施环境民事公益诉讼制度的通知》的规定，告知上述行政机关案件受理情况，并根据线索展开调查。北京市昌平区园林绿化局于 2015 年 10 月 9 日向本院出具《北京市昌平区园林绿化局关于对北京××芳园房地产开发有限公司及北京××物业管理有限公司环境污染情况调查处理的函》，内容如下："经查，告知书所反映的湿地，位于昌平区东小口镇××芳园小区西侧。原为一哑铃型湖面，面积 100 亩左右，现场堆有高低不平的土堆，未发现有倾倒建筑垃圾、渣土的情况。××芳园小区始建于 1995 年，小区总面积近 480 亩，小区开发建设前此处原为昌平区东小口镇魏窑村、半截塔村的鱼池。1996—1997 年，开发商北京××芳园房地产开发有限公司又修挖了哑铃型湖，随着附近地铁工程施工及地下水位的下降，人工湖面积逐年缩小。由于该湖没有防渗工程，加之没有其他补充水源，致使湖逐年干枯，湖景观已不复存在。2014 年 10 月，北京××芳园房地产开发有限公司开始进行湖面平整，拟建成以绿化为主的生态公园。现在湖面填埋已进入尾声，整个湖区范围将经雨季沉降后，即实施绿化……鉴于目前市、区县两级湿地主管部门均未公布本市市级湿地和区县级湿地名录，告知书中'北京××芳园房地产开发有限公司、北京××物业管理有限公司环境污染责任'不能依据《北京市湿地保护条例》的相关规定进行查处。综上，北京市第四中级人民法院《环境民事公益诉讼案件告知书》反映的北京市朝阳区自然之友环境研究所诉被告北京××芳园房地产开发有限公司、北京××物业管理有限公司环境污染责任公益诉讼纠纷一案中的有关线索，经调查，不属于湿地保护的相关规定。"北京市城市管理综合行政执法局于 2015 年 10 月 10 日向本院出具《关于办理昌平区××芳园小区环境民事公益诉讼案件告知书情况的函》，内容如下："……2014 年 10 月 22 日，该公司（××芳园公司）开始进行填埋……根据权限分工，为查处运输车辆不符合要求、泄漏遗撒产生扬尘等问题，辖区东小口城管执法队一方面强化日常巡查防控，另一方面开展专项执法严查违法行为。其中，2014 年 10 月 22 日至 11 月 3 日……共发现运输车辆不符合要求违法行为 8 起……2015 年 3 月 16 日起……发现运输车辆不符合要求违法行为 22 起……同时，针对北京××芳园房地产开发有限公司施工扬尘问题，罚款人民币 4000 元……"北京市规划委员会于 2015 年 12 月 2 日向本院出具《关于北京市朝阳区自然之友环境研究所诉北京××芳园房地产开发有限公司、北京××物业管理有限公司环境污染责任公益诉讼纠纷的函》，内容如下："……据我委调查了解，关于北京××芳园房地产开发有限公司和北京××物业管理有限公司向小区西南侧湖泊倾倒渣土等固体废弃物的行为，城管部门已经查处，填湖行为已被制止。"北京市昌平区环境保护局于 2015 年 11 月 16 日向本院出具《回复函》，内容如下："……检查中未发现北京××芳园房地产开发有限公司、北京××物业管理有限公司存在环境违法问题。相关群众反映施工噪声问题，我局建议施工单位合理调整施工时间，避免噪声扰民……案件被告倾倒垃圾项目未列入《建设项目环境影响评价分类管理名录》，不要求办理环保审批手续……"北京市园林绿化局于 2015 年 11 月 17 日向本院出具《北京市园林绿化局关于对环境民事公益诉讼案件核实情况的复函》，内容如下："……由于该湖没有防渗工程，加之没有其他补充水源，致使湖区逐年干涸。近几年来，湖底芦苇等杂草丛生，湖区景观已不复存在，且出现了较大的火灾及治安方面的隐患……该案中被告北京××芳园房地产开发有限公司、北京××物业管理有限公司'环境污染责任'不能依据《北京市湿地保护条例》中有关湿地保护的相关规定进行查处。二、北京××芳园房地产开发有限公司、北京××物业管理有限公司在小区内填埋干涸湖区，不是我局行政许可范围，不需要我局审批。三、我局未在调查现场发现有其他环境违法行为。"北京市市政市容管理委员会于 2015 年 12 月 18 日向本院出具《北京市市政市容管理委员会关于北京市昌平区××芳园小区固体废物污染问题有关情况的函》，内容如下："经查，××芳园小区内确实存在利用施工土方回填的情况。"北京市环境保护局于 2015 年 11 月 23 日向本院出具《北京市环境保护局关于对有关环境民事公益诉讼案件涉及的环境违法问题核实情况的回函》，内容如下："……（一）现场检查情况。2015 年 8 月 3 日，我局监察总队联合昌平区环保局对填湖现场进行了实地调查，现场呈现一片施工工地。未发现有倾倒建筑垃圾、建筑开槽土等现象。（二）调查询问对象。执法人员对该小区物业负责人和开发商等进行了调查询问，查阅了相关材料。当事人称××芳园小区建于 1995 年，小区内建有 100 余亩人工湖。因北京市地下水位逐年下降、人工湖底为砂石土无法蓄水，补水成本过高且不符合水务部门相关规定等原因，于 2014 年 9 月对已干涸的人工湖进行改造，修建子湖和扩建人工湖周边道路，并进行了业主民意调查，有 73% 的业主赞同填湖改造。二、关于监管部门和环境影响问题。被告的填埋行为依法不属于我局主管，也不符合环保建设项目立项审批条件，没有违反相关环保法规。该填埋行为系对已干涸的人工湖进行改造，实施的对象是'人工湖'，与植被、湿地没有关联，所以未对植被、湿地等生态环境造成破坏。三、未发现被告有环境违法行为。经调查询问相关人员及现场查看，未发现被告有倾倒建筑垃圾、建筑开槽土等行为，也未发现被告有环境违法行为。四、依法积极支持环境民事公益诉讼活动。我局收到贵院的相关告知后，积极主动地与案件承办法官、原告'自然之友'的有关负责人联系沟通、交换意见，依法开展调查核实工作，并及时反馈有关情况。针对'自然之友'对调查结果的异议，我局于 2015 年 8 月 14 日组织相关业务处室，与'自然之友'就本案事实、证据和法律适用等问题进行座谈沟通，表达了对其开展环境民事公益诉讼活动予以支持的意见，但根据调查核实的情况，认定被告污染环境、破坏生态，损害社会公众利益的证据不足。"北京市水务局于 2015 年 11 月 30 日向本院出具《北京市水务局关于昌平区东小口镇××芳园填湖公益诉讼案件的复函》，内容如下："一、经调查了解，昌平区东小口镇××芳园小区内人工湖属于小区内景观附属设施。根据《物权法》及《物业管理条例》的规定，该人工湖作为小区内共用设施，产权归属于本小区的全体业主，并由物业服务企业进行维修、养护、管理。二、经与东小口镇政府及其相关职能部门沟通得知，该人工湖规划即为园林绿地，此次填湖绿化未改变规划性质，未破坏土地实际使用性质。同时物业公司对填湖绿化征求了小区业主的意见，超过三分之二的业主同意填湖绿化。"本院于 2015 年 11 月 9 日向北京市昌平区园林绿化局送达了《协助调查函》，北京市规划委员会于 2016 年 4 月 29 日向本院回复了《关于××芳园小区有关规划情况的函》，内容如下："××芳园小区项目位于昌平区东小口镇半塔村南，我委于 2004 年 2 月核发了该项目的《建设用地规划许可证》（2004 规地字 0024号），总用地面积 318 614 平方米，其中，建设用地面积 303 214 平方米，代征道路用地 15 400 平方米。依《建设用地规划许可证》附图标注，该建设项目建设用地范围内有水面，未单独标注水面面积。"本院于 2016 年 2 月 23 日向北京市规划委员会送达了《协助调查函》，北京市昌平区园林绿化局于 2015 年 11 月 12 日向本院回复了《北京市昌平区园林绿化局关于北京市第四中级人民法院协助调查函的复函》，内容如下："……2009 年《昌平区第七次园林绿化资源调查成果报告》是针对昌平区全区以及各镇、街道绿化情况的综合表述，没有对××芳园小区及其绿化情况的独立表述……对照调查记录原件，记录中有关于××芳园小区中心湖的相关数据，但中心湖被列为小区内其他占地，未计入绿地面积……"

本院认为，自然之友研究所是依法成立的、以维护社会公共利益为目的的社会组织，从事环境保护公益活动，符合《中华人民共和国民事诉讼法》（以下简称《民事诉讼法》）第五十五条第一款规定的"对污染环境、侵害众多消费者合法权益等损害社会公共利益的行为，法律规定的机关和有关组织可以向人民法院提起诉讼"的起诉条件，以保护涉案湖区生态环境为目的，向本院提起公益诉讼。中国政法大学环境资源法研究和服务中心与北京环鸣律师事务所根据《民事诉讼法》第十五条关于"机关、社会团体、企业事业单位对损害国家、集体或者个人民事权益的行为，可以支持受损害的单位或者个人向人民法院起诉"的规定，根据《环境民事公益诉讼司法解释》第十一条关于"检察机关、负有环境保护监督管理职责的部门及其他机关、社会组织、企业事业单位依据民事诉讼法第十五条的规定，可以通过提供法律咨询、提交书面意见、协助调查取证等方式支持社会组织依法提起环境民事公益诉讼"的规定，向本院提交支持公益诉讼起诉意见，协助调查取证，出庭支持公益诉讼。上述组织和单位积极参与生态环境保护活动，通过向人民法院提起环境民事公益诉讼的方式维护社会公共利益，保护社会环境权益。

在环境民事公益诉讼中，生态环境侵权责任的构成要件包括：破坏生态、污染环境的行为，社会公共利益受到损害的事实，以及二者之间存在因果关系。根据一般逻辑和日常经验，侵权行为所造成的损害结果具有可知性，在生态环境侵权中则直接作用于生态环境，并且通过物理、化学、生物等一系列反应表现为可被感知判断的状态。在可被观察和感知的生态环境发生改变后，对于生态环境是否受到损害的判断，以及对损害程度和因果关系的判断，则需要通过科学鉴定进行分析。本案中，自然之友研究所以二被告向涉案干涸湖区填土破坏了生态环境为由提起公益诉讼，要求二被告恢复涉案湖区的生态功能，赔偿生态环境受到损害期间的生态服务功能损失费。根据生态环境损害侵权责任认定的一般逻辑，应首先对二被告所实施的行为是否造成生态环境的损害进行判断。结合原被告提出的主张和证据，本院将从填湖原因、填湖行为的违法性认定、填湖对生态环境的影响认定三方面进行分析。

一、填湖原因分析。根据北京市国土资源局昌平分局出具的《土地登记结果信息》并结合在案证据，涉案小区用地的土地使用者为××芳园公司，用途为住宅，使用权类型为国有出让。涉案小区原是北郊农场千亩鱼塘的一部分，在建设过程中，××芳园公司利用坑洼的鱼塘修整出面积约为100亩的人工湖，依靠深井抽取地下水蓄水。受北京市地下水位逐年下降的影响，涉案人工湖蓄水能力亦逐年降低，水位逐年下降。因北京市政府对于抽取地下水的管理限制政策，水务部门禁止大量抽取地下水，且用水成本的提高使二被告无法继续抽取地下水灌湖。至2008年，涉案人工湖已经完全干涸，里面长满了芦苇和杂草以致引发火灾，部分人员往湖区内倾倒垃圾破坏了周边环境，且湖水干涸后湖堤、沿湖道路和住户房屋地基开始出现倾斜、开裂。对此，北京市园林绿化局复函认为，由于该湖没有防渗工程，加之没有其他补充水源，致使湖区逐年干涸。近几年来，湖底芦苇等杂草丛生，湖区景观已不复存在，且出现了较大的火灾及治安方面的隐患。为消除安全隐患和治安隐患，二被告经征求小区业主意见，开始对涉案人工湖进行改造绿化。由于小区产权属于小区全体业主共有，涉案人工湖属于小区公用设施，人工湖属于小区内景观附属设施，依据《物权法》和《物业管理条例》的规定，二被告取得小区三分之二以上业主同意即可实施改造绿化，无需经过其他行政部门审批。本案审理中，原被告就业主意见各持己见，本院认为小区公用设施改造及业主权利的行使并非本案环境民事公益诉讼审理范围。二被告填埋涉案人工湖的原因系为改善湖区环境，具体可归纳为以下两方面：一是客观条件已经不具备原有人工湖功能和继续蓄水的可能性，二是填湖前湖区已形成安全隐患和治安隐患，改造治理具备客观必要性。

二、填湖行为的违法性认定。本案立案后，本院于法定期限内向有关行政机关送达案件告知书，通报案件受理情况以及可能涉及的环境问题。各行政机关根据线索展开调查，并通过回函等方式向本院答复了调查结果和相关意见。综合各行政机关的回复内容，可以认定随着附近地铁施工及地下水位的下降，涉案人工湖的湖面积逐年缩小。由于该湖既没有防渗工程，也没有其他水源补充方式，致使逐年干枯，湖景观已不复存在，且出现了较大的火灾及治安方面的隐患。根据北京市昌平区园林绿化局的复函，人工湖被列为小区内其他占地，未计入绿地面积。北京市水务局复函证明××芳园小区内人工湖属于小区内景观附属设施，应为小区内公用设施，产权归属于本小区的全体业主，并由物业服务企业进行维修、养护、管理。此次填湖绿化未改变规划性质，未破坏土地实际使用性质。二被告在取得小区三分之二以上业主同意的情况下，对涉案人工湖进行填埋改造，符合《物权法》和《物业管理条例》的相关规定。由于填埋项目未列入《建设项目环境影响评价分类管理名录》，故涉案填埋改造行为无需办理环保审批手续。本案案发源于运输车辆不符合要求、泄漏遗撒产生扬尘、施工产生噪声扬尘，上述行为虽然发生在二被告改造小区绿化环境的过程中，但系运输及施工所致，并非填埋改造行为造成了生态破坏、环境污染。北京市环境保护局回函认为，该填埋行为系对已干涸的人工湖进行改造，实施的对象是"人工湖"，与植被、湿地没有关联，所以未对植被、湿地等生态环境造成破坏。根据调查核实的情况，认定二被告污染环境、破坏生态，损害社会公众利益的证据不足。同时，行政机关经调查未发现二被告有违反相关环保法律法规的行为，未对生态环境造成破坏。故对于各行政机关对二被告的改造小区填湖绿化行为不具备违法性的认定，本院予以确认。

三、填湖对生态环境的影响认定。由于生态环境侵权的特殊性，侵权行为对环境造成的损害会通过各种环境因素表现出来。就本案而言，引发争议的行为是二被告对人工湖进行填土改造绿化。因涉案人工湖在填埋前湖水已经干涸，长满芦苇和杂草，湖水干涸后湖堤、沿湖道路和住户房屋地基开始出现倾斜、开裂，且有火灾和治安隐患，因此作为承担小区环境管理和物业服务职责的二被告，进行隐患治理与绿化改造有其必要性。在填埋后湖区面积有所缩减，并进行了绿化及景观建造。经填埋改造，小区内的可视环境有所改善，安全隐患得到消除。从二被告对人工湖填埋改造绿化行为的专业定性和定量分析来看，《鉴定评估报告》明确认定所填土方并未导致涉案人工湖及周围地区的土壤和水环境受到污染，且对于填埋改造湖区所造成的生态变化，《鉴定评估报告》中也对具体服务功能的换算价值进行了对比，即：从2015年生态破坏开始至2018年评估区生态系统服务期间损失和生态系统恢复措施的期间效益分别为29.43万元和36.13万元，已采取恢复措施的服务价值超出了受损害的服务价值。因此，二被告不需要再采取其他生态恢复措施。经法庭质证及鉴定人出庭接受询问，本院认可《鉴定评估报告》的科学性、合法性、公正性，对《鉴定评估报告》证明的事实予以确认。结合各行政机关的复函、在案证据所证明的事实以及《鉴定评估报告》，在二被告对涉案人工湖进行填埋改造绿化后，涉案湖区及其周边的生态环境并未受到损害，改造后的生态服务价值超出了改造前的价值，故本院确认填湖行为未造成生态环境的实际损害。

自然之友研究所提起的本案环境民事公益诉讼，系公益组织基于行政机关对运输车辆不符合要求、泄漏遗撒产生扬尘等问题所作出的行政处罚，以及二被告在××芳园小区内对人工湖实施的填埋改造行为，以保护和改善生态环境为目的所提起的有益于社会公共利益的民事诉讼。为查明二被告的行为是否造成了生态环境损害，自然之友研究所在诉讼中提出了对涉案人工湖区内填土、水质、植被、湿地、蓄水等相关环境问题进行司法鉴定的申请，本院委托鉴定中心就二被告的填埋改造行为是否对湖区及周边的土壤环境和水环境造成了损害进行司法鉴定。鉴定中心通过采集土壤样品分析检测重金属、调查水质状况等方法进行司法鉴定，出具了未发现因填埋行为造成生态环境损害的《鉴定评估报告》。二被告填埋改造绿化人工湖的行为导致湖区原有生态服务功能发生了改变，但由于改造前湖区水面已随当地水位逐年下降完全干涸，且湖水干涸后出现了湖堤、沿湖道路和住户房屋地基倾斜、开裂的情况，湖底生长的芦苇和杂草构成了引发火灾的安全隐患，因此，如二被告不进行湖区改造，不但会影响小区居民的生活环境，而且也会危及小区住户的人身安全，故二被告改造湖区的行为具有事实上的正当性。在社会发展的过程中，人们需要不断改变环境，以谋求人与生态环境的和谐发展。在二被告对本案所涉湖区进行改造的过程中，确实存在一段期间，湖区原有生态环境发生变化，相应生态服务功能减少甚至丧失，但上述过程只是所有环境改造工程所必须经历的一个阶段，因此，对改造活动的价值判断应当以改造完成之后改造对象的生态服务价值为标准。二被告在填湖后实施了种植绿化等改造行为，且现有证据未能证明小区蓄水功能和区域性洪水调蓄功能受到了损害。《鉴定评估报告》中明确载明，改造后评估区已采取恢复措施的服务价值超出了受损害的服务价值，不需要再采取其他生态恢复措施。因此，本院认可涉案湖区在改造完成时是符合生态系统服务价值要求的。除此之外，对于生态环境改造行为是否应承担相应法律责任，还应当以法律法规的规定为依据。本案中，各行政机关根据本院提供的线索展开调查，并通过回函等方式向本院答复了调查结果和相关意见，均表明二被告的填湖绿化行为未违反法律法规，应当认定为是在法律允许范围内所进行的改造，改造结果有益于消除隐患、改善生态环境。故二被告填埋绿化人工湖的行为具有法律正当性，其无需承担民事责任。综上所述，自然之友研究所提起环境民事公益诉讼的行为，以及在诉讼中对改善生态环境提出建议的行为，均有益于小区绿化改造和实现湖区生态服务功能的提升。二被告以改善湖区环境为目的对涉案人工湖进行填埋改造绿化的行为，未违反我国法律法规的禁止性规定，改造后湖区的生态环境未受到损害，且生态服务价值超出了改造前的价值，故二被告的行为不具备生态环境损害侵权责任中关于实施行为造成了损害结果的法定要件，不构成生态环境损害侵权。考虑到二被告系在本案诉讼期间对小区环境实施完成了绿化改造，故本案的审理对二被告以保护生态环境为目的进行湖区绿化改造具有督促作用，发挥了环境审判引导环境保护的功能，有利于实现及时恢复、及时治理的环境审判目标。基于上述分析，本院认为自然之友研究所主张的环境权益已经得到了有效保护，为坚持保护优先、预防为主、综合治理的环境保护原则，维护改造后的生态环境系统，本院对二被告的改造绿化行为予以确认。基于环境民事公益诉讼具有实现社会公共利益的特点，为充分保护湖区生态环境，实现当事人诉讼请求的公益目的，本院在判决确认二被告改造绿化行为的同时，判决二被告对改造绿化后的生态环境承担维护义务，不得在涉案湖区内实施破坏生态、污染环境的行为。对于自然之友研究所提出的其他诉讼请求，因缺乏足够的事实依据，本院不予支持。依照《中华人民共和国民事诉讼法》第五十五条第一款、第一百五十二条，《中华人民共和国环境保护法》第五十八条，《最高人民法院关于适用〈中华人民共和国民事诉讼法〉的解释》第九十条，《最高人民法院关于审理环境民事公益诉讼案件适用法律若干问题的解释》第二条、第四条、第五条、第三十三条规定，判决如下：

一、确认被告北京××芳园房地产开发有限公司、北京××物业管理有限公司对位于北京市昌平区东小口镇××芳园小区内人工湖实施的改造绿化行为，并对上述经改造绿化的环境负有维护义务，不得在该区域内实施破坏生态、污染环境的行为。

二、驳回原告北京市朝阳区自然之友环境研究所的其他诉讼请求。

三、鉴定费 254 660 元，由原告北京市朝阳区自然之友环境研究所负担，已交纳 125 000 元，对于尚未交纳的 129 660 元，于本判决生效之日起十五日内向本院交纳。

如果未按本判决指定的期间履行给付金钱义务，应当按照《中华人民共和国民事诉讼法》第二百五十三条规定，加倍支付迟延履行期间的债务利息。

案件受理费 70 元，由原告北京市朝阳区自然之友环境研究所负担，于本判决生效之日起七日内向本院交纳。

如不服本判决，可以在判决书送达之日起十五日内，向本院递交上诉状，并按对方当事人或者代表人的人数提出副本，上诉于北京市高级人民法院。

审 判 长　　马　×

审 判 员　　温×军

审 判 员　　冀　×

二〇一八年十月二十四日

法官助理　　马×文

法官助理　　崔×彬

书 记 员　　白　×

山西原平赤泥库公益诉讼案

一、诉讼主体

原告：北京市朝阳区自然之友环境研究所

支持起诉单位：中国政法大学环境资源法研究和服务中心（又称"污染受害者法律帮助中心"，简称"CLAPV"或者"中心"）

被告：国家电投集团××铝业有限公司（原中电投××铝业有限公司）

案由：环境污染责任纠纷环境民事公益诉讼

二、诉讼程序

受理：2016 年 8 月 24 日

案号：（2016）晋 09 民初 35 号

一审：山西省忻州市中级人民法院

结案：2018 年 12 月 28 日

三、诉讼请求

上封村赤泥库为被告年产 100 万吨氧化铝项目配套赤泥库（注：赤泥是氧化铝厂生产排放的弃渣，可污染地下水，对人体造危害），位于山西省忻州市原平市中阳乡上封村和练家岗之间的山前坡地，距离被告厂区 3 公里，总占地面积 120 万平方米，分为三个子库区，总库容 1300 万立方米。该赤泥库虽停止使用，但一直未封场闭库，刮风存在粉尘污染，根据国家相关法律规定，固体废物贮存设施停止使用后，应当按照国家有关环境保护规定进行封场，防止造成环境污染和生态破坏，而赤泥含有多种污染物质尤其是强碱性，给周围生态环境因素带来了重大风险，损害社会公共利益，原告为此提出如下诉讼请求：

1. 请求对被告上封村赤泥库赤泥的危害性进行确认（是否危险废物），依据赤泥的危害性判令被告按照国家环境保护规定的要求对上封村赤泥库立即进行封场或采取其他措施消除对周边环境的危害和危险。

2. 如果被告不能在 6 个月内按照国家环境保护规定的要求对上封村赤泥库进行封场或采取其他措施消除对周边环境的危害和危险，则判令被告支付消除上封村赤泥库对周边环境产生危害和危险的费用（以专家意见或评估为准）。

3. 依法判令被告支付原告因诉讼支出的检验检测费、律师费、差旅费、调查取证费、专家咨询费、诉讼费等费用。

四、案件结果

本案经过原告的诉前现场调研后，向山西省忻州市中级人民法院提起诉讼，在法院立案受理后，被告组织各方人员现场踏勘，原平市政府邀请原告、支持起诉单位、国内氧化铝行业和环保领域专家、忻州市环保局等相关单位及个人，召开上封赤泥库环境现状研讨会，原告方和忻州市环保局沟通，后经原被告多次座谈，办案法官调研请示、多方奔走，历时两年多，在合议庭主持下原被告先后进行了数轮的调解，终于达成和解协议，和解协议在全国性媒体公示经过 30 日后，没有收到任何意见和建议，法院认为协议不违反法律规定和社会公共利益，予以确认，制作了民事调解书，已经各方当事人签收，具有法律效力。调解书内容如下：

一、由被告实施赤泥库闭库工作。

由被告根据赤泥库的现状，按照安全生产监督行政部门等国家机关的要求，及企业相关规定的程序启动赤泥库闭库工程，自本协议生效之日起五年内完成赤泥库的闭库工作。

闭库期间，原告有权随时向被告了解本协议履行情况，被告对本协议的履行情况每年至少以书面形式向原告通报一次，并报告人民法院。

二、闭库期间采取的环境污染防范措施。

1. 遵守国家法律、法规及地方政府的相关环保政策要求，依法做好环境保护与工程竣工环保验收工作。

2. 闭库期间继续采取洒水、覆盖等抑尘措施，严格执行相关行政部门批准、认可、备案的可研报告和设计方案中的生态环保要求，防范地下水、土壤、大气污染。

3. 闭库期间定期对赤泥库周边（地下水、大气）环境质量进行检测，每年检测不少于两次，包括聘请第三方专业机构进行检测并出具报告。

三、闭库的费用。

由被告自行筹集赤泥库闭库项目所需要的全部资金，预计工程费用约 1.5 亿元人民币（最终以招标方式确定的项目预算为准）。

四、不能闭库的替代方案及执行。

出现可能导致不能闭库的自然原因、社会原因、技术原因、第三方等原因时，被告应及时书面向本案受理法院及原告告知不能闭库的情况及采取的措施，不能闭库的原因消除后被告应继续完成闭库工作，工期做相应顺延。

被告明确表示不闭库（不继续闭库）或逾期闭库，原告可以申请本案受理法院扣划或冻结被告剩余工程费（总额以 1.5 亿元为限），并可以申请法院通过招标方式委托有资质的专业机构完成闭库工作，所需的费用以扣划或冻结的工程费直接支付；扣划费用不足，由法院继续执行，如有剩余退还被告。法院正式确定委托专业机构前，被告向法院提出继续完成闭库的，可申请法院停止执行替代方案。

五、恢复效果评估。

闭库工程完成后，由被告按照《建设项目竣工环境保护验收暂行办法》第九条等规定，组织由专业技术专家、设计、施工、监测（调查）等单位代表组成的验收组对工程进行竣工环境保护验收，验收合格方视为闭库措施的环保效果达到预期目标。

六、本协议相关名词的释义。

1. 本协议所称的"闭库",见《一般工业固体废物贮存、处置场污染控制标准》(GB 18599-2001)、《尾矿库安全监督管理规定》(国家安全监管总局第38号令)的规定。

2. 本协议所称"不能闭库"是指除地震、洪水暴发等自然原因,及政府命令、战争等社会原因外,由于被告自身原因,违反本协议不愿意闭库;或因资金、技术问题导致不能闭库;还有因第三方违约导致被告不能按时闭库以及逾期未完成闭库,均属于本协议所指的不能闭库。

五、支持工作

本案中,中国政法大学环境资源法研究和服务中心作为支持起诉单位,为本案提供了法律咨询、协助调查取证、派遣工作人员参与现场踏勘、参加原平市政府召开赤泥库环境现状研讨会、派遣志愿律师为原告代理等支持起诉工作。中心的支持工作,为原告在案件处理思路、生态环境保护民事公益诉讼的诉讼代理人等方面都提供了强有力的智力和法律人员的支持。

六、诉讼影响

本案作为山西省首例环境民事公益诉讼案件,受到了忻州市委、市政府、媒体以及当地群众和社会各界的广泛关注,经过两年多的审理,本案最终以调解方式结案。

案件审理过程中,被告高度重视本案环境民事公益诉讼,邀请各方人员现场踏勘,促进各方更进一步了解被告的固体废弃物处置场所的生产状况,同时原平市政府邀请原告、支持起诉单位、国内氧化铝行业和环保领域专家、忻州市环保局等相关单位及个人,召开上封赤泥库环境现状研讨会,对于赤泥库现状及后续的处置,与会专家经现场调研和讨论,形成的意见,也有助于各方对于案件后续处理方式的推进和案件污染治理的解决。

2016 年，山西省忻州市中级人民法院成立了环境资源审判合议庭，2017 年 7 月，被山西省高级人民法院确定为集中管辖全省环境公益诉讼的 5 个法院之一。该院高度重视环境公益诉讼，受理本案后，办案法官调研请示、多方奔走，邀请山西省高级人民法院环境资源专家库中的环保专家到涉案赤泥库现场进行实地勘验，并就和解协议中所涉及的环境问题进行论证，为案件事实的认定提供科学性和专业性依据。

本案的审理，为今后我们在环境民事公益诉讼处理思路方面提供多方面的参考方式，公益诉讼涉及社会公共利益，需要各方面机构与人员的支持和帮助，才会促进案件的解决，实现生态环境的保护，本案的审结实现了法律效果、政治效果和社会效果的有机统一。

七、诉讼文书

民事起诉状

原告：北京市朝阳区自然之友环境研究所。住所地：北京市朝阳区裕民路 12 号 2 号楼×层××××，通信地址：北京市朝阳区裕民路 12 号华展国际公寓×座×××，邮编：××××××，联系电话：010-××××××-×××、××××××。

法定代表人：张×赫，职务：副总干事。

支持起诉单位：中国政法大学环境资源法研究和服务中心（又称"污染受害者法律帮助中心"）。住所地：北京市海淀区学院南路 38 号智慧大厦×××××，邮编：××××××，联系电话：010-×××××××。

负责人：王灿发，职务：主任。

被告：中电投××铝业有限公司。住所地：山西省原平市西镇乡，邮编：×××××，联系电话：0350-××××××、××××××。

法定代表人：任×广，职务：总经理。

案由：环境污染责任纠纷。

诉讼请求：

1. 请求对被告上封村赤泥库赤泥的危害性进行确认（是否危险废物），

依据赤泥的危害性判令被告按照国家环境保护规定的要求对上封村赤泥库立即进行封场或采取其他措施消除对周边环境的危害和危险。

2. 如果被告不能在 6 个月内按照国家环境保护规定的要求对上封村赤泥库进行封场或采取其他措施消除对周边环境的危害和危险，则判令被告支付消除上封村赤泥库对周边环境产生危害和危险的费用（以专家意见或评估为准）。

3. 依法判令被告支付原告因诉讼支出的检验检测费、律师费、差旅费、调查取证费、专家咨询费、诉讼费等费用。

事实与理由：

上封村赤泥库为被告中电投××铝业有限公司（原山西鲁能××铝业有限责任公司）年产 100 万吨氧化铝项目配套赤泥库，位于原平市中阳乡上封村和练家岗之间的山前坡地，距离被告厂区 3 公里，总占地面积 120 万平方米，分为三个子库区，总库容 1300 万立方米。

被告年产 100 万吨氧化铝项目，2005 年 1 月经原国家环境保护局以环审〔2005〕85 号文予以批复，2006 年 6 月投入试生产，但配套建设的环境保护设施一直未经验收合格，直至 2010 年 12 月 20 日国家环保部针对此违反"三同时"制度规定的违法行为，作出环法〔2010〕95 号《行政处罚决定书》，责令被告停止生产，罚款 10 万，但责令停止生产的决定缓期到 2011 年 5 月 1 日执行。环保部于 2011 年 5 月以环验〔2011〕11 号文对该项目第一阶段（80 万吨拜耳法氧化铝生产线及配套工程）进行了竣工验收，验收内容含上封村赤泥库。

根据 2014 年 12 月 26 日，忻州市环保局（忻环法〔2014〕031 号）《行政处罚决定书》的内容，可以知悉，上封村赤泥库已于 2013 年 9 月全部停止使用，一直未封场闭库，刮风存在粉尘污染。根据相关研究赤泥的主要污染物是碱、氟化物、钠和铝等，由于赤泥中含有大量的强碱性化学物质，甚至原土 pH 值高达 12 以上，因此，堆存量不断增大的赤泥造成越来越严重的环境污染，极高的 pH 值决定了赤泥对生态环境的不良影响。

上封村赤泥库周围存在乡村、耕地、全国重点文物保护单位惠济寺、滹沱河等诸多生态环境因素，根据上述被告赤泥库情况，如此大库容的赤泥堆放，在 2013 年 9 月全部停止使用后，直到现在都没有进行封场闭库，刮风产生赤泥粉尘污染。根据国家相关法律规定，固体废物贮存设施停止使用后，应当按照国家有关环境保护规定进行封场，防止造成环境污染和生态破坏，而赤泥含有多种污染物质尤其是强碱性，给周围生态环境因素带来了重大风险，损害社会公共利益。

原告北京市朝阳区自然之友环境研究所是一家在北京市朝阳区民政局登记注册的社会组织，专门从事环境保护公益活动已 20 余年且无违法记录。为了维护社会公共利益，消除被告上封村赤泥库对周边生态环境存在的重大环境危险，制止损害社会公共利益重大风险的出现，原告依据《中华人民共和国民事诉讼法》第五十五条、《中华人民共和国环境保护法》第五十八条、《中华人民共和国固体废物污染环境防治法》第三十六条、《防治尾矿污染环境管理规定》以及《最高人民法院关于审理环境民事公益诉讼案件适用法律若干问题的解释》等相关规定，向贵院依法提起环境民事公益诉讼，请求贵院依法裁判支持原告的诉讼请求！

此致

山西省忻州市中级人民法院

原告：北京市朝阳区自然之友环境研究所

2016 年 8 月 17 日

附：原告证据目录

编号	证据名称	证明内容
1	被告中电投××铝业有限公司工商企业信息公示网页	证明被告工商登记基本信息等登记内容。
2	2016 年 3 月 22 日，山西省环境保护厅关于申请公开《中电投××铝业有限公司上封村赤泥库等项目相关政府环境信息》的复函	证明上封村赤泥库为被告年产 100 万吨氧化铝项目配套的赤泥库，及被告该项目的环评审批和竣工验收情况。

编号	证据名称	证明内容
3	2010 年 12 月 20 日，环保部（环法〔2010〕95 号）《行政处罚决定书》	证明被告年产 100 万吨氧化铝项目于 2006 年 6 月投入试生产，配套建设的环境保护设施至处罚日都未经验收合格，违反了《中华人民共和国环境保护法》第二十六条和《建设项目环境保护管理条例》第二十三条关于"三同时"制度的规定，环保部决定责令被告年产 100 万吨氧化铝项目停止生产，罚款十万元。将"责令停止生产"的决定缓期至 2011 年 5 月 1 日执行。
4	2014 年 11 月 26 日，忻州市环保局（忻环法〔2014〕031 号）《行政处罚决定书》	证明被告存在的环境违法行为：1. 扩建 100 万吨氧化铝项目从 2010 年 11 月投入试生产至今未进行建设项目竣工环境保护验收。2. 上封村赤泥库于 2013 年 9 月全部停止使用，至今未封场闭库，刮风存在粉尘污染，违反了《建设项目环境保护管理条例》第二十三条和《中华人民共和国固体废物污染环境防治法》第三十六条的规定，忻州市环保局决定责令停止违法行为，处以二十四万元罚款。
5	中电投××铝业有限公司上封村赤泥库基本概况、危害因素警示告知、紧急撤离路线、安全生产责任公示牌照片	证明被告上封村赤泥库基本概况、危害因素等公示内容。证明存在碱烧伤危险因素。
6	上封村赤泥库及周边生态环境因素地图照片	证明被告上封村赤泥库周边存在的乡村、耕地、全国重点文物保护单位惠济寺、滹沱河等诸多生态环境因素的状况，证明赤泥库的污染具有对社会公共利益存在损害的重大风险，对周边生态环境构成危险。
7	全国重点文物保护单位慧济寺公示牌照片及 2015 年 11 月 30 日国家文物局（物保函〔2015〕3684 号）《关于原平惠济寺修缮工程立项的批复》	证明被告上封村赤泥库附近存在国家重点文物保护单位，及国家重点文物的修缮工程批复内容情况，证明赤泥库具有损害社会公共利益的重大风险，对周边环境因素存在重大的污染危险。

续表

编号	证据名称	证明内容
8	赤泥的主要污染物介绍	证明赤泥的主要污染物是碱、氟化物、钠和铝等，由于赤泥中含有大量的强碱性化学物质，甚至原土 pH 值高达 12 以上。
9	原告与律师所签订《委托代理合同》及 2016 年 5 月 4 日北京市发展和改革委员会、北京市司法局文件《北京市律师诉讼代理服务收费政府指导价标准》	证明原告与律师事务所就本案签订委托代理合同，并依照北京市律师诉讼代理服务收费政府指导价标准约定律师代理费。
10	原告办理案件差旅费用清单及票据	证明原告为本案支出的差旅成本。

山西省忻州市中级人民法院
公告

（2016）晋 09 民初 35 号

本院于 2016 年 8 月 24 日立案受理原告北京市朝阳区自然之友环境研究所与被告中电投××铝业有限公司公益诉讼环境污染责任纠纷一案。依照《最高人民法院关于审理环境民事公益诉讼案件适用法律若干问题的解释》第十条规定，依法有权提起诉讼的其他机关和社会组织可以在公告之日起三十日内，向本院申请参加诉讼。经审查符合法定条件的，列为共同原告；逾期申请的，不予准许。

联系人：张×，山西省忻州市中级人民法院民事审判第三庭审判员。

联系电话：0350-×××××××。

联系地址：山西省忻州市和平西街 66 号。

特此公告。

二〇一六年八月二十五日

注：《公告》来自《山西日报》和忻州市中级人民法院官网。

忻州市中级人民法院受理山西省首例环境公益诉讼案

发布时间：2016-08-29　17：33：18　来源：忻州市中级人民法院官网

　　忻州市中级人民法院于 2016 年 8 月 24 日受理原告北京市朝阳区自然之友环境研究所与被告中电投××铝业有限公司公益诉讼环境污染责任纠纷一案。该案是《中华人民共和国环境保护法》及《最高人民法院关于审理环境民事公益诉讼案件适用法律若干问题的解释》实施后，我省首例由社会组织提起的环境民事公益诉讼案件。

　　原告北京朝阳区自然之友环境研究所起诉称，被告中电投××铝业有限公司在位于原平市中阳乡上封村和练家岗之间建起了 100 万吨氧化铝项目配套赤泥库（注：赤泥是氧化铝厂生产排放的弃渣，可污染地下水，对人体造危害），该赤泥库虽停止使用，但一直未封场闭库，刮风存在粉尘污染，请求判令被告对上封村赤泥库进行封场、消除对周边环境的危险。

　　目前法院已经按照《最高人民法院关于审理环境民事公益诉讼案件适用法律若干题的解释》的规定，将受理情况通过《山西日报》向社会公告，并告知忻州市环境保护局。

山西省忻州市中级人民法院
民事调解书

（2016）晋 09 民初 35 号

　　原告：北京市朝阳区自然之友环境研究所。住所地：北京市朝阳区裕民路 12 号楼×层××××。

　　法定代表人：张×赫，职务：副总干事。

　　委托诉讼代理人：刘×，上海金钻律师事务所律师。

　　委托诉讼代理人：祝×贺，北京市君永律师事务所律师。

　　支持起诉单位：中国政法大学环境资源法研究和服务中心。住所地：北京市海淀区学院南路 38 号智慧大厦××××。

负责人：王灿发，职务：主任。

被告：国家电投集团××铝业有限公司。住所地：山西省原平市西镇乡。

法定代表人：高×友，职务：总经理。

委托诉讼代理人：行×安，北京市中咨律师事务所律师。

委托诉讼代理人：潘×峰，北京市中咨律师事务所律师。

原告北京市朝阳区自然之友环境研究所与被告国家电投集团××铝业有限公司环境污染责任纠纷一案，本院于2016年8月24日立案后，依法适用普通程序审理。

原告北京市朝阳区自然之友环境研究所向本院提起诉讼请求：1.对被告上封村赤泥库赤泥危害性进行确认并立即进行赤泥库封场或采取其他措施消除对周边环境的危害和危险；2.如果被告不能在6个月内采取上述措施，判令被告支付消除上封村赤泥库对周边环境产生危害和危险的费用（以专家意见和评估为准）；3.判令被告支付原告因诉讼支出的检测费、律师费、差旅费、调查取证费、专家咨询费、诉讼费等费用。

事实与理由：北京市朝阳区自然之友环境研究所是一家在北京市朝阳区民政局登记注册的社会组织，专门从事环境保护公益活动。被告国家电投集团××铝业有限公司年产100万吨氧化铝项目配套的赤泥库，位于原平市××乡，总占地面积120万平方米，分为三个库区，总库区1300万立方米。原告根据忻州市环保局《行政处罚决定书》的内容知悉，该赤泥库已于2013年9月全部停止使用，一直未封场闭库，刮风存在粉尘污染。由于赤泥中含有大量的强碱性化学物质，给周边生态环境造成重大风险，损害社会公共利益。根据国家有关环境保护规定，固体废物贮存设施停止使用后，应当进行封场，防止造成环境污染和生态破坏。

被告国家电投集团××铝业有限公司辩称：1.赤泥库总库容1667万立方米，目前有效库容44.5万立方米，未达到设计使用库容，该库作为备用库仍在使用期；2.赤泥库安全生产许可证尚未到期；3.该赤泥库3#库区已列入扩容计划，目前已完成可研、安全预评价、设计审查等工作；4.公司已在三年前开展了上封赤泥库闭库研究工作，由于国内氧化铝行业没有闭库先例，尚无成熟经验可以借鉴，目前正在按照公司规划的程序进行勘察设计研究工作。

经审理，本院认定事实如下：国家电投集团××铝业有限公司是一家成立于 2002 年的专业生产氧化铝的国有企业，原名山西鲁能××铝业有限责任公司、中电投××铝业有限公司，2017 年 2 月 9 日更名为国家电投集团××铝业有限公司。被告从铝土矿提炼氧化铝后排出的赤泥堆于赤泥库，公司所属的上封村赤泥库位于原平市××乡和练家岗之间，距离厂区 3 千米，赤泥库呈不规则分布，总占地面积 1840 亩，分为三个堆存区。该库设计总库容约为 1664.3 万立方米。

2005 年被告委托中国辐射防护研究所编制完成了《山西鲁能××铝业有限责任公司年产 100 万吨氧化铝工程环境影响报告书》，2005 年 1 月 26 日原国家环境保护总局，作出环审〔2005〕85 号《关于山西鲁能××铝业有限责任公司年产 100 万吨氧化铝项目环境影响报告书审查意见的复函》对该报告书进行了批复，2011 年被告委托中国环境监测总站进行了竣工环保验收监测，环保部作出环验〔2011〕115 号《关于山西鲁能××铝业有限责任公司年产 100 万吨氧化铝工程（第一阶段）竣工环境保护验收意见的函》，同意项目通过环保验收。2014 年公司委托中国环境监测总站对部分项目进行了竣工环保验收监测，出具了监测报告，环保部作出环验〔2014〕58 号《关于山西鲁能××铝业有限责任公司年产 100 万吨氧化铝工程（20 万吨/年烧结法和五台县天和铝土矿部分）竣工环境保护验收意见的函》，同意项目通过环保验收。赤泥库 2006 年投入使用，2013 年转为备用库，至今仍有部分库容。赤泥由于采取露天堆放，表面干燥以后在风季形成扬尘。2014 年 11 月 26 日，忻州市环保局环境监察大队作出忻环法（2014）031 号《行政处罚决定书》，认定赤泥库刮风存在粉尘污染，遂作出责令停止违法行为、处以 24 万元罚款。

被告应诉后，采取铺设废旧滤布抑尘、洒水、铺设抑尘网的措施，目前抑尘网铺设已经完成，基本覆盖了赤泥库干燥区域，风季扬尘在一定程度上暂时得到控制。此外，被告还委托北京×××环境科技有限公司对上封村赤泥库环境影响进行分析，该公司对赤泥库周边空气、地下水、土壤进行监测后于2016 年 11 月作出书面报告，总体结论及意见为："中电投××铝业有限公司上封村赤泥库 2006 年建成运行，2013 年转为应急备用库，上封赤泥库履行了环评手续，进行了竣工环保验收，取得了相关批复文件，从环保角度来看，手续合法合规。从本次监测数据及历史监测数据分析，上封赤泥库的运行对环境空气、地下水、土壤影响较小，满足环境标准要求。企业在运行过程中，采取了抑制扬尘、防渗滤液渗漏的措施，总体有效。建议企业进一步加强赤泥库环境管理，强化赤泥库防尘抑尘措施，防止渗滤液下渗，规范环境监测内容，从而进一步减少赤泥库对环境的影响。"

2016 年 11 月 7 日，原平市政府邀请原告北京市朝阳区自然之友环境研究所、中国政法大学环境资源法研究与服务中心、国内氧化铝行业和环保领域专家、忻州市环保局等相关单位及个人，召开了上封赤泥库环境现状研讨会，与会专家经现场调研和讨论，形成以下意见：1. 氧化铝赤泥未列入《国家危险废物名录》，赤泥属于 II 类一般工业固体废物，不属于危险废物。2. 专家认可北京×××环境科技有限公司出具的《国家电投××铝业有限公司上封赤泥库环境影响现状分析报告》，认为上封村赤泥库履行了环评手续，从环保角度来看手续合法合规，从监测数据和历史监测数据分析，上封赤泥库运行对环境空气、地下水、土壤影响较小，满足环境标准要求。3. 上封赤泥库仍有使用库容，可以作为应急库继续使用，为充分利用土地资源，建议企业对上封赤泥库进行加高试验研究相关工作，若不具备加高条件，则应启动闭库的安全评价、排水实验、闭库设计等相关工作。4. 建议国家电投××铝业有限公司继续保持对上封赤泥库的安全、环保管理，确保各项安全、环保设施有效运行，满足环境标准要求。

2017 年 9 月，我院经审委会研究决定，就如下问题向省高级人民法院请示：1. 赤泥是否为危险废弃物；2. 涉案赤泥库不闭库，采取何种措施能达到国家环境强制性标准；3. 该赤泥库目前运行状况（采取铺设抑尘网、洒水等措施）是否达到国家环境安全强制标准；4. 请环保部门对赤泥库后期治理措施及资金使用方式进行行政监督并制定监督方案。省高级人民法院后作出(2017) 晋民他 13 号答复，我院按照答复意见就上述问题函询忻州市环保局，忻州市环保局作出如下答复意见：1. 按照《危险废物名录》《一般工业固体废物贮存、处置场污染控制标准》要求，××铝业上封村赤泥库中的赤泥不属于危险废物，属于一般工业固体废物 II 类。2. 上封村赤泥库（1、2、3 库）项目环境影响评价报告书于 2005 年 1 月 26 日经原国家环保总局批复，2011年 5 月 23 日经国家环保部验收通过。安全、职业健康、水土保持手续齐全，不存在环境安全问题。3. 赤泥库闭库在环保角度叫封场（闭库属安监管理），目前，该赤泥库尚未达到封场条件，但相关职能部门可以建议企业提前开展封场相关工作。4. 根据该公司自行监测数据和国土资源部太原矿产资源监督监测中心出具的监测报告数据显示，赤泥库地下水监测因子和周边大气环境中的颗粒物均可达到国家环境保护相关标准。5. 该公司现已将库区干滩全部铺设了耐碱抗氧化的抑尘网及聚丙烯滤布，同时配备洒水车不定时对赤泥库道路及周边进行洒水，有效控制了库区扬尘对周边的环境影响。根据大气检测数据，该公司采取的抑制扬尘措施有效，可以达到国家环境保护的相关要求。2018年6月17日，被告向本院提交了《关于上封赤泥库闭库项目的汇报》，被告称已在2018年3月启动了上封赤泥库闭库工程，目前正在进行上封赤泥库安全现状评价工作，后续将根据可行性评价报告继续开展闭库工作。

本案审理过程中，经本院主持调解，双方当事人于2018年11月16日自愿达成如下和解协议，请求人民法院确认：

一、由被告实施赤泥库闭库工作。

由被告根据赤泥库的现状，按照安全生产监督行政部门等国家机关的要求，及企业相关规定的程序启动赤泥库闭库工程，自本协议生效之日起五年内完成赤泥库的闭库工作。

闭库期间，原告有权随时向被告了解本协议履行情况，被告对本协议的履行情况每年至少以书面形式向原告通报一次，并报告人民法院。

二、闭库期间采取的环境污染防范措施。

1. 遵守国家法律、法规及地方政府的相关环保政策要求，依法做好环境保护与工程竣工环保验收工作。

2. 闭库期间继续采取洒水、覆盖等抑尘措施，严格执行相关行政部门批准、认可、备案的可研报告和设计方案中的生态环保要求，防范地下水、土壤、大气污染。

3. 闭库期间定期对赤泥库周边（地下水、大气）环境质量进行检测，每年检测不少于两次，包括聘请第三方专业机构进行检测并出具报告。

三、闭库的费用。

由被告自行筹集赤泥库闭库项目所需要的全部资金，预计工程费用约1.5亿元人民币（最终以招标方式确定的项目预算为准）。

四、不能闭库的替代方案及执行。

出现可能导致不能闭库的自然原因、社会原因、技术原因、第三方等原因时，被告应及时书面向本案受理法院及原告告知不能闭库的情况及采取的措施，不能闭库的原因消除后被告应继续完成闭库工作，工期做相应顺延。

被告明确表示不闭库（不继续闭库）或逾期闭库，原告可以申请本案受理法院扣划或冻结被告剩余工程费（总额以 1.5 亿元为限），并可以申请法院通过招标方式委托有资质的专业机构完成闭库工作，所需的费用以扣划或冻结的工程费直接支付；扣划费用不足，由法院继续执行，如有剩余退还被告。法院正式确定委托专业机构前，被告向法院提出继续完成闭库的，可申请法院停止执行替代方案。

五、恢复效果评估。

闭库工程完成后，由被告按照《建设项目竣工环境保护验收暂行办法》第九条等规定，组织由专业技术专家、设计、施工、监测（调查）等单位代表组成的验收组对工程进行竣工环境保护验收，验收合格方视为闭库措施的环保效果达到预期目标。

六、本协议相关名词的释义。

1. 本协议所称的"闭库"，见《一般工业固体废物贮存、处置场污染控制标准》（GB 18599-2001）、《尾矿库安全监督管理规定》（国家安全监管总局第 38 号令）的规定。

2. 本协议所称"不能闭库"是指除地震、洪水暴发等自然原因，及政府命令、战争等社会原因外，由于被告自身原因，违反本协议不愿意闭库；或因资金、技术问题导致不能闭库；还有因第三方违约导致被告不能按时闭库以及逾期未完成闭库，均属于本协议所指的不能闭库。

本院于 2018 年 11 月 27 日将上述协议在本院公告栏、《中国环境报》上进行了为期三十日的公告。公告期满后未收到任何意见或建议。

本院认为，上述协议不违反法律规定和社会公共利益，本院予以确认。

本调解书经各方当事人签收后，即具有法律效力。

审判长　张×锋

审判员　连×梅

审判员　张　×

二〇一八年十二月二十八日

书记员　李　×

江苏某碱厂大气污染公益诉讼案

一、诉讼主体

原告：北京市朝阳区自然之友环境研究所

支持起诉单位：中国政法大学环境资源法研究和服务中心（又称"污染受害者法律帮助中心"，简称"CLAPV"或者"中心"）

被告：×××碱业有限公司、中国石化集团××化学工业有限公司、中国石化集团××化学工业有限公司×××碱厂

案由：大气污染责任纠纷环境民事公益诉讼

二、诉讼程序

受理：2016 年 8 月 22 日

案号：（2016）苏 07 民初 140 号

一审：江苏省连云港市中级人民法院

管辖权异议一审：2017 年 1 月 9 日，江苏省连云港市中级人民法院

管辖权异议二审案号：（2017）苏民辖终 55 号

管辖权异议二审：2017 年 4 月 28 日，江苏省高级人民法院

结案：2018 年 12 月 10 日

三、诉讼请求

被告自 2014 年 12 月至今，厂锅炉烟气废气排口的氮氧化物在线监测数

据长期超标，连云港市环保局在 2015 年一、二季度的检测数据中，显示该厂氮氧化物排放超标，被告多次因大气污染物排放超标受到连云港市环保局行政处罚。截至 2016 年 7 月底，氮氧化物排放的在线数据仍未达标，被告持续排污行为性质恶劣，危及大气环境，已经损害了社会公共利益，原告向江苏省连云港市中级人民法院提起环境民事公益诉讼，并提出如下诉讼请求：

1. 判令被告停止超标排放污染物，减少对大气环境的损害，消除所有不遵守环境保护法律法规行为对大气环境造成的危险。

2. 判令被告支付 2015 年 1 月 1 日起至被告消除所有不遵守环境保护法律法规行为对大气环境造成危险并稳定达标排放（即"环保合规整改"）之期间向大气排放的污染物所产生的大气环境治理费用。环保合规整改的绩效需经第三方审核机构确认。大气环境治理费用的具体数额以专家意见或鉴定结论为准，用于当地大气环境保护公益事业。

3. 判令被告在省级以上媒体向社会公众公开赔礼道歉。

4. 判令被告支付原告因本案发生的差旅费、专家费、律师费、调查取证费等必要的诉讼支出。

5. 本案诉讼费用由被告全部承担。

四、案件结果

本案审理过程中，原告依法申请追加中国石化集团××化学工业有限公司、中国石化集团××化学工业有限公司×××碱厂为本案共同被告，江苏省连云港市中级人民法院予以准许。之后，被告中国石化集团××化学工业有限公司在举证期限内向江苏省连云港市中级人民法院提出管辖权异议，经两级法院审理，江苏省高级人民法院裁定由江苏省连云港市中级人民法院审理。经江苏省连云港市中级人民法院依法组织证据交换、召开庭前会议、依法公开开庭进行审理，并依当事人申请组织协调后，主持调解，当事人自愿达成如下协议：

一、当事人确认以下事实：1. 2015 年 1 月 1 日至 2016 年 7 月 29 日期间，案涉企业所属生产设备在生产过程中存在氮氧化物超标排放行为；

上述期间内，连云港地区没有空气环境事故发生。2. 2016 年 2 月 18 日，被告×××碱业有限公司注册成立，该公司系国有独资有限责任公司。3. 2016 年 5 月 31 日，被告中国石化集团××化学工业有限公司与连云港国资委签订《关于×××碱厂划转连云港市人民政府国有产权移交书》，将该公司所属分公司即×××碱厂所属国有资产移交连云港国资委；被告×××碱业有限公司于同日实际接收×××碱厂资产并进行经营，接手后继续积极主动地进行技改，并于 2016 年 7 月 30 日实现达标排放。4. 针对上述期间内的超标排放行为，原告北京市朝阳区自然之友环境研究所于 2016 年 8 月 16 日向江苏省连云港市中级人民法院递交民事起诉状，提起环境公益诉讼，而诉讼前×××碱业有限公司的氮氧化物等污染物即已经实现达标排放。

二、在诉讼前即已实现达标排放的基础上，×××碱业有限公司、中国石化集团××化学工业有限公司表示，为积极响应环保国策，充分体现国有企业的社会责任感，自愿通过支付大气环境治理费（直接用于大气生态环境治理）、提供劳役代偿（用于当地生态环境治理，增强公民环保意识）、进一步加大技改投入（在达标排放基础上以实现超低排放，以此弥补环境）等方式积极弥补、修复治理当地大气生态环境。

三、1. ×××碱业有限公司、中国石化集团××化学工业有限公司自愿在本调解协议签订并公告期满之日起 10 日内按照相关规定分别支付大气环境治理费用 800 万元、300 万元。2. 上述款项应专用于连云港地区的大气环境治理，款项使用应接受司法、行政、原告、支持起诉单位及社会监督。

四、×××碱业有限公司在调解协议公告期满后 3 年内提供劳役代偿不低于 500 万元，劳役代偿具体方案应报江苏省连云港市中级人民法院批准后方可实施，相关方案应同时抄送当地检察、环境主管部门等；方案执行情况应在每年 12 月向连云港市中级人民法院及原告通报，并接受司法、行政、原告、支持起诉单位及社会监督。

五、×××碱业有限公司在环保达标起至调解协议公告期满后 3 年内后续技改投入不低于 1000 万元。北京市朝阳区自然之友环境研究所有权于每年 12 月组织专家组对×××碱业有限公司的后续技改、超低排放及相关环境绩效进行环保核查，相关合理费用由×××碱业有限公司据实报销，核查报告应向社会公告。

六、×××碱业有限公司一次性支付北京市朝阳区自然之友环境研究所本案律师费 5 万元、专家辅助人出庭费用 1 万元、差旅费 2 万元，合计 8 万元（于公告期满后 10 日内直接汇至北京市朝阳区自然之友环境研究所账户）。

七、本案案件受理费 131 720 元，减半收取 65 860 元，由×××碱业有限公司负担（于公告期满后 10 日内缴至江苏省连云港市中级人民法院账户）。

八、本协议书经相关当事人或特别授权的委托代理人签字后即生效；待公告期满后报请江苏省连云港市中级人民法院确认。

调解协议及起诉状通过江苏省连云港市中级人民法院官方网站等方式向社会进行为期三十日的公告，公告期满后未收到任何意见和建议，法院认为，上述协议不违反法律规定和社会公共利益，依法予以确认，并制作调解书已经各方当事人签收，具有法律效力。

五、支持工作

本案支持起诉单位是中国政法大学环境资源法研究和服务中心。该案是由支持起诉单位支持原告起诉的大气污染类型系列案件之一，中心通过为本案提供法律咨询、提交书面支持意见、派遣工作人员及志愿律师出庭支持起诉、协助调查取证等方式支持原告的起诉工作，为原告提供强有力的智力和法律人员的支持，增强原告诉讼能力。

六、诉讼影响

江苏省连云港市中级人民法院一直遵循修复性司法理念，创新裁判方式，积极探索"劳役代偿""增殖放流"等环境修复责任方式，许多工作走在江苏省前列，一系列探索性举措在江苏省乃至全国都有重大影响。

本案在审理过程中，连云港市中级人民法院继续发挥积极探索创新的精神，结合案件情况，在案件鉴定及公益诉讼资金使用方面，积极创新司法保护新举措，如，在鉴定方面，选择重视专家意见，体现了法官积极担当的诉讼路径。再如，公益诉讼资金使用方面，通过大气环境治理费（直接用于大气生态环境治理）、提供劳役代偿（用于当地生态环境治理，增强公民环保意识）、进一步加大技改投入（在达标排放基础上以实现超低排放，以此弥补环境）等方式积极弥补、修复治理当地大气生态环境。

本案的公益诉讼资金的使用方式，对于今后其他大气污染类型案件的解决提供了参考经验和案例支持。

七、诉讼文书

环境民事公益起诉书

原告： 北京市朝阳区自然之友环境研究所。

住所地： 北京市朝阳区裕民路 12 号 2 号楼×层××××。

法定代表人： 张×赫，职务：副总干事。

联系地址： 北京市朝阳区裕民路 12 号华展国际公寓×座×××。

联系电话： ××××××；××××××。

支持起诉单位： 中国政法大学环境资源法研究和服务中心。

住所地： 北京市海淀区学院南路 38 号智慧大厦××××。

负责人： 王灿发，职务：主任。

联系电话： ××××××。

被告： ×××碱业有限公司。

住所地： 连云港市经济技术开发区平碱路 99 号。

法定代表人： 李×菊。

联系电话： 0518-××××××。

案由： 大气污染责任纠纷。

诉讼请求：

1. 判令被告停止超标排放污染物，减少对大气环境的损害，消除所有不遵守环境保护法律法规行为对大气环境造成的危险。

2. 判令被告支付2015年1月1日起至被告消除所有不遵守环境保护法律法规行为对大气环境造成危险并稳定达标排放（即"环保合规整改"）之期间向大气排放的污染物所产生的大气环境治理费用。环保合规整改的绩效需经第三方审核机构确认。大气环境治理费用的具体数额以专家意见或鉴定结论为准，用于当地大气环境保护公益事业。

3. 判令被告在省级以上媒体向社会公众公开赔礼道歉。

4. 判令被告支付原告因本案发生的差旅费、专家费、律师费、调查取证费等必要的诉讼支出。

5. 本案诉讼费用由被告全部承担。

事实和理由：

被告×××碱业有限公司于2016年2月18日成立，其前身为中国石化集团××化学工业有限公司×××碱厂（以下简称"×××碱厂"），该厂是1989年建成投产的"七五"国家重点投资项目，是中国三大纯碱生产企业之一，现在是轻质纯碱、重质纯碱、食用碱、小苏打、氯化钙等系列产品的领军企业。

自2014年12月至今，该厂锅炉烟气废气排口的氮氧化物在线监测数据长期持续超标；连云港市环保局2015年第一季度、2015年第二季度国控污染源监督性监测数据中，该厂烟气排口氮氧化物排放超标。×××碱厂多次因大气污染物排放超标，受到连云港市环保局的行政处罚。据了解，该公司目前正在进行环保设施的改造，但其作为国家重点控制的废气排放污染源，截至2016年7月底，氮氧化物排放的在线监测数据仍未达标。

被告持续向大气超标排放污染物的违法行为性质恶劣，危及大气环境，已经损害了社会公共利益，违反了《中华人民共和国环境保护法》《中华人民共和国大气污染防治法》等法律法规，依法应承担环境侵权的法律责任。

原告北京市朝阳区自然之友环境研究所，是一家在北京市朝阳区民政局登记注册的社会组织，专门从事环境保护公益活动已20余年。为维护环境公共利益，依法制止被告违法排污的恶劣行为，消除污染大气环境的危险，并使被告承担治理大气环境治理费用，原告依照《中华人民共和国环境保护法》第五十八条等规定提起环境民事公益诉讼，请法院依法受理，查明事实，作出公正判决，支持原告的诉讼请求。

　　此致

连云港市中级人民法院

原告：北京市朝阳区自然之友环境研究所

2016 年 8 月 11 日

答 辩 状

　　答辩人：×××碱业有限公司。

　　住所地：连云港市经济技术开发区平碱路 99 号。

　　法定代表人：李×菊，职务：副总经理。

　　因北京市朝阳区自然之友环境研究所诉答辩人环境民事公益诉讼一案，现答辩人答辩如下：

　　一、原告起诉时，答辩人大气排放已经达标，原告的第一项诉求没有事实及法律依据。

　　早在答辩人公司尚未成立之前，原×××碱厂就锅炉烟气排放的相关问题已多次向其上级主管部门中国石化集团××化学工业有限公司反映，连云港市政府及相关部门对此也一直在严格监管，但由于地方政府一直在推动碱厂的搬迁发展，中石化总部有关部门、南化公司对碱厂烟气脱硝项目的建设产生犹豫，直至 2014 年 12 月，可行性研究报告才获得批准。答辩人公司成立之后，全力推进动力锅炉脱硝工程建设，2016 年 8 月，已经实现大气排放达标，故原告的第一项诉讼请求没有相应的事实基础及法律依据。

　　二、原告要求答辩人支付 2015 年 1 月 1 日起的大气环境治理费用依据不足且难以科学评估，无法准确计算。

　　正如原告在诉状中所述，答辩人成立于 2016 年 2 月 18 日，2016 年 5 月 31 日正式接收×××碱厂产权、人员，但答辩人是新设公司，并非改制于×××碱厂，×××碱厂也不是法律意义上的"×××碱业有限公司的前身"，原告要求答辩人对其成立之前的他人行为承担责任，明显缺乏相应法律依据。

　　与其他环境污染不同，大气污染物的扩散预期性差，具有区域性，很难发现纯粹受损的公共利益，同时，由于空气特有的自净功能，答辩人所在区域的空气质量相比其他周边地区，各项指标反居前列，答辩人的行为与当地空气污染的关联性很难评估与认定。再者，关于治理费用成本，目前还没有一个国际甚至国内通行、权威的认定方法，原告的此项诉求无法科学、准确计算。

综上所述，答辩人公司成立之后，客观上虽有超标排放事实，但公司领导层在主观上非常重视，在最短的时间内完成了脱硝工程建设，现在的烟气排放远低于国家规定的排放标准。由于自答辩人公司成立到烟气排放达标，前后不到半年时间，对环境污染轻微，客观上也无法准确认定答辩人的排污行为与当地空气污染的关联性及其所需的治理费用成本，且答辩人自成立之时已足额缴纳了排污费，并被环保部门行政处罚，已经为自己的排污行为付出了相应的代价，而该费用本身就是用于对环境污染的治理，所以恳请法庭判决答辩人不再另行承担大气环境治理费用。

此致
连云港市中级人民法院

答辩人：×××碱业有限公司（印）
二〇一六年九月八日

追加被告申请书

申请人：北京市朝阳区自然之友环境研究所。
住所地：北京市朝阳区裕民路12号2号楼×层××××。
法定代表人：张×赫，职务：副总干事。
联系电话：××××××；××××××。
被申请人：中国石化集团××化学工业有限公司×××碱厂。
住所地：江苏省连云港市连云区墟沟镇。
法定代表人：刘×军。
联系电话：0518-×××××××。
被申请人：中国石化集团××化学工业有限公司。
住所地：南京市六合区葛关路189号。
法定代表人：王×。

联系电话：025-×××××。

申请事项：

请求依法追加被申请人为本案被告参加诉讼。

事实与理由：

申请人诉×××碱业有限公司环境民事公益诉讼一案，由于×××碱业有限公司前身为中国石化集团××化学工业有限公司×××碱厂，2016 年更名为"×××碱业有限公司"，但至今"中国石化集团××化学工业有限公司×××碱厂"仍未注销，因此，申请追加"中国石化集团××化学工业有限公司×××碱厂"及其总公司"中国石化集团××化学工业有限公司"为本案共同被告，请予准许。

此致

江苏省连云港市中级人民法院

申请人：北京市朝阳区自然之友环境研究所

2016 年 10 月 21 日

中国政法大学环境资源法研究和服务中心
支持原告起诉意见书

尊敬的审判长、审判员：

贵院受理的原告北京市朝阳区自然之友环境研究所诉被告×××碱业有限公司、中国石化集团××化学工业有限公司×××碱厂、中国石化集团××化学工业有限公司大气污染责任纠纷环境民事公益诉讼案件，根据《中华人民共和国民事诉讼法》《最高人民法院关于审理环境民事公益诉讼案件适用法律若干问题的解释》等相关规定，中国政法大学环境资源法研究和服务中心（又称"污染受害者法律帮助中心"）通过向原告提供起诉书的制作法律咨询、就案件提出参考意见建议、出庭支持起诉、提交书面支持意见等方式支持原告依法提起本案环境民事公益诉讼，现我单位派遣代理人员，出庭支持起诉并当庭发表支持意见，望法庭予以采纳。

环境是人类赖以生存的各种自然因素的总体，切实保护和改善环境关系到人民群众生命健康、社会和谐安定和中华民族的永续发展。当前，我国面临环境污染严重、生态系统退化的严峻形势。对此，人民群众反映强烈，党中央高度关注。党的十八大把生态文明建设纳入中国特色社会主义事业"五位一体"总体布局，并提出了"建设美丽中国"的美好愿景。十八届三中、四中全会分别通过的决定，分别强调"用制度保护生态环境""用严格的法律制度保护生态环境"。

为此，我国民事诉讼法和环境保护法相继规定了民事公益诉讼制度。2015年1月6日，最高人民法院公布了《最高人民法院关于审理环境民事公益诉讼案件适用法律若干问题的解释》，为符合起诉条件的社会组织提供了法律的指引，体现了最高人民法院为"建设美丽中国"运用"严格的法律制度保护生态环境"的决心。

中国政法大学环境资源法研究和服务中心成立于1998年10月，是经中国政法大学批准，司法部备案的民间环境保护团体。其成员由中国政法大学从事环境资源法研究和教学的教授、副教授为主，联合北京大学、清华大学、中国人民大学等十所高校和研究机构热心环境保护事业的法律和技术专家、学者、律师和研究生兼职组成，由中国政法大学环境法教授王灿发先生任中心主任。中心通过组织热心环境保护事业的法律专家、学者、律师和环境管理与技术专家对中国环境资源立法及其实施问题开展专题研究、进行国际交流、对环境执法和司法人员及公众进行环境法知识的培训，普及环境资源法知识，提高公众的环境法律意识和中国的环境资源立法、执法水平；通过对污染受害者提供法律帮助的方式，维护污染受害者的环境权益，促进中国环境资源法的执行和遵守。

故对该案支持意见如下：

1. 根据《中华人民共和国民事诉讼法》《中华人民共和国环境保护法》《最高人民法院关于审理环境民事公益诉讼案件适用法律若干问题的解释》等规定，原告提起本案诉讼符合原告主体资格法定条件，有权提起环境民事公益诉讼。

2. 根据我国大气污染防治法等法律规定，企业应当采取有效措施，防止、减少大气污染，对所造成的损害依法承担责任。

被告长期存在超标排放大气污染物的情形，连云港市环境保护局多次作出行政处罚，被告也采取整改措施，长时间排放大气污染物对社会公共利益造成损害。

原告为防止社会公共利益继续受到损害，提起本案以维护社会公共利益，故诉讼请求应当得到司法支持。

3. 原告作为非营利社会组织，支持起诉单位建议人民法院依法缓收、减收或免收原告诉讼费用，加大对原告的司法救助力度。

4. 希望被告能够通过本案负起责任，加强对大气超标排放的治理，采取有效措施持续稳定达标排放，依法履行应尽的环境保护法律义务和责任，为改善区域大气质量做出贡献。

生态环境事关民生福祉，美丽中国需要司法保护。在雾霾等极端天气增多，大气污染形势严峻，大气环境问题日益突出的状况下，工业企业排放大气污染物更应当依法达标合法排放，为改善大气环境质量，为更好保障生态文明建设的推进贡献力量，我中心支持原告北京市朝阳区自然之友环境研究所提起本案大气污染环境民事公益诉讼一案，望人民法院依法审理支持原告的诉讼请求！

此致
江苏省连云港市中级人民法院

原告支持起诉单位（签章）：
中国政法大学环境资源法研究和服务中心
2017 年 8 月 23 日

附：法律条文

《中华人民共和国民事诉讼法》

第十五条　机关、社会团体、企业事业单位对损害国家、集体或者个人民事权益的行为，可以支持受损害的单位或者个人向人民法院起诉。

《最高人民法院关于审理环境民事公益诉讼案件适用法律若干问题的解释》

第十一条　检察机关、负有环境保护监督管理职责的部门及其他机关、社会组织、企业事业单位依据民事诉讼法第十五条的规定，可以通过提供法律咨询、提交书面意见、协助调查取证等方式支持社会组织依法提起环境民事公益诉讼。

江苏省连云港市中级人民法院
民事裁定书

（2016）苏 07 民初 140 号

原告：北京市朝阳区自然之友环境研究所。住所地：北京市朝阳区裕民路 12 号 2 号楼×层××××。

法定代表人：张×赫，职务：该所副总干事。

委托诉讼代理人：马×真，该所员工。

委托诉讼代理人：夏×，北京市中咨律师事务所律师。

支持起诉单位：中国政法大学环境资源法研究和服务中心。住所地：在北京市海淀区学院南路 38 号智慧大厦××××室。

负责人：王灿发，职务：该中心主任。

委托诉讼代理人：祝×贺，北京市君永律师事务所律师。

被告：×××碱业有限公司。住所地：在江苏省连云港市经济技术开发区平碱路 9 号。

法定代表人：李×菊，职务：该公司董事长。

委托诉讼代理人：隋×明，江苏顺维律师事务所律师。

被告：中国石化集团××化学工业有限公司。住所地：江苏省南京市六合区葛关路 189 号。

法定代表人：王×，职务：该公司执行董事。

委托诉讼代理人：胡×林，该公司律师事务部律师。

委托诉讼代理人：王×琴，江苏苏尊容大律师事务所律师。

被告：中国石化集团××化学工业有限公司×××碱厂。住所地：江苏省连云港市。

负责人：刘×军，职务：该厂厂长。

委托诉讼代理人：孙×，中国石化集团××化学工业有限公司律师事务部律师。

委托诉讼代理人：马×梅，江苏苏尊容大律师事务所律师。

本院在审理原告北京市朝阳区自然之友环境研究所与被告×××碱业有限公司、中国石化集团××化学工业有限公司、中国石化集团××化学工业有限公司×××碱厂环境民事公益诉讼一案中，被告中国石化集团××化学工业有限公司在提交答辩状期间对管辖权提出异议，认为应由其住所地人民法院管辖，根据《中华人民共和国民事诉讼法》第二十八条的规定，其住所地在南京市六合区，故认为本院无管辖权，应移送有管辖权的法院审理。

本院经审查认为：《中华人民共和国民事诉讼法》第二十八条规定，"因侵权行为提起的诉讼，由侵权行为地或者被告住所地人民法院管辖"。《最高人民法院关于审理环境民事公益诉讼案件适用法律若干问题的解释》第六条第一款规定，"第一审环境民事公益诉讼案件由污染环境、破坏生态行为发生地、损害结果地或者被告住所地的中级以上人民法院管辖"。本案系环境民事公益诉讼案件，污染环境、破坏生态行为发生地，损害结果地在连云港市，故本院对本案依法具有管辖权。

依据《中华人民共和国民事诉讼法》第二十八条、第一百二十七条第一款，《最高人民法院关于审理环境民事公益诉讼案件适用法律若干问题的解释》第六条第一款之规定，裁定如下：

驳回被告中国石化集团××化学工业有限公司对本案管辖权提出的异议。

案件受理费 80 元，由被告中国石化集团××化学工业有限公司负担。

如不服本裁定，可在裁定书送达之日起十日内，向本院递交上诉状，并按对方当事人的人数提供副本，上诉于江苏省高级人民法院。

审　判　长　　谢×娟

审　判　员　　周×元

代理审判员　　李　×

二〇一六年一月九日

书　记　员　　张×静

附：法律条文及上诉须知

一、法律条文

（一）《中华人民共和国民事诉讼法》

第二十八条　因侵权行为提起的诉讼，侵权行为地或者被告住所地人民法院管辖。

第一百二十七条第一款　人民法院受理案件后，当事人对管辖权有异议的，应当在提交答辩状期间提出。人民法院对当事人提出的异议，应当审查。异议成立的，裁定将案件移送有管辖权的人民法院；异议不成立的，裁定驳回。

（二）《最高人民法院关于审理环境民事公益诉讼案件适用法律若干问题的解释》

第六条第一款　第一审环境民事公益诉讼案件由污染环境、破坏生态行为发生地、损害结果地或者被告住所地的中级以上人民法院管辖。

二、上诉须知

根据有关法律、法规和司法解释的规定，现将有关上诉事项告知如下：

当事人享有《中华人民共和国民事诉讼法》第一百六十四条规定的上诉及相关权利、义务。

江苏省连云港市中级人民法院
民事裁定书

（2016）苏 07 民初 140 号

本院作出的原告北京市朝阳区自然之友环境研究所与被告×××碱业有限公司、中国石化集团××化学工业有限公司、中国石化集团××化学工业有限公司×××碱厂环境民事公益诉讼一案的管辖权异议裁定书第三页倒数第二行的日期"二〇一六年一月九日"笔误，应为"二〇一七年一月九日",特此补正。

审 判 长 谢×娟
审 判 员 周×元
代理审判员 李 ×
二〇一七年一月十二日
书 记 员 张×静

江苏省高级人民法院
行政裁定书

(2017)苏民辖终 55 号

上诉人(原审被告):中国石化集团××化学工业有限公司。住所地:江苏省南京市六合区葛关路 189 号。

法定代表人:王×,职务:该公司执行董事。

委托诉讼代理人:胡×林,该公司律师事务部律师。

委托诉讼代理人:王×琴,江苏苏尊容大律师事务所律师。

被上诉人(原审原告):北京市朝阳区自然之友环境研究所。住所地:北京市朝阳区裕民路 12 号 2 号楼×层××××。

法定代表人:张×赫,职务:该所副总干事。

委托诉讼代理人:马×真,该所员工。

委托诉讼代理人:夏×,北京市中咨律师事务所律师。

支持起诉单位:中国政法大学环境资源法研究和服务中心。住所地:北京市海淀区学院南路 38 号智慧大厦××××室。

负责人:王灿发,职务:该中心主任。

委托诉讼代理人:祝×贺,北京市君永律师事务所律师。

原审被告:×××碱业有限公司。住所地:江苏省连云港市经济技术开发区平碱路 99 号。

法定代表人:李×菊,职务:该公司董事长。

委托诉讼代理人：隋×明，江苏顺维律师事务所律师。

原审被告：中国石化集团××化学工业有限公司×××碱厂。住所地：江苏省连云港市。

负责人：刘×军，职务：该厂厂长。

委托诉讼代理人：孙×，中国石化集团××化学工业有限公司律师事务部律师。

委托诉讼代理人：马×梅，江苏苏尊容大律师事务所律师。

上诉人中国石化集团××化学工业有限公司因北京市朝阳区自然之友环境研究所与×××碱业有限公司、中国石化集团××化学工业有限公司、中国石化集团××化学工业有限公司×××碱厂环境民事公益诉讼一案中，不服江苏省连云港市中级人民法院（以下简称"一审法院"）（2016）苏07民初140号民事裁定，向本院提起上诉。

本案一审中，中国石化集团××化学工业有限公司在提交答辩状期间对管辖权提出异议，认为根据《中华人民共和国民事诉讼法》第二十八条的规定，因侵权行为提起的诉讼，由侵权行为地或者被告住所地人民法院管辖。其住所地在江苏省南京市六合区，故一审法院无管辖权，应移送有管辖权的法院审理。

一审法院经审查认为，《中华人民共和国民事诉讼法》第二十八条规定，因侵权行为提起的诉讼，由侵权行为地或者被告住所地人民法院管辖。《最高人民法院关于审理环境民事公益诉讼案件适用法律若干问题的解释》第六条第一款规定，第一审环境民事公益诉讼案件由污染环境、破坏生态行为发生地、损害结果地或者被告住所地的中级以上人民法院管辖。本案系环境民事公益诉讼案件，污染环境、破坏生态行为发生地、损害结果地在连云港市，故该院对本案依法具有管辖权。

一审法院依据《中华人民共和国民事诉讼法》第二十八条、第一百二十七条第一款，《最高人民法院关于审理环境民事公益诉讼案件适用法律若干问题的解释》第六条第一款之规定，裁定驳回中国石化集团××化学工业有限公司对本案管辖权提出的异议。

上诉人中国石化集团××化学工业有限公司上诉称，该公司认为本案由江苏省南京市六合区人民法院处理，有利于查明事实，体现司法公正。请求撤销一审裁定，将本案移送江苏省南京市六合区人民法院处理。

本院认为，根据《中华人民共和国民事诉讼法》第二十八条、《最高人民法院关于审理环境民事公益诉讼案件适用法律若干问题的解释》第六条第一款的规定，一审法院具有对本案的管辖权。上诉人中国石化集团××化学工业有限公司所提管辖权异议，不具有事实与法律依据。对其提出的上诉请求，本院不予支持。

综上，依据《中华人民共和国民事诉讼法》第一百七十条第一款第一项、第一百七十一条之规定，裁定如下：

驳回上诉，维持原裁定。

本裁定为终审裁定。

审 判 长　赵　×

审 判 员　臧　×

代理审判员　张　×

二〇一七年四月二十八日

书 记 员　于　×

江苏省连云港市中级人民法院
告知书

（2016）苏 07 民初 140 号

中国政法大学环境资源法研究和服务中心：

北京市朝阳区自然之友环境研究所起诉×××碱业有限公司、中国石化集团××化学工业有限公司、中国石化集团××化学工业有限公司×××碱厂环境民事公益诉讼一案，本院定于 2017 年 7 月 6 日 08：50 分在本院六号法庭举证证据交换。

特此告知。

江苏省连云港市中级人民法院（印）

二〇一七年六月二十三日

江苏省连云港市中级人民法院
传票

（2016）苏 07 民初 140 号

大气污染责任纠纷案

被传人姓名：中国政法大学环境资源法研究和服务中心。

被传事由：庭前会议。

开庭时间：2017 年 8 月 22 日 15 时 30 分。

应到处所：本院六号法庭。

注意事项：

1. 被传人必须准时到达（携带身份证）。

2. 本院地址：连云港市新浦区朝阳东路 15 号（从门进出）。

3. 带上诉状或答辩状、证据目录及证明目的、代理词等相关诉讼材料的书面版及电子版（U 盘）。

4. 承办人电话：××××××××。

签发人：周×元

送达人：袁　×

二〇一七年八月十五日

（院印）

江苏省连云港市中级人民法院
传票

（2016）苏 07 民初 140 号

大气污染责任纠纷案

被传人姓名：中国政法大学环境资源法研究和服务中心。

被传事由：开庭。

开庭时间：2017 年 8 月 23 日 9 时 00 分。

应到处所：本院二号法庭。

注意事项：

1. 被传人必须准时到达（携带身份证）。

2. 本院地址：连云港市海州区朝阳东路 15 号（从门进出）。

3. 带上诉状或答辩状、证据目录及证明目的、代理词等相关诉讼材料的书面版及电子版（U 盘）。

4. 承办人电话：×××××××。

签发人：周×元

送达人：袁　×

二〇一七年八月十五日

（院印）

江苏省连云港市中级人民法院
民事调解书

（2016）苏 07 民初 140 号

原告：北京市朝阳区自然之友环境研究所。住所地：北京市朝阳区裕民路 12 号 2 号楼×层××××。

法定代表人：张×驹，职务：该所所长。

委托诉讼代理人：马×真，该所员工。

委托诉讼代理人：夏×，北京京文律师事务所律师。

支持起诉单位：中国政法大学环境资源法研究和服务中心。住所地：北京市海淀区学院南路 38 号智慧大厦××××室。

负责人：王灿发，职务：该中心主任。

委托诉讼代理人：胡×媚，该中心工作人员。

委托诉讼代理人：祝×贺，北京市君永律师事务所律师。

被告：×××碱业有限公司。住所地：江苏省连云港市经济技术开发区平碱路 99 号。

法定代表人：李×菊，职务：该公司总经理。

委托诉讼代理人：史×红，该公司工作人员。

委托诉讼代理人：隋×明，江苏顺维律师事务所律师。

被告：中国石化集团××化学工业有限公司。住所地：江苏省南京市六合区葛关路 189 号。

法定代表人：王×，职务：该公司执行董事。

委托诉讼代理人：胡×林，该公司律师事务部律师。

委托诉讼代理人：王×琴，江苏苏尊容大律师事务所律师。

被告：中国石化集团××化学工业有限公司×××碱厂。住所地：江苏省连云港市。

负责人：刘×军，职务：该厂厂长。

委托诉讼代理人：孙×，中国石化集团××化学工业有限公司律师事务部律师。

委托诉讼代理人：马×梅，江苏苏尊容大律师事务所律师。

原告北京市朝阳区自然之友环境研究所与被告×××碱业有限公司环境民事公益诉讼一案，本院于 2016 年 8 月 22 日受理后，于 2016 年 8 月 24 日公告案件受理情况。在公告期届满后，未收到其他机关或社会组织参加诉讼的申请。本院依法适用普通程序组成合议庭进行审理。期间，根据被告×××碱业公司的答辩，原告于 2016 年 10 月 21 日依法申请追加中国石化集团××化学工业有限公司、中国石化集团××化学工业有限公司×××碱厂为本案共同被告，本院予以准许。被告中国石化集团××化学工业有限公司在举证期限内向本院提出管辖权异议，本院审查后于 2017 年 1 月 9 日以（2016）苏 07 民初 140 号民事裁定书裁定予以驳回；该公司不服上诉至江苏省高级人民法院，该院于 2017 年 4 月 28 日以（2017）苏民辖终 55 号裁定书裁定驳回上诉，维持原裁定。本院依法组织证据交换、召开庭前会议、依法公开开庭进行审理，并依当事人申请组织协调。

原告北京市朝阳区自然之友环境研究所向本院提出诉讼请求：1. 判令被

告×××碱业有限公司停止超标排放污染物，减少对大气环境的损害，消除所有不遵守环境保护法律法规行为对大气环境造成的危险。2. 判令三被告支付2015 年 1 月起至其消除所有不遵守环境保护法律法规行为对大气环境造成危险并稳定达标排放（即"环保合规整改"）之期间向大气排放的污染物所产生的大气环境治理费用。环保合规整改的绩效需经第三方审核机构确认。大气环境治理费用的具体数额以专家意见或鉴定结论为准，用于当地大气环境保护公益事业。3. 判令三被告在省级以上媒体向社会公众公开赔礼道歉。4. 判令三被告支付原告因本案发生的差旅费、专家费、律师费、调查取证费等必要的诉讼支出。5. 诉讼费用由三被告承担。

事实和理由：被告自 2014 年 12 月至今，厂锅炉烟气废气排口的氮氧化物在线监测数据长期超标；连云港市环境保护局在 2015 年一、二季度的检测数据中，显示该厂氮氧化物排放超标。被告多次因大气污染物排放超标受到连云港市环保局行政处罚。被告正在进行环保设施的改造，但其作为排污源，截至 2016 年 7 月底，氮氧化物排放的在线数据仍未达标。被告持续排污行为性质恶劣，危及大气环境，已经损害了社会公共利益，违反了相关法律法规，依法应承担环境侵权责任。原告系符合公益诉讼起诉条件的社会组织，特向法院提起环境民事公益诉讼。

本案审理过程中，经本院主持调解，当事人自愿达成如下协议：

一、当事人确认以下事实：1. 2015 年 1 月 1 日至 2016 年 7 月 29 日期间，案涉企业所属生产设备在生产过程中存在氮氧化物超标排放行为；上述期间内，连云港地区没有空气环境事故发生。2. 2016 年 2 月 18 日，被告×××碱业有限公司注册成立，该公司系国有独资有限责任公司。3. 2016 年 5 月 31 日，被告中国石化集团××化学工业有限公司与连云港国资委签订《关于×××碱厂划转连云港市人民政府国有产权移交书》，将该公司所属分公司即×××碱厂所属国有资产移交连云港国资委；被告×××碱业有限公司于同日实际接收×××碱厂资产并进行经营，接手后继续积极主动地进行技改，并于 2016 年 7 月 30 日实现达标排放。4. 针对上述期间内的超标排放行为，原告北京市朝阳区自然之友环境研究所于 2016 年 8 月 16 日向江苏省连云港市中级人民法院递交民事起诉状，提起环境公益诉讼，而诉讼前×××碱业有限公司的氮氧化物等污染物即已经实现达标排放。

二、在诉讼前即已实现达标排放的基础上，×××碱业有限公司、中国石化集团××化学工业有限公司表示，为积极响应环保国策，充分体现国有企业的社会责任感，自愿通过支付大气环境治理费（直接用于大气生态环境治理）、提供劳役代偿（用于当地生态环境治理，增强公民环保意识）、进一步加大技改投入（在达标排放基础上以实现超低排放，以此弥补环境）等方式积极弥补、修复治理当地大气生态环境。

三、1.×××碱业有限公司、中国石化集团××化学工业有限公司自愿在本调解协议签订并公告期满之日起 10 日内按照相关规定分别支付大气环境治理费用 800 万元、300 万元。2. 上述款项应专用于连云港地区的大气环境治理，款项使用应接受司法、行政、原告、支持起诉单位及社会监督。

四、×××碱业有限公司在调解协议公告期满后 3 年内提供劳役代偿不低于 500 万元，劳役代偿具体方案应报江苏省连云港市中级人民法院批准后方可实施，相关方案应同时抄送当地检察、环境主管部门等；方案执行情况应在每年 12 月向连云港市中级人民法院及原告通报，并接受司法、行政、原告、支持起诉单位及社会监督。

五、×××碱业有限公司在环保达标起至调解协议公告期满后 3 年内后续技改投入不低于 1000 万元。北京市朝阳区自然之友环境研究所有权于每年 12 月组织专家组对×××碱业有限公司的后续技改、超低排放及相关环境绩效进行环保核查，相关合理费用由×××碱业有限公司据实报销，核查报告应向社会公告。

六、×××碱业有限公司一次性支付北京市朝阳区自然之友环境研究所本案律师费 5 万元、专家辅助人出庭费用 1 万元、差旅费 2 万元，合计 8 万元（于公告期满后 10 日内直接汇至北京市朝阳区自然之友环境研究所账户）。

七、本案案件受理费 131 720 元，减半收取 65 860 元，由×××碱业有限公司负担（于公告期满后 10 日内缴至江苏省连云港市中级人民法院账户）。

八、本协议书经相关当事人或特别授权的委托代理人签字后即生效；待公告期满后报请江苏省连云港市中级人民法院确认。

本院于 2018 年 11 月 9 日将上述调解协议及起诉状通过本院官方网站等方式向社会进行为期 30 日的公告，公告期满后未收到任何意见和建议。

本院认为，上述协议不违反法律规定和社会公共利益，本院依法予以确认。

本调解书经各方当事人签收后，即具有法律效力。

审判长　　蔡×刚

审判员　　谢×娟

审判员　　周×元

二〇一八年十二月十日

书记员　　张×静

书记员　　袁　×

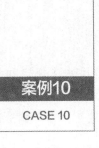

某石化大气污染公益诉讼案

一、诉讼主体

原告：北京市朝阳区自然之友环境研究所

支持起诉单位：中国政法大学环境资源法研究和服务中心（又称"污染受害者法律帮助中心"，简称"CLAPV"或者"中心"）

被告：中国石油天然气股份有限公司××石化分公司

案由：大气污染责任纠纷环境民事公益诉讼

二、诉讼程序

受理：2016 年 9 月 5 日

案号：（2016）吉 02 民初 146 号

一审：吉林省吉林市中级人民法院

结案：2018 年 12 月 13 日

三、诉讼请求

被告系一家在吉林省吉林市注册成立的以石油化工，化工产品的生产、销售等业务为主业的股份有限公司分公司，2015 年 1 月至原告提起本案诉讼期间，根据国控污染源在线监测数据及行政处罚决定书显示，被告动力一厂长期向大气超标排放污染物，包括烟尘、二氧化硫以及氮氧化物，被告长期向大气超标排放污染物，多次受到行政处罚且未整改合规，危及大气环境，损害了社会公共利益，为此，原告提起环境民事公益诉讼，并提出如下诉讼请求：

1. 判令被告停止超标排污，减少对大气环境的侵害，消除所有不遵守环境保护法律法规行为对大气环境造成的危险。

2. 判令被告支付 2015 年 1 月 1 日起至被告消除所有不遵守环境保护法律法规行为对大气环境造成危险并稳定达标排放之期间向大气排放的污染物所产生的大气环境治理费用，具体数额以专家意见或鉴定结论为准。该费用用于当地大气环境保护。

3. 判令被告在省级以上媒体向社会公众公开赔礼道歉。

4. 判令被告承担本案诉讼费用，包括案件受理费、鉴定检测费用、专家费、原告律师费等。

四、案件结果

吉林省吉林市中级人民法院受理本案后，经开庭审理、委托鉴定等诉讼程序后，依法作出如下判决：

一、被告中国石油天然气股份有限公司××石化分公司于本判决生效之日起 30 日内赔偿因超标排放污染物造成的烟尘、二氧化硫、氮氧化物污染治理费用合计 13 862 560 元，支付至吉林省生态环境损害赔偿资金管理账户，用于吉林省大气环境质量修复和环境保护。

二、被告中国石油天然气股份有限公司××石化分公司于本判决生效之日起 30 日内向北京市京伦律师事务所律师支付律师代理费 15 万元，向北京市朝阳区自然之友环境研究所支付旅差费 16 875 元。

三、驳回原告其他诉讼请求。

案件受理费 104 975 元，鉴定费 84 万元，由被告中国石油天然气股份有限公司××石化分公司负担。

五、支持工作

本案支持起诉单位是中国政法大学环境资源法研究和服务中心。该案是由支持起诉单位支持原告起诉的大气污染类型系列案件之一，中心通过为本案提供法律咨询、提交书面支持意见、派遣志愿律师出庭支持起诉、协助调查取证等方式支持原告的起诉工作，为原告提供强有力的智力和法律人员的支持，增强原告诉讼能力。

本案民事判决书对于支持起诉单位的作用表述如下：

> 中国政法大学环境资源法研究和服务中心作为支持起诉单位参加到本案的诉讼当中来，极大地促进了案件的审理进度和案件事实的认定以及准确适用法律。我们知道，环境污染案件很多都涉及专业的法律知识和专业的行业知识，作为我国最高学府的研究机构的参与，对环境保护和调查取证方面给予支持，是较好的协同机制；同时，人民法院也鼓励社会组织和科研院所作为公益诉讼的支持单位参与到诉讼中来。

六、诉讼影响

本案是吉林省 2013 年在吉林市中级人民法院设立环境资源审判庭以来，吉林省内首例环境公益诉讼案件。

本案对于诉讼过程中，被告通过环保设施升级改造实现达标排放，为法院如何认定提供了参考案例。本案诉讼过程中，在法院的积极督促下，被告主动进行了环保设施升级改造，能够连续、稳定运行且达标排放，为此，法院委托辽宁省环境科学研究院对被告超标排污造成的污染治理费用进行鉴定评估，为了验证被告本案诉讼期间进行改造工程的效果是否真正达标，法院同时委托该鉴定单位对被告的改造工程方案进行了评估。

本案法院准予原告撤回关于赔礼道歉诉讼请求的认定，为今后类似案件提供司法实务案例的指引。法院认为：

> 被告中国石油××石化公司作为我国一个大型企业，能够积极主动地改造工程治理污染，履行社会责任，应该予以支持和肯定。允许原告北京自然之友撤回该项诉讼请求，对未来公益诉讼案件鼓励侵权方在法院未作出判决的情况下，积极履行社会义务，用最短的时间升级改造生产设备，从根本上达到治理污染的目的，都将起到良好的社会导向作用。

本案鉴定机构能够缓收鉴定费用，为案件审理的顺利推进起到了积极的作用，也为如何解决生态环境案件"鉴定难"的老问题，提供了可以解决的参考样本。

七、诉讼文书

环境民事公益起诉书

原告：北京市朝阳区自然之友环境研究所。

住所地：北京市朝阳区裕民路 12 号 2 号楼×层××××。

法定代表人：张×赫，职务：副总干事。

联系地址：北京市朝阳区裕民路 12 号华展国际公寓×座×××。

联系电话：××××××。

支持起诉单位：中国政法大学环境资源法研究和服务中心。

住所地：北京市海淀区学院南路 38 号智慧大厦××××。

负责人：王灿发，职务：主任。

联系电话：××××××。

被告：中国石油天然气股份有限公司××石化分公司。

住所地：吉林市龙潭区龙潭大街 9 号。

负责人：孙×祯，职务：总经理。

联系电话：0432-××××××。

案由：大气污染责任纠纷。

诉讼请求：

1. 判令被告停止超标排污，减少对大气环境的侵害，消除所有不遵守环境保护法律法规行为对大气环境造成的危险。

2. 判令被告支付 2015 年 1 月 1 日起至被告消除所有不遵守环境保护法律法规行为对大气环境造成危险并稳定达标排放之期间向大气排放的污染物所产生的大气环境治理费用，具体数额以专家意见或鉴定结论为准。该费用用于当地大气环境保护。

3. 判令被告在省级以上媒体向社会公众公开赔礼道歉。

4. 判令被告承担本案诉讼费用，包括案件受理费、鉴定检测费用、专家费、原告律师费等。

事实和理由：

中国石油天然气股份有限公司××石化分公司（以下简称"××石化"）系一家在吉林省吉林市注册成立的以石油化工，化工产品的生产、销售等业务为主业的股份有限公司分公司。××石化的工厂包括动力一厂（"动力一厂"），其主要承担××石化中部生产装置供电、供汽以及制水等动力能源任务，是以供热为主、发电为辅的企业自备电厂。

2015 年 1 月至原告提起本案诉讼期间，根据国控污染源在线监测数据及行政处罚决定书显示，××石化动力一厂长期向大气超标排放污染物，包括烟尘、二氧化硫以及氮氧化物。2015 年 2 月至 2016 年 1 月期间，吉林市环境保护局针对××石化的上述超标排放行为先后作出过十次行政处罚决定，其中包括八次按日连续处罚，全部罚款金额总计高达人民币 651 万元。截至本案起诉时（2016 年 7 月 29 日），该厂 7 号烟道排口二氧化硫、氮氧化物、烟尘排放仍然处于超标状态。2016 年 5 月 17 日，在环保部公布的《2016 年第一季度主要污染物排放严重超标的国家重点监控企业名单》中，被告被列为严重超标排放废气的国家重点监控企业。

被告长期向大气超标排放污染物，多次受到行政处罚且未整改合规，危及大气环境，损害了社会公共利益，违反了《中华人民共和国环境保护法》《中华人民共和国大气污染防治法》等法律法规，被告应当及时采取有效措施防止污染和危害，及时改正违法排污行为，主动履行环境保护义务，落实遵守环境保护法律法规的主体责任，并应依法承担环境侵权的法律责任。

原告北京市朝阳区自然之友环境研究所，是一家在北京市朝阳区民政局登记注册的社会组织，专门从事环境保护公益活动已 20 余年。为维护环境公共利益，依法制止被告违法排污的恶劣行为，消除污染大气环境的危险，并使被告承担治理大气环境费用，依照《中华人民共和国环境保护法》第五十八条等规定特提起环境民事公益诉讼，请法院依法受理，查明事实，作出公正判决，支持原告的诉讼请求。

此致

吉林省吉林市中级人民法院

具状人：北京市朝阳区自然之友环境研究所

2016 年 8 月 2 日

中国政法大学环境资源法研究和服务中心
支持原告起诉意见书

尊敬的审判长、审判员：

贵院受理的原告北京市朝阳区自然之友环境研究所诉被告中国石油天然气股份有限公司××石化分公司大气污染责任纠纷环境民事公益诉讼案件，根据《中华人民共和国民事诉讼法》《最高人民法院关于审理环境民事公益诉讼案件适用法律若干问题的解释》等相关规定，中国政法大学环境资源法研究和服务中心（又称"污染受害者法律帮助中心"）通过向原告提供起诉书的制作法律咨询、就案件提出参考意见建议、出庭支持起诉、提交书面支持意见等方式支持原告依法提起本案环境民事公益诉讼，现我单位派遣代理人员，出庭支持起诉并当庭发表支持意见，望法庭予以采纳。

环境是人类赖以生存的各种自然因素的总体，切实保护和改善环境关系到人民群众生命健康、社会和谐安定和中华民族的永续发展。当前，我国面临环境污染严重、生态系统退化的严峻形势。对此，人民群众反映强烈，党中央高度关注。党的十八大把生态文明建设纳入中国特色社会主义事业"五位一体"总体布局，并提出了"建设美丽中国"的美好愿景。十八届三中、四中全会分别通过的决定，分别强调"用制度保护生态环境""用严格的法律制度保护生态环境"。

为此，我国民事诉讼法和环境保护法相继规定了民事公益诉讼制度，但由于相应的法律规定比较原则，对于起诉条件、管辖、责任类型以及诉讼费用负担等方面更是没有涉及，导致环境民事公益诉讼屡屡被挡在司法救济大门之外。2015 年 1 月 6 日，最高人民法院公布了《最高人民法院关于审理环境民事公益诉讼案件适用法律若干问题的解释》，2015 年 1 月 7 日已开始施行，对环境民事公益诉讼作出了明确的规定，为符合起诉条件的社会组织提供了法律的指引，体现了最高人民法院为"建设美丽中国"运用"严格的法律制度保护生态环境"的决心。

中国政法大学环境资源法研究和服务中心成立于 1998 年 10 月，是经中国政法大学批准，司法部备案的民间环境保护团体。其成员由中国政法大学从事环境资源法研究和教学的教授、副教授为主，联合北京大学、清华大学、中国人民大学等十所高校和研究机构热心环境保护事业的法律和技术专家、学者、律师和研究生兼职组成，由中国政法大学环境法教授王灿发先生任中心主任。中心通过组织热心环境保护事业的法律专家、学者、律师和环境管理与技术专家对中国环境资源立法及其实施问题开展专题研究、进行国际交流、对环境执法和司法人员及公众进行环境法知识的培训，普及环境资源法知识，提高公众的环境法律意识和中国的环境资源立法、执法水平；通过对污染受害者提供法律帮助的方式，维护污染受害者的环境权益，促进中国环境资源法的执行和遵守。

支持意见如下：

1. 根据《中华人民共和国民事诉讼法》《中华人民共和国环境保护法》《最高人民法院关于审理环境民事公益诉讼案件适用法律若干问题的解释》等规定，原告提起本案诉讼符合原告主体资格法定条件。

2. 根据《中华人民共和国大气污染防治法》等法律规定，企业应当采取有效措施，防止、减少大气污染，对所造成的损害依法承担责任。被告××石化分公司长期存在超标排放大气污染物的情形，在多次行政处罚后都未整改达标，长时间排放大气污染物对社会公共利益造成损害。原告为防止社会公共利益继续受到损害，提起本案以维护社会公共利益，故诉讼请求应当得到司法支持。

3. 原告作为非营利社会组织，支持起诉单位建议人民法院缓收、减收或免收原告诉讼费用。

4. 希望被告能够通过本案负起责任，加强对大气超标排放的治理，采取有效措施持续稳定达标排放，依法履行应尽的环境保护法律义务和责任，为区域大气质量改善做出贡献。

生态环境事关民生福祉，美丽中国需要司法保护。在雾霾等极端天气增多，大气污染形势严峻，大气环境问题日益突出的状况下，工业企业排放大气污染物更应当依法达标合法排放，为改善大气环境质量，为更好保障生态文明建设的推进贡献力量，我中心支持原告北京市朝阳区自然之友环境研究所提起本案大气污染环境民事公益诉讼一案，望人民法院依法审理支持原告的诉讼请求！

原告支持起诉单位（签章）：

中国政法大学环境资源法研究和服务中心

2016 年 11 月 18 日

附：法律条文

《中华人民共和国民事诉讼法》

第十五条 机关、社会团体、企业事业单位对损害国家、集体或者个人民事权益的行为，可以支持受损害的单位或者个人向人民法院起诉。

《最高人民法院关于审理环境民事公益诉讼案件适用法律若干问题的解释》

第十一条 检察机关、负有环境保护监督管理职责的部门及其他机关、社会组织、企业事业单位依据民事诉讼法第十五条的规定，可以通过提供法律咨询、提交书面意见、协助调查取证等方式支持社会组织依法提起环境民事公益诉讼。

吉林省吉林市中级人民法院
传票

案号：（2016）吉 02 民初 146 号。

案由：大气污染责任纠纷。

被传唤人：中国政法大学环境资源法研究和服务中心。

被传唤事由：开庭。

应到时间：2016 年 11 月 18 日 8 时 40 分。

应到处所：吉林省吉林市松江东路五号吉林市中级人民法院第 517 法庭。

传票送达方式：法院专递。

案件相关当事人：北京市朝阳区自然之友环境研究所。

特别提示：

1. 被传唤人必须准时到达应到处所，原告（上诉人或申诉人）无正当理由拒不到庭或未经法庭许可中途退庭，法庭可以按撤诉处理。被告（被上诉人或被申诉人）无正当理由拒不到庭或未经法庭许可中途退庭，法院可以缺席判决，其他法律后果自负。

路程较远的当事人，请提前出发。

2. 根据《最高人民法院关于以法院专递方式邮寄送达民事诉讼文书的若干规定》，有下列情形之一的，视为送达：

（一）受送达人（诉代理人、指定代理人）在法院专递邮件回执单上签字即视为送达。

（二）受送达人自己提供或者确认的送达地址不准确、拒不提供送达地址、送达地址变更未及时告知人民法院，受送达人本人或者受送达人指定的代收人拒绝签收，导致诉讼文书不能被受送达人实际接收的，文书退回之日视为送达之日。

3. 若有疑问，请与法院下列排期人员或审判人员联系，0432-××××××××。

排期人员：× ×

审　判　员：×××

书　记　员：× ×

吉林省吉林市中级人民法院（印）

签发时间：2016 年 11 月 1 日

吉林省吉林市中级人民法院
民事判决书

（2016）吉 02 民初 146 号

原告： 北京市朝阳区自然之友环境研究所。住所地：北京市朝阳区。

法定代表人： 张×赫，职务：副总干事。

委托诉讼代理人：马×真，该研究所职员。

委托诉讼代理人：杨×，北京市京伦律师事务所律师。

支持起诉单位：中国政法大学环境资源法研究和服务中心。住所地：北京市海淀区。

负责人：王灿发，职务：主任。

委托诉讼代理人：祝×贺，北京市君永律师事务所律师。

被告：中国石油天然气股份有限公司××石化分公司。住所地：吉林省吉林市。

负责人：孙×祯，职务：总经理。

委托诉讼代理人：梁×，该公司职员。

委托诉讼代理人：木×林，该公司职员。

原告北京市朝阳区自然之友环境研究所（以下简称"北京自然之友"）与被告中国石油天然气股份有限公司××石化分公司（以下简称"中国石油××石化分公司"）、支持起诉单位中国政法大学环境资源法研究和服务中心大气污染责任纠纷一案，本院于2016年9月5日立案后，依法适用普通程序公开开庭进行了审理。原告北京自然之友的委托诉讼代理人马×真、杨×，支持起诉单位中国政法大学环境资源法研究和服务中心的委托诉讼代理人祝×贺，被告中国石油××石化分公司的委托诉讼代理人梁×、木×林到庭参加诉讼。本案现已审理终结。

北京自然之友向本院提出诉讼请求：一、判令被告停止超标排污，减少对大气环境造成的侵害，消除所有不遵守环境保护法律法规行为对大气环境造成的危害；二、判令被告支付2015年1月1日起至被告消除所有不遵守环境保护法律法规行为对大气环境造成危害并稳定达标排放期间向大气排放的污染物所产生的大气环境治理费用，具体数额以专家意见或鉴定结论为准，该费用用于当地大气环境保护；三、判令被告在省级以上媒体向社会公众公开赔礼道歉；四、判令被告承担本案诉讼费用，包括案件受理费、鉴定费、原告律师代理费、差旅费。

事实和理由：2015年1月至原告提起本案诉讼期间，根据国控污染源在线监测数据及行政处罚决定书显示，被告长期向大气超标排放污染物，包括烟尘、二氧化硫以及氮氧化物。2015年2月至2016年1月期间，吉林市环境保护局针对被告的上述超标排放行为先后作出过十次行政处罚决定，其中包括八次按日连续处罚，全部罚款金额总计高达人民币651万元。截至本案起诉时，该厂7号烟道排放二氧化硫、氮氧化物、烟尘排放仍然处于超标状态。2016年5月17日，在环保部公布的2016年第一季度主要污染物排放严重超标的国家重点监控企业名单中，被告被列为严重超标排放废气的国家重点监控企业。被告长期向大气超标排放污染物，多次受到行政处罚且未整改合规，危及大气环境，损害了社会公共利益，违反了《中华人民共和国环境保护法》《中华人民共和国大气污染防治法》等法律法规。被告应当及时采取有效措施，防止污染和危害，及时改正违法排污行为，主动履行环境保护义务，落实遵守环境保护法律法规的主体责任，并应依法承担环境侵权的法律责任。

中国石油××石化公司辩称：一、原告起诉前我单位已经通过改造实现了达标排放。根据吉林市环保局2016年5月以来对我单位二氧化硫、二氧化氮、烟尘排放的监测数据表明，我单位已经不存在超标排放侵害大气行为。原告在起诉状中提到2016年7月29日我单位存在超标排放行为，通过调取吉林市环保局当日24小时监测数据查明，在当天0时至11时，确实有单台锅炉二氧化硫瞬间超标现象。经查是因为个别批次煤炭质量有瑕疵，导致排放超标，瞬间即恢复达标。7月29日全天其他时段均未超标，日均值也未超标。据此不能认定我单位仍在实施超标排放行为。原告在起诉状中提到我单位被国家环保部列为严重超标的重点监控单位，在国家环保部网站发布的2016年第二季度主要污染物排放严重超标的国家重点监控企业名单中，我单位已经被剔除，不在重点监控之列。

二、在原告提起诉讼之前，我单位已经实施了环保设施改造项目，并且通过降负荷、喷氨、烧精煤等措施实现达标排放。为此，公司付出了巨大的成本，改造项目共计投资2.27亿元，2016年采购精煤多付出4600万元。2016年1月至10月份，共计使用氨水6331吨，增加成本562万元。锅炉降负荷运行，外供发电量减少5577万度，损失经济效益1595万元。外供蒸汽量减少15.78万吨，损失经济效益2174万元。原告请求人民法院判令我单位支付2015年1月1日起至消除所有不遵守环境保护法律法规行为对大气环境造成危害，并稳定达标排放期间向大气排放的污染物所产生的大气环境治理费用缺乏事实和法律依据。不论是涉及个体的私益诉讼，还是涉及公共利益的公益诉讼，都应该以实际损害的产生为事实依据索赔，以实际功能的丧失为依据，请求恢复原状。在本案中，我单位调取了 2014 年至 2016 年各个月吉林市空气二氧化硫、氮氧化合物和氮氧化物远程的检测数据，数据来源是吉林市环保局监测站江北子站。通过数据分析可知，2016 年吉林市江北地区七个月二氧化硫、氮氧化物、烟尘的月均值都未超过国家二级空气质量标准，大气环境不存在损害问题。对比 2016 年和 2014 年各个月二氧化硫、氮氧化物、烟尘月均值排放指数无明显增加，说明空气质量未因我单位动力一厂超标排放下降。

三、请原告酌情考虑关于判令我单位在省级以上媒体向社会公开赔礼道歉的诉讼请求。我单位前身是吉林化学工业公司，是国家一五期间兴建的以染料、化肥、电石"三大化"为标志的中国第一个大型化学工业基地。新中国的第一桶染料、第一袋化肥、第一炉电石，两弹一星工程的"201"和"741"产品也都是吉化生产的。在新中国成立之初，吉化为社会经济发展、国家繁荣稳定做出了不可磨灭的贡献。从诞生的第一天起，就是一个具有社会责任感和使命感的企业。改革开放以来，我单位也积极履行国有企业社会责任，秉承"喝着上游水，想着下游人"的环保理念，超前开展三废治理。早在 1980 年就建立了当时亚洲最大的工业污水处理厂，对公司工业废水进行专业处理，同时还承担了吉林市 30 余万人口生活污水的处理任务。本案中，我单位超标排放有其客观原因，受到吉林市环保局行政处罚后没有关停装置继续生产，也不是出于经济利益考虑，而是出于社会公众利益考虑。我单位承担××石化 60 套炼化装置的蒸汽和电力供应，一旦停产，××石化汽油、柴油、航空煤油、聚乙烯等重要化工产品生产将中断。××石化的千万吨级炼油装置（全国同等规模的仅有 25 套）一旦停产将造成部分省、市汽柴油供应中断，对社会稳定将造成极大影响。××石化聚乙烯、ABS、丙烯腈、乙丙橡胶、丁苯橡胶、甲基丙烯酸甲酯等产品停产会对下游产业造成很大冲击，不利于国家经济稳定发展。我单位还担负为周边几十家民营企业、事业单位供电、供汽工作。以 2016 年为例，共有 59 家周边企业、事业单位需要我单位提供蒸汽和电力。一旦停产，上述企事业单位如独自建设锅炉，将成为更大的污染源，对吉林市大气环境造成更大的伤害。而实际上在 2016 年以前，我单位一直处于严重亏损状态。在这种情况下，我们依然动用上亿元资金，组织实施环保改造，体现出企业的社会责任。

围绕原告的诉讼请求，双方当事人依法提交了证据。本院组织当事人进行了证据交换和质证，对当事人无异议的证据，本院予以确认并在卷佐证。本院审理认定事实如下：2015年1月至原告提起本案诉讼期间，根据国控污染源在线监测数据及行政处罚决定书显示，被告向大气超标排放污染物，包括烟尘、二氧化硫以及氮氧化物。2015年2月至2016年1月期间，吉林市环境保护局针对被告的上述超标排放行为，先后作出过十次行政处罚决定，其中八次是按日连续处罚，罚款金额总计651万元。截至本案起诉时，该厂7号烟道排放二氧化硫、氮氧化物、烟尘排放间断存在超标状态。2016年5月17日，在环保部公布的2016年第一季度主要污染物排放严重超标的国家重点监控企业名单中，被告被列为严重超标排放废气的国家重点监控企业。在环保部公布的2016年第二季度主要污染物排放严重超标的国家重点监控企业名单中，被告已不再被列为严重超标排放废气的国家重点监控企业。

经本院委托，辽宁省环境科学研究院于2018年7月出具了被告单位的《大气超标排放污染物造成污染所需治理费用评估意见》，评估2015年1月1日起至2016年10月31日止的污染治理费用共计1386.256万元。其中烟尘污染治理费用为0.391万元，二氧化硫污染治理费用为202.266万元，NOX污染治理费用为1183.598万元。

为了验证被告在本案诉讼期间进行改造工程的效果是否真正达到了治理污染物排放标准，本院同时委托辽宁省环境科学研究院对被告的改造工程方案进行评估。2018年7月，辽宁省环境科学研究院出具了被告单位的《烟气除尘脱硫脱硝改造工程方案评估报告》。该报告评估意见为：本项目采用的布袋除尘工艺是目前我国火电厂烟气除尘项目的首选及通用技术。烟气除尘工艺系统设计完整、合理，具有除尘效率高、技术成熟、运行稳定等优点。主要技术参数及设备配置、选型合理，达到国内先进水平，能够满足除尘装置连续、稳定运行及烟尘达标排放的要求。烟气除尘工艺系统试运行结果（在线监测及168h数据）表明：除尘系统运行稳定，烟尘排放浓度低于30mg/Nm^3，符合设计文件及《火电厂大气污染物排放标准》（GB 13223-2011）的相关要求。

本项目采用的石灰石石膏法烟气脱硫工艺是目前我国火电厂烟气脱硫项目的首选及通用技术，烟气脱硫工艺系统设计完整、合理，具有脱硫效率高，技术成熟，运行稳定等优点。主要技术参数及设备配置、选型合理，达到国内先进水平，能够满足烟气脱硫装置连续、稳定运行及二氧化硫达标排放的要求。烟气脱硫工艺系统试运行结果（在线监测及 168h 数据）表明：脱硫系统运行稳定，二氧化硫排放浓度低于 100mg/Nm³，符合设计文件及《火电厂大气污染物排放标准》（GB 13223-2011）的相关要求。

本项目新建 2#、7#锅炉烟气脱硝采用 SNCR（预留 SCR）工技术、6#锅炉采用 SCR 工技术，上述的烟气脱硝工艺系统设计完整、合理。主要技术参数及设备配置符合国家相关标准和工程技术规范的要求，总体上达到国内先进水平能够满足烟气脱硝装置连续、稳定运行及氮氧化物达标排放的要求。烟气脱硝工艺系统试运行结果（在线监测及 168h 数据）表明：脱硝系统运行稳定，氮氧化物排放浓度低于 100mg/Nm³ 符合设计文件及《火电厂大气污染物排放标准》（GB 13223-2011）的相关要求。

2018 年 8 月 7 日，原告北京自然之友向本院提出申请，称原告北京自然之友 2016 年 8 月提起环境公益诉讼后，被告中国石油××石化公司针对超标排放大气污染物的动力锅炉进行了脱硫脱硝、除尘项目的技术改造。2018 年 7 月，本案鉴定机构辽宁省环境科学研究院作出的被告中国石油××石化公司《烟气除尘脱硫脱硝改造工程方案评估报告》显示，被告中国石油××石化公司的烟气脱硫脱硝除尘工艺系统完整，设计合理，主要技术参数及设备配置达到国内先进水平，能够满足脱硫脱硝除尘装置连续、稳定运行及达标排放的要求。且在线监测及 168h 数据表明，改造系统运行稳定，二氧化硫、氮氧化物、烟尘排放浓度均符合《火电厂大气污染物排放标准》的相关要求。鉴于被告中国石油××石化公司积极整改，有效控制大气污染物排放量，履行了其应尽的社会责任并达到了良好的效果。原告北京自然之友申请撤回本案第三项诉讼请求，即"判令被告中国石油××石化公司在省级以上媒体向社会公开赔礼道歉"。

本院认为，关于本案原被告主体是否适格问题。《中华人民共和国环境保护法》第五十八条规定："对污染环境、破坏生态、损害社会公共利益的行为，符合下列条件的社会组织可以向人民法院提起诉讼：（一）依法在设区的市级以上人民政府民政部门登记；（二）专门从事环境保护公益活动连续五年以上且无违法记录。自登记之日至本案起诉之日成立满五年，从事环境保护公益活动满五年，并无违法记录。"《最高人民法院关于审理环境民事公益诉讼案件适用法律若干问题的解释》第三条规定："设区的市，自治州、盟、地区，不设区的地级市，直辖市的区以上人民政府民政部门，可以认定为环境保护法第五十八条规定的'设区的市级以上人民政府民政部门'。"原告北京自然之友是 2010 年 6 月 18 日在北京市朝阳区民政局注册成立，系民办非企业单位。专门从事环境保护公益活动。2010 年至 2015 年年检结论均属合格。庭审中，中国石油××石化公司对北京自然之友作为环保公益组织提起本案诉讼亦无异议。因此，北京自然之友的主体身份符合法律规定的社会公益组织提起诉讼的条件，是本案的适格主体。

根据《最高人民法院关于审理环境民事公益诉讼案件适用法律若干问题的解释》（以下简称《环境民事公益诉讼司法解释》）第一条规定，"法律规定的机关和有关组织依据民事诉讼法第五十五条、环境保护法第五十八条等法律的规定，对已经损害社会公共利益或者具有损害社会公共利益重大风险的污染环境、破坏生态的行为提起诉讼，符合民事诉讼法第一百一十九条第二项、第三项、第四项规定的，人民法院应予受理"；第十八条规定，"对污染环境、破坏生态，已经损害社会公共利益或者具有损害社会公共利益重大风险的行为，原告可以请求被告承担停止侵害、排除妨碍、消除危险、恢复原状、赔偿损失、赔礼道歉等民事责任"。本院认为，企业、事业单位和其他生产经营者超过污染物排放标准或者重点污染物排放总量控制指标排放污染物的行为可以视为是具有损害社会公共利益重大风险的行为。超量排放氮氧化物和二氧化硫是形成酸雨的主要原因，从而造成财产及人身损害。烟粉尘的超量排放将影响大气能见度及清洁度，亦会造成财产及人身损害。被告中国石油××石化公司自 2015 年起，多次超标向大气排放二氧化硫、氮氧化物、烟粉尘等污染物。经行政管理部门多次行政处罚仍未改正，其行为属于法律规定的"具有损害社会公共利益重大风险的行为"，故被告中国石油××石化公司是本案的适格被告，具备被告的主体身份。

关于污染是否存在问题。原告北京自然之友主张的被告中国石油××石化公司自 2015 年 1 月至原告北京自然之友提起本案诉讼期间向大气超标排放烟尘、二氧化硫以及氮氧化物等污染物的事实问题，有原告北京自然之友提供的国控污染源在线监测数据和吉林市环境保护局针对被告中国石油××石化公司上述超标排放行为先后作出过十次行政处罚决定证明，且被告中国石油××石化公司对上述排污事实予以承认，故可以认定被告中国石油××石化公司在2015年1月至原告北京自然之友提起本案诉讼期间确实存在向大气超标排放烟尘、二氧化硫以及氮氧化物等污染物的事实。

关于原告北京自然之友主张要求的被告中国石油××石化公司停止超标排污，减少对大气环境造成的侵害，消除所有不遵守环境保护法律法规行为对大气环境造成的危险问题，因被告中国石油××石化公司已改造生产设备，达到了排放标准，消除了可能造成的危险，故该请求本院不予支持。

关于大气污染治理费用问题，本案在审理期间，原告北京自然之友向本院提出申请，要求对被告中国石油××石化公司排放的污染物治理所需的相关费用申请鉴定评估。本院依法委托辽宁省环境科学研究院进行了鉴定评估，并对该评估结果进行了质证。双方对评估结果均无异议。本院认为：1. 根据《环境空气质量标准》（GB 3095-2012）、《环境损害鉴定评估推荐方法（第Ⅱ版）》、《生态环境损害鉴定评估技术指南总纲》、《火电厂大气污染物排放标准》等规定，采用虚拟治理成本法，即污染物排放量与单位污染物虚拟治理成本的乘积，计算损害治理费用客观、真实。2. 该评估报告经过原被告双方的质证，具备证据的真实性、客观性、关联性，该评估报告可以作为认定赔偿数额的依据。故本院对该评估报告予以采信，本院认定大气污染治理费用为 13 862 560 元。

关于原告北京自然之友申请撤回本案第三项诉讼请求即判令被告中国石油××石化公司在省级以上媒体向社会公开赔礼道歉问题，本案虽为公益诉讼案件，但原告北京自然之友的撤回该项请求，并不违反法律规定，也不存在损害公共利益的问题。被告中国石油××石化公司作为我国一个大型企业，能够积极主动地改造工程治理污染，履行社会责任，应该予以支持和肯定。允许原告北京自然之友撤回该项诉讼请求，对未来公益诉讼案件鼓励侵权方在法院未作出判决的情况下，积极履行社会义务，用最短的时间升级改造生产设备，从根本上达到治理污染的目的，都将起到良好的社会导向作用。为此，本院对原告北京自然之友的该项请求予以准许。

中国政法大学环境资源法研究和服务中心作为支持起诉单位参加到本案的诉讼当中来，极大地促进了案件的审理进度和案件事实的认定以及准确适用法律。我们知道，环境污染案件很多都涉及专业的法律知识和专业的行业知识，作为我国最高学府的研究机构的参与，对环境保护和调查取证方面给予支持，是较好的协同机制；同时，人民法院也鼓励社会组织和科研院所作为公益诉讼的支持单位参与到诉讼中来。

关于大气污染治理费用的使用和管理问题。大气污染治理费用的管理和使用，始终是社会普遍关注的问题，如何使大气污染治理费用发挥保护环境、修复遭到破坏的环境起到真正作用，也是我们审判机关十分关注的问题，为规范生产，为规范生态环境损害赔偿金管理加强生态环境保护与修复2017年11月20日，吉林省财政厅、吉林省环境保护厅、吉林省高级人民法院、吉林省人民检察院联合印发了《关于吉林省生态环境损害赔偿资金管理暂行办法》。该办法明确规定，为规范生态环境损害赔偿资金管理，加强生态环境保护与修复，保证全省生态环境安全，按照环境有价、损害担责、谁污染谁治理的原则，制定了这一资金管理暂行办法。要求生态环境损害事件发生后，根据法院判决、调解或磋商的结果，由造成损害的单位或个人缴纳，专项用于支付生态环境修复及相关费用的资金。资金原则上应用于该项生态环境损害的修复，如该项生态环境损害不可修复或者无法修复必要的可用于该区域该同类环境要素其他污染治理和生态环境损害修复。依据该规定，本案污染治理费用资金将存入吉林省生态环境损害赔偿资金管理账户，用于我省环境保护和治理。

关于本案鉴定费84万元、案件受理费22 800元，被告中国石油××石化公司表示愿意承担。律师代理费、差旅费问题，本案虽为公益诉讼，但《最高人民法院关于审理环境民事公益诉讼案件适用法律若干问题的解释》第二十二条明确规定：原告请求被告承担检验、鉴定费用，合理的律师费以及为诉讼支出的其他合理费用的，人民法院可以依法予以支持。本案律师代理费、差旅费确已发生，本院酌定后，律师代理费15万元、差旅费16 875元，由被告中国石油××石化公司负担。

综上所述，依照《中华人民共和国民法通则》第一百二十四条，《中华人民共和国侵权责任法》第六十六条，《中华人民共和国环境保护法》第五十八条，《最高人民法院关于审理环境侵权责任纠纷案件适用法律若干问题的解释》第八条，《最高人民法院关于审理环境民事公益诉讼案件适用法律若干问题的解释》第一条、第二条、第十八条、第二十条、第二十二条、第二十三条,《中华人民共和国民事诉讼法》第六十四条之规定,判决如下:

一、被告中国石油天然气股份有限公司××石化分公司于本判决生效之日起 30 日内赔偿因超标排放污染物造成的烟尘、二氧化硫、氮氧化物污染治理费用合计 13 862 560 元,支付至吉林省生态环境损害赔偿资金管理账户,用于吉林省大气环境质量修复和环境保护。

二、被告中国石油天然气股份有限公司××石化分公司于本判决生效之日起 30 日内向北京市京伦律师事务所律师支付律师代理费 15 万元,向北京市朝阳区自然之友环境研究所支付旅差费 16 875 元。

三、驳回原告其他诉讼请求。

如未按本判决指定的期间履行给付金钱义务,应当依照《中华人民共和国民事诉讼法》第二百五十三条之规定,加倍支付迟延履行期间的债务利息。

案件受理费 104 975 元,鉴定费 84 万元,由被告中国石油天然气股份有限公司××石化分公司负担。

如不服本判决,可在判决书送达之日起十五日之内向本院递交上诉状,并按对方当事人的人数或者代表人的人数提出副本,上诉于吉林省高级人民法院。

审 判 长　　刘×昌

审 判 员　　刘×成

代理审判员　　张×宏

二○一八年十二月十三日

书 记 员　　姜×

福建福州某公司毁林公益诉讼案

一、诉讼主体

原告：福建省绿家园环境友好中心

支持起诉单位：福州市人民检察院、中国政法大学环境资源法研究和服务中心（又称"污染受害者法律帮助中心"，简称"CLAPV"或者"中心"）、福州市林业局、连江县林业局

被告：福州×××农业综合开发有限公司

案由：环境侵权责任纠纷环境民事公益诉讼

二、诉讼程序

受理：2017 年 1 月 3 日

案号：（2017）闽 01 民初 13 号

一审：福建省福州市中级人民法院

结案：2017 年 7 月 10 日

三、诉讼请求

2009 年 9 月至 2012 年 7 月间，被告在未经林业主管部门审批的情况下，擅自在连江县丹阳镇坑口村田螺岗、高坑林地，非法勾挖平整土地，并修建办公楼及养猪场棚等建筑物。被告未经批准改变林地用途兴建养猪场，造成 71.8 亩林地无法原地恢复，破坏了森林生态服务功能，造成生态服务价值损

失，为此，原告向福建省福州市中级人民法院依法提起环境民事公益诉讼，并提出如下诉讼请求：

一、判决被告于 2017 年 3 月 12 日前按照《造林技术规程》（GB/T 15776）并结合当地林业行政部门执行的造林技术标准和要求异地恢复 71.8 亩林地，对林木按照《森林抚育规程》（GB/T 15781）并结合当地林业行政部门执行的森林抚育技术标准和要求抚育管护三年（管护时间从 71.8 亩林地验收合格之日起计算）。

二、被告不能在第一项指定的期限内异地恢复 71.8 亩林地的，应于期限届满之日起十日内赔偿生态环境修复费用暂定 100 万元（支付到法院指定账户），该款用于本案的生态环境修复。

三、判决被告赔偿生态环境受到损害至恢复原状期间服务功能损失暂定 150 万元（支付到法院指定账户），该款用于本案的生态环境修复或公共生态环境修复。

四、判决被告赔偿原告因本案诉讼实际支出的环境损害评估鉴定费、专家咨询费、律师服务费、工作人员和律师差旅费等。

五、判决被告承担本案诉讼费用。

四、案件结果

本案审理过程中，经福建省福州市中级人民法院主持调解，当事人自愿达成调解协议，法院将调解协议、民事起诉状在法院公告栏、福州法院网上进行为期 30 日的公告，公告期满后未收到任何意见或建议。法院认为，调解协议不违反法律规定和社会公共利益，予以确认，并制作调解书，已经双方当事人签收，具有法律效力，调解协议内容如下：

一、被告于 2018 年 4 月 30 日前，按照《造林技术规程》（GB/T 15776）并结合连江县林业局执行的造林技术标准和要求营造 145 亩生态公益林或重点区位内的集体商品林，林木胸径 3 厘米以上，并经连江林业局验收合格。

二、从 145 亩生态公益林或重点区位内的集体商品林验收合格之日起，被告按照《森林抚育规程》（GB/T 15781）并结合连江县林业局执行的森林抚育技术标准和要求抚育管护三年，并经连江林业局验收合格。

三、被告不享有 145 亩生态公益林或重点区位内的集体商品林种植林木所有权。

四、由原告委托有资质的设计单位对 145 亩生态公益林或重点区位内的集体商品林进行造林设计。设计文件作为被告营造、抚育管护生态公益林或重点区位内的集体商品林、连江县林业局验收、原告现场检查的依据。造林设计费或者专家费由被告据实承担。

五、被告不能按第一项营造生态公益林或重点区位内的集体商品林，并经连江林业局验收合格的，应于期限届满之日起十日内赔偿生态环境修复费用 100 万元。被告不能按第二项抚育管护生态公益林或重点区位内的集体商品林并经连江县林业局验收合格的，应于期限届满之日起十日内赔偿生态环境修复费用 150 万元。上述款项支付到法院指定账户，用于本案的生态环境修复或公共生态环境修复。

六、自本调解协议签订之日起，被告应从 2018 年起，在每年 6 月、12 月，向法院及原告通报营造、抚育管护生态公益林或重点区位内的集体商品林进展情况，并接受原告及社会监督。原告有权随时到现场检查营造、抚育管护生态公益林或重点区位内的集体商品林情况。

七、被告向原告支付律师费 12.5 万元、差旅费 5 万元、调查费 5 万元。

八、原被告同意本案调解书由法院在中国裁判文书网公开，接受社会监督。

案件受理费 29 200 元，减半收取 14 600 元，由被告福州×××农业综合开发有限公司负担。

五、支持工作

本案中，中国政法大学环境资源法研究和服务中心、福州市人民检察院、福州市林业局和连江县林业局四家单位作为支持起诉单位，参加案件支持工作，为案件的审理和原告依法提供了支持起诉工作。

中国政法大学环境资源法研究和服务中心作为本案支持起诉单位，为本案提供法律咨询、提交书面支持意见、委托代理人出庭支持起诉、协助调查取证等支持起诉工作。

通过中心和福州市人民检察院、福州市林业局、连江县林业局的支持工作，为原告在生态破坏案件处理思路、调查取证、案件执行等方面都提供了强有力的支持，通过支持单位参与案件审理，福州地区支持起诉单位为案件的证据收集、后续执行都可以结合自身的优势和职责来为本案的审理和执行提供支持，中心作为专业的环境资源法领域的研究和服务机构，提供专业的法律知识和代理人为原告提供智力和法律人员的支持，增强原告的诉讼能力。

六、诉讼影响

本案系福州首例环保公益诉讼，是全国人大常委会授权检察机关开展公益诉讼试点工作后福州市首例公益诉讼案件，也是 2020 年 7 月 30 日，福州市人民检察院召开"福州市加强检察公益诉讼工作新闻发布会"，通报近五年来福州市检察机关办理的公益诉讼示范案例 5 件之一——福建省检察机关生态环境保护典型案例。

本案给我们提供了一个典型的示范案例，通过本案的审理和执行，体现了环境民事公益诉讼制度在解决生态环境案件方面可以发挥各方主体的能动作用，为今后相似案件在各方主体身份定位方面提供了很好的参考案例。

七、诉讼文书

民事起诉状

原告：福建省绿家园环境友好中心。地址：福州市营迹路 38 号温泉花园×座××，邮编：××××××。

法定代表人：林×英，职务：主任。

支持起诉单位：福州市人民检察院。地址：福州市晋安区长乐南路 288

号，邮编：×××××。

法定代表人：叶×培，职务：检察长。

支持起诉单位：中国政法大学环境资源法研究和服务中心（又称"污染受害者法律帮助中心"）。地址：北京市海淀区学院南路38号智慧大厦××××室，邮编：×××××。

负责人：王灿发，职务：主任。

被告：福州×××农业综合开发有限公司。地址：连江县丹阳镇坑口村（田螺岩与高坑位置）。

法定代表人：林×，职务：执行董事兼总经理。

诉讼请求：

一、判决被告于2017年3月12日前按照《造林技术规程》（GB/T 15776）并结合当地林业行政部门执行的造林技术标准和要求异地恢复71.8亩林地，对林木按照《森林抚育规程》（GB/T 15781）并结合当地林业行政部门执行的森林抚育技术标准和要求抚育管护三年（管护时间从71.8亩林地验收合格之日起计算）。

二、被告不能在第一项指定的期限内异地恢复71.8亩林地的，应于期限届满之日起十日内赔偿生态环境修复费用暂定100万元（支付到法院指定账户），该款用于本案的生态环境修复。

三、判决被告赔偿生态环境受到损害至恢复原状期间服务功能损失暂定150万元（支付到法院指定账户），该款用于本案的生态环境修复或公共生态环境修复。

四、判决被告赔偿原告因本案诉讼实际支出的环境损害评估鉴定费、专家咨询费、律师服务费、工作人员和律师差旅费等。

五、判决被告承担本案诉讼费用。

事实和理由：

原告是在福建省民政厅登记注册的民办非企业单位，宗旨是遵守国家的宪法、法律、法规和国家政策，遵守社会道德风尚，普及公民环境保护意识，保护生态环境与生态平衡，倡导绿色消费，促进社会、环境、生态、经济和谐的可持续发展。业务范围是保护生态环境、传播环境文化、开展学术技术交流。原告专门从事环境保护公益活动连续五年以上且无违法记录。对污染环境、破坏生态，损害社会公共利益的行为有权提起公益诉讼。

2009 年 9 月至 2012 年 7 月间，被告在未经林业主管部门审批的情况下，擅自在连江县丹阳镇坑口村田螺岗、高坑林地，非法勾挖平整土地，并修建办公楼及养猪场棚等建筑物。经福建鼎力司法鉴定中心鉴定：连江县丹阳镇坑口村宝山下长垅山养猪场即被告占用并造成 71.8 亩林地被严重毁坏，无法恢复。被占用林地种类为经济林果园和一般用材林。以上事实有福建鼎力司法鉴定中心林业物证司法鉴定意见书（闽鼎〔2014〕林鉴字第 40 号）、连江县人民法院刑事判决书〔（2014）连刑初字第 349 号〕等证据证实。

根据《全国森林经营规划（2016—2050 年）》，一般用材林和部分经济林，兼顾生态保护调节、生态文化服务或生态系统支持功能。上述功能属于生态服务功能。根据原告宗旨和业务范围，原告有维护森林生态服务功能不受损害的责任和义务。

本案中，被告未经批准改变林地用途兴建养猪场，造成 71.8 亩林地无法原地恢复，破坏了森林生态服务功能，造成生态服务价值损失。原告故根据《中华人民共和国森林法》第一条、《中华人民共和国环境保护法》第五十八条等规定，特向你院起诉。二支持单位根据《中华人民共和国民事诉讼法》第十五条，支持原告起诉。请法院支持原告诉讼请求。

此致

福建省福州中级人民法院

原告：福建省绿家园环境友好中心

支持起诉单位：福州市人民检察院

支持起诉单位：中国政法大学环境资源法研究和服务中心

二〇一六年八月十四日

中国政法大学环境资源法研究和服务中心
支持原告起诉意见书

尊敬的审判长、审判员：

贵院受理的原告福建省绿家园环境友好中心诉被告福州×××农业综合开发有限公司环境污染责任纠纷环境民事公益诉讼案件，根据《中华人民共和国民事诉讼法》《最高人民法院关于审理环境民事公益诉讼案件适用法律若干问题的解释》等相关规定，中国政法大学环境资源法研究和服务中心（又称"污染受害者法律帮助中心"）通过向原告提供法律咨询、就案件提出参考意见、出庭发表支持意见等方式支持原告依法提起本案环境民事公益诉讼，现我单位发表如下支持意见，望贵院予以采纳。

环境是人类赖以生存的各种自然因素的总体，切实保护和改善环境关系到人民群众生命健康、社会和谐安定和中华民族的永续发展。当前，我国面临环境污染严重、生态系统退化的严峻形势。对此，人民群众反映强烈，党中央高度关注。党的十八大把生态文明建设纳入中国特色社会主义事业"五位一体"总体布局，并提出了"建设美丽中国"的美好愿景。十八届三中、四中全会分别通过的决定，分别强调"用制度保护生态环境""用严格的法律制度保护生态环境"。

为此，我国民事诉讼法和环境保护法相继规定了民事公益诉讼制度。2015年1月6日，最高人民法院公布了《最高人民法院关于审理环境民事公益诉讼案件适用法律若干问题的解释》，为符合起诉条件的社会组织提供了法律的指引，体现了最高人民法院为"建设美丽中国"运用"严格的法律制度保护生态环境"的决心。

中国政法大学环境资源法研究和服务中心成立于1998年10月，是经中国政法大学批准，司法部备案的民间环境保护团体。其成员由中国政法大学从事环境资源法研究和教学的教授、副教授为主，联合北京大学、清华大学、中国人民大学等十所高校和研究机构热心环境保护事业的法律和技术专家、学者、律师和研究生兼职组成，由中国政法大学环境法教授王灿发先生任中心主任。中心通过组织热心环境保护事业的法律专家、学者、律师和环境管理与技术专家对中国环境资源立法及其实施问题开展专题研究、进行国际交流、对环境执法和司法人员及公众进行环境法知识的培训，普及环境资源法知识，提高公众的环境法律意识和中国的环境资源立法、执法水平；通过对污染受害者提供法律帮助的方式，维护污染受害者的环境权益，促进中国环境资源法的执行和遵守。

对该案支持意见如下：

1. 根据《中华人民共和国民事诉讼法》《中华人民共和国环境保护法》《最高人民法院关于审理环境民事公益诉讼案件适用法律若干问题的解释》等规定，原告提起本案诉讼符合原告主体资格法定条件，有权提起环境民事公益诉讼。

2. 根据我国环境保护相关法律规定，企业事业单位和其他生产经营者应当防止、减少环境污染和生态破坏，对所造成的损害依法承担责任。被告未经批准改变林地用途兴建养猪场，造成林地无法原地恢复，破坏了森林生态服务功能，造成生态服务价值损失，对社会公共利益造成损害，故为维护社会公共利益，原告的诉讼请求应当得到司法支持。

3. 原告作为非营利社会组织，支持起诉单位建议人民法院依法缓收、减收或免收原告诉讼费用，加大对原告的司法救助力度。

4. 希望被告能够通过本案负起责任，增强环境保护意识，依法自觉履行应尽的环境保护义务。

生态环境事关民生福祉，美丽中国需要司法保护。森林、土地、大气、水等自然因素是经济社会可持续发展的物质基础，关系人民群众身体健康，关系美丽中国建设，保护好各种自然因素构成的环境是推进生态文明建设和维护国家生态安全的重要内容。我中心支持原告福建省绿家园环境友好中心提起本案环境民事公益诉讼一案，望人民法院依法审理支持原告的诉讼请求！

原告支持起诉单位（签章）：

中国政法大学环境资源法研究和服务中心

2017 年 5 月 31 日

附：法律条文

《中华人民共和国民事诉讼法》

第十五条 机关、社会团体、企业事业单位对损害国家、集体或者个人民事权益的行为，可以支持受损害的单位或者个人向人民法院起诉。

《最高人民法院关于审理环境民事公益诉讼案件适用法律若干问题的解释》

第十一条 检察机关、负有环境保护监督管理职责的部门及其他机关、社会组织、企业事业单位依据民事诉讼法第十五条的规定，可以通过提供法律咨询、提交书面意见、协助调查取证等方式支持社会组织依法提起环境民事公益诉讼。

《中华人民共和国水污染防治法》

第八十八条第二款 环境保护主管部门和有关社会团体可以依法支持因水污染受到损害的当事人向人民法院提起诉讼。

福建省福州市中级人民法院
出庭通知书

（2017）闽 01 民初 13 号

中国政法大学：

本院定于 2017 年 5 月 31 日下午 3 时 00 分在本院第二十法庭公开开庭审理原告福建省绿家园环境友好中心与被告福州×××农业综合开发有限公司环境侵权责任纠纷公益诉讼一案。依照《中华人民共和国民事诉讼法》第十五条、《最高人民法院关于审理环境民事公益诉讼案件适用法律若干问题的解释》第十一条之规定，特通知你单位作为本案的支持起诉人准时出庭。

福建省福州市中级人民法院（印）

2017 年 5 月 21 日

福建省福州市中级人民法院
通知书

(2017) 闽 01 民初 13 号

中国政法大学：

本院受理原告福建省绿家园环境友好中心与被告福州×××农业综合开发有限公司环境侵权责任纠纷公益诉讼一案，诉讼过程中，经本院组织，双方当事人于 2017 年 5 月 31 日达成调解协议。现将该调解协议告知你单位。

附：调解协议复印件

福建省福州市中级人民法院（印）
2017 年 6 月 21 日

福建省福州市中级人民法院
民事调解书

(2017) 闽 01 民初 13 号

原告：福建省绿家园环境友好中心。住所地：福州市营迹路 38 号温泉花园×座××。

法定代表人：林×英，职务：主任。

委托诉讼代理人：刘×星，工作人员。

委托诉讼代理人：吴×心，湖北隆中律师事务所律师。

被告：福州×××农业综合开发有限公司。住所地：福建省连江县丹阳镇坑口村（田螺岩与高坑位置）。

法定代表人：林×，职务：执行董事兼总经理。

委托诉讼代理人：林×清，林×亲属。

支持起诉人：福州市人民检察院。住所地：福州市晋安区长乐南路 288 号。

法定代表人：叶×培，职务：检察长。

委托诉讼代理人：陈×冰，检察员。

委托诉讼代理人：任×，代理检察员。

支持起诉人：中国政法大学环境资源法研究和服务中心（又称"污染受害者法律帮助中心"）。住所地：北京市海淀区学院南路 38 号智慧大厦××××室。

负责人：王灿发，职务：主任。

委托诉讼代理人：祝×贺，北京市君永律师事务所律师。

支持起诉人：福州市林业局。住所地：福州市仓山区南江滨西大道 193 号东部办公区 6 号楼×层。

法定代表人：童×荣，职务：局长。

支持起诉人：连江县林业局。住所地：连江县凤城镇丹凤东路 19 号。

法定代表人：刘×奇，职务：局长。

原告福建省绿家园环境友好中心与被告福州×××农业综合开发有限公司环境侵权责任纠纷公益诉讼一案，本院于 2017 年 1 月 3 日立案后，依法适用普通程序审理。

福建省绿家园环境友好中心向本院提出诉讼请求：一、判决被告于 2017 年 3 月 12 日前按照《造林技术规程》（GB/T 15776）并结合当地林业行政部门执行的造林技术标准和要求异地恢复 71.8 亩林地，对林木按照《森林抚育规程》（GB/T 15781）并结合当地林业行政部门执行的森林抚育技术标准和要求抚育管护三年（管护时间从 71.8 亩林地验收合格之日起计算）；二、被告不能在第一项指定的期限内异地恢复 71.8 亩林地的，应于期限届满之日起十日内赔偿生态环境修复费用暂定 100 万元（支付到法院指定账户），该款用于本案的生态环境修复；三、判决被告赔偿生态环境受到损害至恢复原状期间服务功能损失暂定 150 万元（支付到法院指定账户），该款用于本案的生态环境修复或公共生态环境修复；四、判决被告赔偿原告因本案诉讼实际支出的环境损害评估鉴定费、专家咨询费、律师服务费、工作人员和律师差旅费等；五、判决被告承担本案诉讼费用。

事实与理由：原告是在福建省民政厅登记注册的民办非企业单位，专门从事环境保护公益活动连续五年以上且无违法记录，对污染环境、破坏生态，损害社会公共利益的行为有权提起公益诉讼。2009 年 9 月至 2012 年 7 月间，被告在未经林业主管部门审批的情况下，擅自在连江县丹阳镇坑口村田螺岗、高坑林地，非法勾挖平整土地，并修建办公楼及养猪场棚等建筑物。经福建鼎力司法鉴定中心鉴定：连江县丹阳镇坑口村宝山下长垅山养猪场经被告占用并造成 71.8 亩林地被严重毁坏，无法恢复。被占用林地种类为经济林果园和一般用材林。原告有维护森林生态服务功能不受损害的责任和义务。原告根据《中华人民共和国森林法》第一条、《中华人民共和国环境保护法》第五十八条等规定，依法起诉。四支持单位根据《中华人民共和国民事诉讼法》第十五条，支持原告起诉。

福州市人民检察院支持起诉称：×××公司在未经林业主管部门审批的情况下，擅自在连江县丹阳镇坑口村田螺岗、高坑林地，非法勾挖平整土地，并修建办公楼及养猪场棚等建筑物。其损害情况已经福建鼎力司法鉴定中心鉴定，鉴定表明其非法占用的 71.8 亩农用地被严重毁坏，无法恢复，造成当地生态资源严重破坏。×××公司非法占用集体所有的土地经刑事处罚后，既未根据《中华人民共和国森林法实施条例》第十八条的规定，依法办理相关审批手续，也未清退非法占用的农用地，其行为仍处于违法状态，并破坏了当地森林生态服务功能，造成生态服务价值损失，根据《中华人民共和国民法通则》第一百二十四条、第一百三十四条之规定，×××公司应承担恢复原状、赔偿损失的民事责任。为保护生态资源安全，维护公共环境利益，特支持福建省绿家园环境友好中心对福州×××农业综合开发有限公司提起诉讼，请依法裁判。

中国政法大学环境资源法研究和服务中心支持起诉称：1. 根据《中华人民共和国民事诉讼法》《中华人民共和国环境保护法》《最高人民法院关于审理环境民事公益诉讼案件适用法律若干问题的解释》等规定，原告提起本案诉讼符合原告主体资格法定条件，有权提起环境民事公益诉讼。2. 根据我国环境保护相关规定，企业事业单位和其他生产经营者应当防止、减少环境污染和生态破坏，对所造成的损害依法承担责任。被告未经批准改变林地用途兴建养猪场，造成林地无法原地恢复，破坏了森林生态服务功能，造成生态服务价值损失，对社会公共利益造成损害，故为维护社会公共利益，原告的诉讼请求应当得到司法支持。3. 原告作为非营利性社会组织，支持起诉单位建议人民法院依法缓收、减收或免收原告诉讼费用，加大对原告的司法救助力度。4. 希望被告能通过本案负起责任，增强环境保护意识，依法自觉履行应尽的环境保护义务。中国政法大学环境资源法研究和服务中心支持原告福建省绿家园环境友好中心提起本案环境民事公益诉讼一案，望人民法院依法审理支持原告的诉讼请求。

福州市林业局支持起诉称：根据《全国森林经营规划（2016—2050 年）》，一般用材林和部分经济林，兼顾生态保护调节、生态文化服务或生态系统支持功能。上述功能属于生态服务功能。因此，本案被告未经批准改变林地用途兴建养猪场，造成 71.8 亩林地无法原地恢复，破坏了森林生态服务功能，造成生态服务价值损失。我省森林资源丰富，林业在我省国民经济中占有十分重要的地位，但违法行为人乱砍滥伐、侵占林地的形势依然严峻，需要运用更多的法律手段保护森林资源。根据《中华人民共和国森林法》第一条、《中华人民共和国民事诉讼法》第十五条规定，对福州市中级人民法院受理的福建省绿家园环境友好中心对福州×××农业综合开发有限公司环境侵权责任提起的民事公益诉讼一案，福州市林业局将在以后审判和执行工作中提供以下支持：一、指导所在地连江县林业局编制《森林植被恢复方案》，选择确定宜林地及协调异地种植工作；二、指导所在地连江县林业局按照国家《造林技术规程》（GB/T 15776）、《森林抚育规程》（GB/T 15781）、福建省《造林作业设计技术规程》（DB35/T 641）和福建省《造林技术规程》（DB35/T 84）规定，对修复结果进行验收。

连江县林业局支持起诉称：根据《中华人民共和国民事诉讼法》第十五条的规定，对福州市中级人民法院受理的福建省绿家园环境友好中心与福州×××农业综合开发有限公司环境侵权责任一案，连江县林业局将在以后审判和工作中提供以下支持：一、编制《森林植被恢复方案》之前，选择确定宜林地，协调异地种植工作；二、将按照国家《造林技术规程》（GB/T 15776）、《森林抚育规程》（GB/T 15781）规定、福建省《造林作业设计技术规程》（DB35/T 641）和福建省《造林技术规程》（DB35/T 84），由连江县林业局福州验收工作。

福州×××农业综合开发有限公司辩称，其对原告的起诉没有意见。

经审理，本院认定事实如下：

2009 年 9 月至 2012 年 7 月间，被告福州×××农业综合开发有限公司在未经林业主管部门审批的情况下，擅自在连江县丹阳镇坑口村田螺岗、高坑林地，非法勾挖平整土地并修建办公楼及养猪场棚等建筑物。经福建鼎力司法鉴定中心鉴定：连江县丹阳镇坑口村宝山下长垅山养猪场即被告占用并造成 71.8 亩林地被严重毁坏，无法恢复。被占用林地种类为经济林果园和一般用材林。

本案审理过程中，经本院主持调解，当事人自愿达成如下协议，请求人民法院确认：

一、被告于 2018 年 4 月 30 日前，按照《造林技术规程》（GB/T 15776）并结合连江县林业局执行的造林技术标准和要求营造 145 亩生态公益林或重点区位内的集体商品林，林木胸径 3 厘米以上，并经连江林业局验收合格。

二、从 145 亩生态公益林或重点区位内的集体商品林验收合格之日起，被告按照《森林抚育规程》（GB/T 15781）并结合连江县林业局执行的森林抚育技术标准和要求抚育管护三年，并经连江林业局验收合格。

三、被告不享有 145 亩生态公益林或重点区位内的集体商品林种植林木所有权。

四、由原告委托有资质的设计单位对 145 亩生态公益林或重点区位内的集体商品林进行造林设计。设计文件作为被告营造、抚育管护生态公益林或重点区位内的集体商品林、连江县林业局验收、原告现场检查的依据。造林设计费或者专家费由被告据实承担。

五、被告不能按第一项营造生态公益林或重点区位内的集体商品林，并经连江林业局验收合格的，应于期限届满之日起十日内赔偿生态环境修复费用 100 万元。被告不能按第二项抚育管护生态公益林或重点区位内的集体商品林并经连江县林业局验收合格的，应于期限届满之日起十日内赔偿生态环境修复费用 150 万元。上述款项支付到法院指定账户，用于本案的生态环境修复或公共生态环境修复。

六、自本调解协议签订之日起，被告应从 2018 年起，在每年 6 月、12 月，向法院及原告通报营造、抚育管护生态公益林或重点区位内的集体商品林进展情况，并接受原告及社会监督。原告有权随时到现场检查营造、抚育管护生态公益林或重点区位内的集体商品林情况。

七、被告向原告支付律师费 12.5 万元、差旅费 5 万元、调查费 5 万元。

八、原被告同意本案调解书由法院在中国裁判文书网公开，接受社会监督。

本院于 2017 年 6 月 6 日将调解协议、民事起诉状在本院公告栏、福州法院网上进行了为期三十日的公告。公告期满后未收到任何意见或建议。

本院认为，上述协议不违反法律规定和社会公共利益，本院予以确认。

案件受理费 29 200 元，减半收取 14 600 元，由被告福州×××农业综合开发有限公司负担。

本调解书经双方当事人签收后，即具有法律效力。

审 判 长　　张　×

审 判 员　　黄×旭

人民审员　　胡×芳

二〇一七年七月十日

法官助理　　张×灯

书 记 员　　邵　×

云南玉溪抚仙湖保护公益诉讼案

一、诉讼主体

原告： 北京市朝阳区自然之友环境研究所

支持起诉单位： 中国政法大学环境资源法研究和服务中心（又称"污染受害者法律帮助中心"，简称"CLAPV"或者"中心"）

被告： 云南江川仙湖××旅游物业发展有限公司（简称"仙湖××公司"）

案由： 环境民事公益诉讼

二、诉讼程序

受理： 2017 年 2 月 22 日

案号：（2017）云 04 民初 16 号

一审： 云南省玉溪市中级人民法院

结案： 2020 年 4 月 13 日

三、诉讼请求

中国云南江川"仙湖××"暨抚仙湖鲭鱼湾—棋盘山度假娱乐旅游区项目是重庆××企业拓展有限公司（以下简称"××企业"）在云南江川县抚仙湖畔开发的房地产旅游项目，占地面积 22.76 平方公里，其中规划建设用地 15.12 平方公里。项目地点位于抚仙湖南岸。2010 年该项目获得玉溪市政府批准。2010 年 3 月，××企业旗下重庆××投资有限公司投资注册成立被告云南江川仙湖××旅游物业发展有限公司，负责云南江川"仙湖××"暨抚仙湖鲭鱼湾—棋盘山度假娱乐旅游区项目的开发建设。被告仙湖××公司就上述建设项目自2012年施工建设后，在抚仙湖一级保护区内填湖建设了人工沙滩，建设了景观水池、售楼部和灯塔，修建了样板房展示区防护栏杆、木栈道、木质管理用房。后玉溪市、县有关部门对被告仙湖××公司的相关违法行为进行了罚款，并责令拆除。因被告仙湖××公司未严格按照要求进行处理，原告向云南省玉溪市中级人民法院提起诉讼，并提出如下诉讼请求：

1. 判令被告三个月内拆除"云南江川仙湖××暨抚仙湖鲭鱼湾—棋盘山度假娱乐旅游项目一期"的售楼部、景观水池、灯塔等设施并恢复原状；将沿湖建设的人工沙滩恢复湿地原状。

2. 如被告逾期未履行上述义务，则判令被告支付（生态环境）恢复费用（具体以评估或专家意见为准）。

3. 判令被告在当地主要刊物登报赔礼道歉。

4. 判令被告承担原告因本案产生的合理费用，包括差旅费、律师费用、专家咨询费用等。

5. 本案诉讼费用由被告承担。

在诉讼过程中，云南省玉溪市中级人民法院组织双方进行现场勘验之后，原告依法申请增加了如下几项诉讼请求：

1. 判令被告三个月内拆除"云南江川仙湖××暨抚仙湖鲭鱼湾—棋盘山度假娱乐旅游项目一期"临湖而建的观景台（包括木质观景台、混泥土建设的观景台）并恢复原状。

2. 判令被告三个月内拆除抚仙湖一级保护区以内违法建设所谓的"湿地公园"的相关建筑物、构筑物及设施，按照《云南省抚仙湖保护条例》《云南玉溪抚仙湖国家湿地公园总体规划（2016—2020）》及国家湿地公园的建设规范等进行湿地恢复。

3. 如被告逾期未履行上述两项义务，则判令被告支付（生态环境）恢复费用（具体以评估或专家意见为准）。

4. 判令被告赔偿从2013年4月28日至今在抚仙湖一级保护区内违

法施工建设造成的抚仙湖湿地生态功能服务损失。具体金额以鉴定机构或专家意见为准。

四、案件结果

本案于 2017 年 2 月 22 日立案，2017 年 2 月 24 日云南省玉溪市中级人民法院公告了案件受理情况，并于 2017 年 2 月 27 日书面告知玉溪市抚仙湖管理局和玉溪市环保局。2017 年 9 月 28 日公开开庭进行了审理，2017 年 10 月 20 日原告申请加玉溪市江川区人民政府为共同被告，法院于 2018 年 2 月 23 日裁定驳回原告关于追加玉溪市江川区人民政府为共同被告的申请，另因存在其他应当中止诉讼的情形，法院于 2018 年 6 月 28 日裁定将本案中止诉讼。因本案案件情况复杂，经法院院长批准，本案延长了审理期限六个月，经云南省高级人民法院批准，本案再次延长了审理期限六个月，本案审理过程中，经法院主持调解，当事人自愿达成如下协议：

一、被告云南江川仙湖××旅游物业发展有限公司已拆除售楼部、景观水池、灯塔、观景台等位于抚仙湖一级保护区内的建筑物、构筑物及设施，并进行生态恢复。对于抚仙湖一级保护区内鲭鱼湾东面山顶未拆除的硬化场地，被告云南江川仙湖××旅游物业发展有限公司应当在本调解书生效之日起 60 日内予以拆除。

二、被告云南江川仙湖××旅游物业发展有限公司出资 2 000 000 元设立抚仙湖公益保护基金，自本调解书生效之日起 30 日内全额支付至玉溪市抚仙湖管理局，由玉溪市抚仙湖管理局对基金进行管理，专门用于抚仙湖的生态保护工作，支持环境公益事业。原告北京市朝阳区自然之友环境研究所对于资金的使用具有知情权和监督权。

三、被告云南江川仙湖××旅游物业发展有限公司承诺保护抚仙湖的生态环境，并支持环境公益事业。

四、被告云南江川仙湖××旅游物业发展有限公司于本调解书生效之日起 30 日内给付原告北京市朝阳区自然之友环境研究所因本案诉讼而支出的各项费用 87 484.53 元、律师费 200 000 元、专家咨询费 60 000 元，共计 347 484.53 元。

五、一审案件受理费 100 元，由被告云南江川仙湖××旅游物业发展
有限公司负担。

法院于 2020 年 2 月 20 日将调解协议内容书面告知玉溪市抚仙湖管理局和
玉溪市生态环境局（原玉溪市环保局），玉溪市抚仙湖管理局和玉溪市生态环
境局（原玉溪市环保局）对调解协议内容未提出不同意见。为保障公众知情
权和参与权，法院在人民法院公告网上对调解协议进行公告，公告期满后未
收到任何异议，经法院审查，上述协议不违反法律规定，未损害社会公共利
益，法院予以确认，制作调解书，已经各方当事人签收，具有法律效力。

五、支持工作

本案支持起诉单位是中国政法大学环境资源法研究和服务中心。中心通
过为本案提供法律咨询、向法庭提交书面支持意见、派遣志愿律师为原告代
理、协助调查取证等方式支持本案诉讼。中心主任王灿发教授在北京先后两
次主持原被告案件协调座谈会议，对原被告双方了解案件详细背景信息及案
件处理方向起到积极的推进作用。中心作为支持单位为原告提供强有力的智
力和法律人员的支持，增强了原告诉讼能力。

六、诉讼影响

本案是玉溪市首例社会组织提起的环境民事公益诉讼案件，入选云南省
高级人民法院发布的 2017 年度《云南环境资源审判》白皮书。

本案历经 3 年多时间审结，给我们也带来了一些启示：①生态环境类公
益诉讼，现场勘验非常重要。②环境民事公益诉讼的办理需要各方面力量的
共同努力才能实现生态环境的保护。③生态环境保护红线不容触碰。④高原
湖泊的保护，需要生态保护技术政策的法治化。

七、诉讼文书

民事起诉状

原告：北京市朝阳区自然之友环境研究所。

住所地：北京市朝阳区裕民路 12 号 2 号楼×层××××。

通信地址：北京市朝阳区裕民路 12 号华展国际公寓×座×××。

法定代表人：张×驹，职务：所长。

电话：010-×××××、××××××。

支持起诉单位：中国政法大学环境资源法研究和服务中心（又称"污染受害者法律帮助中心"）。

住所地：北京市海淀区学院南路 38 号智慧大厦××××。

负责人：王灿发，职务：主任。

电话：010-××××××××。

被告：云南江川仙湖××旅游物业发展有限公司。

住所地：云南省玉溪市江川区路居镇综合文化站二楼×室。

法定代表人：徐×国，职务：董事长。

电话：0871-×××××。

案由：环境民事公益诉讼。

诉讼请求：

1. 判令被告三个月内拆除"云南江川仙湖××暨抚仙湖鲭鱼湾—棋盘山度假娱乐旅游项目一期"的售楼部、景观水池、灯塔等设施并恢复原状；将沿湖建设的人工沙滩恢复湿地原状。

2. 如被告逾期未履行上述义务，则判令被告支付（生态环境）恢复费用（具体以评估或专家意见为准）。

3. 判令被告在当地主要刊物登报赔礼道歉。

4. 判令被告承担原告因本案产生的合理费用，包括差旅费、律师费用、专家咨询费用等。

5. 本案诉讼费用由被告承担。

事实和理由：

中国云南江川"仙湖××"暨抚仙湖鲭鱼湾—棋盘山度假娱乐旅游区项目是重庆××企业拓展有限公司（以下简称"××企业"）在云南江川县抚仙湖畔开发的地产旅游项目，占地总面积 22.76 平方公里，其中规划建设用地 15.12 平方公里。项目地点位于抚仙湖南岸。2010 年该项目获得玉溪市政府批准。2010 年 3 月，××企业旗下重庆××投资有限公司投资注册成立被告——云南江川仙湖××旅游物业发展有限公司，负责云南江川仙湖××暨抚仙湖鲭鱼湾—棋盘山度假娱乐旅游项目的开发建设。2014 年玉溪市环保局批准了《关于中国云南江川仙湖××项目一期一、二批次地块建设项目环境影响报告书》。但《关于中国云南江川仙湖××项目一期一、二批次地块建设项目环境影响报告书》以及《中国云南江川"仙湖××"暨抚仙湖鲭鱼湾—棋盘山度假娱乐旅游区总体规划（2009 年—2020 年）》明确要求该项目区征地红线必须位于抚仙湖一级保护区以外。即该项目的建设地点应该在抚仙湖最高蓄水位（1722.50 米）沿地表向外水平延伸 100 米的之外。然而，该项目自 2012 年施工建设后，在抚仙湖一级保护区内违法填湖建设人工沙滩、违法建设景观水池、售楼部和水塔。2014 年 8 月玉溪市、县有关部门对被告的违法行为进行了罚款，并责令拆除。截止到目前，被告仍未拆除违法建设的售楼部、灯塔和景观水池，也未对因修建人工沙滩被破坏的湖滨带湿地进行修复。

《云南省抚仙湖保护条例》第十三条第二项规定："抚仙湖一级保护区内禁止新建，扩建或者擅自改建建筑物、构筑物。"《云南省湿地保护条例》第二十六条第一项规定："在湿地范围内禁止下列行为（一）擅自新建、改建、扩建建筑物、构筑物。被告在抚仙湖一级保护区内修建景观水池、售楼部、水塔、人工沙滩的行为已经严重违反《云南省抚仙湖保护条例》和《云南省湿地保护条例》的禁止性规定。被告侵占湿地、违法建设建筑物和构筑物，其行为严重破坏抚仙湖湿地和湖滨带生态环境，对抚仙湖生态安全构成威胁。

抚仙湖作为我国第二大淡水湖泊，储水量 200 多亿立方米，是全国为数不多保持一类水质的湖泊，是我国重要的水资源战略储备库，其重要意义不言而喻。由于特殊的地质、地貌，抚仙湖的生态系统也极其脆弱，水质一旦遭到污染将无法治理。云南省专门制定《云南省抚仙湖保护条例》，明确规定"抚仙湖一级保护区内禁止新建，扩建或者擅自改建建筑物、构筑物"。为了保护抚仙湖生态环境，按照"四退三还"政策，周边居民在抚仙湖一级保护区内的房屋、农田、鱼塘、人等都被拆除或搬迁。在当地政府、百姓倾力保护抚仙湖时，被告却故意违反法律法规，经行政处罚仍拒不改正，致使抚仙湖环境遭受破坏和危险！

原告北京市朝阳区自然之友环境研究所，是依法在民政部门注册成立且具有良好社会公信力的民间环保组织。近年来原告积极推动环境公益诉讼，以法律手段履行民间组织的社会责任。根据《中华人民共和国民事诉讼法》第五十五条、《中华人民共和国环境保护法》第五十八条的规定，原告具有提起环境民事公益诉讼的主体资格。

综上，为了维护环境公共利益，根据《中华人民共和国环境保护法》《中华人民共和国民事诉讼法》《云南省抚仙湖保护条例》等，特向法院提起环境民事公益诉讼，请求法院查明事实、依法审判，支持原告诉讼请求，维护环境公共利益。

此致

云南省玉溪市中级人民法院

具状人：北京市朝阳区自然之友环境研究所

2017 年 1 月 22 日

增加诉讼请求申请书

申请人：北京市朝阳区自然之友环境研究所。

法定代理人：张×驹，职务：所长。

住所地：北京市朝阳区祁家豁子 2 号（南院）10 号楼（友诚大厦）×××室。

电话：010-×××××。

作为北京市朝阳区自然之友环境研究所与云南江川仙湖××旅游物业发展有限公司环境公益诉讼案件的原告方，经过玉溪市中级人民法院、北京市朝阳区自然之友环境研究所与云南江川仙湖××旅游物业发展有限公司对环境生态破坏地进行实地勘察后，原告方发现被告方基于同一个违法行为还造成了其他的环境生态破坏，根据《中华人民共和国民事诉讼法》《最高人民法院关于适用〈中华人民共和国民事诉讼法〉的解释》的规定：

申请增加诉讼请求事项如下：

1. 判令被告三个月内拆除"云南江川仙湖××暨抚仙湖鲭鱼湾—棋盘山度假娱乐旅游项目一期"临湖而建的观景台（包括木质观景台、混泥土建设的观景台）并恢复原状。

2. 判令被告三个月内拆除抚仙湖一级保护区以内违法建设所谓的"湿地公园"的相关建筑物、构筑物及设施，按照《云南省抚仙湖保护条例》《云南玉溪抚仙湖国家湿地公园总体规划（2016—2020）》及国家湿地公园的建设规范等进行湿地恢复。

3. 如被告逾期未履行上述两项义务，则判令被告支付（生态环境）恢复费用（具体以评估或专家意见为准）。

4. 判令被告赔偿从 2013 年 4 月 28 日至今在抚仙湖一级保护区内违法施工建设造成的抚仙湖湿地生态功能服务损失。具体金额以鉴定机构或专家意见为准。

事实与理由：

中国云南江川"仙湖××"暨抚仙湖鲭鱼湾—棋盘山度假娱乐旅游区项目是重庆××企业拓展有限公司（以下简称"××企业"）在云南江川县抚仙湖畔开发的地产旅游项目，占地总面积 22.76 平方公里，其中规划建设用地 15.12 平方公里。项目地点位于抚仙湖南岸。2010 年该项目获得玉溪市政府批准。2010 年 3 月，××企业旗下重庆××投资有限公司投资注册成立被告——云南江川仙湖××旅游物业发展有限公司，负责云南江川仙湖××暨抚仙湖鲭鱼湾—棋盘山度假娱乐旅游项目的开发建设。2014 年玉溪市环保局批准了《关于中国云南江川仙湖××项目一期一、二批次地块建设项目环境影响报告书》。但

《关于中国云南江川仙湖××项目一期一、二批次地块建设项目环境影响报告书》以及《中国云南江川"仙湖××"暨抚仙湖鲭鱼湾—棋盘山度假娱乐旅游区总体规划（2009 年—2020 年）》明确要求该项目区征地红线必须位于抚仙湖一级保护区以外。即该项目的建设地点应该在抚仙湖最高蓄水位（1722.50 米）沿地表向外水平延伸 100 米的之外。然而，该项目自 2012 年施工建设后，在抚仙湖一级保护区内违法填湖建设人工沙滩、违法建设景观水池、售楼部和灯塔。2014 年 8 月玉溪市、县有关部门对被告的违法行为进行了罚款，并责令拆除。截止到 2017 年 1 月仍没有拆除，鉴于被告的违法行为一直并未改正，原告于 2017 年 1 月底向玉溪市中级人民法院提交了被告应当拆除违反《云南省抚仙湖保护条例》在一级保护区建设人工沙滩、灯塔、售楼部、景观水池的起诉状，该案并于 2017 年 2 月 22 日立案，被告在收到起诉状之后拆除了灯塔、景观水池，在人工沙滩上铺上草坪，2017 年 5 月 18 日，玉溪市中级人民法院的承办法官，以及原被告双方到人工沙滩、灯塔、景观水池整改地进行现场勘查，在现场勘查时，原告还发现被告在抚仙湖一级保护区内还建设了"观景台"。

观景台紧邻抚仙湖建设，位于已被拆除的景观灯塔旁，包括混泥土建设的观景台及木质观景台。原告在起诉状中未要求拆除观景台事宜，是因为在提起诉讼前原告一直没有进到观景台所在地，经 5 月 18 日的实地查看，发现该观景台比灯塔更靠近抚仙湖一侧，完全位于抚仙湖一级保护区的红线之内。根据《云南省抚仙湖保护条例》第十三条的规定，属于违法设施。

另外，被告在抚仙湖一级保护区以内以"湿地公园"名义进行的建设，没有提供相关的合法建设和审批文件，直接进行填湖、铺设道路、铺设人工沙滩。2013 年 4 月 28 日，玉溪市抚仙湖管理局作出《关于对仙湖××项目违法施工行为进行严肃查处的函》确认被告"在鲭鱼湾靠东的湖岸线用毛石和土方铺设一条道路，并在该道路南侧修砌了一道挡墙，挡墙以下用碎石进行铺设，一直延伸至湖面，在湖湾中部进行清淤作业，人为铺填便道，侵占水体，大面积湖滩被填"。被告也没有向玉溪市抚仙湖管理局提供"抚仙湖一级保护区和最高法定水位线以下范围涉及的项目规划、项目设计、项目施工方案、环评、水保等审批文件"。被告的违法建设行为导致抚仙湖沿岸湿地被填，将原有的湖滨自然弯曲带全部用碎石硬化，改变了原有的湖滨自然缓冲带，也完全改变了其动态的自然景观生态系统，自然的水陆交错带所具有的丰富物种多样性和多种生态服务功能丧失。

原告在 2017 年 5 月 18 日现场查看整改情况时发现，被告在原违法建设的人工沙滩、景观水池上种植了大面积的草坪，据草地植物学专家认定，草种几乎全是国外进口草种，根据在被告售楼部内所张贴的《生态湿地日常管理制度》可知，日常维护还需要大量地施肥、喷洒农药防治病虫害。表面上看被告似乎已经将人工沙滩整改为人工草坪，但维护草坪的化肥、农药会随着雨水或者浇灌的水体直接进入抚仙湖，对抚仙湖的水质会造成更严重污染。

2015 年 12 月，国家林业局批复抚仙湖国家湿地公园（试点）建设项目，被告以"湿地公园"名义进行的违法施工，正位于《云南玉溪抚仙湖国家湿地公园总体规划（2016—2020）》的"恢复重建区"。

根据国家林业局《国家湿地公园建设规范》《国家湿地公园评估标准》，被告进行湿地生态修复应当符合国家林业局的相关规范及抚仙湖国家湿地公园总体规划的要求。

2013 年 4 月 28 日，玉溪市抚仙湖管理局《关于对仙湖××项目违法施工行为进行严肃查处的函》，请江川县人民政府对仙湖××项目施工过程中出现的问题给予高度重视，责令被告立即停工，恢复原貌并对施工过程中的违法行为严肃处理。但是被告并没有停止违法建设，并且一直延续至今。根据《最高人民法院关于审理环境民事公益诉讼案件适用法律若干问题的解释》第二十一条规定："原告请求被告赔偿生态环境受到损害至恢复原状期间服务功能损失的，人民法院可以依法予以支持。"被告应当赔偿从 2013 年 4 月 28 日至今的"云南江川仙湖××暨抚仙湖鲭鱼湾—棋盘山度假娱乐旅游项目一期"湿地公园建设地的生态服务功能损失。

根据《云南省抚仙湖保护条例》第十三条第二项规定："抚仙湖一级保护区内禁止新建，扩建或者擅自改建建筑物、构筑物；填湖、围湖造田、造地等缩小水面的行为。"因此，原告申请增加拆除被告建设的观景台并恢复原状；拆除湿地公园违法施工工程设施，按照有关国家湿地公园的建设标准及抚仙湖国家湿地公园总体规划的要求进行生态修复，恢复湿地功能，并对被告的违法建设行为持续期间造成的抚仙湖湿地生态服务功能损失进行赔偿等四项诉讼请求。

以上请求，恳请人民法院依法予以支持，以保护抚仙湖的优质水质、恢复抚仙湖湿地生态功能，保护抚仙湖的生态环境。

此致

云南省玉溪市中级人民法院

申请人：北京市朝阳区自然之友环境研究所

申请日期：2017 年 8 月 1 日

附：

1. 抚仙湖观景台的照片、湿地公园违法设施现场照片。

2. 2013 年 4 月 28 日，玉溪市抚仙湖管理局《关于对仙湖××项目违法施工行为进行严肃查处的函》。

3. 2013 年 5 月 7 日，玉溪市抚仙湖管理局《关于加强仙湖××项目建设监管的函》（玉抚管函〔2013〕27 号）。

中国政法大学环境资源法研究和服务中心
支持原告起诉意见书

尊敬的审判长、审判员：

贵院受理的原告北京市朝阳区自然之友环境研究所诉被告云南江川仙湖××旅游物业发展有限公司环境民事公益诉讼案件，根据《中华人民共和国民事诉讼法》《最高人民法院关于审理环境民事公益诉讼案件适用法律若干问题的解释》等相关规定，中国政法大学环境资源法研究和服务中心（又称"污染受害者法律帮助中心"）通过向原告提供法律咨询、就案件提出参考意见建议、派遣律师志愿者、协助调查取证、提交书面支持意见等方式支持原告依法提起本案环境民事公益诉讼，现我单位当庭提交书面支持意见，望法庭予以采纳。

中国政法大学环境资源法研究和服务中心成立于 1998 年 10 月，是经中国政法大学批准，司法部备案的民间环境保护团体。其成员由中国政法大学从事环境资源法研究和教学的教授、副教授为主，联合北京大学、清华大学、中国人民大学等十所高校和研究机构热心环境保护事业的法律和技术专家、学者、律师和研究生兼职组成，由中国政法大学环境法教授王灿发先生任中心主任。中心通过组织热心环境保护事业的法律专家、学者、律师和环境管理与技术专家对中国环境资源立法及其实施问题开展专题研究、进行国际交流、对环境执法和司法人员及公众进行环境法知识的培训，普及环境资源法知识，提高公众的环境法律意识和中国的环境资源立法、执法水平；通过对污染受害者提供法律帮助的方式，维护污染受害者的环境权益，促进中国环境资源法的执行和遵守。

在美丽神奇的西南边陲云南省，滇池、洱海、抚仙湖等九大高原湖泊犹如一颗颗闪亮的明珠，镶嵌在多姿多彩的红土大地上，九湖流域对云南省经济社会发展起到重要支撑作用，全省各级领导干部和各族群众齐心协力保护治理好九湖的信心和决心历久弥坚，因此，我单位支持原告提起对抚仙湖保护的环境民事公益诉讼具有重大的意义。

现对该案支持意见如下：

1. 根据《中华人民共和国民事诉讼法》《中华人民共和国环境保护法》《最高人民法院关于审理环境民事公益诉讼案件适用法律若干问题的解释》等规定，原告提起本案诉讼符合原告主体资格法定条件，有权提起环境民事公益诉讼。

2. 被告违反《云南省抚仙湖保护条例》和《云南省湿地保护条例》禁止性规定的建设行为已经损害了社会公共利益。

党的十八大以来，习近平总书记多次从生态文明建设的宏阔视野提出"山水林田湖是一个生命共同体"的论断，强调"人的命脉在田，田的命脉在水，水的命脉在山，山的命脉在土，土的命脉在树。用途管制和生态修复必须遵循自然规律"，"对山水林田湖进行统一保护、统一修复是十分必要的"。这一重要论述，唤醒了人类尊重自然、关爱生命的意识和情感，被告作为抚仙湖环境保护工程的实施者，应当贯彻"山水林田湖是一个生命共同体""用途管制和生态修复必须遵循自然规律"的理念。

原告要求被告恢复生态以及支付功能损失的请求完全符合法律规定，合法有据，故原告诉讼请求应当得到贵院支持。

3. 原告作为非营利社会组织，支持起诉单位建议人民法院依法缓收、减收或免收原告诉讼费用，加大对原告的司法救助力度。

4. 希望被告能够通过本案负起责任，加强对环境保护工程的认识，采取有效措施使环境保护工程充分发挥生态环境保护的功能，并更进一步地履行自己应尽环境保护法律义务和责任，为抚仙湖水域环境质量改善做出贡献。

生态环境事关民生福祉，美丽中国需要司法保护。环境保护涉及社会生活的各个方面，需要运用政治、经济、科技、伦理、法律等多种手段来对生态环境、自然资源进行综合保护，在我国生态环境司法保护方面，环境公益诉讼制度也是保护环境的重要手段之一，为改善抚仙湖水域环境质量，为更好保障生态文明建设的推进贡献力量，我中心支持原告北京市朝阳区自然之友环境研究所提起本案环境民事公益诉讼一案，望人民法院依法审理并支持原告的诉讼请求！

此致

云南省玉溪市中级人民法院

原告支持起诉单位（签章）：

中国政法大学环境资源法研究和服务中心

2017 年 9 月 28 日

附：法律条文

《中华人民共和国民事诉讼法》

第十五条　机关、社会团体、企业事业单位对损害国家、集体或者个人民事权益的行为，可以支持受损害的单位或者个人向人民法院起诉。

《最高人民法院关于审理环境民事公益诉讼案件适用法律若干问题的解释》

第十一条　检察机关、负有环境保护监督管理职责的部门及其他机关、社会组织、企业事业单位依据民事诉讼法第十五条的规定，可以通过提供法律咨询、提交书面意见、协助调查取证等方式支持社会组织依法提起环境民事公益诉讼。

追加被告申请书

申请人名称：北京市朝阳区自然之友环境研究所。

法定代表人：张×驹，职务：所长。

住所地：北京市朝阳区裕民路 12 号 2 号楼×层××××。

通信地址：北京市朝阳区裕民路 12 号华展国际公寓×座×××。

联系电话：×××××。

被申请人名称：玉溪市江川区人民政府（原江川县人民政府）。

法定代表人：王×华，职务：区长。

住所地：云南省玉溪市江川区大街街道宁海路 34 号，邮编：×××××。

联系电话：0877-×××××。

申请事项：

请求贵院依法追加被申请人为本案被告参加诉讼。

事实与理由：

2017 年 2 月 22 日，贵院受理的中国政法大学环境资源法研究和服务中心支持起诉申请人（本案原告）北京市朝阳区自然之友环境研究所与被告云南江川仙湖××旅游物业发展有限公司环境民事公益诉讼一案，2017 年 9 月 28 日上午在贵院第三法庭开庭审理本案，在审理中被告方提供了 2013 年 4 月 1 日江川县人民政府给被告的《委托书》证据，被告认为项目的建设单位为江川县人民政府。另据，2015 年 12 月 24 日，云南省人民政府文件《云南省人民政府关于撤销江川县设立玉溪市江川区的通知》（云政发〔2015〕101 号）的内容，故此，申请追加玉溪市江川区人民政府（原江川县人民政府）为本案共同被告，请予准许！

此致

云南省玉溪市中级人民法院

申请人：北京市朝阳区自然之友环境研究所

2017 年 10 月 20 日

云南省玉溪市中级人民法院
传票

案号：（2017）云 04 民初 16 号。

案由：环境民事公益诉讼。

被传唤人：中国政法大学环境资源法研究和服务中心。

工作单位或地址：北京市海淀区学院南路 38 号智慧大厦××××。

传唤事由：开庭。

应到时间：2017 年 9 月 28 日（星期四）上午 8：30。

应到处所：玉溪市中级人民法院第三法庭。

云南省玉溪市中级人民法院（印）

二〇一七年九月二十一日

云南省玉溪市中级人民法院
民事裁定书

（2017）云 04 民初 16 号

申请人：北京市朝阳区自然之友环境研究所。

法定代表人：张×驹，职务：所长。

住所地：北京市朝阳区裕民路 12 号 2 号楼×层××××。

委托诉讼代理人：祝×贺，北京市君永律师事务所律师。代理权限：特别授权代理。

委托诉讼代理人：戴×辉，北京环助律师事务所律师。代理权限：特别授权代理。

原告北京市朝阳区自然之友环境研究所及支持起诉单位中国政法大学环境资源法研究和服务中心与被告云南江川仙湖××旅游物业发展有限公司环境民事公益诉讼一案，本院于 2017 年 2 月 22 日立案。

2017 年 10 月 20 日，原告北京市朝阳区自然之友环境研究所向本院申请追加玉溪市江川区人民政府为共同被告，事实及理由：本案在庭审过程中，被告云南江川仙湖××旅游物业发展有限公司提供了 2013 年 4 月 1 日江川县人民政府给被告的《委托书》作为证据，被告认为项目的建设单位为江川县人民政府。另据，2015 年 12 月 24 日，云南省人民政府文件《云南省人民政府关于撤销江川县设立玉溪市江川区的通知》（云政发〔2015〕101号）的内容，原告申请追加玉溪市江川区人民政府为本案共同被告。

本院经审查认为，本案被告云南江川仙湖××旅游物业发展有限公司在涉诉相关建设工程的实际施工过程中，存在相关违法情形并被当地环保行政机关要求整改的事实存在，但现没有相应的证据能够证实玉溪市江川区人民政府与本案诉争的事实具有关联性，其不是本案适格的当事人。原告北京市朝阳区自然之友环境研究所请求追加玉溪市江川区人民政府为本案共同被告的申请理由不能成立。

依照《中华人民共和国民事诉讼法》第一百五十四条第一款第十一项、《最高人民法院关于适用〈中华人民共和国民事诉讼法〉的解释》第七十三条规定，裁定如下：

驳回原告北京市朝阳区自然之友环境研究所关于追加玉溪市江川区人民政府为共同被告的申请。

审　判　长　　潘×江

审　判　员　　范×林

人民陪审员　　丁　×

二〇一八年二月二十三日

书　记　员　　奚　×

云南省玉溪市中级人民法院
民事裁定书

（2017）云04民初16号

原告：北京市朝阳区自然之友环境研究所。

法定代表人：张×驹，职务：所长。

住所地：北京市朝阳区裕民路12号2号楼×层××××。

委托诉讼代理人：祝×贺，北京市君永律师事务所律师。代理权限：特别授权代理。

委托诉讼代理人：戴×辉，北京环助律师事务所律师。代理权限：特别授权代理。

支持起诉单位：中国政法大学环境资源法研究和服务中心。

负责人：王灿发，职务：主任。

住所地：北京市海淀区西直门北大街甲 1 号依都阁×××室。

被告：云南江川仙湖××旅游物业发展有限公司。

法定代表人：徐×国，职务：董事长。

住所地：云南省玉溪市江川区路居镇综合文化站二楼×室。

　　原告北京市朝阳区自然之友环境研究所及支持起诉单位中国政法大学环境资源法研究和服务中心与被告云南江川仙湖××旅游物业发展有限公司环境民事公益诉讼一案，本院于 2017 年 2 月 22 日立案。

　　本案在审理过程中，按照云南省相关部门明确提出的要求，云南江川仙湖××旅游物业发展有限公司正在对其开发仙湖××项目过程中的违法违规问题进行整改落实。

　　本院经审查认为，本案案件事实认定需以相关部门针对江川仙湖××旅游物业发展有限公司环境违法整改情况明确的反馈意见为据进行审查。依照《中华人民共和国民事诉讼法》第一百五十条第一款第六项、第一百五十四条第一款第六项规定，裁定如下：

　　本案中止诉讼。

　　　　　　　　　　　　　　　　　审　判　长　　潘×江
　　　　　　　　　　　　　　　　　审　判　员　　范×林
　　　　　　　　　　　　　　　　　人民陪审员　　丁　×
　　　　　　　　　　　　　　　　　二〇一八年二月二十三日
　　　　　　　　　　　　　　　　　书　记　员　　奚　×

云南省玉溪市中级人民法院
民事调解书

（2017）云 04 民初 16 号

原告： 北京市朝阳区自然之友环境研究所。住所地：北京市××××××。

法定代表人： 张×驹，职务：所长。

委托诉讼代理人： 祝×贺，北京市君永律师事务所律师。代理权限：特别授权代理。

委托诉讼代理人： 戴×辉，北京环助律师事务所律师。代理权限：特别授权代理。

被告： 云南江川仙湖××旅游物业发展有限公司。住所地：云南省玉溪市澄江县凤麓街道××××××。

法定代表人： 阎×，职务：总经理。

委托诉讼代理人： 赵×贵、李×霞，云南滇玉律师事务所律师。代理权限：特别授权代理。

支持起诉单位： 中国政法大学环境资源法研究和服务中心（又称"污染受害者法律帮助中心"）。住所地：北京市海淀区西直门北大街甲 1 号楼依都阁××层×××室。

负责人： 王灿发，职务：主任。

原告北京市朝阳区自然之友环境研究所（以下简称"自然之友"）与被告云南江川仙湖××旅游物业发展有限公司（以下简称"仙湖××公司"）环境民事公益诉讼一案，本院于 2017 年 2 月 22 日立案，于 2017 年 2 月 24 日公告了案件受理情况，并于 2017 年 2 月 27 日书面告知玉溪市抚仙湖管理局和玉溪市环保局。本院依法适用普通程序，于 2017 年 9 月 28 日公开开庭进行了审理，原告自然之友的委托诉讼代理人祝×贺、戴×辉，被告仙湖××公司的委托诉讼代理人赵×贵、李×霞到庭参加诉讼。支持起诉单位中国政法大学环境资源法研究和服务中心（以下简称"法研中心"）向本院提交书面意见，支持原告自然之友提起环境民事公益诉讼。同年 10 月 20 日，原告自然之友申请追加玉溪市江川区人民政府为共同被告，经审查，本院于 2018 年 2 月 23 日裁定驳回原告自然之友关于追加玉溪市江川区人民政府为共同被告的申请。另因存在其他应当中止诉讼的情形，本院于 2018 年 6 月 28 日裁定将本案中止诉讼。因本案案件情况复杂，经本院院长批准，本案延长了审理期限六个月，经云南省高级人民法院批准，本案再次延长了审理期限六个月。本案现已审理终结。

自然之友向本院提出诉讼请求：1. 判令被告三个月内拆除"云南江川仙湖××暨抚仙湖鲭鱼湾—棋盘山度假娱乐旅游项目一期"的售楼部、景观水池、灯塔等设施并恢复原状；将沿湖建设的人工沙滩恢复湿地原状。2. 如被告逾期未履行上述义务，则判令被告支付（生态环境）恢复费用（具体以评估或专家意见为准）。3. 判令被告在当地主要刊物登报赔礼道歉。4. 判令被告承担原告因本案产生的合理费用，包括差旅费、律师费用、专家咨询费用等。5. 本案诉讼费用由被告承担。事实和理由：中国云南江川"仙湖××"暨抚仙湖鲭鱼湾—棋盘山度假娱乐旅游区项目是重庆××企业拓展有限公司（以下简称"××企业"）在云南江川县抚仙湖畔开发的地产旅游项目，占地面积 22.76 平方公里，其中规划建设用地 15.12 平方公里项目地点位于抚仙湖南岸。2010 年该项目获得玉溪市政府批准。2010 年 3 月，××企业旗下重庆××投资有限公司投资注册成立被告——云南江川仙湖××旅游物业发展有限公司，负责云南江川"仙湖××"暨抚仙湖鲭鱼湾—棋盘山度假娱乐旅游区项目的开发建设。2014 年玉溪市环保局批准了《关于中国云南江川仙湖××项目一期一、二批次地块建设项目环境影响报告书》。但《关于中国云南江川仙湖××项目一期一、二批次地块建设项目环境影响报告书》以及《中国云南江川"仙湖××"暨抚仙湖鲭鱼湾—棋山度假娱乐旅游区总体规划（2009 年—2020 年）》明确要求该项目区征地红线必须位于抚仙湖一级保护区以外。即该项目的建设地点应该在抚仙湖最高蓄水位（1722.50 米）沿地表向外水平延伸 100 米的之外。然而，该项目自 2012 年施工建设后，在抚仙湖一级保护区内违法填湖建设人工沙滩、违法建设景观水池、售楼部和水塔。2014 年 8 月玉溪市、县有关部门对被告的违法行为进行了罚款，并责令拆除。截止到目前，被告仍未拆除违法建设的售楼部、灯塔和景观水池，也未对因建设人工沙滩被破坏的湖滨带湿地进行修复。

《云南省抚仙湖保护条例》第十三条第二项规定："抚仙湖一级保护区内禁止新建、扩建或者擅自改建建筑物、构筑物。"《云南省湿地保护条例》第二十六条第一项规定："在湿地范围内禁止下列行为（一）擅自新建、改建、扩建建筑物、构筑物。"被告在抚仙湖一保护区内修建景观水池、售楼部、水塔、人工沙滩的行为已经严重违反《云南省抚仙湖保护条例》和《云南省湿地保护条例》的禁止性规定。被告侵占湿地、违法建设建筑物和构筑物，其行为严重破坏抚仙湖湿地和湖滨带生态环境，对抚仙湖生态安全构成威胁。抚仙湖作为我国第二大淡水湖泊，储水量200多亿立方米，是全国为数不多保持一类水质的湖泊，是我国重要的水资源战略储备库，其重要意义不言而喻。由于特殊的地质、地貌，抚仙湖的生态系统也极其脆弱，水质一旦到污染将无法治理。云南省专门制定《云南省抚仙湖保护条例》，明确规定"抚仙湖一级保护区内禁止新建、扩建或者擅自改建建筑物、构筑物"。为了保护抚仙湖生态环境，按照"四退三还"政策，周边居民在抚仙湖以及保护区内的房屋、农田、鱼塘、人等都被拆除或搬迁。在当地政府、百姓倾力保护抚仙湖时，被告却故意违反法律法规，经行政处罚仍拒不改正，致使抚仙湖环境遭受破坏和危险！

综上，为了维护环境公共利益，根据《中华人民共和国环境保护法》《中华人民共和国民事诉讼法》《云南省抚仙湖保护条例》等，特向法院提起环境民事公益诉讼，请求法院查明事实、依法改判，支持原告诉讼请求，维护环境公共利益。

另：在诉讼过程中，本院于2017年5月18日组织双方进行现场勘验之后，原告依法申请增加了如下几项诉讼请求：1. 判令被告三个月内拆除"云南江川仙湖××暨抚仙湖鲭鱼湾—棋盘山度假娱乐旅游项目一期"临湖而建的观景台（包括木质观景台、混泥土建设的观景台）并恢复原状。2. 判令被告三个月内拆除抚仙湖一保护区以内违法建设所谓的"湿地公园"的相关建筑物、构筑物及设施，按照《云南省抚仙湖保护条例》《云南玉溪抚仙湖国家湿地公园总体规划（2016—2020）》国家湿地公园的建设规范等进行湿地恢复。3. 如被告逾期未履行上述两项义务，则判令被告支付（生态环境）恢复费用（具体以评估或专家意见为准）。4. 判令被告赔偿从2013年4月28日至今在抚仙湖一级保护区内违法施工建设造成的抚仙湖湿地生态功能服务损失。具体金额以鉴定机构或专家意见为准。事实与理由：被告在原告起诉之后拆除了灯塔、景观水池，在人工沙滩上铺上草坪，后在法院召集原被告双方到人工沙滩、灯塔、景观水池整改地进行现场勘查时，原告发现被告在抚仙湖一级保护区内还建设了"观景台"。观景台紧邻抚仙湖建设，位于已被拆除的景观灯塔旁，包括混泥土建设的观景台及木质观景台。原告在起诉时未要求拆除观景台事宜，是因为在提起诉讼前原告一直没有进到观景台所在地，经诉讼中现场实地查看，发现该观景台比灯塔更靠近抚仙湖一侧，完全位于抚仙湖一级保护区的红线之内。根据《云南省抚仙湖保护条例》第十三条的规定，属于违法设施。

另外，被告在抚仙湖一级保护区以内以"湿地公园"名义进行的建设，没有提供相关的合法建设和审批文件，直接进行填湖、铺设道路、铺设人工沙滩。2013 年 4 月 28 日，玉溪市抚仙湖管理局作出《关于对仙湖××项目违法施工行为进行严肃查处的函》确认被告"在鲭鱼湾靠东的湖岸线用毛石和土方铺设一条道路，并在该道路南侧修砌了一道挡墙，挡墙以下用碎石进行铺设，一直延伸至湖面，在湖湾中部进行清淤作业，人为铺填便道，侵占水体，大面积湖滩被填"。被告也没有向玉溪市抚仙湖管理局提供"抚仙湖一级保护区和最高法定水位线以下范围涉及的项目规划、项目设计、项目施工方案、环评、水保等审批文件"。被告的违法建设行为导致抚仙湖沿岸湿地被填，将原有的湖滨自然弯曲带全部用碎石硬化，改变了原有的湖滨自然缓冲带，也完全改变了其动态的自然景观生态系统，自然的水陆交错带所具有的丰富物种多样性和多种生态服务功能丧失。

原告在 2017 年 5 月 18 日现场查看整改情况时发现，被告在原违法建设的人工沙滩、景观水池处种植了大面积的草坪，据草地植物学专家认定，草种几乎全是国外进口草种，根据在被告售楼部内所张贴的《生态湿地日常管理制度》可知，日常维护还需要大量地施肥、农药防治病虫害。表面上看被告似乎已经将人工沙滩整改为人工草坪，但维护草坪的化肥、农药会随着雨水或者浇灌的水体直接进入抚仙湖，对抚仙湖的水质会造成更严重污染。

2015 年 12 月，国家林业局批复抚仙湖国家湿地公园（试点）建设项目，被告以"湿地公园"名义进行的违法施工，正位于《云南玉溪抚仙湖国家湿地公园总体规划（2016—2020）》的"恢复重建区"。根据国家林业局《国家湿地公园建设规范》《国家湿地公园评估标准》，被告进行湿地生态修复应当符合国家林业局的相关规范及抚仙湖国家湿地公园总体规划的要求。

2013年4月28日，玉溪市抚仙湖管理局发出《关于对仙湖××项目违法施工过程行为进行严肃查处的函》，请江川县人民政府对仙湖××项目施工过程中出现的问题给予高度重视，责令被告立即停工，恢复原貌并对施工过程中的违法行为严肃处理。但是被告并没有停止违法建设，并且一直延续至今。根据《最高人民法院关于审理环境民事公益诉讼案件适用法律若干问题的解释》第二十一条规定："原告请求被告赔偿生态环境受到损害至恢复原状期间服务功能损失的，人民法院可以依法予以支持。"被告应当赔偿从2013年4月28日至今的"云南江川仙湖××暨抚仙湖鲭鱼湾—棋盘山度假娱乐旅游项目一期"湿地公园建设地的生态服务功能损失。

根据《云南省抚仙湖保护条例》第十三条第二项规定："抚仙湖一级保护区内禁止新建、扩建或者擅自改建建筑物、构筑物；填湖、围湖造田、造地等缩小水面的行为。"因此，原告申请增加拆除被告建设的观景台并恢复原状，拆除湿地公园违法施工工程设施，按照有关国家湿地公园的建设标准及抚仙湖国家湿地公园总体规划的要求进行生态修复，恢复湿地功能，并对被告的违法建设行为持续期间造成的抚仙湖湿地生态服务功能损失进行赔偿等四项诉讼请求。

法研中心支持起诉称，1. 根据《中华人民共和国民事诉讼法》《中华人民共和国环境保护法》《最高人民法院关于审理环境民事公益诉讼案件适用法律若问题的解释》等规定，原告提起本案诉讼符合原告主体资格法定条件，有权提起环境民事公益诉讼。2. 被告违反《云南省抚仙湖保护条例》和《云南省湿地保护条例》禁止性规定的建设行为已经损害了社会公共利益。党的十八大以来，习近平总书记多次从生态文明建设的宏阔视野提出"山水林田湖是一个生命共同体"的论断，强调"人的命脉在田，田的命脉在水，水的命脉在山，山的命脉在土，土的命脉在树。用途管制和生态修复必须遵循自然规律"，"对山水林田湖进行统一保护、统一修复是十分必要的"。这一重要论述，唤醒了人类尊重自然、关爱生命的意识和情感，被告作为抚仙湖环境保护工程的实施者，应当贯彻"山水林田湖是一个生命共同体""用途管制和生态修复必须遵循自然规律"的理念。原告要求被告恢复生态以及支付功能损失的请求完全符合法律规定，合法有据，故原告的诉讼请求应当得到支持。3. 原告作为非营利社会组织，支持起诉单位建议人民法院依法缓收、减收或免收原告诉讼费用，加大对原告的司法救助力度。4. 希望被告能够通过本案负起责任，加强对环境保护工程的认识，采取有效措施使环境保护工程充分发挥生态环境保护的功能，并更进一步地履行自己应尽环境保护法律义务和责任，为抚仙湖水域环境质量改善做出贡献。生态环境事关民生福祉，美丽中国需要司法保护。环境保护涉及社会生活的各个方面，需要运用政治、经济、科技、伦理、法律等多种手段来对生态环境、自然资源进行综合保护，在我国生态环境司法保护方面，环境公益诉讼制度也是保护环境的重要手段之一，为改善抚仙湖水域环境质量，为更好保障生态文明建设的推进贡献力量，法研中心支持原告北京市朝阳区自然之友环境研究所提起本案环境民事公益诉讼一案，望人民法院依法审理并支持原告的诉讼请求。

仙湖××公司辩称：一、根据《最高人民法院关于审理环境民事公益诉讼案件适用法律若干问题的解释》第四条、第五条、第八条以及《中华人民共和国环境保护法》第五十八条的规定被答辩人应当具备提起环境民事公益诉讼的主体资格，被答辩人对此负有证明责任。《最高人民法院关于审理环境民事公益诉讼件适用法律若干问题的解释》第四条规定："社会组织章程确定的宗旨和主要业务范围是维护社会公共利益，且从事环境保护公益活动的，可以认定为环境保护法第五十八条规定的'专门从事环境保护公益活动'。"同时根据《中华人民共和国环境保护法》第五十八条规定："对污染环境、破坏生态，损害社会公共利益的行为，符合下列条件的社会组织可以向人民法院提起诉讼：（一）依法在设区的市级以上人民政府民政部门登记；（二）专门从事环境保护公益活动连续五年以上且无违法记录。"根据北京市民政局、北京市社会团体管理办公室共同主办的"北京市社会组织公共服务平台"公示的信息显示，该网站上目前没有查到被答辩人 2012 年度、2013 年度的年检信息，对于被答辩人是否按照《最高人民法院关于审理环境民事公益诉讼案件适用法律若干问题的解释》第八条的规定提交了其社会组织登记证书、章程起诉前连续五年的年度工作报告或者年检报告书，以及由被答辩人法定代表人或者负责人签字并盖章的无违法记录的声明等材料，被答辩人负有提交证明材料的责任，鉴于本案在向法院提交答辩状之前，答辩人未能通过法院获取被答辩人起诉时提交法院的上述材料，目前答辩人对于被答辩人诉讼主体资格的证据材料不能进行充分的评估与判断，仅仅通过公开网络信息检索进行初步判断，被答辩人2012年度、2013年度的年检信息缺损，若被答辩人不能向法院提供连续五年年检合格的信息及其他符合原告主体资格的信息材料，则被答辩人不具有提起本案环境民事公益诉讼的合法主体资格。二、根据《最高人民法院关于审理环境民事公益诉讼案件适用法律若干问题的解释》第八条的规定，被答辩人应当提交证明答辩人的行为已经损害社会公共利益或者具有损害社会公共利益重大风险的初步证明材料。被答辩人在起诉状中认为"被告的行为严重破坏抚仙湿地和湖滨带生态环境，对抚仙湖生态安全构成威胁""由于抚仙湖的生态系统极其脆弱，水质一旦遭到污染将无法治理"，对此被答辩人应当提交初步证明材料予以证明，答辩人认为其行为并不具有损害社会公共利益或者具有损害社会公共利益的重大风险，被答辩人不应当起诉答辩人。三、被答辩人所提出的人工沙滩和灯塔的恢复工作已经完成，对于该部分诉讼请求拟实现的目的已经实现；对于售楼部和景观水池的拆除，答辩人已经作出了拆除安排并在积极实施中。（一）对于人工沙滩和灯塔，目前答辩人已经对灯塔构筑物进行拆除，同时，答辩人已在被答辩人起诉前按照要求把沙取走，在原有的沙滩位置种植草坪，被答辩人就沙滩和灯塔部分的诉讼请求，答辩人已经完成，该部分诉讼请求拟实现的目的已经实现，完全能够实现被答辩人诉讼请求达到的目的，本起诉讼本质上已无必要。（二）被答辩人所提出的拆除售楼部、景观水池的诉讼请求，答辩人已经作出了拆除安排。1. 被答辩人诉讼请求所提出的景观水池拆除工作正在进行，拟于2017年6月30日前拆除完毕，对于该部分诉讼请求拟实现的目的即将实现。答辩人积极组织实施景观水池拆除工作，预计于2017年6月30日之前完成该部分的恢复，考虑到诉讼程序的冗长，该部分与被答辩人所提出的三个月内拆除的时间要求并不矛盾。2. 答辩人应当仅仅就售楼部在抚仙湖一级保护区内的400平方米部分进行拆除。根据江川县抚仙湖管理局江抚责改字〔2013〕第3018号《责令改正通知书》确认答辩人所建的售楼部仅约400平方米的部分在抚仙湖一级保护区范围内需要拆除，答辩人仅仅需要拆除售楼部在抚仙湖一级保护区范围内400平方米部分。3. 被答辩人已经就售楼部抚仙湖一级保护区范围内的400平方米部分的拆除时间等相关工作作出了安排。答辩人目前按照相关部门的要求对 400 平方米部分用途进行改造，暂时作为生态湿地管护用房使用，并计划于 2018 年底规划调整完并启动建设时再进行拆除，考虑到诉讼程序的冗长，该拆除时间安排与被答辩人诉求主张的三个月内拆除并不十分矛盾，在拆除时间的具体要求上基本一致，另一方面并不会因为拆除时间暂时延后而进一步增加生态负担，导致污染。在拆除前抚仙湖一级保护区范围内的 400 平方米暂时作为生态湿地管护用房使用，从其使用功能上来看，也不会进一步造成环境负担。且单纯为了拆除这部分需要工程机械进场施工，而规划调整后答辩人要再次进场施工，工程机械多次进场施工必将进一步增加环境负担。综上所述，被答辩人所主张的诉讼请求的目的答辩人已经完成或即将完成，本起环境民事公益诉讼的提起已无必要。四、被答辩人所提出的诉讼请求部分已经由江川县抚仙湖管理局、玉溪市抚仙湖管理局分别于 2013 年、2014 年对被答辩人作出了相应的责令改正通知和行政处罚决定，其责令改正的内容和行政处罚的内容与被答辩人诉讼请求的内容重合。综上所述，被答辩人是否具备提起环境民事公益诉讼的主体资格需要进一步予以落实，且被答辩人应当证明答辩人的行为已经损害社会公共利益或者具有损害社会公共利益重大风险，最后被答辩人通过提起环境民事公益诉讼希望达到恢复自然生态环境的诉求，答辩人已经部分完成或即将完成。鉴于被答辩人欲实现的目的已经实现或即将实现，环境民事公益诉讼的目的已经实现。为了节约司法成本，有效利用司法资源，请求人民法院驳回被答辩人的起诉。

另针对自然之友增加的诉讼请求，仙湖××公司答辩称：一、被答辩人要求判令答辩人三个月内拆除临湖而建的观景台并恢复原状没有依据。观景台是为游客观湖景提供便利和保护的设施，答辩人认为该设施对抚仙湖的开发和保护具有积极作用，没有对抚仙湖构成污染。尽管如此，根据相关行政主管部门的要求，答辩人已对相应的观景台进行了拆除并将拆除的情况及拆除后的状况发函告知了相关行政主管部门。二、被答辩人要求答辩人拆除湿地公园的相关建筑物、构筑物及设施，并按照《云南省抚仙湖保护条例》《云南玉溪抚仙湖国家湿地公园总体规划（2016—2020）》及国家湿地公园的建设规范等进行湿地恢复的请求于法无据。1. 被答辩人起诉之前，答辩人已根据相关部门的要求开始整改并积极开展相关建筑物、构筑物的拆除工作，现已拆除游客服务中心、景观水池、灯塔等并已恢复原状，故原告增加诉求要求拆除相关建筑物、构筑物已无必要。2. 答辩人对于被答辩人诉请的按照《云南玉溪抚仙湖国家湿地公园总体规划（2016—2020）》建设国家湿地公园并没有开发建设的合法权利，也无开发建设的法定职责。首先，《云南玉溪抚仙湖国家湿地公园总体规划（2016—2020）》于2015年才颁布，该规划出台的时间不能溯及答辩人之前的行为，因此该规划不能成为答辩人建设国家湿地公园的依据和标准；其次，《云南玉溪抚仙湖国家湿地公园总体规划（2016—2020）》中的建设主体并不是答辩人，答辩人对此无建设的合法权利，亦无法定义务。3. 答辩人已经按照各级政府相关部门的监管要求拆除了景观水池、游客服务中心等建筑物、构筑物，并且已经完成了生态修复。因此，被答辩人主张由答辩人支付生态环境恢复费用的请求缺乏事实和法律依据。三、被答辩人对于其诉请的生态功能服务损失没有任何依据，鉴于答辩人的行为没有造成实际的环境损害，因此，该诉求不能成立。综上所述，被答辩人增加的诉讼请求没有相应的事实依据和法律依据，请法院审查后依法予以驳回。

经审理查明：中国云南江川"仙湖××"暨抚仙湖鲭鱼湾—棋盘山度假娱乐旅游区项目是重庆××企业拓展有限公司（以下简称"××企业"）在云南江川县抚仙湖畔开发的房地产旅游项目，占地面积22.76平方公里，其中规划建设用地15.12平方公里。项目地点位于抚仙湖南岸。2010年该项目获得玉溪市政府批准。2010年3月，××企业旗下重庆××投资有限公司投资注册成立云南江川仙湖××旅游物业发展有限公司，负责云南江川"仙湖××"暨抚仙湖鲭鱼湾—棋盘山度假娱乐旅游区项目的开发建设。2014年玉溪市环保局批准了《关于中国云南江川仙湖××项目一期一、二批次地块建设项目环境影响报告书》。

被告仙湖××公司就上述建设项目自2012年施工建设后，在抚仙湖一级保护区内填湖建设了人工沙滩，建设了景观水池、售楼部和灯塔，修建了样板房展示区防护栏杆、木栈道、木质管理用房。后玉溪市、县有关部门对被告仙湖××公司的相关违法行为进行了罚款，并责令拆除。因被告仙湖××公司未严格按照要求进行处理，原告自然之友遂于2017年2月22日向本院提起诉讼。

诉讼过程中，经本院召集双方当事人勘验现场及协商之后，被告仙湖××公司将位于抚仙湖一级保护区内的人工沙滩恢复成自然岸线；拆除了位于抚仙湖一级保护区内的灯塔、样板房展示区防护栏杆、木栈道、木质管理用房及售楼部并恢复植被。2019 年 10 月 18 日，经本院再次召集双方当事人及玉溪市抚仙湖管理局相关工作人员进行现场勘验确认，涉案现场位于抚仙湖一级保护区内鲭鱼湾东面山顶剩余硬化场地尚未拆除。

另查明，2016 年 7 月 15 日至 8 月 15 日，中央第七环境保护督察组对云南省开展了为期一个月的环境保护督察工作，11 月 23 日向省委、省政府反馈了督察意见，其中涉及 2013 年 5 月，玉溪市城市规划建设委员会批准仙湖××项目，在抚仙湖一级保护区违规建成售楼部、景观水池、人工沙滩等，涉及建筑面积约 1.3 万平方米，而且项目选址属于"四退三还"（退塘、退田、退人、退房，还湖、还林、还湿地）范围。2017 年 8 月 31 日，云南省委、省政府正式向国务院报送了《中共云南省委 云南省人民政府关于云南省贯彻落实中央环境保护督察反馈意见问题整改情况报告》，其中涉及玉溪市抚仙湖保护区仙湖××项目开发建设违法违规问题整改进展情况为：完成整改，持续加强。具体内容为：仙湖××项目位于抚仙湖一级保护区内的人工沙滩已恢复成自然岸线；位于抚仙湖一级保护区内的灯塔、样板房展示区防护栏杆、木质管理用房等构筑物全部拆除；总面积 1542 平方米的游客接待中心已拆除并恢复植被。2017 年 10 月拆除了一级保护区内的木栈道 1200 平方米、恢复沙滩硬化部分的景区道路，并恢复植被、种植本地树种；对项目一级保护区范围进行划定并进行物理隔离，并设置标示标牌。总计绿化整改面积 70 267 平方米。2018 年 2 月 8 日，云南省对外公开中央环境保护督察整改情况。2018 年 6 月 5 日至 7 月 5 日，中央第六环境保护督察组对云南省第一轮中央环境保护督察整改情况开展"回头看"，针对高原湖泊环境问题统筹安排专项督察。2018 年 10 月 22 日，中央第六环境保护督察组对云南省开展"回头看"情反馈意见明确，江川仙湖××等违规建设项目基本完成整改。

2018 年 12 月 20 日，云南省委第六巡视组对玉溪开展高原湖泊保护治理机动巡视动员会召开，决定将对抚仙湖、星云湖、杞麓湖 3 个高原湖泊保护治理开展为期一个月的机动巡视（2018 年 12 月 20 日至 2019 年 1 月 20 日）。2019 年 8 月 28 日，玉溪市抚仙湖管理局针对本院的相关调查回复，云南省委第六巡视组反馈的巡视意见中未涉及本案相关情况。

2019年4月，玉溪市抚仙湖管理局作为涉案现场的行政主管机关，召集本案双方当事人就案件涉及的相关问题进行了协调处理。2019年8月28日，玉溪市抚仙管理局针对本院的相关调查回复，玉溪市抚仙湖管理局于2019年4月25日邀请自然之友环境研究所的代表到"仙湖××"项目现场对问题整改二次对接、初步验收，自然之友环境研究所的代表对整改结果表示满意。

另查明，自然之友因本案诉讼而实际产生了律师费、差旅费等相关费用合计273 048.60元。

本案审理过程中，经本院主持调解，当事人自愿达成如下协议：

一、被告云南江川仙湖××旅游物业发展有限公司已拆除售楼部、景观水池、灯塔、观景台等位于抚仙湖一级保护区内的建筑物、构筑物及设施，并进行生态恢复。对于抚仙湖一级保护区内鲭鱼湾东面山顶未拆除的硬化场地，被告云南江川仙湖××旅游物业发展有限公司应当在本调解书生效之日起60日内予以拆除。

二、被告云南江川仙湖××旅游物业发展有限公司出资2 000 000元设立抚仙湖公益保护基金，自本调解书生效之日起30日内全额支付至玉溪市抚仙湖管理局，由玉溪市抚仙湖管理局对基金进行管理，专门用于抚仙湖的生态保护工作，支持环境公益事业。原告北京市朝阳区自然之友环境研究所对于资金的使用具有知情权和监督权。

三、被告云南江川仙湖××旅游物业发展有限公司承诺保护抚仙湖的生态环境，并支持环境公益事业。

四、被告云南江川仙湖××旅游物业发展有限公司于本调解书生效之日起30日内给付原告北京市朝阳区自然之友环境研究所因本案诉讼而支出的各项费用87 484.53元、律师费200 000元、专家咨询费60 000元，共计347 484.53元。

五、一审案件受理费100元，由被告云南江川仙湖××旅游物业发展有限公司负担。

本院于2020年2月20日将调解协议内容书面告知玉溪市抚仙湖管理局和玉溪市生态环境局（原玉溪市环保局），玉溪市抚仙湖管理局和玉溪市生态环境局（原玉溪市环保局）对调解协议内容未提出不同意见。为保障公众知情权和参与权，本院于2020年3月12日至2020年4月12日在人民法院公告网上对调解协议进行公告。公告期满后未收到任何异议。经审查，上述协议不违反法律规定，未损害社会公共利益，本院予以确认。

本调解书经各方当事人签收后，即具有法律效力。

审　判　长　　潘×江

审　判　员　　范×林

人民陪审员　　丁　×

二○二○年四月十三日

书　记　员　　奚　×

案例13

CASE 13

贵州水土流失公益诉讼案

一、诉讼主体

原告：贵州省青年法学会

支持起诉单位：中国政法大学环境资源法研究和服务中心（又称"污染受害者法律帮助中心"，简称"CLAPV"或者"中心"）

被告：深圳市××煤电开发有限公司、遵义××风力发电有限公司

案由：生态破坏责任纠纷环境民事公益诉讼

二、诉讼程序

受理：2017 年 3 月 17 日

案号：（2017）黔 03 民初 435 号

一审：贵州省遵义市中级人民法院

结案：2018 年 10 月 1 日

三、诉讼请求

贵州遵义洪关太阳坪风电场占地面积约 24 平方公里，安装 24 台风机。该工程项目所在地属贵州省生态功能区划中喀斯特脆弱生态区，以及国家级水土流失重点治理区，原告认为建设单位未严格按照《中华人民共和国环境保护法》《中华人民共和国水土保持法》规定的"三同时"制度采取有效的水土流失防治措施，加剧项目所在地水土流失，加大后期水土流失治理难度，

降低生态系统服务功能，增大生态环境受损风险，为此，向贵州省遵义市中级人民法院提起环境民事公益诉讼，提出如下诉讼请求：

1. 判令二被告严格按照贵州省水利厅黔水保函〔2015〕217号《关于贵州遵义洪关太阳坪风电场水土保持方案的批复》审批的技术审查意见，采取有效的水土流失防治措施，消除危险（足额投入水土保持总投资1603.39万元，三个月内达到项目水土流失防治建设类项目一级标准的各项指标，即扰动土地整治率95%，水土流失总治理度97%，土流失控制比1.0，拦渣率95%，林草植被恢复率99%，林草覆盖率27%）。

2. 如二被告逾期未履行上述义务，则判令二被告支付水土保持总投资1603.39万元的90%即1443.05万元（生态修复费）由第三方代为履行。

3. 判令二被告共同承担本案原告交通费、专家费、鉴定费、律师代理费、诉讼费等合理支出。

原告根据证据保全情况、双方提供的证据，二被告开发建设的遵义洪关太阳坪风电场水土保持设施已进入竣工验收阶段，为此，原告申请变更诉讼请求如下：

1. 依法判令二被告按贵州省水土厅2017年1月19日竣工验收意见进行整改，消除生态损害危险；对未按规定在施工期间采取水土保持临时措施、未足额投资造成的期间生态功能损失（自应当采取水土保持临时措施之日起至行政主管部门对水土保持设施验收合格之日止）进行赔偿（赔偿金额以鉴定评估意见为准，款项用于当地生态环境治理）。

2. 判令二被告共同承担本案原告交通费、专家费、鉴定费、律师代理费、诉讼费等合理支出。

四、案件结果

本案在审理过程中，经贵州省遵义市中级人民法院主持调解，当事人自愿达成如下协议，因本案法院未向支持单位送达公告后民事调解书，故案件结果为法院公告的调解协议内容如下：

一、由深圳××公司、遵义××公司按照贵州××原生农林科技有限责任公司于 2018 年 7 月出具的《贵州遵义洪关太阳坪风电场植被恢复工程实施方案》（以下简称《实施方案》）在原有水土保持植物措施基础上，于 2019 年 12 月 31 日前进一步完成案涉风电项目植被恢复后续工程，切实防治水土流失。《实施方案》为本协议附件。

1. 植被恢复范围：主要包括 24 台风机所在区域、升压变电站区域、集电线路区、道路工程区、弃渣点等五个区域。

2. 主要施工阶段：①整治土地；②覆种植土；③种植槽开挖；④苗木种植；⑤养护管理。

3. 主要植物品种：爬山虎、芦苇。

4. 工程投资概算：687 660 元。

二、贵州××原生农林科技有限责任公司为深圳××公司、遵义××公司提供技术指导。深圳××公司、遵义××公司完成植物"养护管理"，达到方案效果后，形成书面报验材料（以前述"植被恢复范围""主要施工阶段"约定内容，分区分阶段论述施工情况及植物现状，并制作综合验收意见表等）向人民法院申请组织双方当事人、贵州××原生农林科技有限责任公司，邀请林业、水利或相关环保专家组成验收组开展综合验收。必要时，可委托具有专业资质的第三方进行综合验收。因综合验收产生的合理费用由深圳××公司、遵义××公司或两公司指定的施工单位负担。

1. 预计验收时间：2019 年 8 月初。

2. 综合验收方式：在人民法院见证下，验收组或第三方赴现场对照《实施方案》实地查勘，形成验收意见。如需整改，则深圳××公司、遵义××公司在完成整改事项后，通知人民法院及验收组进行验收。整改以一次为限。

三、深圳××公司、遵义××公司至迟应当于 2019 年 12 月 31 日前完成综合验收，否则不论其实际施工情况以及投资数额情况，皆统一按 687 660 元向人民法院指定的遵义市环境公益诉讼专项资金账户交纳生态环境修复费，由人民法院依法用于生态环境治理。

四、案件受理费 10 676.6 元由深圳××公司、遵义××公司负担；修复方案制定费、技术指导费 100 000 元以及律师费 100 000 元，由深圳××公司、遵义××公司指定施工单位于 2018 年 10 月 15 日前分别向贵州××原生农林科技有限责任公司、贵州省青年法学会付清，施工单位逾期未履行付款义务的，由深圳××公司、遵义××公司支付；公告费据实由深圳××公司、遵义××公司负担。

五、支持工作

本案支持起诉单位是中国政法大学环境资源法研究和服务中心，中心通过为本案提供法律咨询、由原告代理人代为当庭宣读支持意见并向法庭提交书面支持意见等方式支持本案诉讼，为原告提供强有力的智力和法律人员的支持，增强了原告诉讼能力。

六、诉讼影响

本案是贵州首例水土流失环境公益诉讼案，并入选了"2019 年贵州法院环境资源审判十大典型案例"。

作为贵州省高级人民法院发布的十大典型案例之一，本案的典型意义如下：

> 该案不同于其他事后追责补救型案件，法院针对案涉风电项目在建设施工过程中可能对长江流域重要支流造成局部水土流失风险隐患的特殊情况，在审理过程中秉持事中预防、严格保护理念进行调解，最终促成了由企业按照第三方制定的修复方案实施补植复绿工程的调解协议，将重大生态安全隐患消除于萌芽之中，为长江流域筑牢绿色生态屏障。

七、诉讼文书

环境民事公益起诉状

原告：贵州省青年法学会。住所地：贵州省贵阳市南明区护国路名士花园××层×号。

法定代表人：孙×全，职务：该会会长。

委托诉讼代理人：郑×红，国浩律师（贵阳）事务所律师，执业证号：×××，联系电话：××××××。

委托诉讼代理人：谢×，贵州仪程律师事务所律师，执业证号：×××，联系电话：××××××。

支持起诉人：中国政法大学环境资源法研究和服务中心（又称"污染受害者法律帮助中心"）。住所地：北京市海淀区西土城路35号润博会议×××。

负责人：王灿发，职务：主任，中国政法大学教授、博士生导师、北京市人大代表。

被告：深圳市××煤电开发有限公司。住所地：深圳市福田区新闻路1号中电信息大厦××××房。

法定代表人：王×智，职务：公司经理，联系电话：0755-××××××。

被告：遵义××风力发电有限公司。住所地：遵义县南白镇世纪花园金桂苑×单元×××号。

法定代表人：贺×林，职务：公司经理，联系电话：××××××。

诉讼请求：

1. 判令二被告严格按照贵州省水利厅黔水保函〔2015〕217号《关于贵州遵义洪关太阳坪风电场水土保持方案的批复》审批的技术审查意见，采取有效的水土流失防治措施，消除危险（足额投入水土保持总投资1603.39万元，三个月内达到项目水土流失防治建设类项目一级标准的各项指标，即扰动土地整治率95%，水土流失总治理度97%，土流失控制比1.0，拦渣率95%，林草植被恢复率99%，林草覆盖率27%）。

2. 如二被告逾期未履行上述义务，则判令二被告支付水土保持总投资1603.39万元的90%即1443.05万元（生态修复费）由第三方代为履行。

3. 判令二被告共同承担本案原告交通费、专家费、鉴定费、律师代理费、诉讼费等合理支出。

事实与理由：

原告贵州省青年法学会是经贵州省民政厅登记注册的非营利性社团组织，

成立于 1987 年 7 月，隶属于贵州省青年联合会，学会的宗旨是团结省内有志进行法学研究的青年，向广大青少年进行各种形式的法律教育，加强法制宣传、精研法律理论，为国家的经济建设与精神文明建设做出贡献。学会的业务范围包括但不限于围绕贵州省生态文明建设的目标和任务，充分发挥政府与社会之间的桥梁和纽带作用，为各级人民政府及其有关行政主管部门提供决策建议；从事环境资源法、野生动植物保护的科学研究和教学工作；开展有助于生态环境的公益性活动，承办政府及有关组织委托的相关工作等。

贵州遵义洪关太阳坪风电场位于贵州省遵义市遵义县（现更名为播州区）和毕节市金沙县交界处，该工程拟开发风电场面积约 24 平方公里，安装 24 台风机。项目所在地位于贵州省生态功能区划中的中部湿润亚热带喀斯特脆弱生态区，土壤侵蚀类型以水力侵蚀为主，根据《全国水土保持规划国家级水土流失重点预防区和重点治理区复核划分成果》（办水保〔2013〕188 号）和《贵州省水利厅关于印发贵州省水土流失重点预防区和重点治理区划分成果的通知》（黔水保〔2015〕82 号），遵义县、金沙县分别属国家级水土流失重点治理区——乌江中下游治理区、乌江赤水河上游治理区。风电场建设工程的施工将会占压、扰动地表植被，形成裸露地表，从而降低工程区域内的林草覆盖率，工程区内的临时堆土和弃土如不采取及时有效的防治护理，在雨水、地表汇流或洪水冲刷下，将会产生新的水土流失，破坏周边土地资源和生态环境。水土保持就是对自然因素和人为活动造成水土流失采取有效的预防和治理措施，以此减轻和避免建设项目水土流失对生态环境造成的不良影响。

2010 年 12 月，被告深圳市××煤电开发有限公司（以下简称"深圳××公司"）取得贵州省发展和改革委员会《关于同意开展贵州遵义洪关太阳坪风电场前期工作的通知》，开始进行遵义洪关太阳坪风电场的前期设计工作。《中华人民共和国水土保持法》第二十五条规定：生产建设单位应当编制水土保持方案，报县级以上人民政府水行政主管部门审批。2013 年 4 月 11 日，贵州省水利厅依申请作出黔水保函〔2013〕53 号《关于贵州遵义洪关太阳坪风电场水土保持方案的复函》，基本同意水土流失防治责任范围为 49.15 公顷，同意项目水土流失防治执行建设类项目一级标准。由于该项目水土保持后续设计发生重大变更，贵州省水利厅要求原告重新编制水土保持方案。2015 年 12 月 28 日，贵州省水利厅作出黔水保函〔2015〕217 号《关于贵州遵义洪关太阳坪风电场水土保持方案的批复》，基本同意水土流失防治责任范围为 55.32 公顷，同意项目水土流失防治执行建设类项目一级标准，基本同意水土保持估算总投资为 1603.39 万元。

2015 年 4 月，被告遵义××风力发电有限公司（以下简称"遵义××公司"）进场施工，6 月 22 日，中国国际工程咨询公司受遵义××公司的委托，出具《关于贵州遵义洪关太阳坪风电场可行性研究报告（可研修编稿）的审查意见》，要求根据工程方案变化重新编制环境影响评价报告书及水土保持方案并取得相应主管部门审批意见。根据风电场 2015 年第二、第三、第四季度和 2016 年第一、第二季度《水土保持监测报告表》记载，项目存在的主要问题包括：风机基础开挖面积大，未对周边扰动的区域布设水土保持措施；道路区在施工过程中未采取任何水土保持措施，造成了较大的水土流失；扰动的建设区域，未做好剥离表土的临时堆放，经雨水冲刷，易造成大量的水土流失。上述问题均构成破坏当地水土资源，加剧水土流失，损害生态环境的风险。

根据《中华人民共和国水土保持法》第二十四条规定：生产建设项目选址、选线应当避让水土流失重点预防区和重点治理区；无法避让的，应当提高防治标准，优化施工工艺，减少地表扰动和植被损坏范围，有效控制可能造成的水土流失。第二十七条规定：依法应当编制水土保持方案的生产建设项目中的水土保持设施，应当与主体工程同时设计、同时施工、同时投产使用；生产建设项目竣工验收，应当验收水土保持设施；水土保持设施未经验收或者验收不合格的，生产建设项目不得投产使用。第三十二条规定：开办生产建设项目或者从事其他生产建设活动造成水土流失的，应当进行治理。被告在建设过程中野蛮施工，未严格按照"三同时"制度采取有效的水土流失防治措施，加剧了项目所在地的水土流失，易造成泥石流和山体滑坡；建设区土层浅薄，被告未对表层植被、草皮及表土资源进行剥离，加大了后期水土流失治理的难度，降低了生态系统的服务功能，严重地破坏了当地的生态环境。为此，被告应当承担限期治理水土流失，达到水土流失防治指标的法律责任。

原告根据《中华人民共和国环境保护法》《中华人民共和国水土保持法》《中华人民共和国民事诉讼法》《最高人民法院关于审理环境民事公益诉讼案件适用法律若干问题的解释》等法律法规和司法解释的规定，依法提起诉讼，要求被告如期足额投入资金，采取有效的水土保持措施消除危险，及时修复受损的生态环境。恳请法院查明事实后判决支持前述诉讼请求，以切实保护生态环境，维护公共环境利益。

此致

遵义市中级人民法院

具状人：贵州省青年法学会

2017 年 1 月 10 日

变更诉讼请求的申请

遵义市中级人民法院：

申请人贵州省青年法学会诉二被告深圳市××煤电开发有限公司、遵义××风力发电有限公司环境公益民事诉讼一案，贵院于 2017 年 5 月 9 日组织双方进行了庭前证据交换，并在此前进行了现场证据保全。根据证据保全情况、双方提供的证据，二被告开发建设的遵义洪关太阳坪风电场水土保持设施已进入竣工验收阶段，为此，申请人特根据《中华人民共和国民事诉讼法》等法律法规及司法解释的规定，对《环境民事公益起诉状》第一项和第二项诉讼请求申请变更：

原诉讼请求：

1. 判令二被告严格按照贵州省水利厅黔水保函〔2015〕217 号《关于贵州遵义洪关太阳坪风电场水土保持方案的批复》审批的技术审查意见，采取有效的水土流失防治措施，消除危险（足额投入水土保持总投资 1603.39 万元，三个月内达到项目水土流失防治建设类项目一标准的各项指标，即扰动土地整治率 95%，水土流失总治理度 97%，土壤流失控制比 1.0，拦渣率 95%，林草植被恢复率 99%，林草覆盖率 27%）。

2. 如二被告逾期未履行上述义务，则判令二被告支付水土保持总投资

1603.39万元的90%即1443.05万元（生态修复费）由第三方代为履行。

变更后的诉讼请求（上述两项诉讼请求合并变更）：

1. 依法判令二被告按贵州省水利厅2017年1月19日竣工验收意见进行整改，消除生态损害危险；对未按规定在施工期间采取水土保持临时措施、未足额投资造成的期间生态功能损失（自应当采取水土保持临时措施之日起至行政主管部门对水土保持设施验收合格之日止）进行赔偿（赔偿金额以鉴定评估意见为准，款项用于当地生态环境治理）。

2. 其他诉讼请求不变。

主要法律依据：

1.《中华人民共和国水土保持法》第二十七条：依法应当编制水土保持方案的生产建设项目中的水土保持设施，应当与主体工程同时设计、同时施工、同时投产使用；生产建设项目竣工验收，应当验收水土保持设施；水土保持设施未经验收或者验收不合格的，生产建设项目不得投产使用。第三十二条：开办生产建设项目或者从事其他生产建设活动造成水土流失的，应当进行治理。

2.《中华人民共和国水土保持法实施条例》第十九条：企业事业单位在建设和生产过程中造成水土流失的，应当负责治理。

3.《最高人民法院关于审理环境民事公益诉讼案件适用法律若干问题的解释》第十八条：对污染环境、破坏生态，已经损害社会公共利益或者具有损害社会公共利益重大风险的行为，原告可以请求被告承担停止侵害、排除妨碍、消除危险、恢复原状、赔偿损失、赔礼道歉等民事责任。第二十一条：原告请求被告赔偿生态环境受到损害至恢复原状期间服务功能损失的，人民法院可以依法予以支持。第二十四条：人民法院判决被告承担的生环境修复费用、生环境受到损害至恢复原状期间服务功能损失等款项，应当用于修复被损害的生态环境。

综上所述，二被告的建设工程进度发生了变化，申请人的诉讼请求也随之调整，上述变更是基于现有证据反映的客观事实而为，并未损害环境公共利益，且申请人认为变更后的诉讼请求更加符合客观事实，有利于解决生态损害问题，切实维护环境公共利益。请贵院审查后予以准许为谢！

此致

申请人：贵州省青年法学会

2017 年 5 月 15 日

中国政法大学环境资源法研究和服务中心
支持原告起诉意见书

尊敬的审判长、审判员：

中国政法大学环境资源法研究和服务中心，又称"污染受害者法律帮助中心"，成立于 1998 年 10 月，是经中国政法大学批准，司法部备案的民间环境保护团体。其成员由中国政法大学从事环境资源法研究和教学的教授、副教授为主，联合北京大学、清华大学、中国人民大学等十所高校和研究机构热心环境保护事业的法律和技术专家、学者、律师和研究生兼职组成。由中国政法大学环境法教授王灿发先生任中心主任。中心通过组织热心环境保护事业的法律专家、学者、律师和环境管理与技术专家对中国环境资源立法及其实施问题开展专题研究、进行国际交流、对环境执法和司法人员及公众进行环境法知识的培训，普及环境资源法知识，提高公众的环境法律意识和中国的环境资源立法、执法水平；通过对污染受害者提供法律帮助的方式，维护污染受害者的环境权益，促进中国环境资源法的执行和遵守。

贵院受理的原告贵州省青年法学会诉被告深圳市××煤电开发有限公司、遵义××风力发电有限公司生态破坏环境民事公益诉讼案件，根据《中华人民共和国民事诉讼法》《最高人民法院关于审理环境民事公益诉讼案件适用法律若干问题的解释》等相关规定，中国政法大学环境资源法研究和服务中心通过向原告提供法律咨询、提交书面支持意见等方式支持原告依法提起本案环境民事公益诉讼，现我单位发表支持意见如下：

1. 根据《中华人民共和国民事诉讼法》《中华人民共和国环境保护法》《最高人民法院关于审理环境民事公益诉讼案件适用法律若干问题的解释》等规定，原告提起本案诉讼符合原告主体资格法定条件，有权提起环境民事公益诉讼。

2. 根据《中华人民共和国水土保持法》等法律规定，被告应当做好水土保持工作。被告在工程建设中水土保持设施未与主体工程同时设计、同时施工也是违法行为，这种违法行为同样对生态环境产生了影响与损害，即对社会公共利益造成了损害应依法承担功能损失赔偿等责任。被告最后水土保持方案验收与通过不能掩盖其工程建设中水土保持设施未与主体工程同时施工等违法行为以及对生态环境产生的影响与损害。

3. 根据《最高人民法院关于审理环境民事公益诉讼案件适用法律若干问题的解释》第二十三条："生态环境修复费用难以确定或者确定具体数额所需鉴定费用明显过高的，人民法院可以结合污染环境、破坏生态的范围和程度、生态环境的稀缺性、生态环境恢复的难易程度、防治污染设备的运行成本、被告因侵害行为所获得的利益以及过错程度等因素，并可以参考负有环境保护监督管理职责的部门的意见、专家意见等，予以合理确定。"建议从被告未同时或及时实施水土保持方案而获利及主观过错等因素考虑被告应承担的赔偿数额，以水土保持投资 1603.39 万元在银行的贷款利息、减少施工工资等为参考，建议在 100 万元~200 万元间确立。

3. 原告作为非营利社会组织，建议人民法院依法缓收、减收或免收原告诉讼费用，支持原告因诉讼支出的合理费用。

4. 希望通过本案警示在取得合法建设、施工过程中同样要严格遵守环保措施的要求，履行应尽的保护环境的责任，否则同样要承担破坏生态环境的法律责任。

生态环境事关民生福祉，美丽中国需要司法保护，为推进生态文明建设贡献一份力量，我中心支持原告贵州省青年法学会诉被告生态破坏环境民事公益诉讼一案，望人民法院依法审理支持原告的诉讼请求！

此致

遵义市中级人民法院

原告支持起诉单位（签章）：

中国政法大学环境资源法研究和服务中心

2017 年 9 月 2 日

附：法律条文

《中华人民共和国民事诉讼法》

第十五条　机关、社会团体、企业事业单位对损害国家、集体或者个人民事权益的行为，可以支持受损害的单位或者个人向人民法院起诉。

《最高人民法院关于审理环境民事公益诉讼案件适用法律若干问题的解释》

第十一条　检察机关、负有环境保护监督管理职责的部门及其他机关、社会组织、企业事业单位依据民事诉讼法第十五条的规定，可以通过提供法律咨询、提交书面意见、协助调查取证等方式支持社会组织依法提起环境民事公益诉讼。

贵州省遵义市中级人民法院
公告

（2017）黔 03 民初 435 号

本院于 2017 年 3 月 17 日立案受理原告贵州省青年法学会与被告深圳市××煤电开发有限公司、遵义××风力发电有限公司生态破坏公益诉讼一案。依照《最高人民法院关于审理环境民事公益诉讼案件适用法律若干问题的解释》第十条规定，依法有权提起诉讼的其他机关和社会组织可以在公告之日起三十日内，向本院申请参加诉讼。经审查符合法定条件的，列为共同原告；逾期申请的，不予准许。

联系人：李×振、禹×（遵义中院环保庭）。

联系电话：0851-××××××（李×振）、××××××（禹×）。

联系地址：贵州省遵义市汇川区汇川大道。

特此公告。

附： 民事起诉状

贵州省遵义市中级人民法院（印）

二〇一七年三月二十日

贵州省遵义市中级人民法院
公告

（2017）黔03民初435号

本院于2017年3月17日立案受理原告贵州省青年法学会与被告深圳市××煤电开发有限公司、遵义××风力发电有限公司水土保持环境民事公益诉讼一案。诉讼过程中，当事人达成调解协议。依照《最高人民法院关于适用〈中华人民共和国民事诉讼法〉的解释》第二百八十九条规定，现予以公告。公告期间为2018年10月1日至2018年10月30日。

联系人：遵义市中级人民法院环境资源审判庭李×振法官。

联系电话：0851-×××××。

联系地址：贵州省遵义市汇川区汇川大道中段。

特此公告。

附：

1. 民事起诉状
2. 调解协议
3. 《贵州遵义洪关太阳坪风电场植被恢复工程实施方案》（节选）

贵州省遵义市中级人民法院（印）

二〇一八年九月二十八日

调解协议

案号：（2017）黔03民初435号。

时间：2018年9月21日下午3时。

地点：本院10号法庭。

主审法官：李×振。

法官助理：禹×。

原告：贵州省青年法学会。住所地：贵阳市南明区护国路名士花园××层×号。

法定代表人：孙×全，职务：该学会会长。

委托诉讼代理人：郑×红，国浩律师（贵阳）事务所律。

委托诉讼代理人：谢×，贵州仪程律师事务所律师。

支持起诉人：中国政法大学环境资源法研究和服务中心。住所地：北京市海淀区西土城路 35 号润博会议中心×××。

负责人：王灿发，该中心主任。

被告：深圳市××煤电开发有限公司。住所地：深圳市福田区新闻路 1 号中电信息大厦××××房。

法定代表人：王×智，职务：该公司经理。

委托诉讼代理人：代×峰，该公司员工。

委托诉讼代理人：吴×高，贵州乾锋律师事务所律师。

被告：遵义××风力发电有限公司。住所地：遵义市播州区南白镇世纪花园金桂苑 7 单元×××号。

法定代表人：贺×林，职务：该公司经理。

委托诉讼代理人：孙×中，该公司员工。

委托诉讼代理人：吴×高，贵州乾锋律师事务所律师。

本案审理过程中，经本院主持调解，当事人自愿达成如下协议：

一、由深圳××公司、遵义××公司按照贵州××原生农林科技有限责任公司于 2018 年 7 月出具的《贵州遵义洪关太阳坪风电场植被恢复工程实施方案》（以下简称《实施方案》）在原有水土保持植物措施基础上，于 2019 年 12 月 31 日前进一步完成案涉风电项目植被恢复后续工程，切实防治水土流失。《实施方案》为本协议附件。

1. 植被恢复范围：主要包括 24 台风机所在区域、升压变电站区域、集电线路区、道路工程区、弃渣点等五个区域。

2. 主要施工阶段：①整治土地；②覆种植土；③种植槽开挖；④苗木种植；⑤养护管理。

3. 主要植物品种：爬山虎、芦苇。

4. 工程投资概算：687 660 元。

二、贵州××原生农林科技有限责任公司为深圳××公司、遵义××公司提供技术指导。深圳××公司、遵义××公司完成植物"养护管理"，达到方案效果后，形成书面报验材料（以前述"植被恢复范围""主要施工阶段"约定内容，分区分阶段论述施工情况及植物现状，并制作综合验收意见表等）向人民法院申请组织双方当事人、贵州××原生农林科技有限责任公司，邀请林业、水利或相关环保专家组成验收组开展综合验收。必要时，可委托具有专业资质的第三方进行综合验收。因综合验收产生的合理费用由深圳××公司、遵义××公司或两公司指定的施工单位负担。

1. 预计验收时间：2019 年 8 月初。

2. 综合验收方式：在人民法院见证下，验收组或第三方赴现场对照《实施方案》实地查勘，形成验收意见。如需整改，则深圳××公司、遵义××公司在完成整改事项后，通知人民法院及验收组进行验收。整改以一次为限。

三、深圳××公司、遵义××公司至迟应当于 2019 年 12 月 31 日前完成综合验收，否则不论其实际施工情况以及投资数额情况，皆统一按 687 660 元向人民法院指定的遵义市环境公益诉讼专项资金账户交纳生态环境修复费，由人民法院依法用于生态环境治理。

四、案件受理费 10 676.6 元由深圳××公司、遵义××公司负担；修复方案制定费、技术指导费 100 000 元以及律师费 100 000 元，由深圳××公司、遵义××公司指定施工单位于 2018 年 10 月 15 日前分别向贵州××原生农林科技有限责任公司、贵州省青年法学会付清，施工单位逾期未履行付款义务的，由深圳××公司、遵义××公司支付；公告费据实由深圳××公司、遵义××公司负担。

贵州省青年法学会（印-签字）

深圳市××煤电开发有限公司（印-签字）

遵义××风力发电有限公司（印-签字）

2018 年 9 月 21 日

2019 年贵州法院环境资源审判十大典型案例

贵州省高级人民法院　　2019-06-17

贵州省青年法学会诉深圳××公司等水土保持民事公益诉讼案

简要案情：贵州遵义洪关太阳坪风电场占地面积约 24 平方公里，安装 24 台风机。该工程项目所在地属贵州省生态功能区划中喀斯特脆弱生态区，以及国家级水土流失重点治理区。根据该风电场 2015 年、2016 年《水土保持监测报告表》记载，项目建设过程中存在以下主要问题：1. 风机基础开挖面积大，未对周边扰动的区域布设水土保持措施；2. 道路区在施工过程中未采取任何水土保持措施，造成了较大的水土流失；3. 扰动的建设区域，未做好剥离表土的临时堆放，经雨水冲刷，易造成大量的水土流失。贵州省青年法学会据以认为建设单位未严格按照《中华人民共和国环境保护法》《中华人民共和国水土保持法》规定的"三同时"制度采取有效的水土流失防治措施，加剧项目所在地水土流失，加大后期水土流失治理难度，降低生态系统服务功能，增大生态环境受损风险。为此，该会向法院提起环境民事公益诉讼，请求判令建设单位深圳××公司、遵义××公司立即进行整改，消除生态损害危险，并承担生态损害赔偿责任。经遵义市中级人民法院主持调解，双方达成由建设单位按照第三方制定的修复方案加紧实施水土保持植物措施整改工程，防止发生水土流失、山体滑坡风险的调解协议。

典型意义：该案不同于其他事后追责补救型案件，法院针对案涉风电项目在建设施工过程中可能对长江流域重要支流造成局部水土流失风险隐患的特殊情况，在审理过程中秉持事中预防、严格保护理念进行调解，最终促成了由企业按照第三方制定的修复方案实施补植复绿工程的调解协议，将重大生态安全隐患消除于萌芽之中，为长江流域筑牢绿色生态屏障。

福建某公司电石渣污染公益诉讼案

一、诉讼主体

原告：福建省绿家园环境友好中心

支持起诉单位：中国政法大学环境资源法研究和服务中心（又称"污染受害者法律帮助中心"，简称"CLAPV"或者"中心"）、北京自然之友公益基金会

被告：福建×维股份有限公司

案由：固体废物污染责任纠纷环境民事公益诉讼

二、诉讼程序

立案管辖程序

立案：2019 年 3 月 14 日

案号：（2019）闽 04 民初 113 号

立案法院：福建省三明市中级人民法院

管辖裁定：2019 年 5 月 14 日

一审程序

受理：2019 年 5 月 16 日

案号：（2019）闽 0481 民初 2061 号

一审：福建省永安市人民法院

结案：2020 年 8 月 31 日

三、诉讼请求

2017 年 9 月 27 日，原告调研发现被告现有电石渣堆场位于厂门公路一侧的坝体破损，渗滤液从坝体的破损处溢流外排至公路下的水渠。经 PH 试纸检测，发现渗滤液 pH 值高达 13～14 左右，表现为强碱废水，水渠通向九龙溪。被告现有电石渣堆场不符合《一般工业固体废物贮存、处置场污染控制标准》（GB 18599-2001）Ⅱ类场的环境保护要求，没有经过环境影响专题评价和竣工验收合格，渗滤液污染了土壤和地下水。电石渣堆场渗滤液和底部排污口超标废水进入地表水体九龙溪，污染了九龙溪水质。为保护九龙溪流域水环境，根据相关法律规定，原告提起本案环境民事公益诉讼，并提出如下诉讼请求：

一、判决被告三个月内对其堆放在福建省永安市曹远镇清水池村×××号厂门公路一侧的现有电石渣堆场采取有效措施排除危害，即排除其废渣、渗滤液对农田、九龙溪的污染，达到《一般工业固体废物贮存、处置场污染控制标准》（GB 18599-2001）Ⅱ类场的环境保护要求。

二、判决责令被告三个月内采取污染防治措施，保障现有电石渣堆场底部的废水排放口排放废水达到《污水综合排放标准》（GB 8978-1996）表 4 一级标准，停止对地表水体九龙溪环境的侵害。

三、判决被告修复现有电石渣堆场渗滤液污染的土壤、地下水生态环境。确定被告不履行修复义务时应承担的生态环境修复费用和生态环境受到损害至恢复原状期间服务功能损失（金额以环境损害评估定鉴定为准，支付到法院指定账户），该款用于修复现有电石渣堆场渗滤液污染的土壤、地下水生态环境或者环境保护活动。

四、判被告赔偿现有电石渣堆场渗滤液外排和底部的废水排放口超标外排废水污染地表水体九龙溪的生态环境修复用和生态环境受到损害至恢复原状期间服务功能损失（金额以环境损害评估鉴定为准，支付到法院指定账户），该款用于修复地表水体九龙溪流域生态环境或者环境保护活动。

五、判决被告在福建省人民政府门户网站、福建电视台、福建日报向全省人民群众承认错误，赔礼道歉。

六、判决被告赔偿我单位因本案诉讼实际支出的专家辅助人咨询费、环境损害评估鉴定费、检测费、律师费、工作人员和律师差旅费等（金额以一审辩论终结前诉讼实际支出为准）。

七、判决被告承担本案诉讼费用。

四、案件结果

本案经福建省高级人民法院决定，福建省三明市中级人民法院裁定由福建省永安市人民法院审理，福建省永安市人民法院于 2019 年 5 月 16 日受理后，依法适用普通程序，并于 2019 年 5 月 28 日公告案件受理情况，于 2019 年 5 月 24 日书面告知三明市永安生态环境局、永安市河长办，经过开庭审理后，福建省永安市人民法院作出一审判决，判决如下：

一、被告福建×维股份有限公司应于本判决生效后三十日内在福建省级报刊登报赔礼道歉（内容应经本院审查）。

二、被告福建×维股份有限公司应于本判决生效后十日内支付给原告福建省绿家园环境友好中心费用 30 000 元。

三、驳回原告福建省绿家园环境友好中心的其他诉讼请求。

案件受理费 356 800 元，由福建×维股份有限公司负担 10 940 元；由福建省绿家园环境友好中心负担 345 860 元，予以免交。

一审判决后，双方未上诉。

五、支持工作

本案支持起诉单位是中国政法大学环境资源法研究和服务中心与北京自然之友公益基金会两家单位，其参加案件支持工作，为案件的审理和原告依法提供了支持起诉工作。

中国政法大学环境资源法研究和服务中心作为本案支持起诉单位，为本案提供法律咨询、提交书面支持意见、协助调查取证等支持起诉工作，增强原告诉讼能力，积极履行职责，并得到法院判决书内容的肯定。

本案两次网络公开庭审直播，中心人员在听取第一次庭审直播后，通过向原告提出一些意见和建议，并由原告反映给法院。如第一次庭审时，合议庭组成人员不符合《中华人民共和国人民陪审员法》第十六条规定的公益诉讼案件一审由人民陪审员和法官组成七人合议庭的内容，反映意见后，在第二次庭审直播时，合议庭更换为七人合议庭对本案进行审理，支持单位也起到了落实法律实施的监督作用。

本案判决书对中心的支持意见作出了采纳，并对原告应承担的诉讼费用予以免交，详见判决书"原告绿家园中心申请缓交、免交案件受理费，考虑原告作为公益组织的经济状况和案件的审理情况，对中国政法大学环境资源法研究和服务中心依法缓收、减收或免收绿家园中心诉讼费用，加大对原告司法救助力度的建议予以采纳，本院对原告应承担的诉讼费用予以免交"的内容表述，这也是第一次法院在判决书中，对支持意见作出是否采纳的表述。

六、诉讼影响

本案是三明市首例由社会组织提起的环境民事公益诉讼案件，本案也是写入 2020 年 1 月 6 日在三明市第十三届人民代表大会第四次会议上的《三明市中级人民法院工作报告》的内容案例。

通过法院对于本案的审理，可见原告的起诉在客观上起到对被告环保整治工作的促进作用，避免了可能存在的环境风险，为今后相关企业在处理一般工业固体废物贮存、处置场污染控制的封场，以及做好环境保护工作方面提供了可参考的案例支持。

七、诉讼文书

民事起诉状

原告：福建省绿家园环境友好中心。住所地：福州市营迹路 38 号温泉花园×座××，邮政编码：×××××××。

法定代表人：林×英，职务：主任。

被告：福建×维股份有限公司。住所地：永安市曹远镇清水池村×××号，邮政编码：××××××。统一社会信用代码/注册号：913500001581×××××F。

法定代表人：魏×和，职位：董事长。企业联系电话：0598-×××××××。

诉讼请求：

一、判决被告三个月内对其堆放在福建省永安市曹远镇清水池村117号厂门公路一侧的现有电石渣堆场采取有效措施排除危害，即排除其废渣、渗滤液对农田、九龙溪的污染，达到《一般工业固体废物贮存、处置场污染控制标准》（GB 18599-2001）Ⅱ类场的环境保护要求。

二、判决责令被告三个月内采取污染防治施，保障现有电石渣堆场底部的废水排放口排放废水达到《污水综合排放标准》（GB 8978-1996）表4一级标准，停止对地表水体九龙溪环境的侵害。

三、判决被告修复现有电石渣堆场渗滤液污染的土壤、地下水生态环境。确定被告不履行修复义务时应承担的生态环境修复费用和生态环境受到损害至恢复原状期间服务功能损失（金额以环境损害评估定鉴定为准，支付到法院指定账户），该款用于修复现有电石渣堆场渗滤液污染的土壤、地下水生态环境或者环境保护活动。

四、判决被告赔偿现有电石渣堆场渗滤液外排和底部的废水排放口超标外排废水污染地表水体九龙溪的生态环境修复用和生态环境受到损害至恢复原状期间服务功能损失（金额以环境损害评估鉴定为准，支付到法院指定账户），该款用于修复地表水体九龙溪流域生态环境或者环境保护活动。

五、判决被告在福建省人民政府门户网站、福建电视台、福建日报向全省人民群众承认错误，赔礼道歉。

六、判决被告赔偿我单位因本案诉讼实际支出的专家辅助人咨询费、环境损害评估鉴定费、检测费、律师费、工作人员和律师差旅费等（金额以一审辩论终结前诉讼实际支出为准）。

七、判决被告承担本案诉讼费用。

事实和理由：

我单位是在福建省民政厅登记注册的民办非企业单位，宗旨是遵守国家的宪法、法律、法规和国家政策，遵守社会道德风尚，普及公民环境保护意识，保护生态环境与生态平衡，倡导绿色消费，促进社会、环境、生态、经济和谐的可持续发展。业务范围是保护生态环境、传播环境文化、开展学术技术交流。我单位专门从事环境保护公益活动连续五年以上且无违法记录。对污染环境、破坏生态，损害社会公共利益的行为有权提起公益诉讼。

2017 年 9 月 27 日，我单位调研发现被告现有电石渣堆场位于厂门公路一侧的坝体破损，渗滤液从坝体的破损处溢流外排至公路下的水渠。经 pH 试纸检测，发现渗滤液 pH 值高达 13~14 左右，表现为强碱废水。公路下的水渠排水量较大，经 pH 试纸检测，pH 值高达 13~14 左右，表现为强碱废水。之后，我单位通过三明市环保局网站了解到，被告因电石渣堆场还残余少量废渣，淋溶水未进行有效收集，从南面渣坝的破损处溢流至外环境，该局于 2016 年 11 月 29 日对被告作出过行政处罚，责令被告立即改正环境违法行为，并处罚款人民币三万元整。

以上情况说明，被告受到三明市环保局处罚后，并没有按照该局要求整改到位，存在长期违法排放超标废水行为，我单位决定跟踪调研被告的环境违法行为。

2018 年 6 月 22 日，我单位再次调研被告现有电石渣堆场，发现位于厂门公路一侧的坝体破损没有得到修复，渗滤液和之前一样从坝体的破损处溢流外排至公路下的水渠。经 pH 试纸检测，发现渗滤液 pH 值高达 13~14 左右，表现为强碱废水。此次调研明确了电石渣堆场底部有一个废水排放口，向公路下的水渠排放大量废水，水渠上建有一道拦水坝。拦水坝的上下游均有其他水源汇入水渠。经 pH 试纸检测，拦水坝上游水渠的 pH 值高达 11~12 左右，表现为强碱废水。水渠通向九龙溪。

我单位查阅被告《福建省环保局关于批复福建××化纤集团有限公司技改扩建 PVA 至 60kt/a 项目环境影响报告书的函》、《建设项目竣工环境保护验收监测报告》（闻环站 2011-C102）、《三明市环保局关于福建×维股份有限公司技改扩建 PVA 至 60kt/a 项目竣工环境保护验收意见的函》、《排污许可证公示内容》，发现被告现有电石渣堆场内的电石渣属于第 Ⅱ 类一般工业固体废物，该场没有经过环境影响专题评价和竣工验收合格，属于违法投入生产和使用。被告废水排放执行《污水综合排放标准》（GB 8978-1996）表 4 中的一级标准，其中 pH 值 6~9。纳污水域九龙溪水环境功能类别为地表水 Ⅲ 类水体，pH 值 6~9。被告排放废水 pH 值在 11~12 以上，属于超标排放。

被告现有电石渣堆场不符合《一般工业固体废物贮存、处置场污染控制标准》（GB 18599-2001）Ⅱ 类场的环境保护要求，没有经过环境影响专题评价和竣工验收合格，渗滤液污染了土壤和地下水。电石渣堆场渗滤液和底部排污口超标废水进入地表水体九龙溪，污染了九龙溪水质。为保护九龙溪流域水环境，我单位根据《中华人民共和国固体废物污染环境防治法》《中华人民共和国水污染防治法》《最高人民法院关于审理环境民事公益诉讼案件适用法律若干问题的解释》相关规定，特向人民法院起诉。请人民法院支持我单位诉讼请求。

此致
三明市中级人民法院

附：

1. 本起诉状副本 1 份
2. 民事起诉状依据的主要规定

起诉人：福建省绿家园环境友好中心（印）

2018 年 12 月 18 日

附：民事起诉状依据的主要规定

《中华人民共和国固体废物污染环境防治法》

第十三条 建设产生固体废物的项目以及建设贮存、利用、处置固体废物的项目，必须依法进行环境响评价，并遵守国家有关建设项目环境保护管理的规定。

第十四条 建设项目的环境影响评价文件确定需要配套建设的固体废物污染环境防治设施，必须与主体工程同时设计、同时施工、同时投入使用。固体废物污染环境防治设施必须经原审批环境影响评价文件的环境保护行政主管部门验收合格后，该建设项目方可投入生产或者使用。对固体废物污染环境防治设施的验收应当与对主体工程的验收同时进行。

第十七条 收集、贮存、运输、利用、处置固体废物的单位和个人，必须采取防扬散、防流失、防渗漏或者其他防止污染环境的措施；不得擅自倾倒、堆放、丢弃、遗撒固体废物。

第二十一条 对收集、贮存、运输、处置固体废物的设施、设备和场所，应当加强管理和维护，保证其正常运行和使用。

第三十三条 企业事业单位应当根据经济、技术条件对其产生的工业固体废物加以利用；对暂时不利用或者不能利用的，必须按照国务院环境保护行政主管部门的规定建设贮存设施、场所，安全分类存放，或者采取无害化处置措施。

建设工业固体废物贮存、处置的设施、场所，必须符合国家环境保护标准。

第三十四条 禁止擅自关闭、闲置或者拆除工业固体废物污染环境防治设施、场所；确有必要关闭、闲置或者拆除的，必须经所在地县级以上地方人民政府环境保护行政主管部门核准，并采取措施，防止污染环境。

《中华人民共和国水污染防治法》

第十条 排放水污染物，不得超过国家或者地方规定的水污染物排放标准和重点水污染物排放总量控制指标。

第二十一条 禁止企业事业单位和其他生产经营者无排污许可证或者违反排污许可证的规定向水体排放前款规定的废水、污水。

第三十三条 禁止向水体排放油类、酸液、碱液或者剧毒废液。

第四十五条 排放工业废水的企业应当采取有效措施，收集和处理产生的全部废水，防止污染环境。含有毒有害水污染物的工业废水应当分类收集和处理，不得稀释排放。

《最高人民法院关于审理环境民事公益诉讼案件适用法律若干问题的解释》

第十八条 对污染环境、破坏生态，已经损害社会公共利益或者具有损害社会公共利益重大风险的行为，原告可以请求被告承担停止侵害、排除妨碍、消除危险、恢复原状、赔偿损失、赔礼道歉等民事责任。

第二十条 原告请求恢复原状的，人民法院可以依法判决被告将生态环境修复到损害发生之前的状态和功能。无法完全修复的，可以准许采用替代性修复方式。

人民法院可以在判决被告修复生态环境的同时，确定被告不履行修复义务时应承担的生态环境修复费用；也可以直接判决被告承担生态环境修复费用。

生态环境修复费用包括制定、实施修复方案的费用和监测、监管等费用。

第二十一条 原告请求被告赔偿生态环境受到损害至恢复原状期间服务功能损失的，人民法院可以依法予以支持。

第二十二条 原告请求被告承担检验、鉴定费用，合理的律师费以及为诉讼支出的其他合理费用的，人民法院可以依法予以支持。

中国政法大学环境资源法研究和服务中心
支持原告起诉意见书

福建省三明市中级人民法院：

原告福建省绿家园环境友好中心与被告福建×维股份有限公司环境民事公益诉讼案，原告到贵院提起诉讼，根据《中华人民共和国民事诉讼法》第十五条、《最高人民法院关于审理环境民事公益诉讼案件适用法律若干问题的解释》第十一条等相关规定，中国政法大学环境资源法研究和服务中心（又称"污染受害者法律帮助中心"）通过向原告提供法律咨询、提交书面支持意见等方式支持原告依法提起本案环境民事公益诉讼，通过司法途径，依法维护社会公共利益。

中国政法大学环境资源法研究和服务中心成立于 1998 年 10 月，是经中国政法大学批准，司法部备案的民间环境保护团体。其成员以中国政法大学从事环境资源法研究和教学的教授、副教授为主，联合北京大学、清华大学、中国人民大学等十所高校和研究机构热心环境保护事业的法律和技术专家、学者、律师和研究生兼职组成，由中国政法大学环境法教授王灿发先生任中心主任。中心通过组织热心环境保护事业的法律专家、学者、律师和环境管理与技术专家对中国环境资源立法及其实施问题开展专题研究、进行国际交流、对环境执法和司法人员及公众进行环境法知识的培训，普及环境资源法知识，提高公众的环境法律意识和中国的环境资源立法、执法水平；通过对污染受害者提供法律帮助的方式，维护污染受害者的环境权益，促进中国环境资源法的执行和遵守。

环境是人类赖以生存的各种自然因素的总体，切实保护和改善环境关系到人民群众生命健康、社会和谐安定和中华民族的永续发展。当前，我国面临环境污染严重、生态系统退化的严峻形势。对此，人民群众反映强烈，党中央高度关注。党的十八大把生态文明建设纳入中国特色社会主义事业"五位一体"总体布局，并提出了"建设美丽中国"的美好愿景。十八届三中、四中全会分别通过的决定，先后强调"用制度保护生态环境""用严格的法律制度保护生态环境"。党的十九大报告进一步提出"加快生态文明体制改革，建设美丽中国"的部署要求。

为此，我国民事诉讼法和环境保护法相继规定了环境民事公益诉讼制度。2015 年 1 月 6 日，最高人民法院公布了《最高人民法院关于审理环境民事公益诉讼案件适用法律若干问题的解释》，为符合起诉条件的社会组织提供了法律的指引，体现了最高人民法院为"建设美丽中国"运用"严格的法律制度保护生态环境"的决心。

本案原告向贵院提起环境民事公益诉讼案件，我单位支持原告提起本案诉讼，并发表书面支持意见如下：

一、根据《中华人民共和国民事诉讼法》《中华人民共和国环境保护法》《最高人民法院关于审理环境民事公益诉讼案件适用法律若干问题的解释》等规定，原告提起本案诉讼符合原告主体资格法定条件，有权提起本案环境民事公益诉讼。

二、根据我国环境保护相关法律规定，企业事业单位和其他生产经营者应当防止、减少环境污染和生态破坏，对所造成的损害依法承担责任。禁止向水体排放碱液。产生固体废物的单位和个人，应当采取措施，防止或者减少固体废物对环境的污染。

本案被告现有电石渣堆场不符合《一般工业固体废物贮存、处置场污染控制标准》（GB 18599-2001）Ⅱ类场的环境保护要求，渗滤液 pH 值高达 13~14 左右，废水 pH 值也在 11~12 左右，均为强碱性，对土壤、地下水、地表水体九龙溪等产生严重污染，损害社会公共利益。

结合本案情况，被告应当依法规范现有电石渣堆场环境保护工作，对所造成的环境污染承担环境侵权法律责任，采取污染防治措施，保障现有电石渣堆场底部废水排放口超标废水达到排放标准，修复渗滤液污染的土壤、地下水生态环境，赔偿遭受污染地表水体九龙溪的生态环境修复费用和生态环境受到损害至恢复原状期间服务功能损失。

原告为保护当地生态环境免受被告现有电石渣堆场污染，为维护社会公共利益，提出本案的诉讼请求应得到司法支持。

三、原告作为非营利社会组织，支持起诉单位建议人民法院依法缓收、减收或免收原告诉讼费用，加大对原告的司法救助力度。

四、希望被告能够通过本案负起责任，更加增强环境保护意识，依法自觉履行应尽的环境保护义务，为当地生态环境质量改善贡献力量。

生态环境事关民生福祉，美丽中国需要司法保护。让我们树立和践行绿水青山就是金山银山的理念，像保护眼睛一样保护生态环境，像对待生命一样对待生态环境，实行最严格的生态环境保护制度，通过本案司法保护，形成刚性约束，又给予治污动力，为人民创造良好生产生活环境。

水、土地、土壤等自然因素是经济社会可持续发展的物质基础，关系人民群众身体健康、财产安全，关系美丽中国建设，保护好各种自然因素构成的环境是推进生态文明建设和维护国家生态安全的重要内容。我单位支持原告福建省绿家园环境友好中心提起本案环境民事公益诉讼，望贵院依法受理支持原告的诉讼请求！

原告支持起诉单位（签章）：

中国政法大学环境资源法研究和服务中心

2019 年 3 月 29 日

附：法律条文

《中华人民共和国民事诉讼法》

第十五条　机关、社会团体、企业事业单位对损害国家、集体或者个人民事权益的行为，可以支持受损害的单位或者个人向人民法院起诉。

《最高人民法院关于审理环境民事公益诉讼案件适用法律若干问题的解释》

第十一条　检察机关、负有环境保护监督管理职责的部门及其他机关、社会组织、企业事业单位依据民事诉讼法第十五条的规定，可以通过提供法律咨询、提交书面意见、协助调查取证等方式支持社会组织依法提起环境民事公益诉讼。

《中华人民共和国水污染防治法》

第九十九条第二款　环境保护主管部门和有关社会团体可以依法支持因水污染受到损害的当事人向人民法院提起诉讼。

支持起诉意见书

贵院受理的福建省绿家园环境友好中心诉福建×维股份有限公司固体废物污染责任纠纷［（2019）闽04民初1121号］一案，根《中华人民共和国民事诉讼法》《最高人民法院关于审理环境民事公益诉讼案件适用法律若干问题的解释》等相关规定，北京自然之友公益基金会支持原告福建省绿家园环境友好中心的起诉，支持起诉意见如下：

一、被告对其电石废渣产生的渗滤液及大量超标废水外排的环境污染行为应承担环境侵权责任。

被告福建福×股份有限公司，系福建省重点污染源监控企业，主要生产纺织化纤类产品，以电石为主要生产原料，因此生产过程中会产生大量渣浆废液。根据被告《技改扩建 PVA 至 60kt/a 建设项目竣工环境保护验收检测报告》，该项目年产约 18 万吨废渣，产生的电石渣全部外售，其毒性浸出鉴别执行《危险废物鉴别标准 浸出毒性鉴别》（GB 5085.3-2007），浸出液腐蚀性最高允许浓度为 pH 值<12.5。而经原告实地调研发现，被告电石渣驻厂内仍有残余废渣，渗滤液 pH 值高达 13~14。电石废渣及其渗滤液含有硫化物、磷化物等有毒有害物质，呈强碱性，且距农田仅有 10 米之隔，不仅会对贮场地块土壤造成污染，而且会对地下水、农业生产安全产生严重影响。

另原告在被告电石渣贮场底部发现一废水排放口，向水渠直接排入大量强碱废水（pH 值高达 11~12）。而该水渠通向九龙溪，是闽江重要源头沙溪的上游。被告超标排放废水的行为会对九龙溪水质造成污染，严重影响下游居民的饮水安全。

因此，被告未对其电石渣贮场采取有效污染防治措施，导致强碱性渗滤液外泄，以及大量超标废水直排外环境的行为导致该区域生态环境遭到严重污染破坏，九龙溪生态服务功能部分丧失，违反了我国环境保护的法律法规规定，已经给社会公共利益造成十分重大的损害。根据《中华人民共和国环境保护法》，污染者担责是环境保护的基本原则。《中华人民共和国侵权责任法》第六十五条规定，因污染环境造成损害的，污染者应当承担侵权责任。本案被告实施了污染环境的行为，应当承担环境侵权责任。

二、被告应承担电石渣堆厂污染地块的环境修复责任以及赔偿九龙溪生态环境修复费用和生态服务功能损失

根据《中华人民共和国环境保护法》《中华人民共和国侵权责任法》《最高人民法院关于审理环境民事公益诉讼案件适用法律若干问题的解释》的相关规定，生态环境损害发生后，由污染者承担停止侵害、消除危险、恢复原状等环境侵权责任是应有之义。虽然九龙溪具有一定的自净能力，但是环境容量是有限的，向水体大量排放强碱废水，必然对河流的水质、水体动植物、河床、河岸以及河流下游的生态环境造成严重破坏。如不及时修复，污染的累积必然会超出环境承载能力，最终造成不可逆转的环境损害。

因此，本案中被告的违法行为，严重污染了案涉地块的土壤、地下水和地表水，应当对污染地块进行环境修复以及赔偿九龙溪生态环境修复费用和生态服务功能损失。

本案中，原告福建省绿家园环境友好中心作为多年来专门从事环境保护公益活动并且符合环境民事公益诉讼起诉条件的社会组织，对于被告损害社会公共利益的行为提起环境民事公益诉讼，保护我们共有的生态环境资源不受侵害，我单位愿意作为支持起诉单位，望贵院能依法审理作出裁判！

此致

福建省三明市中级人民法院

支持单位：北京自然之友公益基金会

2019 年 4 月 2 日

附：法律条文

《中华人民共和国民事诉讼法》

第十五条 机关、社会团体、企业事业单位对损害国家、集体或者个人民事权益的行为，可以支持受损害的单位或者个人向人民法院起诉。

《最高人民法院关于审理环境民事公益诉讼案件适用法律若干问题的解释》

第十一条 检察机关、负有环境保护监督管理职责的部门及其他机关、社会组织，企业事业单位依据民事诉讼法第十五条的规定，可以通过提供法律咨询、提交书面意见、协助调查取证等方式支持社会组织依法提起环境民事公益诉讼。

《最高人民法院关于审理环境侵权责任纠纷案件适用法律若干问题的解释》

第一条 因污染环境造成损害，不论污染者有无过错，污染者应当承担侵权责任。污染者以排污符合国家或者地方污染物排放标准为由主张不承担责任的，人民法院不予支持。

污染者不承担责任或者减轻责任的情形，适用海洋环境保护法、水污染防治法、大气污染防治法等环境保护单行法的规定；相关环境保护单行法没有规定的，适用侵权责任法的规定。

第十七条 被侵权人提起诉讼，请求污染者停止侵害、排除妨碍、消除危险的，不受环境保护法第六十六条规定的时效期间的限制。

第十八条 本解释适用于审理因污染环境、破坏生态造成损害的民事案件，但法律和司法解释对环境民事公益诉讼案件另有规定的除外。

支持起诉意见书二

永安市人民法院：

我单位系贵院（2019）闽 0481 民初 2061 号福建省绿家园环境友好中心与福建×维股份有限公司固体废物污染责任纠纷一案的支持起诉单位，经认真观看本案于 2019 年 12 月 6 日下午、12 月 17 日上午公开审理的庭审直播，并通过原告查阅了原被告双方已提交的证据和初步调解方案，现提出意见如下：

一、现有证据足以认定被告污染了九龙溪。

首先，被告提交的《福建×维股份有限公司2#电石渣池固废污染防治竣工环保验收监测报告》第3页、《福建×维股份有限公司2#电石渣池固废污染防治竣工环境保护验收意见》第1页均表述了"由于降水，2#渣池凹陷坑内积存大量雨水，污水会沿着堆场边沿挡坝破口处渗漏出来，从而污染周围环境"，印证2019年9月20日之前被告存在污染地表水的行为。

其次，被告提交的《福建×维股份有限公司技改扩建PVA至60kt/a项目竣工验收报告》第9页图3-2福建×维股份有限公司厂区平面布置图、第53页图8-1噪声和无组织排放大气监测点位图。证明被告2#排污口起点是2#电石渣池底下排放口，排放口接水泥渠，水泥渠终点是九龙溪。

最后，原告提交的现场排污视频证明被告2#电石渣池渗滤液溢出渣水泵泵房下的拦水坝外排到水泥渠，最终排放到九龙溪。

综上，被告2#电石渣池渗滤液污染了九龙溪。

二、如何收集电石渣渗滤液外排量、电石渣渗滤液处理成本方面的证据。

根据出庭专家意见，本案还缺乏对环境损害赔偿费用进行量化评估的条件，具体原因为缺少电石渣渗滤液外排量、电石渣渗滤液处理成本的数据。故我单位现就如何收集电石渣渗滤液外排量、电石渣渗滤液处理成本方面的证据进行分析：

（一）如何收集电石渣渗滤液外排量证据。

根据出庭专家意见，计算排入九龙溪的电石渣渗滤液量，可以通过降雨量、地表径流系数及污水处理回用量等综合考虑。

降雨量，根据被告提交的证据《福建×维股份有限公司场地污染调查评估》第7页，为"年平均降雨量1565.9mm"。

地表径流系数，可根据现场勘查被告2#电石渣池所在地清水池村地质环境、植被情况取经验值。

污水处理回用量的计算，需考虑电石渣清液与酸性废水中和工艺以及电石渣清液的总量和浓度。根据被告提交的证据15，该项证据中列明的文件，应包含上述数据，但该证据被告称涉密而未向原告提供。被告证据15的证据名称为：①《电石渣清液回收利用项目可行性论证》及《电石渣清液回收利用项目可行性报告》；②项目评审会议；③项目技改措表、技改技措项目验收单、项目总结验收单。其证明内容为：为杜绝 2#排放口废水 pH 值出现超标排放的现象，被告经可行性论证，并进行了项目验收合格，被告将电石渣清液进行回收并将其与污水处理站于维纶生产系统的酸性废水进行的中和调节，处理达标后方进行排放。因此，计算污水处理回用量，可通过责令被告提供以下证据实现：

1. ①《电石渣清液回收利用项目可行性论证》及《电石渣清液回收利用项目可行性报告》；②项目评审会议；③项目技改措表、技改技措项目验收单、项目总结验收单。

2. 被告电石渣清液与酸性废水中和环节生产台账。

（二）如何收集电石渣渗滤液处理成本证据。

电石渣渗滤液处理成本与总量、浓度有关。一是可以根据市场调查法取值。二是也可根据被告的电石渣清液回收利用项目营运成本取值。故计算电石渣渗滤液处理的成本需要收集的证据，与前述计算污水处理回用量的证据相同。

综上，为查清案件基本事实，继续推进本案，法院应责令被告提供上述关键证据，并依法委托评估机构或专家就环境损害赔偿费用进行量化评估。

三、本案存在的问题。

本案对环境损害赔偿费用进行量化评估的证据收集不全面、不充分，导致被告污染九龙溪造成的生态环境损害后果尚未查清。贵院应当依职权调查收集证据，本案是环境民事公益诉讼，在事实没有查清情况下，由原被告双方达成调解协议，可能损害社会公共利益。

根据《最高人民法院关于适用〈中华人民共和国民事诉讼法〉的解释》第九十六条："民事诉讼法第六十四条第二款规定的人民法院认为审理案件需要的证据包括：（一）涉及可能损害国家利益、社会公共利益的；（二）涉及身份关系的；（三）涉及民事诉讼法第五十五条规定诉讼的；（四）当事人有恶意串通损害他人合法权益可能的；（五）涉及依职权追加当事人、中止诉讼、终结诉讼、回避等程序性事项的。除前款规定外，人民法院调查收集证据，应当依照当事人的申请进行。"

根据《最高人民法院关于审理环境民事公益诉讼案件适用法律若干问题的解释》第十四条第一款："对于审理环境民事公益诉讼案件需要的证据，人民法院认为必要的，应当调查收集。"

因此，贵院应当依职权收集《电石渣清液回收利用项目可行性论证》《电石渣清液回收利用项目可行性报告》、项目评审会议、项目技改措表、技改技措项目验收单、项目总结验收单、被告电石渣清液与酸性废水中和环节生产台账，并依法委托评估机构或专家对本案环境损害赔偿费用进行量化评估。

综上所述，本案系环境民事公益诉讼，现阶段案件事实尚未查清，不具备调解的基本条件。恳请法院依法调取证据，继续查清本案事实，在查清案件事实的基础上，依法认定被告法律责任，维护社会公共利益。

以上意见，请合议庭考虑。

中国政法大学环境资源法研究和服务中心

2020 年 1 月 2 日

北京自然之友公益基金会

2020 年 1 月 2 日

福建省永安市人民法院
受理公益诉讼告知书

（2019）闽 0481 民初 2061 号

中国政法大学环境资源法研究和服务中心：

本院于 2019 年 5 月 16 日立案受理原告福建省绿家园环境友好中心与被告福建×维股份有限公司固体废物污染责任纠纷公益诉讼一案，依照《最高人民法院关于审理环境民事公益诉讼案件适用法律若干问题的解释》第六条、第十一条规定，现将该案受理情况告知你单位。

联系人：李×浩（生态庭庭长），联系电话：×××××××××××、0598-×××××××。

联系人：钱×雪（生态庭书记员），联系电话：0598-×××××××。

联系地址：福建省永安市南山二路 66 号（邮编：××××××）。

特此告知。

附：民事起诉状

永安市人民法院（印）

二〇一九年五月二十三日

福建省三明市中级人民法院
民事裁定书

（2019）闽 04 民初 113 号

原告：福建省绿家园环境友好中心。住所地：福州市营迹路 38 号温泉花园×座××。组织机构代码：793×××××-3。

法定代表人：林×英，职务：主任。

委托诉讼代理人：吴×心，湖北隆中律师事务所执业律师。

委托诉讼代理人：邓×瑜，福建省绿家园环境友好中心工作人员。

被告：福建×维股份有限公司。住所地：永安市曹远镇清水池村×××号，统一社会信用代码：913500001581×××××F。

法定代表人：魏×和，职务：董事长。

公益诉讼人福建省绿家园环境友好中心与被告福建×维股份有限公司固体废物污染责任纠纷一案，本院于 2019 年 3 月 14 日立案。

本院经审查认为，由于本案所涉的污染发生地和损害结果地均在永安市辖区范围内，为有利于案件所涉及污染的综合治理，达到更好的法律效果和社会效果，本案交由永安市人民法院审理更为适宜。且本案已经报请福建省高级人民法院批准。依照《中华人民共和国民事诉讼法》第三十八条第一款、《最高人民法院关于适用〈中华人民共和国民事诉讼法〉的解释》第四十二条规定，裁定如下：

本案由永安市人民法院审理。

本裁定一经作出即生效。

审　判　长　　张×财

审　判　员　　谢×斌

审　判　员　　林×伦

二〇一九年五月十四日

法官助理　　　彭×媛

书　记　员　　陈×敏

附：本裁定所依据的法律条文

《中华人民共和国民事诉讼法》

第三十八条　上级人民法院有权审理下级人民法院管辖的第一审民事案件；确有必要将本院管辖的第一审民事案件交下级人民法院审理的，应当报请其上级人民法院批准。

下级人民法院对它所管辖的第一审民事案件，认为需要由上级人民法院审理的，可以报请上级人民法院审理。

《最高人民法院关于适用〈中华人民共和国民事诉讼法〉的解释》

第四十二条　下列第一审民事案件，人民法院依照民事诉讼法第三十八条第一款规定，可以在开庭前交下级人民法院审理：

（一）破产程序中有关债务人的诉讼案件；

（二）当事人人数众多且不方便诉讼的案件；

（三）最高人民法院确定的其他类型案件。

人民法院交下级人民法院审理前，应当报请其上级人民法院批准。上级人民法院批准后，人民法院应当裁定将案件交下级人民法院审理。

福建省永安市人民法院
民事判决书

（2019）闽 0481 民初 2061 号

原告： 福建省绿家园环境友好中心。住所地：福建省福州市营迹路 38 号温泉花园×座 3×。统一社会信用代码：523500007937×××××1。

法定代表人： 林×英，职务：主任。

委托诉讼代理人： 邓×瑜，福建省绿家园环境友好中心工作人员。

委托诉讼代理人： 吴×心，湖北隆中律师事务所执业律师。

被告： 福建×维股份有限公司。住所地：福建省永安市曹远镇清水池村××。统一社会信用代码：913500001581×××××F。

法定代表人： 魏×和，职务：董事长。

委托诉讼代理人： 陈×，福建建达律师事务所执业律师。

委托诉讼代理人： 张×，福建建达律师事务所执业律师。

支持起诉人： 北京自然之友公益基金会。住所地：北京市朝阳区。社会信用代码：531100000828×××××A。

法定代表人： 康×，职务：理事长。

支持起诉人： 中国政法大学环境资源法研究和服务中心。住所地：北京市海淀区。

负责人： 王灿发，职务：主任。

原告福建省绿家园环境友好中心（以下简称"绿家园中心"）与被告福建×维股份有限公司（以下简称"×维公司"）民事公益诉讼（固体废物污染责任纠纷）一案，经福建省高级人民法院决定，三明市中级人民法院裁定由本院审理，本院于 2019 年 5 月 16 日立案后，依法适用普通程序，于 2019 年 5 月 28 日公告了案件受理情况，并于 2019 年 5 月 24 日书面告知三明市永安生态环境局、永安市河长办。本院依法组成合议庭，公开开庭进行了审理。原告绿家园中心的法定代表人林×英及委托诉讼代理人邓×瑜、吴×心，被告×维公司的委托诉讼代理人陈×、张×到庭参加诉讼。支持起诉人北京自然之友公益基金会、中国政法大学环境资源法研究和服务中心向本院提交书面意见，支持原告绿家园中心提起民事公益诉讼。本案现已审理终结。

绿家园中心向本院提出诉讼请求：1. ×维公司三个月内对其堆放在福建省永安市曹远镇清水池村×××号厂门公路一侧的现有电石渣堆场采取有效措施排除危害，即排除其废渣、渗滤液对农田、九龙溪的污染，达到《一般工业固体废物贮存、处置场污染控制标准》（GB 18599-2001）Ⅱ类场的环境保护要求；2. ×维公司三个月内采取污染防治措施，保障现有电石渣堆场底部的废水排放口排放废水达到《污水综合排放标准》（GB 8978-1996）表4一级标准，停止对地表水体九龙溪环境的侵害；3. ×维公司修复现有电石渣堆场渗滤液污染的土壤、地下水生态环境。×维公司不履行修复义务时应承担的生态环境修复费用和生态环境受到损害至恢复原状期间服务功能损失（金额以环境损害评估鉴定为准，支付到法院指定账户），该款用于修复现有电石渣堆场渗滤液污染的土壤、地下水生态环境或者环境保护活动；4. ×维公司赔偿现有电石渣堆场渗滤液外排和底部的废水排放口超标外排废水污染地表水体九龙溪的生态环境修复费用和生态环境受到损害至恢复原状期间服务功能损失（金额以环境损害评估鉴定为准，支付到法院指定账户），该款用于修复地表水体九龙溪流域生态环境或者环境保护活动；5. ×维公司在福建省人民政府门户网站、福建电视台、福建日报向全省人民群众承认错误，赔礼道歉；6. ×维公司赔偿绿家园中心因本案诉讼实际支出的专家辅助人咨询费、环境损害评估鉴定费、检测费、律师费、工作人员和律师差旅费等（金额以一审辩论终结前诉讼实际支出为准）；7. ×维公司承担本案诉讼费用。诉讼过程中，绿家园中心变更诉请第五项为在福建省级报刊道歉，内容由法院审查，确认诉请第六项金额为专家咨询费10 000元，律师费80 000元，其他因本案支付的差旅费等费用18 500元。

事实和理由：绿家园中心在福建省民政厅登记注册，专门从事环境保护公益活动连续五年以上且无违法记录，有权提起环境公益诉讼。2017年9月27日，绿家园中心调研发现×维公司现有电石渣堆场位于厂门公路一侧的坝体破损，渗滤液从坝体的破损处溢流外排至公路下的水渠。经pH试纸检测，发现渗滤液pH值高达13~14左右，表现为强碱废水。公路下的水渠排水量较大，检测结果相同。绿家园中心通过三明市环保局网站了解到，×维公司因电石渣堆场还残余少量废渣，淋溶水未进行有效收集，从南面渣坝的破损处溢流至外环境，该局于2016年11月29日对×维公司作出过行政处罚，责令其改正环境违法行为，并处罚款30 000元。×维公司受到环保处罚后，未整改到位，存在长期违法排放超标废水行为。2018年6月22日，绿家园中心再次发现电石渣堆场位于厂门公路一侧的坝体破损没有得到修复，渗滤液和之前一样从坝体的破损处溢流外排至公路下的水渠。经pH试纸检测，发现渗滤液pH值高达13~14左右，表现为强碱废水。此次调研明确了电石渣堆场底部有一个废水排放口，向公路下的水渠排放大量废水，水渠上建有一拦水坝，上下游均有其他水源汇入水渠。经检测拦水坝上游水渠pH值高达11~12左右，表现为强碱废水。水渠通向九龙溪。

经查阅×维公司《福建省环保局关于批复福建××化纤集团有限公司技改扩建PVA至60kt/a项目环境影响报告书的函》、《建设项目竣工环境保护验收监测报告》（闽环站2011-C102）、《三明市环保局关于福建××化纤集团有限公司技改扩建PVA至60kt/a项目竣工环境保护验收意见的函》、《排污许可证公示内容》，发现×维公司现有电石渣堆场内的电石渣属于第Ⅱ类一般工业固体废物，该场没有经过环境影响专题评价和竣工验收合格，属于违法投入生产和使用。×维公司废水排放执行《污水综合排放标准》（GB 8978-1996）表4一级标准，其中pH值6~9。纳污水域九龙溪水环境功能类别为地表水Ⅲ类水体，pH值6~9。×维公司排放废水pH值在11~12以上，属超标排放。

×维公司现有电石渣堆场不符合《一般工业固体废物贮存、处置场污染控制标准》（GB 18599-2001）Ⅱ类场的环境保护要求，没有经过环境影响专题评价和竣工验收合格，渗滤液污染了土壤和地下水。电石渣堆场渗滤液和底部排污口超标废水进入地表水体九龙溪，污染了九龙溪水质。为保护九龙溪流域水环境，根据相关法律规定，提起诉讼。

北京自然之友公益基金会支持起诉称，1.×维公司对其电石废渣产生的渗滤液及大量超标废水外排的环境污染行为应承担环境侵权责任。×维公司系福建省重点污染源监控企业，以电石为主要生产原料，生产过程中会产生大量渣浆废液。经绿家园中心实地调研，渗滤液pH值高达13~14。电石渣及其渗滤液含有有毒有害物质，不仅会对贮场地块土壤造成污染，而且会对地下水、农业生产安全产生严重影响。绿家园中心在贮场底部发现一废水排放口，向水渠直接排入大量强碱废水,会对九龙溪水质造成污染,严重影响下游居民的饮水安全。×维公司的行为给社会公共利益造成十分重大的损害,应承担环境侵权责任。2. ×维公司应承担电石渣堆场污染地块的环境修复责任以及赔偿九龙溪生态环境修复费用和生态服务功能损失。根据有关法律和司法解释规定,生态环境损害发生后,由污染者承担侵权责任。×维公司严重污染涉案地块的土壤、地下水和地表水,应当对污染地块进行环境修复以及赔偿九龙溪生态环境修复费用和生态服务功能损失。

中国政法大学环境资源法研究和服务中心支持起诉称,1. 绿家园中心提起本案诉讼符合法律规定。2. ×维公司现有电石渣堆场不符合《一般工业固体废物贮存、处置场污染控制标准》(GB 18599-2001)Ⅱ类场的环境保护要求,渗滤液和废水 pH 值高达 13~14 和 11~12 左右,均为强碱性,对土壤、地下水和地表水体九龙溪等产生严重污染,损害社会公共利益,应承担环境侵权责任,采取污染防治措施,修复生态环境,赔偿环境修复费用和至恢复原状期间的服务功能损失。3. 建议依法缓收、减收或免收绿家园中心诉讼费用,加大对其司法救助力度。4. ×维公司通过本案负起责任,增强环境保护意识,自觉履行环境保护义务,改善当地环境质量。

上述二支持起诉单位支持起诉称,通过庭审直播和通过绿家园中心查阅双方已提交的证据和初步调解方案,1. 现有证据足以认定×维公司污染了九龙溪。×维公司提交的《2#电石渣池固废污染防治竣工环保验收监测报告》和《2#电石渣池固废污染防治竣工环境保护验收意见》印证其 2019 年 9 月 20 日之前存在污染地表水的行为。《福建×维股份有限公司技改扩建 PVA 至 60kt/a 项目竣工验收报告》可证实 2#排污口起点是 2#电石渣池底下排放口,接水泥渠,终点是九龙溪。绿家园中心视频也证实该事实。2. 如何收集电石渣渗滤液外排量及处理成本的证据。根据出庭专家的意见,本案缺乏对环境损害赔偿费用进行量化评估的条件,可通过降雨量、地表、地表径流系数和污水处理回用量综合考虑。成本与总量、浓度有关,可以根据市场调查法取值,也可以根据×维公司的电石渣清液回收利用项目营运成本取值。应由×维公司提供上述关键证据,并依法委托评估机构或专家就环境损害赔偿费用进行量化评估。3. 本案存在的问题。本案对环境损害赔偿费用进行量化评估的证据收集不全面、不充分,导致×维公司污染九龙溪造成的生态环境损害后果尚未查清。法院应依职权调查收集证据，在事实未查清情况下，双方达成调解协议，可能损害社会公共利益。根据司法解释的规定，本案涉及可能损害国家利益、社会公共利益，应由法院依职权收集电石渣清液有关环境评估的材料以及×维公司有关项目验收单和酸性废水中和环节生产台账，并委托评估机构或专家就环境损害赔偿费用进行量化评估。

×维公司辩称，1. 答辩人不存在污染土壤及地下水的行为及结果，绿家园中心提交的证据不能作为存在污染损害结果的有效证据。2017 年 12 月 30 日，答辩人与永安市政府签订了《土壤污染防治责任书》，为此答辩人聘请厦门金雀检测技术有限公司进行监测，2018 年 12 月 27 日该公司出具《场地污染调查报告》证明土壤和地下水质未超过相关标准，该报告已送环保部门备案。绿家园中心提交的 pH 试纸测试结果不能作为有效证据证明地表水存在污染损害也未提交证据证明土壤及地表水受到污染。答辩人不存在污染土壤及地下水的行为，绿家园中心的主张没有事实依据。2. 答辩人严格执行环保"三同时"的要求，技改扩建 PVA 至 60kt/a 项目及环保设施均已通过竣工验收。绿家园中心主张电石渣场没有经过专项环评和竣工验收合格，属违法投入生产和使用，没有事实和法律依据。2015 年三明市环保局受省环保局委托对项目进行现场验收，并出具项目环保验收合格，同意主体工程正式投入生产。2011 年 7 月省环境监测中心站进行竣工环境保护验收监测，监测结果表明监测河段水质达标，公众意见调查表也表明项目得到周边公众的认同。该站于 2012 年 2 月出具《建设项目竣工环境保护验收监测报告》，认为该技改扩建工程符合清洁生产的要求。3. 答辩人依法排污，不存在违规超标排放污染物的行为。三明市和永安市环境监测站均有进行常规监督监测，不存在违规超标排放的行为。答辩人对电石渣淋溶水已进行有效收集与处置，不存在超标排放污染九龙溪水质的情形。答辩人电石渣水从未外排，20 世纪 70 年代投产时就建有污水处理站，原电石渣水通过收集池与管道输送至污水站和酸性废水进行中和，经处理后排放。20 世纪 80 年代综合利用将电石渣用于公司水泥生产，电石渣水处理达标后排放。技改扩建项目将电石渣处理成干渣作为水泥生产原料，滤液经沉淀池沉淀后送乙炔站循环使用，剩余渣液抽送到污水站后中和维纶酸性废水，处理达标后排放。2012 年 2 月，因产能政策关停了水泥厂，完全停止电石的使用，不再产生电石渣，并于 2013 年 12 月拆除主体设施。水泥停产后，剩余电石渣外售其他水泥厂生产水泥，为便于挖掘和运输，对南侧靠近厂公路侧坝体进行破口，电石渣清理后对破口进行封堵。因清理不彻底，尚存少量余渣，雨季雨水进入会产生一定淋溶水，为避免电石渣淋溶水流入2#排放口后直排入九龙溪，答辩人在渣池对面毗邻排放渠处建有一座电石渣水抽送泵房，将淋溶水通过排水沟进入泵房收集池收集，抽送至污水站处理达标处理，确保电石渣淋溶水无直排。2#排放口未安装在线监测设施是因电石渣场底部废水是进入电石渣泵房收集池送污水站处理，并不进入2#排放口。该排放口排放的废水为原锅炉麻石水膜除尘器的冲灰水和锅炉冲渣水经沉淀后排放的废水，公司有进行日常监测，三明市环保局季度监测和委托第三方监测也有监测数据（2015年9月至2017年8月公司停产除外），均达标排放。2011年3月，除尘系统改为电袋除尘，该排放口排放量明显减少，仅有少量锅炉冷却水清洁废水没有安装在线监测系统，答辩人向三明市和永安市环保局进行报告，同意报告内容。2018年维纶部分恢复生产，因生产负荷低，锅炉冷却水全部循环使用基本没有生产废水排放，仅有少量地表雨水。4. 答辩人已按《行政处罚决定书》要求，对因极端环境下造成的环境违法行为作出积极整改。处罚的背景是因省执法检查组检查时，适逢14、17号台风过境及当年10月连续降雨极端气候条件所致，系偶发事件，答辩人不存在超标排放的故意。在接到通知后，答辩人进行了积极整改，并于2016年11月3日将整改情况书面报告三明市环保局并抄送永安市环保局，均未提出异议。该《行政处罚决定书》不能作为认定答辩人存在长期违法排污行为的依据。5.《支持起诉意见书》不能作为本案认定事实的依据。意见书仅根据绿家园中心单方陈述的没有事实证据支撑、与客观事实不符的错误意见，其内容不具备客观性、真实性和合法性，不能作为认定本案事实依据，亦不符合证据相关属性。综上所述，绿家园中心起诉没有事实和法律依据，答辩人不存在污染土壤及地下水的污染行为，请求驳回其全部诉讼请求。

原告绿家园中心围绕其诉讼请求提交了以下证据：1. 登记证书、组织机构代码证、法定代表人身份证明、身份证、福建省民政厅民办非企业单位年度检查结论通知书、章程、声明书；2. ×维公司企业信用信息公示报告；3.《一般工业固体废物贮存、处置场污染控制标准》（GB 18599-2001）、修改单公告、三明市环保局依申请公开政府信息受理回执、信息公开告知书〔2018〕

13、14、15号、福建省环境保护厅信息公开告知书、《福建省环保局关于批复福建××化纤集团有限公司技改扩建PVA至60kt/a项目环境影响报告书的函》《建设项目竣工环境保护验收监测报告》《三明市环保局关于福建×维股份有限公司技改扩建PVA至60kt/a项目竣工环境保护验收意见的函》、三明市环保局关于2015年12月4日—12月30日作出的核发排放污染物许可证决定的公告、排污许可证公示内容、《行政处罚决定书》、污染现场视频；4.2#电石渣池污染视频、绿家园中心工作人员差旅费票据、律师委托代理合同、律师费票据；5.专家意见，福建省重点污染源信息综合发布平台×维公司信息截屏，《行政处罚决定书》，关于侦查人员、鉴定人、有专门知识的人出庭的规定；6.绿家园中心工作人员开庭差旅费、专家咨询委托协议书。被告×维公司为反驳原告绿家园中心主张提交了以下证据：1.《土壤污染防治责任书》《福建×维股份有限公司场地污染调查评估》；2.《环境管理体系认证证书》；3.《福建××化纤集团有限公司技改扩建PVA至60kt/a项目环境影响报告书》第六章《噪声和固废影响分析》、《永安环保局关于福建××化纤集团有限公司技改扩建PVA至60kt/a项目环境影响报告书的审查意见》、《关于〈福建××化纤集团有限公司技改扩建PVA至60kt/a项目环境影响报告书〉审查意见的报告》、《福建省环保局关于批复福建××化纤集团有限公司技改扩建PVA至60kt/a项目环境影响报告书的函》、《三明市环保局关于×维股份有限公司技改扩建PVA至60kt/a项目环境保护验收意见的函》、《建设项目竣工环境保护验收监测报告》；4.《废水污染源监督性监测报告》（2013-028号、2014-090号、2017-060号、2019-B021号）、《废水污染源自动监测设备比对监测报告》（2018-030号）、《检测报告》（2014年度9份、2015年度8份、2017年度5份、2018年度12份、2019年度5份）；5.污水站施工技术资料、水泥车间竣工验收报告、水泥"湿改半干"技改项目可行性研究报告、福建省轻纺工业总公司批复、电石渣清液回收利用项目可行性论证及报告、项目评审会会议、技改项目验收单、项目总结验收单、×维公司关于调整"十二五"节能目标的请示、热电厂4、5、6号锅炉技改项目可行性分析、技改表、验收单（×维公司提出前述证据为涉密材料）。《技改扩建PVA至60kt/a项目工程设计和施工中变更说明》、灰渣买卖合同、总经理办公会议纪要、生产调度纪要、工矿产品购销合同、《关于公司2#排放口无法监测的说明》、《关于2#废水排放口停用情况的说明》；6.《整改报告》；7.×维公司企业名称沿革及企业登记情况表、改制方案批复。补充提供的证据：8.《福建×维股份有限公司2#电石渣池固废污染防治竣工环保验收监测报告》《福建×维股份有限公司2#电石渣池固废污染防治竣工环保验收意见》、验收情况说明、××计量检测（福州）有限公司2019年11月《检测报告》（附营业执照、资质认定证书）、现场视频录像。案件审理过程中，绿家园中心申请的江苏省环境科学研究院司法鉴定所高级工程师章×勇出庭就本案有关专门性问题提出意见。本院向三明市永安生态环境局调取×维公司环境监管情况的材料，该局工作人员出庭进行了说明。经双方协商，本院依法委托福建省环境科学研究院环境损害司法鉴定中心对×维公司排污口排出的污水是否会对环境造成损害及造成损害修复需要的费用进行鉴定，该所出具不予受理的《情况说明》。本院组织当事人进行了证据交换和质证。

本院对当事人提交的证据认证如下：

对原告绿家园中心提供的证据1、2均系证实原被告诉讼主体资格，本院予以确认；对证据3的国家标准和环保部门依职权作出的信息公开、审批材料、报告、公告、处罚决定等证据，国家标准具有强制性，其他证据系行政机关在行政管理过程中行使职权的内容，×维公司未持异议，本院予以确认。对证据3、4中的污染现场视频，经当庭播放，×维公司提出异议，认为该视频经剪辑加工，不能证实现场实际情况。该视频绿家园中心确有后期制作添加其他内容，对该视频本院依据查明的其他事实在后一并进行分析说明；对证据4中绿家园中心工作人员差旅费票据、律师委托代理合同、律师费票据的形式真实性，×维公司无异议，但提出无法证明差旅费是合理开支，代理费未转账支付。本院审查绿家园中心有关票据，确有张×燕、福建省绿行者环境保护公益中心等名称票据，绿家园中心清单说明张×燕系其工作人员，福建省绿行者环境保护公益中心系部分财务托管，但未提交相应证据佐证，律师代理服务费未实际支付；对证据5中专家意见，原告绿家园中心申请的专家出庭，并向本院提交了书面意见，在后一并进行认证；对证据5中福建省重点污染源信息综合发布平台×维公司信息截屏、《行政处罚决定书》系相关职能部门行政管理内容并已公示，本院予以认定；对证据5关于侦查人员、鉴定人、有专门知识的人出庭的规定系山东省司法部门所作，不宜直接作为本案计算依据，本院予以参酌；对证据 6 绿家园中心工作人员开庭差旅费、专家咨询委托协议书，×维公司对必要性和是否实际发生提出异议。经查，相关差旅费用有相应票据，出庭专家费用未实际支付。

对被告×维公司提供的证据 1、2、3、4 的真实性、合法性，原告绿家园中心均无异议，本院予以确认。原告绿家园中心对证据 2、3、4 的关联性提出异议，上述证据均系涉案项目建设时所作出，与本案具有关联性，可以作为本案认定事实依据；对证据 5 中污水站施工技术资料、水泥车间竣工验收报告、水泥"湿改半干"技改项目可行性研究报告、福建省轻纺工业总公司批复、电石渣清液回收利用项目可行性论证及报告、项目评审会会议、技改项目验收单、项目总结验收单、×维公司关于调整"十二五"节能目标的请示、热电厂 4、5、6 号锅炉技改项目可行性分析、技改表、验收单，×维公司在证据交换过程中，提出不作为证据提供，本院不予审查。对证据 5 中《技改扩建 PVA 至 60kt/a 项目工程设计和施工中变更说明》、灰渣买卖合同、总经理办公会议纪要、生产调度纪要、工矿产品购销合同，原告绿家园中心对真实性、合法性和关联性无异议，本院予以认定。对《关于公司 2# 排放口无法监测的说明》《关于 2# 废水排放口停用情况的说明》，原告绿家园中心不予认可，本院结合其他证据在后一并进行认定；对证据 6《整改报告》，原告绿家园中心不予认可，提出应有现场检查记录，本院结合其他证据在后一并进行认定；对证据 7 系×维公司单位沿革情况，本院予以认定。对补充提供的证据：8.《福建×维股份有限公司 2# 电石渣池固废污染防治竣工环保验收监测报告》、《福建×维股份有限公司 2# 电石渣池固废污染防治竣工环保验收意见》、验收情况说明、《检测报告》的真实性，原告绿家园中心无异议，本院予以认定。对验收情况说明、《检测报告》的关联性，原告绿家园中心提出无检测单位能力表、计量认证章、采样点异议，×维公司提供的营业执照、资质认定证书等证据材料，可以与其提供的证据佐证，本院予以采纳。对×维公司提供的现场视频录像，绿家园中心无异议，本院予以认定。

绿家园中心申请的江苏省环境科学研究院司法鉴定所高级工程师章×勇出庭就本案有关专门性问题提出意见并接受双方当事人咨询，章×勇出庭证实电石渣属于 II 类一般工业固体废物，其渗滤液 pH 呈碱性，同时还含有电石渣中相关成分，如不经处理直接排入水体会对水体生态造成损害。生态环境损害费用不仅包括恢复原状费用，还包括生态环境从损害到恢复原状期间的生态服务功能损失费用。流动性水体生态环境损害鉴定评估中实际恢复费用法实践不多，应用较多的是虚拟治理成本法。出庭专家具有相应资质，符合条件，本院予以认可。三明市永安生态环境局向本院出具《关于福建×维股份有限公司日常环境监管情况的说明》《关于福建×维股份有限公司2#电石渣池固废污染防治竣工环境保护验收相关材料留存情况说明》，该局监察大队工作人员出庭进行说明，并接受双方当事人咨询，本院予以认可。本院依法委托福建省环境科学研究院环境损害司法鉴定中心进行相关司法鉴定，该中心出具《情况说明》，双方当事人对真实性无异议，本院予以认定。

经审理查明：被告×维公司原为福建×尼纶厂，1988年更名为××化纤化工厂，1997的改制更名为福建××化纤集团有限公司，2010年9月，经改制变更为现名称。

2005年11月，福建省化学工业科学技术研究所出具《福建××化纤集团有限公司技改扩建PVA至60kt/a项目环境影响报告书》（报批本），该报告书对新增工程锅炉煤灰渣、电石渣、电石车间粉尘等固体废物的来源和产生量进行了分析，对固体废弃物的综合利用、环境影响和处置措施进行了分析，对防止固体废物二次污染的措施进行了说明。报告书经原永安市环保局审查后，向三明市环保局报告审查意见：根据《福建××化纤集团有限公司技改扩建PVA至60kt/a项目环境影响报告书》（报批本）结论和专家评审意见，同意项目建设。审查意见还就电石渣的综合利用和碳粉及醋酸残渣送专用渣场安全贮存等环境保护工作和污染物排放标准及总量控制指标出具意见。三明市环保局出具明环控〔2005〕57号审查意见报告：根据报告书结论和专家评审意见，同意技改扩建项目建设。审查意见还要求厂区实施清污分流，技改工程产生的污水必须排至污水处理站处理达标后排放，电石渣必须综合利用，碳粉及醋酸残渣送专用渣场安全贮存，防止二次污染。同时对项目建设环境保护的其他要求作出明确规定。福建省环保局作出闽环保监〔2006〕2号批复，同意专家评审意见和三明市环保局审查意见。批复同时对项目环境保护工作作出规定，并要求项目建成后依法及时申请办理环保验收手续。因市场变化，×维公司生产经营进行了调整。2012年7月，×维公司召开总经理办公会议，因电石厂涉及整体停产，会议就电石厂员工安置进行了讨论并形成会议纪要。

2015 年 1 月 26 日，三明市环保局作出明环防函〔2015〕5 号《三明市环保局关于福建×维股份有限公司技改扩建 PVA 至 60kt/a 项目竣工环境保护验收意见的函》，主要内容：关于申请项目竣工环保验收的函和监测报告、验收申请收悉，经 2012 年 7 月省环保厅组织专家进行环保验收现场检查，出具验收工作相关事宜的函，认为该项目环保手续齐全，基本落实环评及批复文件提出的措施和要求，并提出相关整改要求。2015 年 1 月 19 日，经组织对项目整改情况进行现场检查，提出验收意见：配套建设的环境保护设施已同步投入使用，容积为 4200 立方米的醋酸残渣池建设项目竣工环境保护已于 2012 年 6 月通过永安市环保局验收；截至验收监测期间（2011 年 7 月），公司生产项目发生变化，电石分厂石灰窑不再生产，采用外购石灰生产，公司水泥厂停产，拟建的一套 25000KVA 内燃式电石炉生产装置没有建设；省环保厅组织的现场检查提出的整改事项落实情况：项目处于停产状态，已建成和投入使用 4100 立方米醋酸残渣池一座，并通过永安市环保局验收，按函件要求在渣池上下游设置三个地下观测井，同时基本完成对电石渣场剩余电石渣的清理工作，正在对电石渣场的场地进行平整修复，制定了《突发环境事件应急预案》，已报省环保厅备案；热电厂除尘废水和热电冲灰渣水经沉淀池处理后废水和电石厂变压器冷却水由 2# 排放口排放；乙炔发生器排出的电石渣浆（目前已停产）排至渣池后，废水经沉淀池沉降、自然冷却后，循环使用不排放。1-3# 排污口按规范化要求建设，设置了标志牌，2# 排污口废水排放量较小，未安装在线装置；固废污染控制措施：项目产生的固体废物醋酸残渣贮存在残渣池内，残渣池上下游设置了三个观测井；电石渣、电石粉尘、碳粉、炉渣和煤灰分别存放在一般工业固体废物贮存设施内，部分已外售利用；环保设施运行效果和项目建设对环境的影响：废水和地表水：1#~3# 排污口废水中 pH 等 8 项污染物浓度符合《污水综合排放标准》（GB 8978-1996）表 4 中的一级标准。根据三明市环境监测站监测报告（明测报字〔2010〕监督 002 号）pH 三项在线监测装置比对验收监测结果为合格；地表：地表水 3 个监测断面污染物 pH 等均达到《地表水环境质量标准》（GB 3838-2002）表 1 中的 Ⅲ 类水质标准。固体废物：醋酸残渣属危险废物，贮存在残渣池内，电石渣、电石粉尘、碳粉属于第 Ⅱ 类一般工业固体废物，分别存放在一般工业固体废物贮存设施内，部分外售利用，炉渣和煤灰存放在固体废物贮存设施内，外售利用；验收结论和后续要求：该技改扩建项目在实施过程中按照环评文件及批复要求，落实了相应的环境保护措施，经验收合格，同意主体工程正式投入生产。项目正式投产后应做好加强固废堆放场的围栏围墙的维修、维护工作，防止雨水冲刷和风吹扬尘，规范管理危险废物和第Ⅱ类一般工业固体废物，按要求进一步完善对固废管理和污染控制，并定期对醋酸渣池、观测井进行巡检监测，做好台账记录。永安市环保局负责项目运营期的环境监管。申请竣工环境保护验收所附《验收监测报告》（闽环站 2011-C102）系×维公司委托福建省环境监测中心站于 2012 年 2 月所作，验收监测对废水和水环境、废气和环境空气、厂界噪声及环境噪声、固废及总量控制等进行了监测说明，监测报告还对项目所在地可能受影响群众进行公众调查，认为该技改扩建项目建设是得到周边公众的认可。

在涉案技改项目建设和运行过程中，2013 年 2 月 21 日、2014 年 8 月 28 日，三明市环境监测站对×维公司废水污染源进行监测，监测结论为×维公司 1#清污出口、2#热电出口、3#污水站进口、3#污水站出口等各排放口所测项目均符合《污水综合排放标准》（GB 8978-1996）表 4 中的一级标准。2014 年 8 月 28 日，三明市环境监测站对×维公司废水污染源进行监测，监测结论为×维公司 1#清污出口、3#污水站进口、3#污水站出口等各排放口所测项目均符合《污水综合排放标准》（GB 8978-1996）表 4 中的一级标准。2017 年 10 月 24 日，三明市环境监测站对×维公司废水污染源进行监测，监测结论为×维公司 1#清污出口、3#污水站进口、3#污水站出口等各排放口所测项目均符合《污水综合排放标准》（GB 8978-1996）表 4 中的一级标准。2018 年 8 月 6 日，三明市环境监测站对×维公司清污口及污水处理出口的自动监测设备进行比对监测，比对结果为符合要求。2019 年 5 月 13 日，永安市环境监测站对×维公司废水污染源进行监测，监测概况中："该公司 2#废水排放口原是锅炉冲渣冲灰水及电石、水泥冷却水的排放口，因锅炉已改为干出渣的气力出灰，电石、水泥生产设施也已停产拆除，电石渣场渗漏少量的电石渣水则通过收集由水泵抽送至公司污水处理站处理，2#排放口处于停用状态，无废水排放。我站不具备石油类监测能力，委托福建××检测技术服务有限公司进行废水中石油类项目的监测。"监测结论为×维公司 1#清洁废水排放口 pH、化学需氧量、悬浮物 3 项指标和污水处理站排放口（3#）pH、化学需氧量等 8 项指标均符合《污水综合排放标准》（GB 8978-1996）表 4 中的一级标准限值要求。

福建××环境检测有限公司接受×维公司委托进行污染源委托检测，并分别于 2014 年：4 月 29 日、5 月 19 日、6 月 19 日、7 月 26 日、8 月 22 日、9 月 29 日、10 月 23 日、11 月 21 日、12 月 22 日；2015 年：1 月 12 日、3 月 25 日、4 月 28 日、5 月 22 日、6 月 24 日、7 月 12 日、8 月 13 日、9 月 18 日出具《检测报告》，报告中检测结果排放口废水 pH 值均在 6~9 范围内，×维公司（水质）委托监测结果公开数据表中，包括 pH 值等检测内容达标情况为"达标"。福建三明××检测技术有限公司接受×维公司委托进行污染源委托检测，并分别于 2017 年：9 月 29 日、10 月 17 日、11 月 10 日（比对监测）、11 月 14 日、12 月 20 日、12 月 30 日；2018 年：1 月 18 日、2 月 8 日、3 月 20 日、4 月 16 日、5 月 18 日、6 月 20 日、7 月 12 日、8 月 12 日、9 月 7 日、10 月 23 日、11 月 17 日、12 月 7 日；2019 年：1 月 9 日、2 月 25 日、3 月 11 日、4 月 9 日、5 月 11 日出具《检测报告》，报告中对设备、废水、废气和噪声的结果评价为达标或合格。

2017 年 12 月 30 日，永安市政府与被告×维公司签订《土壤防治责任书》责任书要求被告×维公司采取有效措施，防范建设用地新增污染：排查及整改土壤污染隐患；防止新、改、扩建项目污染土壤，防范拆除活动污染土壤、杜绝危险废物非法转移倾倒；防范突发环境事件污染土壤；防治治理与修复工程二次污染。永安市政府每年对执行责任书情况进行考核，结果向社会公布。2018 年 12 月，被告×维公司制作《场地污染调查评估》报告，涉案主要内容：场地调查面积约 173 万平方米，场地南侧为永安九中，西侧为永安第六医院，西北侧为九龙溪；采样对象为土壤和地下水，按照 HJ/T166 的规定进行土壤样品采集和保存，按照 HJ/T164 的规定进行地下水样品的采集和保存，共检测土壤 45 个污染物指标，地下，地下水 26 个污染物指标评估结论，场地对土壤和地下水监测均未超过《土壤环境质量建设用地土壤污染风险管控标准（试行）》（GB 36600-2018）筛选值第二类标准和地下水参照《地下水质量标准》（GB/T 14848-2017）Ⅲ类水质标准。可以认为本项目生产至今，评价范围内土壤和地下水环境质量较好。依据《场地环境调查技术导则》（HJ 25.1-2014）规定的工作内容和程序，本次第一阶段场地环境调查和初步采样数据评估结果为无需开展下步详细采样分析和风险评估。评估报告附件二为厦门××检测技术有限公司《检测报告》,《检测报告》对土壤和地下水多项检测项目和检测方法及结果出具结论,并附有监测点位图。

另查明:对于2#排放口,×维公司于2014年11月27日向三明市环境监测站出具《关于公司2#排放口无法监测的说明》,主要内容:"该排放口主要排放废水为热电锅炉除尘冲灰水,水磨除尘水及电石、水泥冷却水,因公司电石、水泥已淘汰拆除,不会产生废水,其他设备经改造或停产,现只有热电炉渣出炉时需冷却水冷却,经蒸发只有少量冷却水,经公司四级沉淀池沉淀后排放,由于公司排放明渠宽度为1米,在排放口无法取到水样。"2018年8月9日,×维公司向三明市环保局出具《关于2#废水排放口停用情况的说明》,主要内容:"该排放口原是锅炉冲渣灰水及电石、水泥冷却水的排放口,因公司锅炉已改为干出渣的气力出灰,电石、水泥厂已停产拆除,目前只有少量电石渣场渗漏的电石渣水通过收集泵抽送往公司污水站处理,今年以来该排放口无废水排放,一直处于排停用状态。"

2016年10月13日,三明市环保局执法大练兵督查组对×维公司进行检查。检查时,×维公司已停产,已停用的电石渣堆场还残余少量废渣,淋溶水未进行有效收集,从南面渣坝的破损处溢流至外环境,经采样检测外排废水pH值12.30,违反环境保护法律规定。

2016年11月3日,×维公司向三明市环保局出具《整改报告》,主要内容:"针对2016年10月13日省、三明市环保局环境执法人员发现公司电石渣池南面渣坝破损,少量碱性淋溶水从该处溢流入路边水沟随公司2#排放口排出问题,电石渣池因公司有机厂调整工艺改用外购原料,公司乙炔站已于2009年停产(两台电石炉于2014年拆除),不再使用电石原料,未再有电石渣产生,历年遗留的电石渣也陆续外售清理完毕,本次渣池南面渣坝破损淋溶水溢出主要原因系前期清理渣场时破口封堵不严,雨季渣场积水漫溢所致,平时渣场内积水系通过渣水泵送至污水站中和处理。今年因公司停产,污水处理设施报停状态,本次受'莫兰蒂'台风和近期降水较多影响,造成渣场内积水较多,少量碱性淋溶水从封堵不牢靠的堤坝口溢流出。公司已对围墙破损处的渣场围堤进行修复,确保渣场内积水不再溢流外排。"

2016年11月29日,三明市环保局作出明环罚字〔2016〕41号《行政处罚决定书》，主要内容：行政处罚的依据、种类：根据《中华人民共和国固体废物污染环境防治法》第六十八条第七项和《福建省环境保护行政处罚自由裁量权细化标准（修订）》第一百一十五点关于当事人属初犯，且及时改正违法行为的从轻情节量化，决定责令立即改正环境违法行为，并处罚款 3 万元。

2017 年 9 月 26 日，原告绿家园中心了解到被告×维公司违法排放情况，安排志愿者到×维公司电石渣堆场进行调查，在对包括电石渣堆场破损处流入围墙与至厂区公路之间的水渠的渗滤液进行测试后，pH 值表现为约 13～14 强碱性，绿家园中心志愿者及委托诉讼代理人于 2018 年 6 月再次到现场进行调查，并拍摄视频资料。期间绿家园中心诉讼代理人向福建省、三明市及永安市环保部门提出关于涉案技改项目有关环保信息公开申请，收集有关环保部门关于涉案技改项目运行过程中的环保监管、违法排放处罚等材料。在向三明市中级人民法院提起诉讼、三明市中级人民法院指定本院审理后，多次到现场参加诉讼活动。绿家园中心主张的因本案实际支出的费用为专家咨询费 10 000 元，律师费 80 000 元，其他因本案支付的差旅费等费用 18 500 元。绿家园中心提供了相应的咨询合同、委托代理合同及相关交通、住宿、过路费等票据和项目计算清单。本院要求被告×维公司对上述费用清单及票据提供书面意见，否则视为其认可绿家园中心提供的票据及差旅费等费用计算。×维公司对律师代理费及专家咨询费提出异议，认为未实际支付，对其他票据真实性未提出异议仅对合理性及必要性提出异议。绿家园中心提供的专家咨询委托协议书载明的报酬总金额（税后）8000 元。其提供的委托代理合同约定的律师服务费为一审辩论终结前确定的起诉标的额之 5%，于起诉标的额确定之日起 3 日内付清。并提供了日期为 2019 年 12 月 2 日，金额为 80 000 元的律师服务费发票。原告绿家园中心提供的证据目录二和目录四载明因经济困难，律师费及专家咨询费未实际支付。

原告绿家园中心申请的江苏省环境科学研究院司法鉴定所高级工程师章×勇出庭就本案有关专门性问题提出意见：电石渣属Ⅱ类一般工业固体废物，主要是氢氧化钙，一般还含有硫、镉、镍等，其渗滤液 pH 呈碱性，同时还会含有电石渣中的相关成分，如不经处理直接排入水体会对水体生态环境造成损害。生态环境损害费用不仅包括把生态环境恢复原状的费用，还包括生态环境损害从发生到恢复到原状期间的生态服务功能损失费用。水体生态环境损害鉴定评估首选实际恢复费用法，即根据调查首先确认水体生态环境中地表水、沉积物、底栖生物、鱼类以及生态服务功能等受损实物量，然后通过计算恢复这些损害实物量的实际费用作为环境损害费用。但由于目前水体生态环境鉴定评估缺乏相应技术规范，如全面进行鉴定评估存在费用高、周期长等问题，另外对于流动性水体，污染物会随着水体转移，如调查监测不及时会存在损害事实不明确或灭失的情况。目前在流动性水体生态环境损害鉴定评估中应用较多的是虚拟治理成本法，指工业企业或污水处理厂治理等量地排放到环境中的污染物应花费的成本，即污染物排放量与单位污染物虚拟治理成本的乘积。单位污染物虚拟治理成本是指突发环境事件发生地的工业企业或污水处理厂单位污染物治理平均成本。在量化生态环境损害时，可以根据受污染影响区域的环境功能敏感程度分别乘以一定的系数作为环境损害数额。利用虚拟治理成本法计算得到的环境损害数额可以作为生态环境损害赔偿的依据。虚拟成本法适用于：①排放污染物的事实存在，由于生态环境损害观测或应急监测不及时等原因导致损害事实不明确或生态环境已自然恢复；②不能通过恢复工程完全恢复的生态环境损害；③实际恢复工程的成本远大于其收益的情形。章×勇还提出：根据绿家园中心陈述，电石渣渗滤液排入九龙溪，由于九龙溪生态环境观测或应急监测不及时等原因导致生态环境损害事实不明确，可以适用虚拟治理成本法来量化生态环境损害。即计算排入九龙溪的电石渣渗滤液量及调查电石渣渗滤液处理的实际成本和确认九龙溪的功能区敏感系数，三者乘积即为环境损害数额。由于缺少渗滤液的外排量和处理成本的数据，目前尚不能对环境损害赔偿费用进行量化评估。

本院向三明市永安生态环境局调取其对×维公司环境监管记录，该局提供《关于福建×维股份有限公司日常环境监管情况的说明》，主要内容："我局根据《三明市环保局关于做好污染源日常环境监管随机抽查相关工作的通知》制定了实施方案，对重点排污单位保证每年至少对辖区内所有重点排污企业进行一次抽查，对特殊监管对象每季度至少抽查一次。2016年将×维公司纳入双随机重点排污单位名单进行监管，每年至少对该企业进行一次'双随机'抽查，另外根据上级部门安排的各种专项行动，若涉及企业也将进行专项检查。×维公司属于重点排污企业，根据要求该公司已安装水（包含项目COD、氨氮、pH）、气等污染源监控管理系统，我局安排专人调阅污染源监控管理系统，要求企业有数据超标或异常时，及时在系统上报备原因，若是设备故障等问题应及时维护。按上级文件要求在监控系统，15 日内废水污染物排放浓度日均值超过排放标准 1 次及以上，废气污染物排放浓度小时均值超过排放标准 24 次及以上，将对其进行测管联动，若发生违法行为将依法对其立案查处。2018 年 12 月污染源监控管理系统显示×维公司水、气污染物超过排放标准次数，我局立即开展测管联动，监测人员对该公司 1#清洁废水排放口及 1-5#锅炉排气筒进行监测，结果显示该点位水、气污染物超过行业排放标准，我局对其进行立案查处，并处 20 万元罚款。×维公司电石渣堆场淋溶水收集后引入该公司污水处理站进行处理，该公司污水处理站废水排放口对应自动监控系统点位名称为'福建×维股份有限公司 2#' 调阅自动监控系统 2016 年 11 月至 2017 年 9 月该公司停产，停产期间该监控点无数据。2017 年 9 月至 2019 年 5 月该监控点污染物排放浓度日均值未超标，COD 小时均值超过排放标准（100mg/L）29 次，企业报备超标原因为停产或污水站辐流式沉淀池排泥刮泥机故障等原因导致的，超标原因已在系统报备并通过上级环保部门审核。"报告还附有超标情况报表。三明市永安生态环境局公开的闽明环罚〔2019〕77 号《行政处罚决定书》超过排放标准排放水污染物的事实为 1#清洁废水排放口排放废水中化学需氧量浓度超过排放标准，同时认定"你公司属初犯，且及时改正了违法行为"。

2019 年 6 月 4 日，三明市永安生态环境局下发《关于开展土壤环境重点监管企业自行监测的通知》（永环保〔2019〕39 号）并附自行监测及信息公开指导意见（暂行），要求×维公司作为省级土壤环境重点监管企业需要开展土壤及地下水环境自行监测工作，于 9 月 30 日前完成并报送备案。×维公司委托××计量检测（福州）有限公司对包括电石渣场西南侧空地、污水处理站排放口西侧空地和西北侧荒地等采样点的土壤进行抽样检测，分析后的报告说明："通过对土壤检测结果的分析，……可推断福建省×维股份有限公司厂区内地块的土壤基本未受到污染。"×维公司土壤环境自行监测报告和方案在永安市人民政府网站进行环保公示。

2019 年 6 月，×维公司委托泉州市××环保工程有限公司编制《×维公司 2#电石渣池防渗工程技术方案》，于 2019 年 8 月 12 日至 30 日对电石渣堆场进行封场施工。永安市××环保技术服务有限公司于2019年9月20日编制《×维公司2#电石渣池固废污染防治竣工环保验收监测报告》主要内容：项目概况：由于降水，2#渣池凹陷坑内积存大量被污染的雨水。污水会沿着堆场边沿挡坝破口处渗漏出来，从而污染周围的环境。为解决该问题，委托泉州市××环保工程有限公司设计方案，对2#电石渣池的污染雨水渗漏及整个堆场的防雨防渗提出整改施工方案；固体废物监测：电石渣场现状，2012年2月合成、乙炔站停产不再产生电石渣，关停水泥厂，将剩余电石渣外售。经现场调查，2#渣池位于厂区东南面，目前尚有部分无法外售的废渣约800吨；固废污染防治配套工程施工方案：积水坑排水处理。坑底残余电石渣清理整堆，坑底风化表层清理，坑底整平压实处理。电石渣挡土边坡重建、修复、整理。铺设渗滤液导排沟。建设渗滤液收集池。铺设坑底防渗膜，铺设挡坝边坡防渗膜及电石渣堆场表面防溶膜；固废污染防治监测结果：根据厦门××检测技术有限公司出具的JQBG18L057号监测报告，项目区电石渣堆场2#土壤监测点45项基本项目的监测值均低于《土壤环境质量建设用地土壤污染风险管控标准（试行）》（GB 36600-2018）表1中第二类用地筛选值标准。说明项目用地范围内的土壤环境质量现状良好。根据福建×××检测技术有限公司出具的GRE190920-03号监测报告，电石渣堆场周边的地下水主要污染物指标均符合《地下水质量标准》（GB/T 14848-2017）Ⅲ类要求。固废污染防治监测结论：×维公司已按环保要求对面积约9200平方米的电石渣填埋场进行了封场，并根据《一般工业固体废物贮存、处置场污染控制标准》（GB 18599-2001）及修改单要求，落实了整个堆场及侧面防渗措施，并设置了导流沟和收集井。监测表明，电石渣堆场周边的地下水及土壤均符合排放要求，电石渣填埋场封场达到预期目的；建议：按要求设置一般固废暂存场所标志。完善堆场周边地下水质监测井，在地下水流向填埋场上游、下游和最可能出现扩散影响的填埋场周边，设置三口监测井。封场后要及时将渗滤液定期收集处理，定期开展监测工作，掌握堆场区域地下水、地表、地表水环境质量变化堆场坝体外侧面及坝顶的绿化措施，减少堆场内扬尘的外排。

2019年9月24日，×维公司组织召开2#电石渣池固废污染防治竣工项目竣工环境保护验收会，成立验收组，并形成验收意见。验收结论主要为："×维公司2#电石渣池防雨防渗封场项目在建设过程中，能按设计方案，投入足够的资金对电石渣池配置了相应的环保设施，实现了污染物的达标排放。根据现场检查工程未发生重大变化，项目在建设过程中未造成重大环境污染或生态破坏。根据验收监测及项目竣工环境保护验收报告结论，项目固体废物处置措施基本符合设计要求。企业按照验收组要求进行整改完善后，该项目可以通过竣工环境保护验收。"后续要求："根据相关环保规范，完善堆场周边地下水监测井的建设。电石渣填埋场封场后要及时将渗滤液定期收集处理，并定期开展监测工作，掌握堆场区域地下水、地表、地表水环境质量变化单位要及时落实封场期渣场的覆土绿化措施，减少堆场扬尘的外排。"三明市环境保护科学研究所、沙县环境监测站、福建××生物工程股份有限公司、福建×××检测科技有限公司、永安市××环保技术服务有限公司有关人员作为竣工环保验收人员在验收意见上署名。被告×维公司支付上述电石渣池固废污染防治竣工项目费用 714 066 元。

三明市永安生态环境局出具《关于福建×维股份有限公司 2#电石渣池固废污染防治竣工环境保护验收相关材料留存情况说明》，证实 2019 年 10 月 10 日×维公司将防治竣工验收相关材料向该局报备留存。

本院委托福建省环境科学研究院环境损害司法鉴定中心进行司法鉴定，鉴定事项为电石渣堆场排污口排出的污水是否会对环境造成侵害，如造成侵害所造成的损失及修复（含服务功能损失）所需要的费用，并提供原被告双方提交的证据材料。该中心出具《情况说明》，说明载明"相关材料已收悉，所提供材料尚不足以支撑环境损害赔偿鉴定工作，故对委托鉴定事项不予受理"。本院征求原被告双方另行委托鉴定的意见时，原被告双方均表示所举证据可以支持各自主张，不要求另行委托鉴定。

本院认为，讼争电石渣堆场系被告×维公司技改扩建 PVA 至 60kt/a 项目附属设施，该技改项目环境影响评价有《福建××化纤集团有限公司技改扩建 PVA 至 60kt/a 项目环境影响报告书》（报批本），报告书经永安市、三明市和福建省环境保护局分别出具审查意见和批复，同意专家审查意见和三明市环保局审查意见。并要求项目建成后依法及时申请办理环保验收手续。三明市环保局作出项目竣工环境保护验收意见后，省环保厅组织专家进行环保验收现场检查，认为该项目环保手续齐全，基本落实环评及批复文件提出的措施和要求。验收结论和后续要求：该技改扩建项目在实施过程中按照环评文件及批复要求，落实了相应的环境保护措施，经验收合格，同意主体工程正式投入生产。项目正式投产后应做好加强固废堆放场的围栏围墙的维修、维护工作，防止雨水冲刷和风吹扬尘，规范管理危险废物和第Ⅱ类一般工业固体废物，按要求进一步完善对固废管理和污染控制，并定期对醋酸渣池、观测井进行巡检监测，做好台账记录。永安市环保局负责项目运营期的环境监管。上述事实可证实该技改项目竣工环境保护设施得到环境监管部门的认可，审查内容包含了被告×维公司生产经营变化后部分环保设施的变更情况，审查结论同意主体工程正式投入生产。原告绿家园中心提出被告×维公司现有电石渣堆场内的电石渣属于第Ⅱ类一般工业固体废物，该场没有经过环境影响专题评价和竣工验收合格，属于违法投入生产和使用，与事实不符，本院不予采信。

被告×维公司部分生产经营项目进行调整，相应的环保设施也进行变动，相关情况向环境监管部门报告，三明市环保局和三明市永安生态环境局的监管文件中均体现相应内容。被告×维公司聘请福建××环境检测有限公司和福建三明××检测技术有限公司对公司污染源进行自检，环保部门对被告×维公司生产经营过程中的环保监督持续进行，并对监控设施和污染源分别出具相应监测报告。2016 年 10 月 13 日，三明市环保局执法大练兵督查组检查发现被告×维公司已停用的电石渣堆场还残余少量废渣，淋溶水未进行有效收集，从南面渣坝的破损处溢流至外环境经检测超标，于 2016 年 11 月 29 日作出《行政处罚决定书》，对被告×维公司违法排放行为进行处罚。《行政处罚决定书》认定该违法行为"当事人属初犯，且及时改正违法行为"。三明市永安生态环境局提供的《关于福建×维股份有限公司日常环境监管情况的说明》，可以证实 2016 年将×维公司纳入双随机重点排污单位名单进行监管，依据规定进行环保检查。根据要求×维公司已安装水（包含项目 COD、氨氮、pH）、气等污染源监控管理系统，废水、废气污染物排放浓度超过规定，将对其进行测管联动，若发生违法行为将依法对其立案查处。2018 年 12 月根据污染源监控管理系统显示×维公司水、气污染物超过排放标准，立即开展测管联动，因该公司 1#清洁废水排放口及 1—5#锅炉排气筒超过行业排放标准排放，对其处以 20万元罚款。《关于福建×维股份有限公司日常环境监管情况的说明》还证实×维公司电石渣堆场淋溶水收集后引入该公司污水处理站进行处理，该公司污水处理站废水排放口对应自动监控系统点位名称为"福建×维股份有限公司 2

#"。调阅自动监控系统 2016 年 11 月至 2017 年 9 月该公司停产，停产期间该监控点无数据。2017 年 9 月至 2019 年 5 月该监控点污染物排放浓度日均值未超标，COD 小时均值超过排放标准（100mg/L）29 次，企业报备超标原因为停产或污水站辐流式沉淀池排泥刮泥机故障等原因导致的，超标原因已在系统报备并通过上级环保部门审核。

2017 年 12 月 30 日，永安市政府与被告×维公司签订《土壤防治责任书》，2018 年 12 月，厦门××检测技术有限公司检测后作出《检测报告》，被告×维公司据此制作《场地污染调查评估》报告，评价范围内土壤和地下水环境质量较好。2019 年 6 月 4 日，三明市永安生态环境局下发《关于开展土壤环境重点监管企业自行监测的通知》（永环保〔2019〕39 号），要求×维公司作为省级土壤环境重点监管企业需要开展土壤及地下水环境自行监测工作。被告×维公司委托××计量检测（福州）有限公司对包括电石渣场西南侧空地、污水处理站排放口西侧空地和西北侧荒地等采样点的土壤进行抽样检测，进行分析后的报告说明："通过对土壤检测结果的分析，……可推断福建省×维股份有限公司厂区内地块的土壤基本未受到污染。"×维公司土壤环境自行监测报告和方案在永安市人民政府网站进行环保公示。

上述环保部门监管情况，可以证实三明、永安两级环保部门对×维公司违法排放及时查处处罚，三明市永安生态环境局的处罚系对 1#清洁废水排放口排放废水中化学需氧量浓度超过排放标准进行处罚，与原告主张的电石渣堆场所处 2#排放口位置不同，两份《行政处罚决定书》同时认定被告×维公司超过标准排放的不同污染物属初犯，及时改正了违法行为。环保部门对被告×维公司的污染源及监控设备的监测和管控，是持续、及时和有效的。原告绿家园中心提出 2016 年受到环保处罚后，被告×维公司未整改到位，存在长期违法排放超标废水行为，与三明市永安生态环境局出具的《关于福建×维股份有限公司日常环境监管情况的说明》所载明的监管情况不符，本院不予采信。

2019 年 6 月，被告×维公司对涉案电石渣堆场进行封场改造，经设计于 2019 年 8 月 12 日至 30 日对电石渣堆场进行封场施工。永安市××环保技术服务有限公司《×维公司 2#电石渣池固废污染防治竣工环保验收监测报告》根据厦门××检测技术有限公司出具的 JQBG18L057 号监测报告和福建×××检测技术有限公司出具的 GRE190920-03 号监测报告，提出固废污染防治监测结论：

×维公司已按环保要求对面积约 9200 平方米的电石渣填埋场进行了封场，落实了整个堆场及侧面防渗措施，并设置了导流沟和收集井。监测表明，电石渣堆场周边的地下水及土壤均符合排放要求，电石渣填埋场封场达到预期目的。该项目于 2019 年 9 月 24 日召开竣工环境保护验收会，验收结论认为根据验收监测及项目竣工环境保护验收报告结论，项目固体废物处置措施基本符合设计要求。企业按照验收组要求进行整改完善后，该项目可以通过竣工环境保护验收。被告×维公司将防治竣工验收相关材料向三明市永安生态环境局报备留存。本院对被告×维公司上述电石渣堆场封场，防止电石渣残渣淋溶水的渗透环保整治工作予以认可。

综上，被告×维公司涉案电石渣堆场系技改扩建 PVA 至 60kt/a 项目工程环保配套设施，项目建设和运行经环保部门审查和监管，有排污许可。虽然被告×维公司在 2016 年因电石渣堆场渗滤液从围墙破损处超标准排放被环保部门处罚，但其提供的证据可以证实公司经营过程中，对包括水、气、土壤等持续委托检测单位进行监测，三明、永安两级环保部门也依规对被告×维公司的污染源进行监管，两次处罚认定违法行为系初犯且整改。原告绿家园中心提出被告×维公司电石渣堆场属于违法投入生产和使用，2016 年受到处罚后，长期违法排放，与被告提供的证据和环保部门监管说明情况不符，本院不予采信。原告绿家园中心对被告提供的《关于 2#废水排放口停用情况的说明》和《整改报告》不予认可，环保部门的监管文件中认定了该排放口的停用和整改情况，本院对上述证据所证实情况予以认可。被告对原告绿家园中心视频资料提出经过剪辑加工，不应作为认定事实依据，该视频确非原始记录，有加入非描述现场事实的文字和配音内容，不能完全作为认定事实依据，视频中电石渣堆场围墙破损处有渗滤液流入围墙处水渠是事实，经水渠引流后进入被告×维公司污水处理厂进行处理，最后对外排放。环保部门对最后排放河流的污水口进行监控，除有报备的超标排放情况外，并未认定被告超过标准排放污水。被告×维公司对涉案电石渣堆场进行封场环保防治，也是环保部门处罚要求整改的内容，该封场项目经环保竣工验收后向环保部门报备，故原告诉请第 1、2、3 项中要求采取污染防治措施达到排放标准的主张，现无判决必要。

被告×维公司涉案电石渣堆场封场改造经环保竣工验收后向环保部门报备，原告绿家园中心客观上对被告×维公司环保整治工作起到促进作用，避免可能存在的环境风险。北京自然之友公益基金会和中国政法大学环境资源法研究和服务中心根据原告调查收集的证据材料支持起诉，积极履行职责，值得肯定。原告绿家园中心申请的专家章×勇出庭就电石渣可能造成的环境损害，有关环境损害的恢复及恢复期间生态服务功能损失费用等进行了说明，提高和增加了公众对此问题的环保知识。针对原告主张及上述各方意见，本院委托福建省环境科学研究院环境损害司法鉴定中心进行有关环境损害司法鉴定，因现有证据材料尚不足以支撑环境损害赔偿鉴定工作，该中心对委托鉴定事项不予受理。本院征求原被告双方关于委托鉴定的意见，原被告均不要求另行委托鉴定。立案后，本院书面告知永安市河长办、三明市永安生态环境局等相关行政主管部门，案件受理过程中，未收到相关行政部门出具被告×维公司因违法排污造成社会和环境影响的材料。综合鉴定单位意见和在案证据，本院根据已查明的事实，对被告×维公司存在非法排污损害公共利益，不予认定。对原告主张的×维公司应承担的生态环境修复费用和生态环境受到损害至恢复原状期间服务功能损失和×维公司赔偿现有电石渣堆场渗滤液外排和底部的废水排放口超标外排废水污染地表水体九龙溪的生态环境修复费用和生态环境受到损害至恢复原状期间服务功能损失，本院不予支持。

被告×维公司提出电石渣堆场的封场项目系其工作计划，但从 2016 年 11 月 29 日三明市环境保护局《行政处罚决定书》作出要求被告×维公司立即改正至电石渣堆场封场项目完工，已近三年时间，被告×维公司应认识到注重环保和企业发展并不相悖，生态文明建设和经济社会发展是相互促进，良性循环的进程。被告×维公司关于电石渣堆场环保整治的工作情况，不能认定为积极履行《行政处罚决定书》所确定的义务，其在企业生产经营变化后，未将电石渣堆场及时进行封场做好环保防治工作，被告×维公司懈怠拖延履行环保职责的行为与建设清新美丽生态新福建的发展要求不符，履行企业社会责任不及时，有一定的环境污染风险，原告为了公共利益要求被告×维公司赔礼道歉，本院予以支持。原告绿家园中心因本案诉讼委托律师、聘请专家，提供了相应的委托协议和代理费发票，虽然未实际支付，但确有相应费用产生，其工作人员和代理律师为查明案件情况花费差旅费用，有相应的票据和计算清单予以佐证，虽然原告诉讼请求不能全部得到支持，本院根据案件审理情况酌定被告支付原告相应费用 30 000 元。原告绿家园中心申请缓交、免交案件受理费，考虑原告作为公益组织的经济状况和案件的审理情况，对中国政法大学环境资源法研究和服务中心依法缓收、减收或免收绿家园中心诉讼费用，加大对原告司法救助力度的建议予以采纳，本院对原告应承担的诉讼费用予以免交。依照《中华人民共和国侵权责任法》第六十五条，《最高人民法院关于审理环境民事公益诉讼案件适用法律若干问题的解释》第一条、第六条、第十一条、第十四条、第十五条、第十八条、第十九条、第二十四条、第三十三条，《诉讼费用交纳办法》第四十五条，《中华人民共和国民事诉讼法》第十五条、第六十四条、第七十六条、第一百五十三条规定，判决如下：

一、被告福建×维股份有限公司应于本判决生效后三十日内在福建省级报刊登报赔礼道歉（内容应经本院审查）。

二、被告福建×维股份有限公司应于本判决生效后十日内支付给原告福建省绿家园环境友好中心费用 30 000 元。

三、驳回原告福建省绿家园环境友好中心的其他诉讼请求。

如果未按指定的期间履行给付金钱义务，应当依照《中华人民共和国民事诉讼法》第二百五十三条之规定，加倍支付迟延履行期间的债务利息。

案件受理费 356 800 元，由福建×维股份有限公司负担 10 940 元；由福建省绿家园环境友好中心负担 345 860 元，予以免交。

如不服本判决，可以在判决书送达之日起十五日内向本院递交上诉状，并按照对方当事人或者代表人的人数提出副本，上诉于福建省三明市中级人民法院。

审　判　长　　李×浩

审　判　员　　陈×延

审　判　员　　胡　×

人民陪审员　　蔡×洋

人民陪审员　　方×珠

人民陪审员　　罗×益

人民陪审员　　林×水

二〇二〇年八月三十一日

书　记　员　　钱×雪

附：本判决书适用的主要法律条文

《中华人民共和国侵权责任法》

第六十五条 因污染环境造成损害的，污染者应当承担侵权责任。

《最高人民法院关于审理环境民事公益诉讼案件适用法律若干问题的解释》

第一条 法律规定的机关和有关组织依据民事诉讼法第五十五条、环境保护法第五十八条等法律的规定，对已经损害社会公共利益或者具有损害社会公共利益重大风险的污染环境、破坏生态的行为提起诉讼，符合民事诉讼法第一百一十九条第二项、第三项、第四项规定的，人民法院应予受理。

第六条 第一审环境民事公益诉讼案件由污染环境、破坏生态行为发生地、损害结果地或者被告住所地的中级以上人民法院管辖。

中级人民法院认为确有必要的，可以在报请高级人民法院批准后，裁定将本院管辖的第一审环境民事公益诉讼案件交由基层人民法院审理。

同一原告或者不同原告对同一污染环境、破坏生态行为分别向两个以上有管辖权的人民法院提起环境民事公益诉讼的，由最先立案的人民法院管辖，必要时由共同上级人民法院指定管辖。

第十一条 检察机关、负有环境保护监督管理职责的部门及其他机关、社会组织、企业事业单位依据民事诉讼法第十五条的规定，可以通过提供法律咨询、提交书面意见、协助调查取证等方式支持社会组织依法提起环境民事公益诉讼。

第十四条 对于审理环境民事公益诉讼案件需要的证据，人民法院认为必要的，应当调查收集。

对于应当由原告承担举证责任且为维护社会公共利益所必要的专门性问题，人民法院可以委托具备资格的鉴定人进行鉴定。

第十五条 当事人申请通知有专门知识的人出庭，就鉴定人作出的鉴定意见或者就因果关系、生态环境修复方式、生态环境修复费用以及生态环境受到损害至恢复原状期间服务功能的损失等专门性问题提出意见的，人民法院可以准许。

前款规定的专家意见经质证，可以作为认定事实的根据。

第十八条　对污染环境、破坏生态，已经损害社会公共利益或者具有损害社会公共利益重大风险的行为，原告可以请求被告承担停止侵害、排除妨碍、消除危险、恢复原状、赔偿损失、赔礼道歉等民事责任。

第十九条　原告为防止生态环境损害的发生和扩大，请求被告停止侵害、排除妨碍、消除危险的，人民法院可以依法予以支持。

原告为停止侵害、排除妨碍、消除危险采取合理预防、处置措施而发生的费用，请求被告承担的，人民法院可以依法予以支持。

第二十四条　人民法院判决被告承担的生态环境修复费用、生态环境受到损害至恢复原状期间服务功能损失等款项，应当用于修复被损害的生态环境。

其他环境民事公益诉讼中败诉原告所需承担的调查取证、专家咨询、检验、鉴定等必要费用，可以酌情从上述款项中支付。

第三十三条　原告交纳诉讼费用确有困难，依法申请缓交的，人民法院应予准许。

败诉或者部分败诉的原告申请减交或者免交诉讼费用的，人民法院应当依照《诉讼费用交纳办法》的规定，视原告的经济状况和案件的审理情况决定是否准许。

《中华人民共和国民事诉讼法》

第十五条　机关、社会团体、企业事业单位对损害国家、集体或者个人民事权益的行为，可以支持受损害的单位或者个人向人民法院起诉。

第六十四条　当事人对自己提出的主张，有责任提供证据。

当事人及其诉讼代理人因客观原因不能自行收集的证据，或者人民法院认为审理案件需要的证据，人民法院应当调查收集。

人民法院应当按照法定程序，全面地、客观地审查核实证据。

第七十六条　当事人可以就查明事实的专门性问题向人民法院申请鉴定。当事人申请鉴定的，由双方当事人协商确定具备资格的鉴定人；协商不成的，由人民法院指定。

当事人未申请鉴定，人民法院对专门性问题认为需要鉴定的，应当委托具备资格的鉴定人进行鉴定。

第一百五十三条　人民法院审理案件，其中一部分事实已经清楚，可以就该部分先行判决。

第二百三十六条　发生法律效力的民事判决、裁定，当事人必须履行。一方拒绝履行的，对方当事人可以向人民法院申请执行，也可以由审判员移送执行员执行。

调解书和其他应当由人民法院执行的法律文书，当事人必须履行。一方拒绝履行的，对方当事人可以向人民法院申请执行。

第二百三十九条　申请执行的期间为二年。申请执行时效的中止、中断，适用法律有关诉讼时效中止、中断的规定。

前款规定的期间，从法律文书规定履行期间的最后一日起计算；法律文书规定分期履行的，从规定的每次履行期间的最后一日起计算；法律文书未规定履行期间的，从法律文书生效之日起计算。

第二百五十三条　被执行人未按判决、裁定和其他法律文书指定的期间履行给付金钱义务的，应当加倍支付迟延履行期间的债务利息。被执行人未按判决、裁定和其他法律文书指定的期间履行其他义务的，应当支付迟延履行金。

《诉讼费用交纳办法》

第四十五条　当事人申请司法救助，符合下列情形之一的，人民法院应当准予免交诉讼费用：

（一）残疾人无固定生活来源的；

（二）追索赡养费、扶养费、抚育费、抚恤金的；

（三）最低生活保障对象、农村特困定期救济对象、农村五保供养对象或者领取失业保险金人员，无其他收入的；

（四）因见义勇为或者为保护社会公共利益致使自身合法权益受到损害，本人或者其近亲属请求赔偿或者补偿的；

（五）确实需要免交的其他情形。

图书在版编目（ＣＩＰ）数据

支持环境公益诉讼案例选/王灿发主编. —北京：中国政法大学出版社，2022.12
ISBN 978-7-5764-0820-1

Ⅰ.①支… Ⅱ.①王… Ⅲ.①环境保护法－行政诉讼－案例－中国　Ⅳ.①D925.305

中国国家版本馆CIP数据核字(2023)第016956号

出　版　者　　中国政法大学出版社

地　　　址　　北京市海淀区西土城路 25 号

邮寄地址　　北京 100088 信箱 8034 分箱　邮编 100088

网　　　址　　http://www.cuplpress.com (网络实名：中国政法大学出版社)

电　　　话　　010-58908289(编辑部) 58908334(邮购部)

承　　　印　　固安华明印业有限公司

开　　　本　　720mm×960mm　1/16

印　　　张　　25.50

字　　　数　　410 千字

版　　　次　　2022 年 12 月第 1 版

印　　　次　　2022 年 12 月第 1 次印刷

定　　　价　　125.00 元